残障研究

交叉视角的探索

李学会 著

上海三联书店

目　录

序言一

残障人士是社会工作、社会建设和国家治理都非常关注的弱困群体。作者以此特定社群为分析对象，从不同视角审读其面临的困境、需要和其他事项，有其理论意义和实践价值，也具专业品味。

本书是作者笔耕多年的系列成果。全书以“残疾人的社会形象：对历次残疾人‘全国自强模范’事迹的分析”开篇，收官于“我国视力障碍者高等教育招生制度：历史演变、制度逻辑及当代转型”，列出了作者 2015—2021 年 31 篇残障人士主要研究成果，反映了作者在此域的时段积累。

本书特色之一是兼顾问题的现象及其本质。总览全文，本书主要剖析了残障人士面临问题的外在表现，充分展示了描述性研究的特征。同时，作者还有多篇解释性文章，探讨不同事项之间关系，以发现残障人士问题的影响因素或原因机制，如“社会经济地位与残障中学生的家庭教育期望：基于 CEPS 2014 的分析”和“自闭症家庭的社会支持现状与社会服务需求：基于 509 位家长的调查”。此外，作者还直指本真，探索了残障人士的权利等内在议题，如“推动残障范式转换，彰显残障主体权利——残障、权利与正义年度大会(2014)综述”。上述三个层面无疑使全书的探索研究更加完整、丰富和深入。

本书特色之二是从多学科理论解读问题。残障社群乃至其他人士面临的问题本质上都是一个社会现象。此现象是否被视为问题，源于其与某些准则的对照。从不同视角审视同一现象自然结果有别，从而，多视角审视无疑可以更接近于事实真相和全貌。基于此，作者从不同学科和理论解读所分析现象。如，在“残障研究的多学科视角及综合取向”和“残障观的多元范式与残障研究的转向”等文章中，就依托社会工作、社会学、经济学、特殊教育等学科理论解析了各文所及的残障问题。作者还在分析史料后认为，残障社会模式应该得到足够关注，其中就隐含了多角度研究的内涵意境。

本书特色之三是从不同视角探究问题。全书内容丰富，至少体现了如下几个研究维度。维度之一是描述性—解释性。前者如“心智障碍儿童的教育歧视：表现及治理”，后者如“社会支持对自闭症子女家长生活质量的影响——基于 509 位家长的实证分析”和“普通中小学教师对融合教育的态度及影响因素研究”。维度之二是治疗性—预防性—发展性。前者如“特殊学生社会排斥的社会工作介入:基于生态系统理论的方案优化”,中者如“心智障碍者的权益保障:家庭视角的审视”,后者如“运动的好处:罕见病群体的体育休闲与心理健康”。维度之三是实务—行政—政策。前者如“家庭为本的残障社会服务与福利治理——基于一个服务项目的实践与评估”,中者如“残障自组织及互助组织的关键作用”,后者如“我国视力障碍者高等教育招生制度:历史演变、制度逻辑及当代转型”。维度之四是方法—技术。前者如“二十年来我国特殊教育个案研究的对象、主题与方法”,后者如“残疾认同量表的信度与效度检验”,其中涉及了社会研究的诸多技术。当然,还有些文章体现了一些其他研究维度。这些文章剖析了残障人士群体的局部现象,为他者把握其整体情况提供了良好基础。

总体而言,本书彰显了作者在残障研究方面的领域特色和厚实积累,体现了作者良好的理论素养和方法基础,其聚焦人群、旨在精深的研究策略无疑是值得学习的实践智慧。

由于文章按时序排列,其板块还不是十分明显,前后逻辑还不是特别清楚。当然,尽管此书未如单篇文章那样呈现出明晰主线、完整结构和前后逻辑,但是,还是显示或隐含了作者对残障人群的人文关注、在社会研究方法上的良好积累和在社会工作领域的整体素养。

本书的知识、技术和智慧无疑会助力业界在残障人士相关的教学、研究、实务、行政、政策等领域的继续拓展,对于其他领域人士也有积极启发。

顾东辉

2022 年 5 月于复旦大学社会工作学系

序言二 行动引导研究 研究反哺行动

残障研究，一条少有人走的路。

在中国大陆的研究领域中，我们很少找到对“残障研究”的解读和定义。不同于“残疾人研究”，残障研究少了一个“人”字。正是因为少了这一个字，使得它的提出更具开放性，更加去道德化。残障研究，不再只是以“残疾人”为研究对象，而是包括了“残疾人”及围绕着“残疾人”的种种社会现象在内的研究，是法学、社会学、人类学、政治学、心理学、经济学、文学等各类学科，就残障议题进行“多学科”“跨学科”“交叉学科”的研究。

当我们把视角看向社会学和社会工作，会发现：在社会学视角下的残障研究，少见诸如社会角色、身份、文化、社会控制等概念或者理论视角向残障领域入侵和扩展。这与社会学对儿童、性别、劳工等领域中的弱势群体、底层人士的关切并不对等；而社会工作，作为实践性非常强的学科和职业，虽然残障者的社会工作从来没有在社工的工作中缺位，但受限于政府对社会工作的支持、残障康复、残障歧视、社会政策导向等多方因素的影响，专业的残障者的社会工作始终缺乏残障理论的基础，还只是混同在已有的社会工作之中。

作为 2006 年与联合国《残疾人权利公约》(以下简称：《公约》)同年成立的中国残障权益保障机构——一加一残障公益集团(以下简称：一加一)的创始人，基于十多年的残障权利意识启蒙的实践行动和理论研究，我对上述现象始终有些忧心忡忡。中国残障事业的发展，自然离不开残障研究，而事实上，中国残障事业的发展是先于残障研究的，尤其是 2006 年中国签署，2008 年批准加入《公约》，迈入“公约时代”之后。我曾在《中国残障观察报告 2018》一书中提出了当下残障研究的“四个脱节”，即价值脱节、社群脱节、理念脱节和学科脱节。这是在以《公约》为基准的实践行动中的总结提炼，现有各类残障相关的研究已无法满足新时代残障事业发展进程的需要。残障研究的意义已然发生了根本性的变革，这是由国际和国内残障运动发展的历史所决定的。直到疫情暴发的第三年，当我读到李学会博士的作品集《残障研究：交叉视角的探索》，就像不经意间抬头看到窗外的草木正在染上新绿一般，发现春的希望，再次燃起满腔的斗志。

本书中所收集学会的研究成果并不陌生，甚至对每篇论文的研究背景和过程都有所了解。但当这些研究成果结集成书,与学会的种种过往一下子扑面而来,历历在目。这些过往贯穿了这位残障研究者的个人成长历程及残障研究者与残障行动者风雨同舟的两条主线,既是残障行动者走在找寻、发现同盟军之路,也是残障研究者踏上残障研究“四个脱节”的解放之路。

初识学会,是在“中国残障人权利多学科研究项目”2014 年的一场年会上,听他演讲、茶歇间隙与他攀谈,很难判断他会在残障研究走多久、走多远,会不会与实务者、行动者一起开展残障研究。只记得个子不高的学会,站在空荡的报告厅走廊,一只手插兜,一只手挥舞着慷慨激昂地对我说:“全是好东西,我要把残障领域的内容都写一遍。”那个画面印象深刻,第一次听到有人言:“残障议题全是宝。”这一句评价,在我看来很纯粹,是一名青年学者本该有的对学术的偏好和执着。除此之外,那时,吸引我更多的是他的研究主题。收录在本书中的两篇文章是 2015 年前后他的研究成果,即“书写残疾资历:创造一种再现残障的文本——读《残疾资历——香港精神障碍者文集》”和“残疾人的社会形象:对历次残疾人‘全国自强模范’事迹的分析”,以及那场会议之后的文章“推动残障范式转换,彰显残障主体权利——残障、权利与正义年度大会(2014)综述”。貌似这些“无用”的研究成果,恰巧与当时一加一开展的——“残障不是你们的励志榜样”——打破人们对残障人刻板印象的倡导行动如出一辙,这些研究内容是我们多年来期望看到,并且立刻转化为我们实践行动的理论依据的研究成果。其中还有一段不为学会知晓的插曲,我很不自量力地给学会“自强模范”论文做评审,在“成果价值”一栏里写道:

> “……作者从国家层面的自强模范的形象建构,给残障者带来的影响为切入点,实际是还原社会是如何对残障形成压迫与限制的。无疑,这对整个社会认识残障的体系作出了重新解读,挑战公众的认知,将态度这一限制残障者充分切实地参与社会并享有其人权的重要因素提了出来,为促进在中国从权利视角进行残障研究以及推进社会模式作出了先行贡献。”

残障与社会的双向影响和价值贡献,始终是残障从业者们需要面对和作答的课题。不是所有的残障从业者们都是道德高尚之人,也不是所有的道德高尚之人都必须要从事残障工作。而残障研究者,更要首当其冲,从更加理性的层面,阐述残障对社会的贡献,以及社会对残障的影响。若不探究残障研究的价值,就很容易落入道德研究或研究道德,每一位残障研究者的学术成就都会止于道德,而忽略其实际的学术价值和学术尊严。这也是我现阶段思考的“价值脱节”之所在。以学会为代表的青年残障研究者,正在摆脱基于残障的研究歧视和道德束缚,从残障与社会的两个维度同时切入,既有立足于残障社群本身的课题,也有立足于残障与社会的残障融合课题，回归到残障研究的本质。那么，残障研究的本质又是什么？对这一问题的求索，学会始终充满好奇。本书收录了学会不同时期对残障研究的基础性研究的 4 篇成果，体现学会在残障研究的价值和理念探析，包括：

"残障研究的多学科视角及综合取向"

"残障观的多元范式与残障研究的转向"

"社会学中的残障研究：强弱范式及历史发展——兼论对中国残障研究的启示"

"疫情下残障主流化与残障相关信息收集的人权保障——兼论后疫情时代的残障研究"

第一次近距离向学会学习和探讨专业的机会，是 2018 年 6 月的守望心智障碍者家长组织网络兰州年会。共处 4 天的经历，是有意思，更是有意义的画面。作为既有残障视角，又有行业立场的行动者，我与研究者学会，共同为残障者最为核心的利益相关者，即家长及其组织与网络，做发展复盘和战略规划。残障者、家长、研究者、组织负责人、专家、行业顾问……各种角色悉数登场，彼此之间的张力贯穿始终。其间总是听到学会说："你们要利用好我的研究成果，要做什么都在里面。"反观在场的家长组织负责人，听后都满眼的迷茫。的确，无论是才发展起来的家长组织及网络，还是残障者组织，都没有意识到残障研究对于组织建设和发展的重要性，甚至还不知道残障研究为何物，即使自己作为研究对象，已接受过多次访谈。一边是研究者视残障社群及组织为宝，一边是残障社群及组织视研究与己无关，无钱无资源还耽误时间；一边是研究者对残障社群慷慨激昂地高呼"利用好我的研究"，一边是残障社群对研究者不即不离地低语"要你何用"。

欲说还休，却道天凉好个秋！兰州期间唯有酒可以忘忧，才能释然，也更增进了自己对学会的了解，听他讲自己的学业、家庭、理想与现实，知晓他复旦大学读博期间在上海开展的融合教育、心智障碍领域的研究，近距离感受一位青年学者选择残障研究的困与惑。更令我意想不到的是学会已经下决心深入一线展开研究成为家长组织的一员。研究者成为残障社群组织的成员，与组织和社群一道发展，彼此共建，这是我曾在其他国家和中国台湾地区领略到实务与研究的搭配组合。研究者的研究成果，应源自社群及组织的需要，应为实践行动提供方法论和模式，应论证和评估组织的发展成效，应成为政策倡导的工具。而社群及组织面向研究者，不仅仅是敞开研究的田野，坦露真问题，更应该借助研究者的专业建立起自身的行动纲领，无论是在微观的社会服务层面，还是宏观的政策倡导，逐渐形成专业对话的能力，进而武装自己。

残障研究，区别于性别研究、儿童研究、老年研究，个体的"人"，是残障研究的起点也是终点,所形成的闭环,更像是一种“滚动式”的象征,推动残障运动的进程。我们期待的残障研究是,在残障社群里研究并为残障社群研究(In-To Disability)。简单说,无论何种方向的残障研究,必须面对人而不是空谈残障。这是为什么残障者需要参与和加入残障研究,即所谓在残障社群里研究的根本原因。更何况由于残障的多元与复杂,根本无法存在于想象中。这就要求从事残障研究的研究者进入田野,这是基础,也是入门。或“混”,或“游”,或“长”在残障社群里,与社群及组织中人交朋友、处关系、建信任,如此相濡以沫。若只有“爱心”,却与残障社群保持体面的距离,是做不到也无法坚持残障研究的。而在残障社群里研究,恰恰是最耗费时间与精力的。这既与中国学术界的研究体制有关,也是研究者的价值取向和个人选择。相反,当一名研究者从事过残障研究,他将因研究残障而获得道德层面的赞誉,使得其能在诸多学术同行中脱颖而出,还将会获得残障社群的拥抱,希望他不是一名研究残障的过客。两相对比,残障社群是在用乳汁哺育、成就残障研究者。**这也是我现阶段思考的“社群脱节”之所在。**

自 2018 年起,学会成为社群及组织中的一员(同期也是学会攻读博士期间),这段经历激发学会产出了大量的研究成果,本书收录多达 10 篇,包括:

“自闭症儿童对家庭的影响及家庭应对策略:基于文献回顾的理解框架”

“社会支持对自闭症子女家长生活质量的影响——基于 509 位家长的实证分析”

“残障学生与非残障学生的家长教育期望:基于 CEPS 2014 调查数据的比较分析”

“心智障碍儿童的教育歧视:表现及治理”

“心智障碍者的权益保障:家庭视角的审视”

“社会经济地位与残障中学生的家庭教育期望:基于 CEPS 2014 的分析”

“自闭症家庭的社会支持现状与社会服务需求:基于 509 位家长的调查”

“残疾认同量表的信度与效度检验”

“普通中小学教师对融合教育的态度及影响因素研究”

“我国面向自闭症人士及家庭的社会政策:议程及展望”

另外,学会进入社群及组织之前,在心智障碍、融合教育、家庭等方面的专业准备,也就是学会 2018 年前在复旦大学读书期间发表的 5 篇论文,也收录在本书中,包括:

“特殊教育教师如何突破科研瓶颈”

“二十年来我国特殊教育个案研究的对象、主题与方法”

“扩展送教上门的内涵:生态系统的视角”

“特殊学生社会排斥的社会工作介入:基于生态系统理论的方案优化”

“家庭为本的残障社会服务与福利治理——基于一个服务项目的实践与评估”

相较于心智障碍者和家长的研究方向,在视力障碍领域的追逐和深耕,引导了学会进入和持续开展残障研究,也见证了研究者与社群及组织相互促进、彼此成就。学会于2014年前后接触一加一,之后与一加一培养的视障领袖蔡聪有过多次的研究合作,联合署名发表过多篇文章。蔡聪由此得到学术上的训练,学会也因此培养出社群思维,以及更重要的价值理念。这些结果,与其说是人与人的联结,不如说是得益于“视障”“盲”带给行业及社会的启示。

“盲”价值点燃了学会在社群及组织方面的残障研究。这把火的全面燃烧,是2018年9月的长沙。学会作为一加一积累和锤炼十多年残障意识启蒙的经验结晶——《残障意识基础课程》——的见证人,带着儿子,历时3天,全程参加了培训,并对全套7门课和每一位残障学员做出了点评和建议。学会放下学者的身价和思维,进入残障社群的场域,更新残障工作的理念。“盲”不仅带给研究者非常具体的研究课题,更为研究者从事残障研究带来前所未有的理念冲击。

一方面,我认为视障始终是中国残障运动的先锋,无论是新中国成立后,1953年经人民政府批准成立的中国盲人福利会,还是2006年公约时代后,视障社群在中国民间社会的活跃程度及一些带给残障领域范式变革的视障里程碑事件,诸如:高考、信息无障碍等。社会大众对“盲”的理解,深受“残中之残”的影响和“毒害”,借助“盲”所展现出的人性大爱或大恶细微处见真章。

另一方面,2006年之后的中国残障事业发展,以一加一为代表的民间机构率先认识和接受《公约》的影响,以《公约》精神和内容为行动纲领。视障,是过去这些年一加一主要耕耘和着墨的残障类别,既是借“盲”做残障理念的更新,《公约》的普及,也是通过“盲”这面镜子折射人世间、映射人间世。

公约时代之后的国际残障社会,逐渐形成几个公认的残障模式(慈善模式、医疗模式、社会模式、人权模式),秉承各自的理念。同时,各学科又都有各自的方法论和理念。这些就为从事残障研究的相关学科研究者带来巨大的挑战。一方面,是用本学科的知识和研究逻辑去研究残障,还是在相应的残障理念基础上,以本学科的知识结构为研究工具,去研究残障,这是个手段或目标的选择问题;另一方面,同一个课题,不同的残障模式下推导出不同的研究结论,其背后是理念不同所导致的,外显的学术争议其实质是理念之争。现实情况是,不同的残障模式会交叠出现于残障者各个发展阶段和空间场景。如此的交叉与混杂,残障研究者在残障理念层面的解构与重塑,显得尤为重要。若对这几个残障模式不加辨析,不能通透其中的不同,在其研究中,将多呈现出逻辑混乱的论述过程。此外,当谈及理念的时候又会受意识形态的困扰，使得研究者束手束脚，不愿意选择残障模式作为理念基础，偏向于选择更为稳妥、安全的本学科的知识结构，使得残障研究变成为研究而研究，结论也是避重就轻，顾左右而言他。**这也是我现阶段思考的"理念脱节"之所在。**

本书多少有些遗憾，学会在视障方面的研究成果只收录了2篇，较为宏观呈现了视障高等教育和盲人按摩的发展脉络，包括："从隔离走向融合？——我国视力障碍者高等教育的历史、特点及政策变迁"和"我国视力障碍者高等教育招生制度：历史演变、制度逻辑及当代转型"。

本书还收录了2020年暴发新冠肺炎疫情之后的4篇研究成果，包括："我国残疾人按比例就业制度的异化及优化方向""心智障碍者的支持性就业：社会倡导、政策回应与本地实践""残障自组织及互助组织的关键作用""重大突发公共卫生事件对残障群体的影响及人权保障"等。从中进一步发现学会在研究兴趣和方向上的发散和自由，也根据疫情的暴发做出因时制宜的相关研究。只是从数量上看，并未占据一定篇幅。这与学会博士毕业后，入职浙江师范大学教书有一定的关系。青年教师同时承担教学和科研任务，以及职称、行政工作等，这也是中国大部分青年研究者普遍的缩影和经历。

本书的书名是《残障研究：交叉视角的探索》，所收录的研究成果，呈现出学会在社会学和社会工作的专业背景，其中还可以看到法学的身影，旗帜鲜明地展现了残障研究的交叉视角及其探索。社会学注重于理论研究，探究社会问题的本质；社会工作注重实际工作，解决弱势群体在生活中碰到的问题，更偏重技术，应用性很强，学科性质不同、学科目的不同、工作方法不同。以"社会学"与"社会工作"两门学科视角做出的残障研究。坦诚地去弥补残障研究的学科孤岛，值得我们品味、思考与反思。

各学科的独善其身、固步自封，加之残障理念的多元，即使花费精力投入到残障研究，也换不了相应的名利，使得各学科介入的残障研究，都只是呈现了残障人的一角或一个横截面，学科之间的彼此联系是割裂的。不过好在残障研究的跨学科、多学科或交叉学科，现阶段已逐渐成为各方的共识。导致学科围城在残障研究中的矛盾或错位，基于残障的原因，残障歧视定然是少不了的，但又不是全部，残障融合的研究目标的不明确，残障在各学科下的人的现实体现，各学科严重缺乏残障视角看不到"人"，共同促使将残障研究分而治之。更何况还有学术环境的制约，突破学科脱节，难上加难。**这也是我现阶段思考的"学科脱节"之所在。**

2020年之后，疫情放缓甚至暂停了一些原定的研究和发表计划，这也给学会难得的喘息与复盘的机会。随之而来是挥之不去的躁动与迷茫。残障研究，于个人、于学术、于社会的价值何在？受基于残障的偏见和歧视的影响，残障研究者个人在金钱、名誉上的收获是什么？出路又在何方？残障研究者如何处理与残障社群及组织的关系？一系列问题的袭来，是疫情这几年，学会经常与我讨论、向我提出的问题。学会，据我所知是第一位全文阅读过2016/2017/2018年度《中国残障观察报告》这三本书的人。在2019年的西安，学会还向我展示他所做的读书笔记，他在努力吸收行动者的智慧与思考。此刻，面对他的迷惘，我除了用心聆听，又怎能给出明确的答案和引导？好在，这期间协助学会成立浙江师范大学残障与可持续发展研究中心，才使我有了一丝丝安慰。如今看到本书《残障研究：社会学和社会工作》的编辑出版，我知道，这三年学会对于残障研究的觉悟，起于迷茫、终于笃行、知行合一。

学会追问残障研究对残障社群及组织的价值，扎根残障社群成为组织的一员，探究残障模式重构研究理念，初步将社会学和社会工作两个极其相关又侧重不同的学科进行关联，这一切在我看来比某一个研究课题的结论更为重要和重大，更触及残障研究的根本及研究者的灵魂。学会用自己多年的研究成果，回应残障研究的"四个脱节"。行动者与研究者，行动引导研究，研究反哺行动，过去的携手只是开始，未来的同路才是远航。

感谢学会在当下中国残障事业发展的关键节点编辑出版本书，希望每一位阅读过本书的读者能身临其境地感受到学会的研究历程。作为行动者的我，很庆幸受研究者之邀为本书作序，着实为我带来一场酣畅淋漓的思考与精神的愉悦。未来，愿与更多的研究者，激发更多的行动者，共赴征程。

解　岩

2022年5月17日

于疫情北京家中

自　序

残障作为生命的一种状态，进入学术视野却相当晚近。新时期的残障研究（Disability Study）注重残障者的主体性，残障主流化既是这种潮流的手段也是目的。学科与视角的交叉融合成为残障主流化也是其应有之义，这也符合当下新文科的建设要求。本书是在这一道路上的探索，也是对我一段学术研究的小结。

自 2014 年参加“中国残障权利多学科研究项目”以来，一直“沉迷”于残障研究。在这些年的研究实践中，有意识地建构一种综合的残障研究。所谓交叉视角，就是在不同的学科视野、理论选择、研究者位置、研究者与研究对象的关系等维度不断穿梭。以下几个方面是我想表达的“交叉视角”的含义。

首先，在学科的视野上强调学科的交叉或者融合。了解多学科视角的残障研究是《残障研究的多学科视角及综合取向》《残障观的多元范式与残障研究的转向》的任务，经济学、法学、社会学、社会工作、特殊教育等学科在残障议题上各有侧重，其中的分歧既有学科的分野，也有残障研究哲学基础的差异。而 20 世纪末兴起的残障社会模式（Social Model）成为残障研究尝试成为一个独立学科、融合多学科研究的思想基石。《社会学中的残障研究：强弱范式及历史发展》则回到社会学中的残障研究历史中，我提出的“残障研究想象力的四个维度（批判的、比较的、历史的和反思的）”，为残障研究的交叉视角提出了一种思维框架。当然，诸如诸多研究中提醒的学科交叉所带来的风险那样，学科交叉并不是放弃基本的学科素养，而是以某一学科往外扩展。如米尔斯所言，正所谓三句话不离本行，本书的主要探索依然集中在社会学、社会工作之上。

其次，在学科交叉的内化上，议题是一个切入点，诸如教育社会学、特殊教育与社会工作等等都是富有启发的学术增长点。教育是诸多学科的重要研究领域，然而残障者与非残障者的差异或不平等并未成为紧要的内容，换言之，残障并未成为像性别、教育程度等社会科学常用的变量。《社会经济地位与残障中学生的家庭教育期望：基于 CEPS 2014 的实证分析》所尝试的是把主流的教育期望研究纳入残障研究，尽管在教育期望与社会经济地位关系的发现上并未有新的突破，然而集中在残障群体上，这项研究有助于理解残障者内部的教育不平等及机制。《残障学生与非残障学生的家长教育期望：基于 CEPS 2014 调查数据比较分析》则尝试比较视角，也即将残障与否视为一个核心的变量，研究揭示了家长教育期望与学生教育期望的机制，也为理解残障者教育成就落后于非残障者这一事实提供了一种角度。进一步延伸，这些发现也可以成为社会工作干预项目的理论基础和框架。

再次，研究的取向遵循学术性的抽象与实践性的具体交叉。本书的研究，从知识生产的角度，不少源于与一线工作者的共同工作经历。如马克思所言，“哲学家们只是用不同的方式解释世界，而问题在于改变世界”。这表明，认识世界与改变世界至少应该并行不悖。历史比较分析能够将现实问题更清晰地解释，《心智障碍儿童的教育歧视：表现及治理》《心智障碍者的权益保障：家庭视角的审视》以及针对盲人高等教育的研究都是这种探索。《从隔离走向融合？——我国视力障碍者高等教育的历史、特点及政策变迁》《我国视力障碍者高等教育招生制度：历史演变、制度逻辑及当代转型》都表明，高考恢复之时，就是（视力）残疾人高等教育受限制之始。高等特殊教育与普通高等教育双轨制的形成以及路径依赖发展，是解释残障者高等教育不平等的钥匙。

社会工作是一门应用性或实践性很强的学科与职业，这是一个共识。其学科属性也与“改变世界”具有内在亲和性。精准而深刻地“解释世界”，将直接导向或者启发社会工作干预。例如《特殊学生社会排斥的社会工作介入》就是直指目前经常遇到的残障学生社会排斥，系统理论给予了富有启发的框架。实际上，即便抽象如《书写残疾资历：创造一种再现残障的文本》，有心的实务工作者也可以从中找到一些社会工作干预的线索。这一实践的前提，与顾东辉教授所强调的社会工作本地实践规范化，以及此时此地（here and now）的自觉密不可分；导向实践的写作方式，也是我在诸多研究中贯穿的交叉视角体现。

最后，从研究者与研究对象的关系上来说，交叉视角要求研究者对这一关系时刻保持自我反思，也即在不同的角色间穿梭。文集的研究都有意识地使用交叉视角，既有学科下的共同议题，也包括同一议题的多学科，还包括某一具体问题的跨学科或“去学科”。在怎样实现交叉视角上，本人指出残障研究者要有“自觉意识”。《疫情下残障主流化与残障相关信息收集的人权保障》借鉴“性别主流化”，在疫情背景下某些残障议题的凸显。例如信息在决策中很重要，这是一个常识，但是残障者的数字鸿沟使得残障者的声音受到限制。这要求残障研究者保持反思性，在信息收集方面提高“可及性”，既是增强残障研究科学性的要求，也是实现人权保障的要求。

从研究者的立场上来说，这些研究实践也尝试“研究—实践（实务）—政府”三个视角的交叉融合，正所谓“政策三角”。有社会学家提出要“增强社会学的实践自觉”以及研究者作为社会治理共同体的一员，这实际上对研究者的角色、能力有着自觉和反思。在残障领域，残障研究与残障社群的关系、残障研究与其他学科的研究关系、残障研究与社会治理的关系也需要加以批判性反思。在共同富裕以及新文科建设的背景下，交叉视角的残障研究大有可为。

残疾人的社会形象：对历次残疾人“全国自强模范”事迹的分析*

摘　要：如何认识和叙述残疾人是一种社会建构，文化视角的残疾研究注重解构文化价值中的偏见与歧视。本文对历次全国自强模范的形象进行内容分析，包括数量、性别、年龄、类型及叙述方式。自强模范的个人与社会特征体现为男性残疾人占据主导，年龄主要分布在20—50岁，肢体残疾、视力残疾、听力残疾是主要残疾类别，其他类别则几乎不存在。自强模范所呈现的励志形象，身心二元对立、忽视残疾人权利，缺乏主体性的声音与表达，本质上是一种社会的文化偏见。

关键词：残疾人　文化偏见　社会建构　内容分析

一　导　言

如何描述残疾人，①反映了社会的一般态度，也往往是指引社会政策制定的价值基础。2006年全国第二次残疾人抽样调查推算我国大陆残疾人口8 396万，全国有残疾人的家庭户共7 050万，占全国家庭户总户数的17.80%；有残疾人的家庭户的总人口占全国总人口的19.98%。②到目前，我国残疾人已经超过8 500万。但长期以来，残疾人在我们的日常生活中是一个不可见的群体。在福利模式的社会政策下，残疾人被简化为需要帮助的客体，他们在获得社会功能上面临重重障碍，常常遭遇社会隔离甚至污名化对待。

随着残疾人权利意识的发展以及社会对残疾人认识模式的变化，法律用词以及媒体报道有很大改观。然而，在日常生活实践中，对残疾人的社会排斥、歧视乃至无意识的刻板印象仍然十分常见。从历史上看，残疾是一个社会建构的概念，其含义也非固定不变。揭示残疾人形象的社会建构及其社会含义的研究，从来就是

---

*　原文发表于《残障权利研究》2015年第1期。本文系瑞典罗尔·瓦伦堡人权与人道法研究所和武汉大学公益与发展法律研究中心合办的“残障权利多学科研究项目(第二期)”成果。

①　鉴于残疾人仍然是我国主流的用语，本文沿用这一术语。在不同的场合，本文使用了残障、障碍等概念，正如文中所强调的，使用什么术语很重要，正文中有所检讨。

②　2006年第二次全国残疾人抽样调查主要数据公报(第二号)。

与残疾人权利发展的行动倡导联系在一起的,①甚至一些残障研究者本身就是残疾人士,他们的研究和倡导推动残疾人叙述模式和社会政策的走向。在西方,看待残疾的模式从个人模式向社会模式转变,干预残疾的视角也超越了单一的生物—医疗模式,权利视角兴起。在社会模式的视角下,西方有关残疾人形象研究致力于解构社会对其的偏见与歧视,例如Barnes②对英国电视节目的内容分析、Johnson③针对特殊教育教科书的研究、Johnson和Nieto④针对特殊教育和多元文化教科书的内容分析、Fine&Asch⑤、Thomson⑥对通俗摄影的文本分析等等,都揭示了残疾人所呈现的意向,例如依赖、没有生产力、需要照顾的可怜形象,⑦这些研究为理解残疾提供更多了的可能。尽管这些年残疾人研究有了很大改观,但在我国残疾人研究依然是一个边缘化的议题,在学术规范性、研究的深度以及学术群体的投入方面都存在有待突破的空间。⑧本文是一个初步的尝试,力图从表彰残疾人自强模范的国家行为中,反思残疾形象的社会建构、历史变迁以及社会意义。

在大力进行社会建设的今天,残疾人作为一类特殊群体,他们的参与与权益保障更是实现社会公平的应有之义。本文的目的在于,第一:理解在我国的语境中残疾的观念是如何变迁的,⑨即从术语的应用上是怎么得到正名的;第二,利用全国

---

① 王国羽、林昭吟、张恒豪编:《障碍研究:理论与政策应用》,高雄市:巨流,2012年。张恒豪、苏峰山:《战后台湾国小教科书中的障碍者意象分析》,《台湾社会学刊》2009年第42期。C. Barnes and G. Mercer, eds., *Exploring the Divide: Illness and Disability*. Leeds, University of Leeds: The Disability Press, 1996.

② C. Barnes, Disabling Imagery and the Media: An Exploration of Media Representations of Disabled people, *The British Council of Organizations of Disabled People*, Belor: Derbyshire, 1992.

③ J. R. Johnson, "Validation and Affirmation of Disability and Deaf Culture: A Content Analysis of Introductory Textbooks to Special Education and Exceptionality," *Review of Disability studies: An International Journal*, vol.2, no.1(Jan 2006), pp.3—32.

④ J. R. Johnson & J. Nieto, "Toward a cultural understanding of the disability and deaf experience: Implications of a content analysis of introductory special education and multicultural education textbooks," *Multicultural Perspectives*, vol.9, no.4 (December 2007), pp.32—39.

⑤ M. Fine &A. Arsh, *Women with Disabilities: Essays in Psychology, Culture, and politics*, Philadelphia: Temple University Press, 1988.

⑥ R. G. Thomson, "Seeing the Disabled: Visual Rhetorics of Disability in Popular Photography," in Longmore P.K., & L. Umansky, eds., *The New Disability History: American Perspectives*, New York and London: New York University Press, 2001.

⑦ 参见张恒豪、苏峰山:《西方社会障碍历史与文化》,王国羽、林昭吟、张恒豪编:《障碍研究:理论与政策应用》,高雄市:巨流,2012年。

⑧ 蔡禾、周林刚等:《关注弱势:城市残疾人群体研究》,北京:社会科学文献出版社,2008年,第23—27页。

⑨ 正如上文提到的,残疾人的定义或称谓受到文化、社会、技术等因素的影响,在西方的脉络中,先后有多种看待残疾的视角以及政策导向。本文无意利用这些概念套在我国残疾观的演变上,利用这个概念固然能够简化认识,但也有时代误置的危险。只有确认这些概念具有具体的行动承载者,在描述上才准确。

历次自强模范的数据进行内容分析，包括残疾人的性别、年龄、数量、残疾类别以及呈现的形象，理解残疾自强模范的建构；第三，批判性地反思我国残疾自强模范所呈现的形象及方式，残疾人的形象是可怜的？需要帮助的？励志的？是个人的成就还是社会帮助的结果？借此反思我国盛行的关于残疾人“自强”的文化意识形态。

二 呈现残疾人的社会观念变迁与文化再现

（一）从残废到（身心）障碍的正名

如何“合适地”或者“准确地”称呼残疾人是一个难以有定论的问题，它反映着社会对残疾人的一般看法。一种观点认为怎样称呼无关紧要，只是个概念。然而现实并不这样简单。犹如 Michale Bach 讨论有关残疾的定义的争论时所指出的，“这些争论的重要性在于语言的产生与使用塑造着人们对世界的理解，影响着人们对处于不同位置的人的理解，包括那些给他人贴上残疾标签的人和那些被贴上标签的人”。[①]况且话语实践本身就是一种权力关系，[②]语言揭示了某种特定的社会关系，残疾作为一种传达身体特征的“前台”，其社会身份的承担者要为避免污名化的“丢脸”而进行印象管理。[③]如何称呼残疾人之所以重要，还在于关于残疾的社会观念影响着残疾人的自我认同。

我国早在《礼记·大同篇》就有“矜、寡、孤、独、废、疾者皆有所养”的记载，这是传统社会对于理想社会的想象，也被社会福利视角的研究者视为传统中国社会的社会福利发端。“皆有所养”虽然赋予了国家对于残疾人的责任，但也确立了残疾人需要被施舍和帮助的边缘地位，这种观念直到今天仍然具有相当的影响。这一代价与英国 1601 年《济贫法》把残疾人定为“有价值的穷人”具有异曲同工之处，即国家的干预虽然保证了残疾人的各种供给，但也合法化了施舍对象的地位。[④]在我国台湾的“残障权利运动”中，运动先驱刘侠指出中国传统上把“残”等同于“废”而认为残者就需要被养，其实是很落伍的观念。[⑤]当然，在传统社会中，残疾人实现

---

① Michale Bach：《发展性残疾的不同分析视角》，葛忠明、臧渝梨主编：《中国残疾人研究（第 1 辑）》，济南：山东大学出版社，2008 年，第 403 页。

② 米歇尔·福柯：《疯癫与文明》，刘北成、杨远婴译，上海：三联书店，2003 年。

③ 戈夫曼：《污名：受损身份管理札记》，宋立宏译，北京：商务印书馆，2009 年。

④ Michale Bach：《发展性残疾的不同分析视角》，葛忠明、臧渝梨主编：《中国残疾人研究（第 1 辑）》，济南：山东大学出版社，2008 年，第 406 页。

⑤ 刘侠：《侠歌长流：刘侠回忆录》，台北：九歌，2004 年。

"皆有所养"也大打折扣。而遭受社会排斥、处于社会底层是一直的状态,①身体的缺陷成为具有某种特殊能力的来源,或为神启,或为先知。视障者就是一个明显的例子。在古代,具有大量"盲人"听风、制律、审音、辨吉凶的记载。直到今天,一些观念仍在发生作用,专门针对视障者的高职教育专业就包括音乐。"盲人算命"是一个近代以来十分突出的现象,民国时期算命的人当中有相当一些是视障者。②可以看出视障者参与社会的方式以及社会为其规定的社会角色。这一建构模式一直延续到新中国成立之后,乃至 1963 年内务部转发中国盲人聋哑人协会《关于盲人算命和聋哑人"卖画"问题的报告》,要求教育和制止这类不良行为。1955 年左右,视障者的职业在国家的干预下转向中医针灸按摩。在近代以前,看上去视障者具有"强势"的表象,而且具有延续地崇信"盲人"的文化,③但从社会的角度来说,这是视障者参与社会的非正式途径。本质上而言,残疾人是边缘的,虽然可以作为世俗世界与神灵未知世界的中介,但仍然被排斥在真实的社会交往与日常生活之外。

"残废"作为对残疾人的称谓,长期成为官方文件和普通大众、媒体报道的用语。尤其在新中国成立后的很长时间内,连年的战争产生了大量的残疾人,"残废军人"的工作是民政工作的重要内容,国家承担了"养"的责任。1950 年 12 月 11 日,内务部公布实施《革命残废军人优待抚恤暂行条例》,革命残废军人系指"凡人民解放军及人民公安部队之指战员,因参战负伤或因公而致残者",划定标准"依其残废轻重和失去劳动能力之大小,确定残废等级"。残疾标准偏重器质性的损伤、功能缺陷的程度,因此也可以理解《条例》规定"凡伤愈后并未影响其劳作能力者(如子弹穿皮伤肉)不得列入残废等级"。尽管残废军人经常作为一个搭配出现,而且新中国成立后很长时间内面向残疾人的福利主要集中于军人,但"残废"仍然是一个指称所有残疾人的名词。④直到 1988 年《军人抚恤优待条例》取代《革命残废军人优待抚恤暂行条例》时,面向军人的残疾指称仍然不明确,仅从原因的角度使用"致残"。不管使用"残废"还是"伤残",都突出的是某种功能的丧失,对于军人所具有的功能来说是"废"的状态,当然这种命名与军人残疾的发生基本上是后天残疾有关,也即身体的功能经历从有到无或损失的状态。

1980 年代,残疾人士以及残疾事业推动者开始反思"残废"的不当使用。联合

---

① 参见姜生、李书文:《崇信盲人现象的文化解释》,《山东大学学报》2004 年第 5 期。陈建华、潘玉虹:《弱势还是强势:中国盲人社会地位的悖论》,《甘肃社会科学》2012 年第 2 期。

② 陈建华、潘玉虹:《弱势还是强势:中国盲人社会地位的悖论》,《甘肃社会科学》2012 年第 2 期,第 55 页。

③ 姜生、李书文:《崇信盲人现象的文化解释》,《山东大学学报》2004 年第 5 期。

④ 陆德阳、〔日〕稻森信昭:《中国残疾人史》,上海:学林出版社,1996 年。

国确定1981年规定为“国际残疾人年”，国内官方依旧翻译为“国际残废人年”。1983年，大连市残疾青年协会成立，提出“‘废’字与我们无缘，强音做我们的主旋”，可以视作比较正式地对残废称谓的正名挑战。1984年3月，邓朴方主持制定的《中国残疾人福利基金会宣传提纲》，第一次在人道主义的旗帜下提出残疾人的定义，宣言“认为‘残疾’对一个人生活、劳动的影响大小，取决于社会为他提供的条件。在一定的条件下，残疾人可以成为社会财富的创造者，成为推动社会前进的力量而不是社会的负担，不是‘废人’。为各类残疾人提供这种条件是政府与社会的责任”。①从“残废”到“残疾”，歧视性的社会含义不再明显。这一时期以后，残疾全面取代残废成为官方文件对残疾人的称谓。

进入21世纪，残疾人的人权事业进一步发展。尤其是2001年联合国大会通过了第56/168号决议，决定设立特别委员会制定和审议一项保护残疾人权利与尊严的国际公约。2008年5月3日，《残疾人权利公约》(Convention on the Rights of Persons with Disabilities)正式生效，2008年6月26日，十一届全国人大常委会第三次会议批准《公约》，同年8月31日，《公约》对中国正式生效。残疾人事业的国际化必然带来语言的转换问题，从西方的脉络来看，the handicapped或the disabled(中文中的残废)弃之不用已经无可争议，但对于使用disabled people或people with disabilities仍然具有很多争议。②在我国台湾，disability并没有译为残疾的用法，而是“残障”(见我国台湾1981年的《残障福利法》)，1997年之后广泛使用“障碍”，而且几乎成为学术研究的共识，尽管也有些值得探讨的问题。③在大陆的语境中，“残废”使用的频率已经微不足道，出现的情形仍然多是历史遗留的情形。而“残疾”当之无愧地成为主流，“残障”也有一定的使用频率，到底如何“恰当”界定，如何减少歧视的意涵、残疾人希望怎样被称呼、他们的自我认同等等都是需要进一步思考的议题。

表1 报纸中的残疾人称谓变化分布

	2000	2001	2002	2003	2004	2005	2006	2007	2008	2009	2010	2011	2012	2013
残废	11	7	16	9	10	5	0	1	3	7	6	8	5	8
残疾	217	230	291	506	573	968	2 649	3 688	4 133	2 943	3 398	3 240	1 574	1 632

① 《中国残疾人事业大事编年：1949～2008》编写组编：《中国残疾人事业大事编年：1949～2008》，华夏出版社，2008年，第25页。

② 参见张恒豪、苏峰山：《西方社会障碍历史与文化》，王国羽、林昭吟、张恒豪编：《障碍研究：理论与政策应用》，高雄市：巨流，2012年，第30页。

③ 王国羽、林昭吟、张恒豪编：《障碍研究：理论与政策应用》，高雄市：巨流，2012年。

续表

	2000	2001	2002	2003	2004	2005	2006	2007	2008	2009	2010	2011	2012	2013
残障	3	5	14	12	28	26	87	115	169	97	145	148	97	99
身心障碍	0	3	2	4	4	1	2	0	4	3	4	3	2	2

数据来源:笔者制作。中国知网数据库,文献来源="报纸",检索方式="主题",检索日期:2014年9月10日。

(二)残疾形象的文化再现

文学、媒体、电影等媒介再现是关于残疾的文化研究的议题之一,"通常代表的是特定文化群体对障碍的观感"。[①]如果在古代文学作品中突出有形的身体残缺与高尚的道德之对比的话,近代文学作品中的残疾人形象,主要是一种对国家、民族命运的"精神"关切,[②]残疾本身并不是作者关注的对象,而只是一个隐喻或者背景。随着一些残疾人自身创造的文学作品出现,残疾人的主体性表达才突破作为对象的单一视角,突出的以张海迪、史铁生等人的著作为标志。

每年的"助残日"[③]就是残疾人形象的集中展示,成为媒体周期性的议题。然而,国内针对媒体中的残疾人形象的规范研究相当少。[④]马凯通过对《中国青年报》2010年残疾议题的报道进行内容分析发现,有关残疾人的报道具有周期性(2010年为亚洲残疾人运动会)、报道总量不足、报道以消息居多缺乏深度报道,残疾人的形象被刻画为"身残志坚、坚强不屈""乐观快乐"和"面临困境、遭受歧视"。[⑤]但该研究对于形象所展现的文化意涵并没有追问,仍然延续从"报道中的残疾人"的视角反思报道,而非以残疾人为关注重心。而且即便是突出残疾人积极乐

① 参见张恒豪、苏峰山:《西方社会障碍历史与文化》,王国羽、林昭吟、张恒豪编:《障碍研究:理论与政策应用》,高雄市:巨流,2012年,第24页。

② 参见陈庆艳、吴月华《论中国文学作品中残疾人形象的流变》,《名作欣赏》2013年第23期,第150—151页。近代有关残疾的文学创作者以鲁迅为代表,孔乙己、祥林嫂等都是受过精神刺激的残疾人。

③ 经第七届全国人民代表大会常务委员会第十七次会议通过的《中华人民共和国残疾人保障法》,自1991年5月15日起施行。残疾人保障法第48条规定:"每年5月第三个星期日,为全国助残日。"1991年5月19日是我国第一个法定"全国助残日",之后的每一年从地方到中央都围绕这一"节日"开展各种形式的活动。

④ 新闻专业一些较为规范的学位论文(参见李芳蕾:《我国报刊残疾人报道研究》,硕士学位论文,中央民族大学,2006年;李静:《残疾人新闻报道分析——以〈人民日报〉和〈南方周末〉为例(2006—2011年)》,硕士学位论文,复旦大学,2011年;赵蓓蓓:《报纸媒介对残疾人的报道关注及其影响力研究》,硕士学位论文,上海大学,2007年;张计兰:《我国当下小学语文教科书对残疾人关注的研究》,硕士学位论文,南京师范大学,2008年)侧重于媒体报道本身,即关注残疾报道的呈现方式,这些研究较少对身心障碍者形象本身的分析,同时缺乏理论性分析。

⑤ 马凯:《残疾人形象的媒介呈现——以中国青年报为例》,《新闻知识》2011年第5期,第25—27页。

观形象的报道，也仍然存在“无意识”歧视的倾向，利用直观的身体缺陷的字眼以对比拼搏的精神，例如残疾运动会报道中使用的“无手女孩”“失明女飞人”等等。①

对新闻报道的反思仍然以人道主义为主要依据。《残疾人权利公约》的签署以及传播，新的话语体系和叙事模式的引进，呼吁新闻报道从福利模式向权利模式、从关爱模式向赋权模式转型。②残疾人融入社会所面临的“不只是障碍的社会制度与环境，还有文化的歧视与偏见”。③因此对于文化再现中的残疾人形象分析，有助于解构文化塑造的逻辑。这也正是联合国规定怎样合适报道残疾的题中要义。苏峰山、张恒豪两位台湾学者通过对台湾国小教科书中“障碍者”的分析，指出台湾障碍者的呈现方式和内容意涵。教育是社会化的基本途径，也是塑造和传播残疾人形象、促进残疾人与非残疾人融合与理解的方式。对教科书的研究，富有新意。大陆地区对小学语文教科书的研究④发现，残疾人出现的频率不但很少，而且缺乏包容性的平视叙述。关于残疾人的文化呈现，仍然需要深入细致的研究。

三　方法与数据

本文分析的对象为全国历次“自强模范”。国务院残疾人工作委员会、⑤中国残疾人联合会会同其他部门分别在1991、1997、2003、2009、2014年进行五次“全国自强模范”的评选活动，分别表彰各类残疾人数为194、120、121、⑥150、165人。评选对象来源涵盖大陆所有省市自治区（包括新疆生产建设兵团、解放军、中央单位等系统），各个评选单位按照残疾人口数量配额推荐。随着我国残疾人数的上升，评选的自强模范数量有所增长（参见表2）。从第二次评选工作开始，评选流

① 杨君：《广州报纸2010亚残会报道研究》，硕士学位论文，成都体育学院，2012年，第41页。

② 孟书强：《弱势群体报道理念的误区与转型——以残疾人报道为例》，《青年记者》2013年8月下，第24—25页。

③ 张恒豪、苏峰山：《战后台湾国小教科书中的障碍者意象分析》，《台湾社会学刊》，2009年第42期，第173页。

④ 张计兰：《我国当下小学语文教科书对残疾人关注的研究》，硕士学位论文，南京师范大学，2008年。

⑤ 相应的工作机构经历过调整。1991年第一次全国助残先进集体、个人暨自强模范表彰大会发文机关为民政部、人事部、中国残联。1993年1月20日，中国残联向中央机构编制委员会上报《关于建立国务院残疾人工作协调委员会的请示》，1993年9月成立国务院残疾人工作协调委员会，主任由国务委员或国务院副总理担任，2006年4月，国务院残疾人工作协调委员会改名为国务院残疾人工作委员会。

⑥ 2003年9月7日国务院残疾人工作协调委员会《关于表彰全国自强模范暨扶残助残先进集体和个人的决定》（残工委〔2003〕6号〕）中讲到，“对王树明等122名‘全国自强模范’……进行表彰”；而同为2003年9月7日人事部、中国残联关于表彰全国自强模范和全国残联系统先进工作者的决定中却说“授予王树明等123名优秀残疾人‘全国自强模范’荣誉称号”。两个文件所附的名单均为121位残障人士，本文所分析的对象就是这121人。

程、覆盖范围、人数设定等方面越来越规范。

表 2 历次残疾人自强模范评选活动信息表

年份	发文机构	表彰人数	残疾人数
1991	民政部、人事部、中国残联([1991]残联群字第 53 号)	194	5 000 多万
1997	国务院残疾人工作协调委员、人事部、中国残疾人联合会	120	6 000 多万
2003	国务院残疾人工作协调委员会(残工委〔2003〕6 号)	123	6 000 万
2009	人力资源社会保障部、中国残疾人联合会(人社部发〔2009〕60 号)	150	8 300 多万
2014	国务院残疾人工作委员会(残工委发〔2014〕4 号)	165	8 500 万

注:数字来源于出席表彰大会的领导讲话。

本文选择全国"自强模范"作为认识残疾人社会形象的原因有三:一是全国自强模范的评选是国家层面的残疾人形象塑造过程,历次评选表彰都受到国家最高领导人的接见,表彰结束后受到表彰的"自强模范"会在全国范围内巡讲,其影响力巨大,而且评选"自强模范"成为各级地方残联、民政部门的重要议题;二是"自强模范"的评选体现的是国家意志,残疾人所呈现的社会形象是我国残疾人事业工作的体现,因而能够观察对待残疾人的价值预设、思想观念以及政策导向;三是历次"自强模范"的评选活动与我国残疾人工作具有纵向的重合性,1989 年中国残疾人联合会成立,面向残疾人的专门法律《中华人民共和国残疾人保障法》于 1990 年 12 月第七届全国人大常委会第十七次会议审议通过并予以颁布,1991 年 5 月 15 日起施行,而第一次自强模范表彰大会就是在 1991 年 5 月 9—11 日召开的,所以到 2014 年已经评选五次的"自强模范"可以历史地认识我国残疾人形象的变迁以及残疾人工作的取向。同时我国残疾人工作成为展现人权事业发展的窗口,尤其是《公约》对中国正式生效以来,我国残疾人工作与全球残疾人权利保障联系在一起。

"自强模范"的数据来源包括:(1)由中国残联宣文部和中国报告文学学会针对历届"自强模范"所采写的报告文学《自强之歌》(1991、1997、2003、2009 年卷)①,报告文学作者记录了部分"自强模范"的人生历程;(2)中国残疾人事业年鉴;(3)中

① 典文、华风编:《自强之歌—1(1991 年卷)》,北京:华夏出版社,2003 年。典文、华风编:《自强之歌—2(1997 年卷)》,北京:华夏出版社,1997 年。典文,华风编:《自强之歌—3(2003 年卷)》,北京:华夏出版社,2003 年。中国残疾人联合会编:《自强之歌—2009 年卷》,北京:华夏出版社,2009 年。

国残疾人联合会网站①以及专题报道。②由于第一届"自强模范"只有名单,没有其他信息,而反映这一批残疾人形象的《自强之歌》(1991 年卷)只记录了 38 位残疾人个人经历的信息,为了整体数据免受这些记录对象的干扰,故把这一年的数据做了割舍。但考虑到保持数据的完备性,因此有必要对第一届 194 名自强模范有个大概的认识,邓朴方"关于'助残''自强'活动和先进事迹概况的介绍(1991 年 5 月 9 日)"记载:

> 在 194 名"自强模范"中,120 名曾受过全国或省部级表彰。其中:获得"全国劳动模范""全国新长征突击手""全国三八红旗手"称号和"全国五一劳动奖章"的残疾人 68 名,获"战斗英雄""钢铁战士"等称号的伤残军人 15 名,为保卫人民生命财产致残的公安、司法和武警的英模 5 名,获省部级劳动模范的残疾人 32 名。他们中有:中国的"保尔"吴运铎;"草原英雄小姐妹"玉荣;"全国十佳少年"成洁;全国青年楷模张海迪;80 年代大学生心目中的卓越青年史光柱;因抢救儿童而双目失明、失去双手,在极其困难的条件下,写出多部感人肺腑作品的特等伤残军人刘琦;舍己为人致盲后,按摩治疗万名弱视儿童的李志军;与歹徒搏斗致残的公安英模张家强;创造 1.9 亿元价值的独臂技术革新能手赵成顺;身残志坚、带领农民致富的农民企业家陈立新;双目失明后,奔波大兴安岭数十次、著书 6 部、发表论文 40 篇、培养科技人员近百名的森林防火专家郑焕能教授;还有为祖国夺得 14 枚金牌的盲姑娘赵继红等。

第一届自强模范评选的覆盖范围相当广泛,年龄跨度大,但限于时代,又是首届,对受表彰的自强模范更多的是一种政治褒奖。第二至第五届受到表彰的 556 名残疾人是我们的分析对象,每一位"自强模范"在申报时需要提交主要事迹,评选结束后他们的主要事迹也会随名单予以公布,其中包含姓名、性别、年龄、残疾类别、人生经历与事迹。

四 自强模范的个人与社会特征

限于残疾自强模范个人简介的字数,表彰名单所附的自强模范的介绍除了基本信息(性别、年龄、残疾类别、取得的成就)外,并没有更多的信息。而且每次申报的叙述要求不同,导致在分析时,无法挖掘更多的信息。例如受教育程度、职业、户

① 中国残疾人联合会:《文献中心》,http://www.cdpf.org.cn/wxzx/wxzx.htm,2014 年 9 月 7 日。

② 参见中国残疾人联合会:"历次表彰大会"(第一到四次)http://www.cdpf.org.cn/special/1405cbzdh/node_308600.htm,2014 年 9 月 7 日。

籍性质等等,因此下文仅就呈现出的信息进行描述。

(一) 男性残疾人占据优势

在历次的自强模范评选中,男性残疾人占据绝对优势,每次都不低于总数的80%。据2006年第二次全国残疾人抽样调查,残疾人口的性别构为:男性4 277万人,占51.55%;女性4 019万人,占48.45%。性别比(以女性为100,男性对女性的比例)为106.42。但在自强模范评选中,男性与女性的比例并不相当。在符合自强模范的残疾人中,具有明显的性别差异。而且历次受表彰对象的性别构成并没有明显的改变,见表3。

表3　自强模范年份与性别交叉制表

			性别		合计
			男	女	
年份	1997	计数	105	15	120
		年份中的 %	87.5%	12.5%	100.0%
	2003	计数	99	22	121
		年份中的 %	81.8%	18.2%	100.0%
	2009	计数	129	21	150
		年份中的 %	86.0%	14.0%	100.0%
	2014	计数	132	33	165
		年份中的 %	80.0%	20.0%	100.0%
合计		计数	465	91	556
		年份中的 %	83.6%	16.4%	100.0%

(二) 肢体残疾成为主要的构成类别

从残疾类别上来说,肢体残疾占据绝对优势,总计占比65.8%,其次是视力残疾(占比23.4%)和听力残疾(占比9.4%),而其他类残疾出现人数相当少,在不同年份中偶有出现。我国的残疾分类包含肢体残疾、视力残疾、听力残疾、智力残疾、言语残疾、精神残疾和多重残疾,而在自强模范的评选中,残疾种类的覆盖主要面向肢体残疾、视力残疾和听力残疾,多重残疾和智力残疾虽有出现,但是频次相当低。而且,精神残疾和言语残疾被排除在外,即便是表4中的5位多重残疾自强模范也不包含精神残疾或言语残疾。从“模范”的角度来说,自强模范的类别分布显然与实际的残疾人类别分布差距甚大(见表5)。首先一个原因取决于自强模范的评选标准,全国自强模范要求是各行各业做出突出贡献的成功人物,虽然对于残疾

表 4 历年全国自强模范残障类别与年份交叉表

		残障类别					合计
		多重残疾	视力残疾	听力残疾	肢体残疾	智力残疾	
年份	1997	3	23	14	80	0	120
	2003	1	28	9	83	0	121
	2009	1	32	18	97	2	150
	2014	0	47	11	106	1	165
合计		5	130	52	366	3	556

表 5 全国各类残疾分布

年份	肢体	听力	言语	视力	精神	智力	多重	合计①
1987	755	1 770		755	194	1 017	673	5 164
2006	2 412	2 004	127	1 233	614	554	1 352	8 296
2010	2 472	2 054	130	1 263	629	568	1 386	8 502

注:1. 1987、2006 年数据来源于全国残疾人抽样调查主要数据公报;2010 年数据根据第六次全国人口普查我国总人口数,及第二次全国残疾人抽样调查我国残疾人占全国总人口的比例和各类残疾人占残疾人总人数的比例进行推算。数据来源:http://www.cdpf.org.cn/sytj/content/2012-06/26/content_30399867.htm

2. 1987 年第一次全国残疾人抽样调查时听力和言语残疾归为一类,多重残疾被称为“综合残疾”。

① 两次抽样调查时隔二十年,要提醒的是,数据的直观比较不一定产生准确的结论。《关于第二次全国残疾人抽样调查主要数据的说明》给出的解释是,“经初步分析,影响这些变化的因素有:一是我国人口总量的增加。即使残疾人比例按 1987 年的 4.9%不变,依据 2006 年人口基数推算,2006 年残疾人口数量也将达到 6 416 万,比 1987 年的 5 164 万增加 1 252 万人。二是我国人口年龄结构老化。1987 年时我国 60 岁及以上人口的比例是 8.5%,到 2005 年已达到 11%。老年人由于生理机能衰退,脑血管疾病、骨关节病、痴呆等发病率和致残几率增高。这次调查 60 岁及以上的残疾人约有 4 416 万人,比 1987 年调查时该年龄段残疾人数增加了 2 365 万,占全国残疾人新增总数的 75.5%。三是本次调查的残疾标准和残疾评定方法,参照国际最新标准并结合我国国情进行了修订。对残疾的评定,不仅重视生理结构,同时强调功能障碍和社会适应性。肢体残疾标准对照我国现行有关伤残标准进行了适度的调整。四是其他社会环境因素的影响。随着我国工业化和城镇化进程的加快,人口流动频繁,人们工作节奏加快,以及生产安全事故、交通事故和环境污染等因素的影响,都不同程度地增加了残疾的风险”。(参见中国残疾人联合会:《关于第二次全国残疾人抽样调查主要数据的说明》,http://www.cdpf.org.cn/sytj/content/2007-11/21/content_30316034.htm,2014 年 9 月 7 日。)第一、二个原因指向残疾发生率,人口基数增长和老龄化(老年人身体机能衰竭导致的残疾)必然带动残疾人数的变化,这两个原因与第四个原因往往纠缠在一起,社会环境因素增加残疾风险,会影响残疾类别的结构,但目前尚没有致残原因与残疾人数、结构关系的细致研究。而第三个原因涉及衡量是否残疾的尺度,在“谁是残疾人”的问题上,《说明》没有给出具体的解释,目前也没有针对残疾标准/鉴定的规范研究。

类别并没有要求,但可以看出不同类别的残疾人在取得"被社会所认可的成就"方面的差异。也就是说,相较于肢体残疾,其他类别的残疾人,尤其是多重残疾、言语残疾、精神残疾、智力残疾人等,在融入社会、取得社会成就上所面临的困难更大。其次一个原因,可能是限于全国自强模范的名额限制,造成不同残疾类别的分布差异,但这个原因可能不是主要原因。①

(三) 年龄集中在20—50岁

1997、2003、2009年三届自强模范平均年龄42岁,最大值72岁,最小值12岁。31—50岁区间的残疾人模范占比74.5%,20岁及以下的最少,每次只有2—3位。据2006年第二次全国残疾人抽样调查,残疾人口的年龄构成为:0—14岁387万人,占4.66%;15—59岁3 493万人,占42.10%;60岁及以上4 416万人,占53.24%;65岁及以上3 755万人,占45.26%。自强模范的年龄偏大,是与自强模范的评选标准相关联的,要符合自强模范的标准,做出一定的社会贡献,需要比较长时间的积累。因此自强模范的年龄与总体的残疾人年龄分布呈现偏态分布。历次评选活动中,考虑了不同行业的差异和代表性,年龄比较小的多数为学生,20岁以下的7位自强模范中有6位是学生身份。

表6 自强模范年份与年龄组交叉表

		年龄组					合计
		20岁及以下	21—30岁	31—40岁	41—50岁	50岁以上	
年份	1997	3	12	47	35	23	120
	2003	2	10	49	44	16	121
	2009	2	7	47	69	25	150
合计		7	29	143	148	64	391

五 事迹的呈现描述

(一) 自立自强:成功者的励志形象

尽管难以对自强模范的职业进行细致和准确的划分,但如果仅从他们的职务

① 从评选过程来说,全国自强模范需要省级单位推荐,推荐者基本就是最终的全国自强模范名单。如果考察省一级以及以下的自强模范评选,其数量更大、类别更广,但根据笔者不完全观察,自强模范集中于肢体残疾,智力残疾、精神残疾、言语残疾等数量偏少的情形几乎没有改观。例如2014年江西(25)、浙江(20)、山西(41)表彰的省自强模范中,类别分布分别为:江西肢体残疾20,视力残疾4,听力残疾1;浙江肢体残疾16,视力残疾2,听力残疾2;山西肢体残疾26视力残疾12,听力残疾1,言语残疾1,多重残疾1。

以及所取得的成绩来说，他们无疑是成功的，在各自的岗位上做得十分优秀。这当然首先取决于评选标准（表7），即他们是达到此标准的人选。新中国成立以来，政府除了上文提及的对残疾军人担负供养的责任外，也出台了面向一般残疾人予以照顾的政策。例如，1956年第一届全国人民代表大会第三次会议通过的《高级农业生产合作社示范章程》规定，农业生产合作社对于缺乏劳动力或者完全丧失劳动力、生活没有依靠的老、弱、孤、寡、残疾的社员，在生产上和生活上给以适当的安排和照顾。1960年第二届全国人民代表大会第二次会议通过的《1956年到1967年全国农业发展纲要》规定，农业合作社对于社内缺乏劳动力、生活没有依靠的鳏寡孤独的社员……给以适当安排……使他们的生养死葬都有指靠。①政府所开办的福利企业是该阶段残疾人参与社会劳动的主要方式。可见，新中国成立后政府所施行的残疾人工作方针依旧是“皆有所养”的理念，重在“养”，当然，残疾人的生活保障、社会参与、其他权益的实现等方面都处于比较低的水平。沿着这样的思路，残疾人工作长期被社会救济、社会保障的福利视角所垄断。到目前为止，针对残疾人的服务的主要视角仍旧是社会福利。

表7 全国自强模范评选标准

《关于评选表彰全国自强模范和全国残联系统先进工作者的通知》（人社部函〔2009〕115号）	《关于评选全国自强模范和全国残联系统先进工作者的通知》（人社部函〔2014〕12号）
在社会主义现代化建设中，自强不息，锐意进取，遵纪守法，取得突出成绩，事迹特别感人，有广泛的社会影响和较好的群众基础，得到当地残疾人普遍赞誉，曾获得市（地）级以上表彰奖励并具备下列条件之一的，可推荐作为“全国自强模范”人选： 1. 积极参与社会公益活动，做出重要贡献，取得显著成绩，得到社会普遍赞誉的； 2. 努力学习科学文化知识，成绩特别优异的； 3. 出版过专著或在国家级行业学术刊物上发表论文，获得省部级以上科技成果奖的； 4. 有技术革新或发明创造，取得显著经济与社会效益的。	具备下列条件之一的，可作为“全国自强模范”推荐对象： 1. 身残志坚，自强不息，事迹感人，在残疾人中得到普遍赞誉，有较好的社会影响； 2. 有技术革新、发明创造，或出版专著、论文，获得省部级以上科技成果奖，自主创新，取得显著经济与社会效益； 3. 自主创业取得成效，并积极创造就业岗位吸纳残疾人就业，得到残疾人和社会广泛赞誉普遍认可； 4. 积极参与社会公益事业和公益活动，乐于奉献，为经济社会和谐发展做出贡献； 5. 在其他领域取得显著成绩，做出重要贡献。

20世纪七八十年代，残疾人要自强自立的口号和实践兴起，当然国内的残疾人观念、残疾工作的转型与国际残疾人事业发展息息相关。1983年“联合国残疾人十年”（1983—1992）开始实施，“平等　充分参与　共享”的新理念和行动要求成

① 《中国残疾人事业大事编年：1949～2008》编写组编：《中国残疾人事业大事编年：1949～2008》，北京：华夏出版社，2008年。

为我国残疾人事业的目标。因此也不难理解,这一时期"残废"被"残疾"所取代的正名过程。在"皆有所养"的模式下,残疾人是被动的对象,尽管起到了保障的作用,但也以失去社会融合为代价。在这一时期,呼吁残疾人自强自立无疑具有明显的进步意义。那是因为残疾不仅是残疾人获得某种社会能力的障碍,残疾本身也是残疾人需要克服的自我障碍。

然而,随着"要求"残疾人自强的实践发展,自强又成为残疾人的紧箍咒。残疾人自强本身并没有问题,如果仔细揣摩就会发现,自强在鼓励残疾人面对困难、克服障碍实现自我价值的同时,也把残疾人面临的障碍问题推给了残疾人个人。在这种思维中,残疾人实现某些社会功能所遭受的困难、能力的不足,是因为残疾人达不到"正常"社会的标准。因此要求残疾人自身做出改变和调整,用自强的心态面对现实就是顺理成章的事了。"社会该做些什么改变"是不被考虑的。如果我们检视《自强之歌》对残疾人遭遇各种困难的描述,例如遭遇残疾时的绝望、创业的艰辛和无奈、遭遇歧视的委屈等等,往往赋予一种积极的意向。例如,一位报告文学作者在总结肢残企业家所取得成就及性格时这样描述:"唐毅倔强、自信、宽容、豁达……[①]这些性格特征的形成,与他童年的苦难是密不可分的,没有那场灾难,他的性格不会磨炼到如此通透的程度"。最后总结道,"苦难是一笔巨大的财富,苦难也能成就梦想,能够在苦难中创造梦想的人,更是幸福的、快乐的!"[②]苦难被消解了,只剩下励志的高大形象。

(二)"身残志不残":二元对立的身心形象

"身残志坚"和"身残志不残"是描述残疾人自强的惯常用语,无论官方的遣词(见表7)还是一般的日常话语都频繁使用,似乎从中文的世界中再难觅其他合适的词汇。何时这样的词汇成为社会赋予残疾人的社会形象,已经无法考证。但是残疾人的身体缺陷与具有某种超长能力并存的叙述模式在古代社会就存在,例如"盲人"辩音律的超常听力,甚至算命等等。然而不管是这些自强模范在报告文学中的形象,还是社会的一般话语实践,都通过强调残疾人身体与意志的二元对立,以突显残疾人与"正常人"或健全人之间的不同乃至对立。

报告文学的作者从健常人的视角出发,非但未能展示残疾人的真实形象乃至为其发声,而且强化了健常人必须要超越残疾人的偏见。"残疾人都能做到,健全人还有什么不能做到"宣告了残疾人与健全人融合或者反转的不可能性。可是,残疾人能做到的健全人就一定能做到吗?健全人能做的残疾人也必须要做到吗?身

---

① 省略号为笔者所加。

② 中国残疾人联合会编《自强之歌—2009年卷》,北京:华夏出版社,2009年,第71页。

残志坚也是社会加于残疾人的文化意识形态,与其说肯定残疾人的意志坚定,不如说为健全人提供了确认差异的优越感。

> 马复兴是一面旗帜,一个标杆。他一个**致残之躯能够做到**①的,我们任何一个**身体健全的人还有什么不能够做到**的呢?②
>
> **身强体健的人**创业**尚且艰难**,一个家境贫寒、从小又双腿高位截肢的残疾人,在人生道路上跋涉、奔波,最后成为坐拥亿万财富的企业家和受人尊重的慈善家……③**一个四肢健全、耳聪目明的健康人,尚且难以实现**的抱负,却在一个肢体残缺的人手中梦想成真,他所付出的代价必定是超乎常人的,其背后的故事肯定是不可想象的。④

(三) 被忽视的残疾人权利

在描述残疾人的生活以及残疾对于他们的意涵时,自强模范的简介以及报告文学充满他者和健全人中心的视角。尽管一些作者尝试"正常化"描述残疾人,但悖谬的是,大量纪实作者对残疾人缺乏日常接触,对残疾人真实生活的认知不少是在采访时才开始。残疾人成了被描述的客体,因此残疾人所经历的疏于照顾、医疗事故、权利被剥夺等现象几乎没有反身性的表达与叙述。研究表明,经历和适应残疾是一个漫长的生理、心理机制的调整,例如震惊、否定、愤怒、绝望、抑郁等阶段。⑤但在目前的描述中,这些主体的体验、感知都被略去了。

以残疾人受教育权为例。在自强模范事迹简介中,1997、2003、2009 年三次评选提到入学遭拒或者面临困难的分别有 9、3、6 次。考虑到入学情况不是简介所设定的议题,所以实际上残疾人就学面临的权利障碍严重得多。这些受损的权利,并没有得到应有的正视,而只是成为突出"自强"的背景。尽管《自强之歌》在描写残疾人时有一些不足,但也为我们了解残疾人的入学经历提供了真实的观察的窗口,为我们写出了一些故事。

> 19 岁那年,蒋东明和弟弟一道参加高考。虽然他的成绩比弟弟好,在全省名列第九,但无情的残疾,像一道高高的门槛,将他挡在了高等学府的门外,而弟弟则被清华大学录取……⑥

---

① 引文处字体为笔者加粗,同以下引文。

② 中国残疾人联合会编:《自强之歌—2009 年卷》,北京:华夏出版社,2009 年,第 14 页。

③ 同上书,第 61 页。

④ 同上书,第 179 页。

⑤ 奥利弗、萨佩:《残疾人社会工作:第二版》,高巍、尹明译,中国人民大学出版社,2009 年,第 12—13 页。

⑥ 典文,华风编:《自强之歌—2(1997 年卷)》,北京:华夏出版社,1997 年,第 61 页。

> 同伴们一个个背起书包到外边上学去了。小玉红也到了上学的年龄,像其他小伙伴一样,她满怀希望随着父亲也来学校报名了。但没想到的是,她遭到了拒绝。一个学校又一个学校,周围的学校跑遍了,竟然没有一家肯收留她……①

> 1984年初中毕业考高中,他以优异的成绩考入省重点哈尔滨市第三中学,然而,由于那时还没有出台相关的对肢残考生的惠残政策,他因为体育加试不合格,没有被三中录取,他只能以本可以上省重点高中的高分,进入一所市重点高中学习。②

(四)异质性:单一的形象

残障研究强调障碍的多样性和动态性,我国将残疾人的类型划分为七类,也承认了残疾的多样现实。代表着全国残疾形象的自强模范,国家在建构其形象时也考虑了其性别、类别、年龄、职业、地域等方面的多样性,然而"自强模范"的标准又让残疾人具有了"成功"的单一形象。考虑到残疾的致残原因、残疾对个人的影响以及社会对不同类别的接受差异,获选的残疾人集中在某些面向。

肢体残疾是我国残疾类别的第一大类,而且以绝对优势占据自强模范榜单,肢体残疾人从事的行业、取得的职务比任何其他类别的残疾人都要广、都要高。视力残疾的自强模范超过80%从事中医按摩。如果考虑到部分后天视力致残仍然可以从事原来职业,那么视力残疾从事按摩的比例还会更高。"盲人按摩"的刻板印象在国家建构的自强模范中,得到充分体现。"盲人"只能做按摩?很显然,从残疾的异质性出发,揭示残疾单一形象建构的社会逻辑需要进一步的细致研究。从文化的角度来说,同质性的单一形象恰恰是融合之困难和隔离之现实的结果。

六 结 论

本文从社会称谓残疾人的术语角度回顾了我国残疾人的形象,"皆有所养"的福利观念长期主导了社会对残疾人参与社会的一般看法和政策实践。随着我国经济社会的发展、残疾人权利意识的觉醒以及国内与国际残障事业的交流,如何理解残疾、如何对待残疾人都在发生变化。尤其是西方1970年代残疾人自我倡导运动

① 中国残疾人联合会编:《自强之歌—2009年卷》,北京:华夏出版社,2009年,第195页。

② 同上书,第292页。

的兴起,"Nothing about us, without us"(没有我们的参与就不要帮我们做决定)成为残疾人要求参与决策的有力口号。残疾人事业的发展是我国进行社会建设的重要议题,也是实现社会公平、正义目标的内容之一。我国残疾人的形象是怎样的?其背后体现了什么样的观念和价值预设?为此我们以我国表彰残疾人最高层次的全国自强模范为对象,进行了分析。

研究发现,在历次的自强模范中,男性残疾人占据绝对数量优势,残疾种类集中于肢体残疾,年龄集中于20—50岁。视力残疾和听力残疾有所涉及,智力残疾和精神残疾以及多重残疾几乎看不到他们的存在。残疾的多样性以及分布的广泛性在评选结果上并没有得到充分体现,从"模范"的角度上来说,其代表性难以成为残疾人的模范。自强模范展现的是一种成功者的现象,他们在各行各业取得了骄人的成绩。为了突出残疾人的自立自强,描述残疾人时忽略了残疾人的主体性以及受损的社会权利。就特定的残疾类型来说,视力残疾的自强模范就业集中于针灸按摩,连同自强形象本身构成了同质的、单一的印象。国家所塑造的残疾人的自强形象,强化了残疾属于个人问题的观念,并从总体上呈现了残疾人成功、乐观的意象,忽略了残疾人所面临的困难、障碍、歧视、贫穷。其励志形象确立了残障与非残障的对立,残疾人正常化的形象被隐去,本质上残疾人仍旧被视作应该受保护、受限制的对象,每年的助残日及其主题就是体现,叙述逻辑仍然是个人模式的残疾观。因此,残疾人自强模范的评选,恰恰是社会对于残疾人超出已有刻板印象的奖励。

我国已经制定了专门的保障残疾人权益的法律,而且无保留签署了联合国《残疾人权利公约》,无疑为残疾人的社会参与、权益保护、价值实现提供了法律的支持。法律虽好,难的是落到实处。《残疾人权利公约》强调以人为核心的权利实现,残疾人工作模式进入生物—医疗导向的个人模式与强调社会包容与转变的社会模式共存的多元模式时期,甚至一些研究已经走得更远,尝试弥合医疗模式与社会模式的对立。[①]社会模式强调社会制度、社会环境对残疾人造成的障碍,但这个视角仍然不够。文化视角的观点则重视文化偏见与歧视对残疾人遭遇排斥的分析与解构。本文的分析就是尝试揭示全国自强模范评选的意识形态的文化偏见,残疾人固然要自强,但也不要"自"强。退一步讲,作为一个主体,哪一个不需要自强?自强模范无疑是各行各业的成功者,借由大规模的各级事迹报告,似乎向社会传递残

① 曾柏嘉:《在医疗与社会模式之外:盲人棒球技艺形成的行动者网络分析》,《科技、医疗与社会》2013年第17期。

疾人的自信自强完全可以做得比“常人”还要好，甚至给人一种残疾人真的已经很“强”的假象。而且一般大众对于残疾人教育的重点首要的还是“自立自强的世界观教育”。[①]残疾人的主体体验是多元的，有坚强也有失败与脆弱。创新社会治理，实现制度公平，不妨从改变对残疾人的文化偏见开始。

① 王治江、张源、尹朝存、王建伟、靖学闯：《残疾人教育歧视现状调查及对策研究》，中国残疾人联合会：《中国残疾儿童现状与需求调查研究》，北京：华夏出版社，2012年，第203—204页。

书写残疾资历：创造一种再现残障的文本

——读《残疾资历——香港精神障碍者文集》*

摘　要：《残疾人权利公约》的理念已成为各地反思残障者生活状况和政策实践的指引，《残疾资历——香港精神障碍者文集》就是一种尝试。残疾资历这一概念具有深刻的社会学想象力，它为残障者的生活和体验提供了历史维度，它尝试在书写残疾资历中获得残疾意识。书写残疾资历，不仅可能为残障者提供自主生活的反思框架，甚至可能作为一种自我赋权的临床策略，也为残障研究提供了新的文本。

关键词：残疾资历　主体性　《残疾人权利公约》

2006 年联合国大会通过《残疾人权利公约》(Convention on the Rights of Persons with Disabilities)，无疑是残障领域具有广泛而深远影响的全球事件。与其他公约不同，此公约在开放各国签字之后获得了快速而积极的回应，除批准公约外，各国政府相关部门还把公约的理念融入相应的法律体系。残障领域的实践者及研究者对该公约亦是高度评价，它所倡导的社会模式被誉为残障模式的 2.0 时代。①该公约的制定经历 8 个版本的修改，其间各国政府以及社会组织广泛参与修改。几年来，《残疾人权利公约》已经在政策以及理念的扩散中形成了在地实践，并且突破了地域的限制。

张馨仪主编的《残疾资历——香港精神障碍者文集》，就是在社会模式的理念下对香港的障碍者（主要是精神障碍者）境况的批判与反思。②透过这面镜子，我们

---

* 原文发表于《残障权利研究》2015 年第 2 期。本文的写作受惠于瑞典罗尔·瓦伦堡人权与人道法研究所和武汉大学公益与发展法律研究中心合办的"残障权利多学科研究项目(第三期)"。

① R. K. Bali et al. eds., *Rare Diseases in the Age of Health 2.0*, Berlin Heidelberg: Springer, 2014.

② 张馨仪本人作为香港残疾人权利联盟(Hong Kong Coalition for the Rights of Persons with Disabilities)的一员，参与了 2012 年联合国残疾人权利委员会在日内瓦就中国执行《残疾人权利公约》情况的审议会议。从残障的类别来说，该书集中讨论的是精神障碍，但对于理解其他障碍同样具有启发意义。障碍的多元性不仅仅以残障的种类呈现，更体现在不同障别与总体的残障之间的关系上，而且不同障碍可能具有本质的差异。这些障碍即便不是一个依特定标准而呈现的连续谱，也应该是具有某种顺序的谱系。实际上要想定位精神障碍，也不得不借助于对其他障碍类型的探讨。作者也注意到了这个关键问题，在书写残疾（转下页）

看到具有革命性影响的理念撬动现实实践,既需要假以时日观察与推动,还需要保持有限度的乐观。①虽然该书所书写的是香港的实践,但对于内地的残障研究与实践来说同样具有启发意义。这一方面在于近几年《残疾人权利公约》愈发成为政府与残障者(及社会组织)互动的法律理念基础;②另一方面在于香港、台湾、澳门地区与大陆在残障领域愈发紧密的联系,包括该书编者在内的行动者架起了交流互动的桥梁并参与其中。本文重点在于解析张馨仪所提出的"残疾资历"对于残障研究所具有的意义,包括该书所提供的启发以及可能面临的困境。

一、残疾资历:一个充满想象力的概念

在如何认识残障的议题上,个人模式与社会模式先后被归纳出来,并具有了范式的意涵。在笔者看来,无论是个人模式还是社会模式,从本质上来说是看待残障的归因理论。即将残障之所以发生是视作个人的不幸,抑或某种神启或道德惩罚,还是视作他者的排斥乃至社会结构的压迫,都是一种理解残障何以发生的视角。在早期的研究中,残疾被视为处于有问题的身体的状态,人们所能做的就是接受它为真实,且并不指望它改变。③从本体论的角度来说,定义残疾引起了喋喋不休的争论。社会模式的抱持者 T. Shakespeare 拒斥将残障视为个人问题(即残障应该是一种被避免的损伤)的医疗模式,期冀社会模式下的残障研究能够推动社会变迁,将残障放置在社会与文化情境中,而且认为从何视角认识残障关乎认同政治(Identity Politics)。④医学模式与社会模式的分歧既表现在看待残障的本体论上,也体现在认识残障的方法论上,医学模式(或者广义的个人模式)从主体本身出发,

(接上页)资历的框架中,作者提出了一个问题:"精神障碍者跟其他类别的残疾人士(例如:聋人、视障、肢残)有何分别?"其中作者给出的一个向度是"聋、视障、肢障多是永久损害,不会康复。即使康复也不需要成为视障肢障康复者吧!"以康复为核心定位残障不同状态的性质,涉及功能以及功能与社会环境的关系。抛却本体论意义上的追问,作者的这种把思维推向极致的方法,可以为国内反思某些"社会事实"提供某种路径选择。鉴于本文的讨论首先基于精神障碍,而且从方法论的角度思考残障研究,所以关于定义残障的议题姑且另行深入探究。

① 参见张馨仪、许伟俊:《精神障碍者争取〈残疾人权利公约〉在香港落实的经验》和许伟俊、冯慧瑛:《香港社会对公约的回应》,张馨仪主编:《残疾资历:香港精神障碍者文集》,香港:Dirty Press,2015 年,第 202—204 页和第 215—218 页。

② 典型的如近几年盲人高考的倡导案例,倡导者从《残疾人权利公约》获得了有力的支持,而政府部门的积极回应也内含了《残疾人权利公约》作为依据。

③ T. Titchkosky, "Disability Studies: The Old and the New," *The Canadian Journal of Sociology*, vol.25, no.2, (Spring 2000), pp.197—224.

④ T. Shakespeare, "Debating Disability," *Journal of Medical Ethics*, vol.34, no.1, (Jan 2008), pp.11—14.

而社会模式更强调了主体与社会环境的互动(即一般意义上的主体间关系,Inter-subjectivity)。如何将残障这个"黑箱"本身与社会环境的塑造链接起来,一直是未曾解决的难题。而残疾资历这个概念或许能够给我们带来一些启示。

"残疾资历"这一概念充满社会学的想象力,也即尝试建立个人命运与社会结构之间的联系。[①]作者指出使用这个概念意味着:"当谈及自主自助时,我们不能单单调节个人心灵,而是深入反省社会制度及文化现象如何影响个人精神健康。"[②]一个学科,或者一个研究领域,要走向成熟,理论体系既是其表征,也是其结果。然而,年轻的残障研究显然还在走向成熟的道路上。弥合行动与结构、个人与社会、微观与宏观等范畴之间的鸿沟,一直都是各色社会理论的抱负。在我看来,"残疾资历"所具有的想象力,既体现在从个人的资历中理解个人的命运与社会结构的关系,也体现在将残障者的经历视为形塑现在的力量,在理解生命历程中资历是不可或缺的解码元素。

张馨仪认为,盲、聋、智障、癫狂等不过是一种生存状态,而导致这种生存状态为残疾的,是长期的文化塑造以及个人或社会对它的污名。提到污名,就绕不开戈夫曼(Erving Goffman),他在《污名》(Stigma)中,使用了大量的残疾人(包括视力障碍、肢体残疾等)的事例说明身份受损者如何进行印象管理。[③]虽然正如戈夫曼所宣称的那样,这些事例不过是建构互动秩序理论的脚手架,理论大厦完成脚手架自然就要拆除,但他的开创性研究已经成为残障研究大厦的一部分。张馨仪透悉了戈夫曼所指出的污名身份,指出要达成某种互动秩序,不管是平等的还是失衡的,其实身份受损者亦参与了建构过程。从这个意义上来说,这个建构过程中,残障者至少具有部分的主导权,张馨仪从中找到了残疾资历拥有者将被污名的生存状态转化为资源的可能:

> 导致污名的过程就是将这种生存状态的残疾化——以健全为中心、单一垄断的医学论述、各种制度的压迫、个人因素如性格与价值观也是导致残疾化的方式。想去除这种生存状态的残疾化,我们可以从思考怎样将它转化为个人与社会的资源开始。[④]

在社会模式的意识形态之下理解残障者的障碍体验,如果仅仅将之归于社会环境,虽然可能达到个人自我解放的期许,但从微观实践来看,残障与非残障、正常

① C.赖特·米尔斯:《社会学的想象力》,陈强、张永强译,第3版,上海:三联书店,2012年。
② 张馨仪:《残疾资历——香港精神障碍者文集》,香港:Dirty Press,2015年,第23页。
③ 欧文·戈夫曼:《污名:受损身份管理札记》,宋立宏译,北京:商务印书馆,2009年。
④ 张馨仪:《残疾资历——香港精神障碍者文集》,香港:Dirty Press,2015年,第18—19页。

与不正常、主流与异端的相互撕扯的混沌状态并不能让我们理解具体的残障者的生活资历。一如笔者在本文其他地方所强调的,残障虽然和女性、种族等身份属性一样经常处于"弱势"地位,但残障内部却远不如女性、种族等具有一致性,残障的异质性不容忽视。精神障碍者、轮椅使用者、聋人等虽然都被归入残障者范畴,但他们的认同以及文化在与残障的关系上相去甚远。①残疾资历显然不是一个宏大叙事的取向,但也绝非纯粹的微观概念,而是具有美国社会学家默顿(Merton)意义上的中层概念。它把残障者视为一个历史存在,过去的资历是理解现在的钥匙,可以看到个人与社会文化的编码过程。从资历的"所有者"来说,残障者具有解码的权利。残疾资历首先指向的是残障者对残疾本身的理解,残疾身份无须借助专业机构认可,残疾资历无须获得其他主体的认同。那么,残疾资历是否可以推动残障群体从"自在状态"向"自为状态"转化?张馨仪发出的呼声是:"快来写一份自己的残疾资历吧。"

二、再现残障:书写主体与主体书写

不管是在实践中,还是在长久以来的研究中,残障者多以他者的身份呈现。在现代的专家系统中,障碍者被视为各种有待介入的"对象"。在医生面前,他们是"病人";在社工面前,他们是"案主/个案"(Client/Case):在家庭里,他们是"被监护人";在雇主面前,他们是"有历史污点的人"……张馨仪则提出残疾资历,以尝试夺回"残疾诠释权"。她认为"人人也有资格诠释残疾,叙述自身的残疾经验",而且"残疾资历越深,就越资深",其结果就是"运用越成熟,越不残疾"。②这似乎是一个悖论,对于如何再现(Representation)残疾,涉及如何呈现以及由谁呈现的问题,而且残疾形象的建构也往往离不开国家以及媒体的力量。③书写残疾资历无疑给了残障者书写自己资历的充分的主体地位,但其解释能不能获得主导权?并且他们是否能由此获得把握自己生活的权力与自由空间?

经典社会学家对近代社会理性的扩张对个体自主性的侵蚀都有不同程度的阐

---

① 参见苏珊·福斯特:《对耳聋和残疾之间的关系研究》,巴尼特、奥尔特曼编:《残疾理论研究进展及学科发展方向》,郑晓瑛等译,北京:北京大学出版社,2013 年,第 88—108 页。陈玩臻:《聋人的沟通民族志:视觉对话的特性》,硕士学位论文,台湾"清华大学"人类学研究所,2013 年。聋作为一种身体状态,聋人在自我认同的过程中发展出聋人文化,认为聋与听是一种并行不悖的状态。关于残障是一种少数群体的观点就包括聋人文化在内。

② 张馨仪:《残疾资历——香港精神障碍者文集》,香港:Dirty Press, 2015 年,第 25 页。

③ 李学会:《残疾人的社会形象:对历次残疾人"全国自强模范"事迹的分析》,张万洪主编:《残障权利研究》(第二卷第一期),北京:社会科学文献出版社,2015 年,第 24—43 页。

释与回应。不过福柯(Michel Foucault)摒弃了一般的理性化的进程分析,而是转向那些尚未被理性规训的领域,例如疯癫。[①]福柯从这些理性与非理性对立的边缘或反常现象寻找理解现代性的可能,而这种探索直指“我们是谁?我们从哪里来?我们又可以到哪里去?”的存在性问题。[②]也就是说,福柯通过考古“现在的历史”,来理解现在从何而来。张馨仪虽然在引用福柯时,强调权力的规训,但就残疾资历概念本身以及使用这个概念的意图而言,其与福柯的知识考古异曲同工,只不过福柯所要追求的是理解人类现代性的进程(即我们从何而来),残疾资历的书写却是要理解精神病资历拥有者自身的生存状态。残障者是主体,而不是作为一种对象,其书写的是有关残障主体的资历,这正是主体书写的意涵。

书写残疾资历直接针对的是对残疾的医学化、疾病化,这也正是张馨仪希望书写过程所带来的结果:

> 当你书写你的残疾资历时,便打破了“健全人士”与“残疾人士”的对立/界线。当每个人也能正视自身的残疾,才能真正消解歧视。
>
> 残疾资历就是残疾化的形成、去除生存状态残疾化所带来的种种障碍或限制,令残疾经验不是一种生存缺陷,并将之运用成为改革社会的资源及条件。[③]

从角色理论的角度来说,残疾也是一种社会身份。但当事人是否决定公开这一“残损”状态,决定了残疾是否为当事人的主导身份。[④]无疑,书写残疾资历鼓励写作者公开这一残疾身份,为残疾资历“出柜”。角色理论启发我们,残疾是一社会建构物,残障者如何成为一个“合格的”残疾人,还需要残疾人的认同与扮演。残疾人自身如何确认、接纳、拒绝残疾身份本身呢:隐去残疾的身份,也时常为具有残疾特征的书写者的一种书写策略。例如被甘铁生称之为“轮椅上的精神猎手”[⑤]的史铁生,就很少直接书写其残疾身份。那么书写自己的残疾资历是为了解剖自己关于残疾的观念是如何建构起来的,还是要从中获得一种新的自我认同?很显然,该

① 福柯:《疯癫与文明:理性时代的疯癫史》,刘北成、杨远婴译,上海:三联书店,2012年。当然福柯的探究远不限于此。有意思的是,福柯也具有某种程度的精神障碍(抑郁症),他考古精神障碍的谱系又何尝不是残疾资历的书写?!

② 成伯清:《福柯对社会学意味着什么——谨以此文纪念福柯逝世20周年》,《社会》2004年第8期,第31页。

③ 张馨仪:《残疾资历——香港精神障碍者文集》,香港:Dirty Press, 2015年,第24页。

④ 沙龙·巴尼特:《运用角色理论描述残疾》,巴尼特、奥尔特曼编:《残疾理论研究进展及学科发展方向》,郑晓瑛、张国有、张蕾等译,北京:北京大学出版社,2013年,第49—68页。

⑤ 史铁生、陈放、刘树生、甘铁生、刘树华、晓剑:《男人·女人·残疾人》,武汉:武汉大学出版社,2014年,第171页。

书作者并没有给出一个明确的期许,而是期冀于残疾资历书写者的“自主”。在诠释(残疾)世界的问题上索回主体性,那么残障本身就不再是无关紧要的身份,而是坦然树立残疾意识。这种建构论的论述,依然并不是本体论的视角,即残疾究竟是什么,但对于获得一种反思视角却足够。例如其中写道:缺乏主体意识的行动者是如何参与规训,如何使残障者去权的:

> 又或者,像你们这些社工人医疗人,若没有读过些什么医疾人文 伦理哲学的课程,也不理解一切专业原则以外,还有一样叫残障者主 体性的东西。这同时也令我知晓了,为什么有些投身从事口述影像工 作的朋友,会比好多医生社工视光师,更理解视觉障碍是怎的一回事。①

三、资历文本:残障研究的载体

文学社会学涉及作者、读者以及作品三个范畴。②书写残疾资历就形成了一种文学文本,如前所述,这种文本的作者是残障者,而作品的主旨在于理解或者获得残疾的主体性。至于作品的读者,当然是开放的,不过就残疾资历书写的实践来说,读者首先是作者自身。残疾资历的书写,本质上是书写有关残障的传记。而在传记取向的社会学实践中,传记这种“生命的记录、个人的生平或者一种叙事方式”,“不仅有助于思考社会过程与个人经历对于个人的影响,展示个人是如何对这些境况做出反应的,也有助于考察传主自身与其他社会行动者之间的互动过程”。③

那么作品的内容是什么呢?作为对香港精神障碍领域医疗模式在地实践的反思与回应,其中认为医疗模式的在地表征就是作者归纳的“五化”现象:疾病化、正常化、问题化、个人化、社会工作专业化。相应地,寻找一种具有替代或者优化目标的方案,就暗含针对以上表征的“五不化”。虽然张馨仪指出,书写残疾资历是一种“语言实践”,但它同样预示着某种文化形成的可能。就残障研究而言,这些鲜活的生命故事,以文学的形式构成了残障研究的对象。

在有关残障的文学形式中,以残障者为对象的文学作品要远远多于残障者创作的文学作品。④这些文学作品又成为残障的再现形式,构成了一般大众获取残障

---

① 卢劲驰:《残疾意识的必要性》,张馨仪编:《残疾资历——香港精神障碍者文集》,香港:Dirty Press,2015年,第23页。

② 埃斯卡尔皮:《文学社会学》,符锦勇译,上海:上海译文出版社,1988年。

③ 鲍磊:《社会学的传记取向:当代社会学进展的一种维度》,《社会》2014年第5期,第193—194页。

④ 梳理文学中的残障者和文学创作的残障者无疑具有重要的意义,本文不作详述。

认知的知识来源。作为书写残疾的承载者——文学作品，究竟对残障研究来说是一种什么资源？社会模式提出的其中一个内在因素就是残障者本身成为知识的生产者，推动将残障理解为基于身体的损伤向由于社会造成的障碍转变。残障者的残疾资历书写，创造了一种有关残障的文学文本。残障者写自己的故事，记录残障者与社会环境接触的体会，对于了解残障世界是不可忽视的一手经验。于残障研究而言，这些文本的价值不言而喻，但目前残障者作为主体的书写依然太少。①尤其是在自媒体时代，残障群体自身展现所思所想获得了更大的便利性。常常处于弱势、受压迫的残障群体在表达上有了更多的转换可能，从残疾资历的书写入手，也不失为一个有效的选择。②

四、未竟的尝试：无预设立场的书写？

尝试跨越个人与社会、行动与结构的鸿沟，正是传记取向的社会学实践所具有的想象力所在。虽然对于残障者来说，只需要对自己的经历进行一阶理解就能解码生活的轨迹，而无需借助于缜密或者价值中立的社会学理论对其生活意义进行二阶理解，不过要获得社会层面的解放意义，很显然书写者需要一定的知识储备和叙述策略。也就是说，拥有残疾资历是不是就意味着拥有残疾意识、书写资历的天然可能性？许宝强在序言中指出：

> 撰写自己的“残疾资历”，也许能够有助消除“正常”与“残疾”的对立和界线，前提是需要有一群愿意反省聆听的读者，以及越来越多“正常”的人愿意展示其“残疾”的资历。③

显然这种对残疾的理解，具有普同化的特点，也就是说每个人都有可能拥有或长或短的残疾经历。虽然作者指出，书写残疾资历没有预设的立场，不过在《残疾人权利公约》之后，书写自己的残疾资历档案，早已具备了基本的权利视角。为此作者列出了反思残疾资历的“题目”，也就是思考的方向。这些问题不乏黑色幽默，例如“你认为在香港当一个精神障碍者需要具备什么条件？”以及最根本的谁可以

---

① 广州市残疾人联合会主办的《广州 D 视角》是难得的以残障者为主体的平台，参见 http://www.gzdpf.org.cn/dfile/D1/index.Html，2015 年 11 月 1 日。

② 当然，残障者的书写并不意味着与残障议题直接关联，但他们对这个世界的感知同样重要而真切。近几年诗人余秀华引起广泛的讨论，在这里我们看到，一位身患脑瘫的诗人对这个世界的认识。当然这里文学、大众与作者的关系纠缠在一起。出版社的介入可以使得思想广泛传播，其对于残障者自身以及一般大众对残障者的认知有什么具体的影响，还需要深入的细致研究。

③ 张馨仪：《残疾资历——香港精神障碍者文集》，香港：Dirty Press，2015 年，第 2 页。

认定精神障碍者的"资格"? 这些题目背后的思想逻辑为赋权提供了思路,稍加转化就会成为导向社会倡导的行动。从这个意义上来说,书写自己的残疾资历,也是体会社会结构微观权力运作的过程。

香港精神健康领域的议题成为近些年持续的热点,国内对个人精神卫生状况并没有给予足够的关注,相应的残障研究也是缺位的。由于精神卫生的公共性,[①]精神障碍者的生活与行为不单单是说"人权"就了事,而是涉及复杂的法学争论和社会服务的取向选择。虽然我们很难将书写残疾资历的路径归入"反精神医学"的谱系,但这种书写的尝试无疑是对香港精神康复领域的强有力反思。如何开发这些被"冻结的"残疾资历档案,使之成为理解我们社会中精神健康世界的阶梯,是残障研究者的使命。

① 杨锃:《"反精神医学"的谱系:精神卫生公共性的历史及其启示》,《社会》2014 年第 2 期。

推动残障范式转换，彰显残障主体权利

——残障、权利与正义年度大会(2014)综述*

2014 年 10 月 30 日至 11 月 1 日，由瑞典隆德大学罗尔·瓦伦堡人权与人道法研究所和武汉大学公益与发展法律研究中心主办，德国国际合作机构和国际劳工组织协办的“残障、权利与正义年度大会”在武汉举办。来自两岸三地以及德国、英国的近百名研究者、行动者参加了此次大会，作为瑞典罗尔·瓦伦堡人权与人道法研究所与武汉大学公益与发展法律研究中心合办的“中国残障人权利多学科研究项目”的组成部分，跨学科的初步研究得到了集中展示。此次会议把我国的残障研究融入全球的残障事业发展推向新的高度，会议采用论文研讨、圆桌论坛、开放对话的形式，就《残疾人权利公约》(Convention of the Rights of Persons with Disabilities, CRPD)的解读、CRPD 在不同国家与地区的推动与发展、残障权利的具体领域(教育、就业、司法、性等)等多个维度展开热烈而富于建设性的讨论。

一、CRPD：残障研究与行动的新纲领

2006 年 12 月 13 日联合国大会通过《残疾人权利公约》是国际社会在 21 世纪通过的第一个综合性人权公约，也是首个开放供区域一体化组织签字的人权公约。我国 2007 年 3 月 30 日签署，全国人大常委会 2008 年 6 月 26 日批准，于 2008 年 8 月 31 日对中国生效。CRPD 的产生对于残障权利的保障、倡导的意义自不待言，除此之外，签署国的批准既使得国际公约对本国具有了法律约束力，也让残障权利发展进入全球化的阶段。更为重要的是，即便是公约的非签署地区，例如台湾地区，CRPD 也已成为残障权利倡导组织、实务行动者、政府部门的行动参照。正是在这个意义上，两岸三地乃至更多国际间的残障研究与行动，具有了对话的基础和共同的行动目标，残障组织也具有了强有力的策略来源和合法性支持。

此次会议上，在“两岸三地的残障权利”环节，来自香港残疾人权利联盟的成员

---

* 本文成文于 2015 年，未发表。

冯慧瑛、台湾残障联盟的王荣璋秘书长、武汉大学公益与发展法律研究中心的张万洪教授分别以"香港执行 CRPD 的情况""《联合国身心障碍者权利公约》[①]在台湾的推动与发展""中国残障公民社会的崛起与残障者权利维护"为题，介绍港台地区与大陆的 CRPD 实践。冯慧瑛以香港 10 个自助组织自发组合起来的香港残疾人权利联盟在争取残障权利发声、立法实践的具体行动，阐释了"我们的事，我们要参与"(Nothing About Us Without Us)精神。香港残疾人权利联盟的行动是实务的和步步推进的，从认识现状到开展行动，再到提出建议，我们看到了从一般的 CRPD 原则检讨在地残障权利实践，到推动法律、观念、服务等改变的艰难而又具有可喜结果的过程。[②]当然，在推行残疾人权利时也遇到不少困难，冯慧瑛认为既有不同主体(政府、医疗界、教育界、社会福利界)对于 CRPD 的理解与解读共识的原因，也有家长、传媒等固有的文化观念，当然也有残障权利倡导的可持续性以及与其他议题的融合等等。

2006 年联合国通过 CRPD 后，台湾残盟呼吁政府将之转化为国内法，在这个过程中，台湾身心障碍权益保障立法演进有了新的发展。王荣璋认为台湾最新的《身心障碍者权益保障法》(2007)虽然参照了 CRPD，但依然有很多不足，但梳理现有立法，促进法规增修、废止及行政措施的改进等行动不能停止。张万洪从中国公民社会的特点出发，对残障公民社会的发展给予了充分的肯定和厚望。残障公民社会的发展在无障碍环境建设、精神卫生领域、教育和就业领域、优惠政策的落实等方面取得进展，并且在倡导策略上有了比较有效的尝试，实践证明，不管是采用正式的权益维护方式——公益诉讼，还是采用扎实的讲道理的方式——调查报告与建议信，乃至扩大影响的媒体推广和行为艺术，都是可行的自下而上的路径。相信在今后的实践中，残障权利倡导的策略工具箱越来越丰富。更为重要的是，残障权利的倡导与实践具有积极的外部影响。残障者的权利从来就是与其他公民权利联系在一起，所以张万洪认为，残障组织的发展是在一般的意义上培育一个更发达的公民社会。

二、迈向多元:残障范式的转换

社会如何描述残疾向来是一个文化与社会建构问题，并由此衍生出具体的

---

① 同 CRPD，我国台湾的用法。

② 例如，通过对 CRPD 一般原则和义务(第一条至第四条)的解读，发现香港的现状是"残疾定义仍未统一"，行动的方向是"开研讨会认识 ICF，约政府商议统一界定"，最后的建议是"统一界定残疾定义"。

社会政策与福利实践,因此如何界定残障就是一个首要的问题[①]。如何界定残障就构成了残障范式,托马斯·库恩意义上的范式就是某一个历史时期为大部分共同体成员所广泛承认的问题、方法、认识等等。[②]20 世纪 70 年代,英国反隔离身体残疾联盟(UPIAS)的活动家对英国的残疾人隔离政策发起挑战。经过 Mike Oliver 等人对于残障的新的理解的阐发,区别于以往的医疗模式被社会模式所取代。从此,社会模式不但被学术界所肯定,而且成为检验英国残疾政策、区分社会组织等方面的标准。英国激进的残疾的社会模式成为一个强势的范式,如果把它视作医疗模式——主要从人的缺陷方面研究残疾,这些缺陷造成了个人能动性受限制,并不能像“正常人”那样实现某种功能,残疾是一个需要被避免的缺陷,康复的重点在于残疾人自身——两个极端,那么其他,例如美国,从文化、少数者权利等等角度看待残障的范式,可以看作处于残障范式连续谱中间的范式。

残障研究向来是与残障权利运动不可分割的联系在一起的,CRPD 的出现同样受到残障范式的影响。然而,显而易见的是,CRPD 多少更偏向于社会模式,也即强调残障之社会结构的原因、建构以及干预方向。然而,正如库恩所揭示的,范式的转换并不简单。冯慧瑛所提到的权利倡导遇到的困难就是例证,范式的竞争不是一蹴而就的。

同样来自香港残疾人权利联盟的张馨仪以“戒药九年之后:疾病化与去疾病化之间的缝隙”为题,向我们展示了一个精神病人艰难的去符号化过程,也让我们真切地看到了行动者对抗医疗模式——需要对残疾人进行医学诊断与治疗、临床康复,相信专家和专业人士的作用——无助于挣扎。社会模式固然对于残障人士具有强大的解放性,然而几乎与残障权利运动同时,20 世纪 70 年以来关于社会的医学化倾向——将某种行为状态界定为医学问题或疾病问题,并授权或许可医学界提供某种方式的治疗——就从未停止。[③]疾病化通过严密的组织基础和巧妙的技

---

① 谁是残障者并不是一个不言自明的问题,残障的界定是一切有关残障的问题(认同、政策、干预、歧视等等)的基础。所以残障的界定不仅是一切法律法规实践中条款中的主体/对象问题,也是一切研究的出发点。不同的界定、测量残障的方法,残障的数量、政策干预等产生的差异(参见王国羽、林昭吟、张恒豪主编:《障碍研究:理论与政策应用》,高雄市:巨流,2012 年。巴尼特,奥尔特曼编:《残疾理论研究进展及学科发展方向》,郑晓瑛等译,北京:北京大学出版社,2013 年);邱大昕的研究发现,盲人的界定受现代技术的影响(参见邱大昕:《谁是盲人:台湾现代盲人的鉴定、分类与构生》,《科技、医疗与社会》2013 年第 16 期,第 11—48 页)。如果从语言表征的角度,也可以看出使用“残废”“残疾”“障碍”所保持的文化含义。

② 托马斯·库恩:《科学革命的结构》,金吾伦、胡新和译,第 2 版,北京:北京大学出版社,2012 年。

③ P. Conrad, *The Medicalization of Society: On the Transformations of Human Conditions into Treatable Disorders*, Baltimore: Johns Hopkins University Press, 2007.

术手段成为社会控制的手段,[①]所以作为个体的张馨仪将权利纳入这个关系模式是多么困难。不只是张馨仪所言"一个人的一生也可以像一场社会运动",如果我们借鉴港台在推动 CRPD 的行动上,没有过残障权利运动的内地是否至少也该在研究上去发现潜在的残障范式?

也正因为医疗模式作为精致的技术存在,所以需要更加细致的辨认不同的范式下的实践对残障所带来的权利侵害。英国利兹大学博士生黄裔的"浅析《残疾人权利公约》中'基于残疾的歧视'"以及衡平机构特约研究员陈博的"精神障碍人士民事独立起诉权的实践与发展:从《精神卫生法》到《残疾人权利公约》"都力图巧妙地突破已有观念的限制。黄裔的文章细致的区分了直接歧视、间接歧视与拒绝提供合理便利构成的歧视,从反歧视法由形式平等到实质平等的发展主线角度,肯定了 CRPD 的创新之处:合理便利指向了更微观、具体情境的权利—义务关系。堪称从解读 CRPD 的理念出发,寻找反歧视之具体切入点的力作。在把残障视作客体的范式中,残障的权利要么受到剥夺,要么在法的实践中模棱两可。精神障碍人士,在行使某些权利时,多少有些医学化的倾向对待——精神鉴定,并以此作为是否可以行使法律权利的前提。在实践中,精神障碍人士常常会失去"民事独立起诉权",而且由此引起的保障权利的司法过程无法进行,陈博将之称为"司法救济失灵"。由此,陈博比较了《精神卫生法》与 CRPD 条款和实践的不同意涵,CRPD 对于残障者获得司法保护方面,倡导残障权利的平等性。对于我国精神障碍人士的权利倡导方向以及切入点提出了一些探索性的方向。

三、回到残障:凸显残障的主体性

不管是范式转换还是多元范式,CRPD 的理念以及与会者的共识是回到残障的主体性。残障者的体验、日常生活、经历等就是残障权利的实现与实践场所,与残障者的生命历程相关联的教育、就业、婚姻、性等等都是残障权利的不同面向。与残障范式的转换一致,不同的预设、界定以及由此衍生的政策与文化实践对于主体性的强调相去甚远。

台湾东海大学社会工作系副教授吴秀照在她的"从'工作'与'就业'的意义再探庇护工场及障碍者另类工作场所的发展"重新思考了障碍者参与劳动的意义到底何在。CRPD"确认残疾人在与其他人平等的基础上享有工作权",即便是达到以

① 韩俊红:《21 世纪与医学化社会的来临——解读彼得·康拉德〈社会的医学化〉》,《社会学研究》2011 年第 3 期。

上条款,但残障者进行何种形式的工作却取决于各自国家的历史与社会情境。吴秀照检讨了庇护工场的发展历史,庇护工场对于残障者的工作权之保障具有积极意义,但在现代"工作"意义上的市场经济雇佣劳动理念的挤压下,庇护工场成为躲避市场竞争的受保护场所,因此残障者的工作在追求经济价值的原则下备受质疑。吴秀照反思了工作与就业的概念及其变迁,指出工作的价值不只是获取劳动报酬的就业,而是具有多重社会意义的过程。因此,吴秀照倡导残障者的就业应以追求社会目标为导向,并把社会企业作为一个可能具有突破意义的方向。

基于障碍者在就业中收到的忽略或歧视(机会不足)的现实,《广州市成年心智障碍认识就业状况、就业需求和就业可行性调研报告》已经摒弃残障者不必就业或者无能力、意愿就业的福利模式,秉持 CRPD 的理念,区分造成残障者就业困难的各种原因,哪些是个人,哪些是社会的。那些可变的社会环境乃至观念,就是残障者就业的现实路径。一些组织或机构并不满足于残障主体权利的倡导,来自德国维尔茨堡大学的 Tina Gebert 和国际劳工组织的周海滨分别以"残障人融合就业""残障就业的国际劳工标准及其应用"为题介绍了残障就业的实践。Tina Gebert 介绍了德国在落实 CRPD 的努力,德国政府出台预算 1 亿欧元的融入计划,在职业生涯规划、为青年残障人士提供在职培训、为老年重度残障人士创造就业机会以及在商会实施"包容性能力计划"开展行动。并以具体的项目实例展示了残障人士如何通过项目获得可持续性的就业和高质量的生活,残障的主体性得到很好的实现。国际劳工组织从保障残障的就业权出发,结合 CRPD 的理念,倡导隔离就业向开放的劳动力市场转变,并为残障人士自主的就业提供必要的支持。周海滨向我们展示了多方合作的工作机制,这也体现了 CRPD 合理便利中多元积极义务主体的参与,可见,残障的主体性体现与义务主体的参与关系密不可分。

正是在这样的逻辑下,一些研究者转向反思现有的实践在哪些方面限制了残障者的主体权利。例如王荣璋的"台湾身心障碍者就业状况与定额雇用制度沿革"、衡平机构研究员刘佳佳的"精神障碍者社会福利的'机构化'趋势及批判"、台南神学院陈文珊的"从司法障碍谈免于死刑的权利——从郑捷北捷杀人案的相关争议谈起"都是立足于残障的主体,思考定额雇用制度的局限、障碍者自我决策的剥夺、障碍者权利的制度保障。

残障权利的实现,就犹如残障本身所遭遇的社会建构一样,凸显残障主体性还必须打碎潜藏于不同残障模式的文化外壳。复旦大学社会发展学院博士研究生李学会的"残疾人的社会形象:对历次残疾人'全国自强模范'事迹的分析"可以视作一个尝试。到目前为止,已经进行过 5 次的"全国自强模范"评选与表彰,连同一层层一级级的“自强模范”评选和“全国自强模范”大规模的事迹巡回报告,构成了独特的面向残障但又不限于残障的政治加冕和文化狂欢。自强模范以男性、肢体残疾的成功者形象为主要特征,表面之下,自强模范的评选本质上是残障所取得社会成就超出一般社会印象的集体确认,残障者依然是同质性的、权利受损的、应该受保护的社会形象。

四、增强自觉:残障研究与行动的视角

回到残障的主体性,对研究者与行动倡导者提出了新的要求,如何表达残障面临视角的选择和自觉的选择。如此次会议所强调的,倡导多学科的研究,具体的研究实践固然有许多理论、方法的选择。然而,研究者在如何保持学科的视角、专业敏感性与促进残障之理解之间保持平衡,是一直值得思考的议题。台北大学社会学系系主任张恒豪副教授的“残障研究在研究什么”和南华大学应用社会科学系系主任苏峰山教授的“障碍的社会存有论:障碍研究模式之解析”,或许能够带来一些启发。

张恒豪首先界定了什么是障碍研究:探讨所有人类社会中的政治作用以理解社会而不是身体或心理造成的障碍经验。障碍研究已经发展为社会互动与社会政策中身体损伤的迷思、意识形态与污名。障碍研究挑战障碍者的经济、社会阶层与社会角色是他们身体状况下不可避免的结果的想法。障碍研究以破除障碍权利的社会阻力以解放障碍者的主体性。学术研究经历从研究障碍到障碍研究的阶段,正是范式转换和主体性凸显的体现与结果。张恒豪主要列举了障碍研究的研究内容:障碍的身体经验、社会模式与互动模式、少数族群模式与权利模式、障碍的文化研究与障碍文化研究,本次年会的研究基本都能归入以上研究领域。从研究者自觉(理论的、方法的)来说,这还不够,张恒豪探讨了障碍研究的立场和不同取向。障碍研究是解放性的研究前已论述。至于障碍研究的立场张恒豪分为 inside-out、outside-in、outside-out 三种取向,我们的研究固然不必坚持只有障碍者才能研究障碍的极端立场,但强调残障者的主体性——在这里是那些从事残障研究的残障者——依然是必要的。Inside 与 outside 主要从研究的主体来区分,强调主体性研究的重要性,但张恒豪指出用外在的视角研究残障问题依然是有价值的。

苏峰山对障碍研究的模式进行了全面的梳理,障碍研究的出现始于发掘与辨识医疗模式与社会模式的区别,更是建立在障碍概念的争辩与界定上。个人模式的障碍观包含两种类型,一种是视残障为道德状态,一种是视障碍为医疗状态,身

心损失是其概念基础,障碍是个人悲剧。区别于个人模式的残障观,社会模式[①]的残障观将障碍归结为某种社会压力,要么是英国的社会模式、美国加拿大的少数团体模式和文化模式、北欧的关系模式。不同的模式在意义、道德意涵、典型观念、起源、介入目标、模式优点与负面效果等方面具有巨大差异。知晓多元的残障范式有助于研究者在做研究时保持理论的自觉,而更重要的是,如苏峰山所言,"障碍研究并非单纯的学院研究,障碍研究从一开始就深受障碍者运动所启发,也同时影响障碍者运动的方向"。本次会议就是一个极好的体现,研究者、倡导者、实务者聚聚一堂,他们的实践已经表明,无论是倡导者的行动还是研究者的建议还是实务者的反思,都彼此指向各自的工作。除此之外,描述残障的多元范式,本身就意味着范式的动态性与开放性。

五、小　结

"残障、权利与正义年度大会"虽然已经结束,但残障研究以及残障权利的倡导与行动需要更进一步的推进,对于我国大陆的研究来说,既是一个机遇也是巨大挑战。与会者或许也会与本人有相类似的感触,残障研究是一个具有广阔发展空间的领域,但需要从多个方面补课。年会促成了具有全球特征的研究者、实践者网络,能否在共享 CRPD 理念的前提下,形成一个具有影响力的研究团体,如果可以作为一个方向的话,还需要更多坚实的努力:立足于本土研究脉络的梳理、立足于具体社会情境之行动策略的总结以及跨越二者鸿沟的尝试。

---

① 社会模式在一般的意义上是区别于个人模式的所有模式,特定使用时专指比较激进的英国的社会模式,即英国的社会模式是一般的社会模式的一种。

残障研究的多学科视角及综合取向*

摘　要:2006 年联合国通过、2008 年生效的《残疾人权利公约》,是面向残疾人的最全面的专门人权公约,它所倡导的社会模式已经成为各国立法实践与行动者倡导的立意指南。残障研究需要完成范式转换,借鉴多学科的视角,实现综合取向的实证研究。法学的人权研究、社会学的福利视角、社会工作的干预、人力资源的经济学视角,都是残障研究综合的学科基础。交叉学科(法社会学)以及注重实践的残障社会工作,将是残障研究的重要力量。残障研究要获得更大自主与自觉,还需要扎实的基础研究。

关键词:残障研究　学科视角　综合取向

一、引言:多元的视角为何必要

各种价值观、偏见以及潜在的经验影响着我们思考残障、事件以及政策的方式。清醒地意识到这些影响因素,能够使我们在研究中准确而全面地把握学科的视角以及范式之间的微妙差异。随着近代社会科学的产生以及后来的专业化,认识社会的方式往往体现在不同的学科的理论范式之中。有关残障的研究同样如此,残障现象得到了多学科的关注。在很多社会科学家呼吁跨学科的研究以及反对学科专业过于精细化的时候,残障研究似乎并没有得到应有的重视。从国际上来说,残障研究是伴随着残障权利运动而兴起的。在残障研究逐渐繁荣的同时,研究残障的视角也越来越丰富多元,更加强调残障人群自身的主体性。相较于西方而言,我国的残障研究是远远落后了,至少从研究共同体的角度来说,并没有形成相应的影响力。残障研究并不纯粹是研究者个人消遣或者纯粹兴趣的所在,而更在于"障碍研究并非单纯的学院研究,障碍研究从一开始就深受障碍者运动所启

*　原文发表于《社会工作》2015 年第 4 期,第二作者为傅志军。本文系 2014 年上海市残疾人联合会课题"残障与公共政策"(2014SHCL006)以及瑞典罗尔·瓦伦堡人权与人道法研究所与武汉大学公益与发展法律研究中心合办的"中国残障人权利多学科研究项目"(第二期)阶段性成果。

发,也同时影响着运动的方向”。①

残障现象是一个复杂的社会现象,在认识这一现象上,需要多元的视角和理论。实证主义范式强调客观知识的生产,倡导研究者与研究对象的分离,保持理性与情感的距离。而批判性的、女性主义的、后现代主义的残障视角的写作与学术实践,模糊了原有的相互隔离的学科界限。②

从知识社会学的角度来说,学术刊物是研究者(广义意义上的)发表研究成果、交流思想的平台,不过直到目前我国的残障研究交流载体仍然稍显不够集中和多元。③残障所涉及的领域十分广泛,从残障发生的预防到残障的干预,从残障社会政策的制定到社会政策的调整,从物理环境的改造到社会观念的变迁等等,单一的学科不足以提供足够的知识支持和行动指引。因此,围绕残障的研究与实践,包含了医学、心理学、教育学、社会学、法学等等学科的力量。这也就好理解挪威人权中心和罗尔·瓦伦堡人权与人道法研究所2006年以来积极倡导的跨学科项目,是如何旨在促进不同学科之间的交流,更进一步地促进国际间的相互学习。当然,如果从政治学或者社会政策研究的角度来说,这些国际机构扮演了政策、观念扩散推动者的角色。不过,学习的方向是多面向的。我们也看到这些国际机构的推动,有了实质性的结果。④本文试图对我国已有的残障研究按照学科的旨趣做一个简单的归纳,以期为推动残障研究的转型提供一些参照和指引。⑤

① 苏峰山:《障碍的社会存有论:障碍研究模式之解析》,载《残障、权利与正义年度大会论文集》,武汉大学,2014年,第90页。

② Susan Gabel and Scot Danforth, “Disability Studies in Education: Seizing the Moment of Opportunity,” *Disability, Culture and Education*, vol.1, no.1 (Jan 2002), pp.1—3.

③ 在我国大陆的残障研究刊物中,创刊于2011年《残疾人研究》(季刊)是最为核心的残障研究综合性刊物。历史更为久远的《中国残疾人》多是传达一些政策消息以及比较初步的观点、事迹。当然,除此之外,先后成立的一些残疾人研究机构也有一些出版物(例如《三月风》),尽管有些并不连续,但也是残障研究的重要积累。这些刊物也往往在联系基层、指导基层工作等方面发挥重要作用。

④ 作为瑞典罗尔·瓦伦堡人权与人道法研究所与武汉大学公益与发展法律研究中心于2012—2013年间实施的“中国残障人权利多学科研究项目”的成果,集刊《残障权利研究》的版的意义不仅在于残障研究多了一本著作。第二期“中国残障人权利多学科研究项目”的研究成果也即将面世,更重要的是,出版残障研究集刊标志着跨学科交流努力的常规化。对于国内的残障研究来说,无疑是个值得期待的事。

⑤ 如前所述,残障研究是一个受到多学科关注的领域,在此笔者只关注了法学的、经济学的、社会学的、社会工作的研究,而且即便如此也可能以偏概全。当然,关于医学的、教育学等学科的研究同样重要,本文在不同场合借鉴了这些研究。医学的研究,因为常常坚持医学模型而被简单化的理解,尽管很多研究者指出并不是所有的医生、康复实践者都坚持医学模式,笔者同样赞同应该对于不同的研究进行细致的清理与评估。例如,前沿的残疾人的性议题,医学领域的关注(参见秦云峰主编:《残疾人的性问题和性健康》,北京:中国社会出版社,1999年;谢松龄编著:《残疾与性:残疾人的性康复》,北京:华夏出版社,1987年。)不但时间早而且观点仍值得借鉴,尽管也需要检讨。教育学领域的残障研究同样重要,尽管在目前的实践中,主(转下页)

二、多学科的残障研究

从学科研究的角度来说,残障研究都有学科的基本方法、领域的烙印。残障研究所关注的,除了以残障者生活领域为划分的几个面向(例如残疾预防、教育、就业、婚恋、养老等等)外,更多的关注在于看待残障的一般视角、理解残障的一般取向和赋予权能的一般路径。不同学科在残障研究领域形成了差异的兴趣角度,具体来说,法学的残障研究以人权为基本切入点,社会学的残障研究以福利理论为基本框架,社会工作的残障研究以赋权为干预出发点,经济学的残障研究则重视残障者的人力资源开发。本部分回顾了国内相关学科主要的残障研究,并提出了促进学科综合的结合点。

(一) 法学的:人权研究

残障研究的初始阶段,首先以残障为研究对象,而非强调从残障者的主体经验出发。法学领域的残障研究,首先是以人权为突破口。当残疾人备受排斥、处于社会边缘时,获得与"一般人"所共同拥有的人权,既是必要的策略,也是获取其他权利合法性的第一步。"人权理论探讨的并非事实,而是应然权利"。[①]这也好理解西欧推动残障研究的机构主要是法学人权领域的机构,例如挪威人权中心和罗尔·瓦伦堡人权与人道法研究所。以人权为导向的法学残障研究,可以视作残障研究的基础性视角。

在法学的视角和实践中,保障残障者权益的工具和理念主要是立法。仿佛构筑完整而严密、专门的法律、政策,残障者的权益就能得到有效的保障。在诸如公平、平等、正义、自由、民主等普遍的人权话语下,诉诸于自成体系的法律法规自然是一个理所当然的选择,这也是诸多实务工作者、政策倡导者在行动选择或者给出建议方面常常做出的期待。法和政策的理念是一回事,实践是另一回事。想想一线实务者和政策倡导在执行政策或者新立政策时所面临的混乱、无力或者扭曲,就知道新的立法或政策并非最终的良药,至少不应该期望着法或政策毕其功于一役的把残障领域的问题一网打尽。造成这一局面原因包括:首先,法或政策出台的过

(接上页)要限定在特殊教育的议题之下。借助于大学的(特殊)教育教学与研究机构,以及一些特殊教育研究刊物(专门的如《中国特殊教育》),教育学的残障研究已经蔚为壮观。不同学科的研究的内部,都需要新的反思,尤其是2006年《残疾人权利公约》颁布以来,辨识研究实践中的理论、观念假设,避免凭经验直观描述、碎片化的阐述是迫切的任务。

① 张光杰、徐品飞:《人权是什么? ——三种阐释与一个回答》,复旦大学人权研究中心编:《复旦人权研究》,上海:复旦大学出版社,2004年,第24页。

程,本身就是各方观点、利益相互博弈的过程,[①]至少在理念上取得一致就不是一个简单的过程;其次,法的理念借助于文本以及国家机关所赋予的效力,还需要执法者的实践,而官僚体制的运作同样复杂,既有官僚组织的效率问题也涉及政治的正义问题;[②]最后,法与政策的变迁问题,很显然法和政策是会发生变动的(废止、修订等),那么现实的复杂性和流动性既是其推动力也是其塑造对象,除了现实总有法或政策覆盖不到的阴影,而且又有不断的新现实产生。立法当然重要,关注法的实践同样重要(往往是法社会学所擅长的视角)。而且一个新的现实是,残障权利运动的国际化趋势,也为不同国家的法律条文与观念的传播,提供了条件,但至于是如何完成,的确还需要深入的挖掘。[③]

(二) 社会学的:福利理论

从国外以及港澳的残障研究来看,社会学的残障研究几乎是最主要的研究力量,但从国内的实践来说,很难得出这样的基本看法。社会学向来以关注弱势群体、关注底层而为人所知,而且研究的对象包罗万象,这也难怪国际主流的残障研究呈现如此的学科倾向。当然,我国以"残疾人社会学"为名称的书籍出现并不迟。1993 年浙江残疾人问题理论研究会把残疾人社会学界定为:"研究残疾人和社会相互作用及其发展规律的科学"。[④]相较于"健全人",残障者的生活、教育、就业乃至婚姻家庭要面临诸多困难,在残疾人社会学的视角下,强调残疾人是社会人,鼓励回归主流社会是必要的,但把残疾人归为"社会的(最)困难群体""弱势群体中的弱势群体"就有把残疾人所遇到的困难简单归因于残障本身的危险,而且通过把残疾人问题转化为社会问题,获得了学科研究的立足点。沿着这样的思路,无论是解决社会问题、制定社会政策还是实现社会控制的功能,乃至实现建设小康社会、和谐社会的目标,社会学的研究都主要归结为社会保障与社会福利的议题。[⑤]

保障残疾人(及家庭)的基本生活,避免成为社会问题,是国家建构社会保障体

---

① 维特:《事故共和国:残疾的工人、贫穷的寡妇与美国法的重构》,田雷译,第 2 版,上海:上海三联书店,2013 年。

② 马萧:《官僚的正义:以社会保障中对残疾人权利主张的处理为例》,何伟文、毕竞悦译,北京:北京大学出版社,2005 年。

③ 介绍不同国家的残疾人立法状况的著作,例如刘翠霄:《各国残疾人权益保障比较研究》,北京:中国社会科学出版社,1994 年;陈新民主编:《残疾人权益保障:国际立法与实践》,北京:华夏出版社,2003 年。这些研究对于了解不同国家和地区的实践无疑是重要的,但对于观念的接纳、融合与改造同样不应该并视为理所当然。

④ 奚从清等主编:《残疾人社会学》,北京:华夏出版社,1993 年,第 8 页。

⑤ 参见杨立雄、兰花:《中国残疾人社会保障制度》,北京:人民出版社,2011 年;李迎生,厉才茂等:《残疾人社会保障理论与实践研究》,北京:华夏出版社,2008 年;广州市社会科学界联合会、广州市残疾人联合会编:《残疾人社会保障研究》,广州:广东人民出版社,2004 年。

系的初衷。在相当长的时期内,有关社会保障的残障研究,连同整个社会转型时期的社会保障体系建构(改革开放以后,20世纪80年代、90年代社会结构的变迁,所引发的经济社会转型与社会问题)研究,是主要的学术任务。在经历了长时间的经济高速增长后,一些学者呼吁"适度普惠性的福利制度",有关弱势群体的社会保障体系,转向社会福利研究①。

对于残疾人社会福利,周沛等人比较全面、细致的定义包含了福利主体、手段、目标等等内容:

> 残疾人社会福利是指以政府及社会为主体,以全体残疾人为客体,以制度化与专业性为基本保证,以保障性与服务性为主要特征,以社会支持网络为主要架构,以物质资助与精神支持为主要内容,以解决残疾人群面临的现实问题为动力,以不断完善并提升残疾人的物质与精神需求为宗旨,以保障残疾人生存为短期目标,以实现残疾人平等、参与、共享为中期目标,以促进残疾人个性化发展为长远目标的社会政策与社会制度。②

残疾人社会福利,在于实现"切实保障残疾人基本权利;减缓残疾人与其他社会群体的不平等,消除社会排斥,促进社会融合;维护残疾人尊严和自由的功能"。③以残疾人福利建设为路径,借助于国家法律政策,自上而下地构筑社会保障体系,有其正当性,也显得力量更加集中。如残疾人社会学所指出的那样,普通社会学的理论观点都是研究残疾人问题的根基,④诸如社会角色、社会化、越轨、文化、社会控制等等概念或者理论视角都可以深化我们对残疾人的行为以及社会干预的理解。如其他学科向残障领域的"入侵"一样,如果只是满足于社会学理论的研究对象与领域的扩展,不注意残障研究本身的视角转换,必然会遭遇研究范式上的危机。我们也看到,社会学视角下的残障研究逐渐深入和扩展,除了在社会福利领域里加强进行比较研究外,⑤也注重目前主流的社会模式的引进,⑥相信社会学

---

① 当然,这涉及怎样理解社会福利的内涵及其层次问题。目前我国的社会政策研究一般认为社会福利是社会保障体系的一部分,是比较高层次的部分。这样理解除了从"福利"词语本身理解比较符合我国的文化情境外,还与我国的经验直接契合。不过比较早的残疾人社会福利的研究,采用的是广义的福利含义(例如马洪路主编:《中国残疾人社会福利》,北京:中国社会出版社,2002年)。宽泛理解福利的含义的一个好处是不必把残疾人社会福利独立于社会一般福利安排,不足之处是,在实现社会福利方面,会面临(国家赋予的)福利与(本来应得的)权利之争。这种困境往往是政策倡导变革的来源。

② 周沛等:《残疾人社会福利》,济南:山东人民出版社,2013年,第39页。

③ 同上书,第41—42页。

④ 奚从清等主编:《残疾人社会学》,北京:华夏出版社,1993年,第17页。

⑤ 吕学静、赵萌萌:《典型国家残疾人社会福利制度比较研究》,北京:首都经济贸易大学出版社,2012年。

⑥ 谢佳闻:《家庭中的残障儿童:从社会模式理论看残障》,上海:上海社会科学院出版社,2012年。

的残障研究仍然具有广阔的前景。社会学强调残障的弱势地位，除了寄希望于国家社会保障体系的建构外，也强调对残障群体的赋权，在学科的分工中，这一工作主要是由社会工作来承担的。

(三) 社会工作的

改革开放以后整个国家的运转走向新的阶段，残障工作也逐渐走上正轨。如果只是说面向残障人群的工作，那么这个时期的确残疾人工作的确得以恢复和发展。我国的残障工作也是在这个过程中不断积累，1990 年浙江省残疾人联合会所编写的《残疾人工作概论》①是比较早的对残障工作的总结。虽然并没有明确用残疾人社会工作这样的专业词汇，但也的确提出了如何让残疾人工作社会化的问题。这一时期国际上的残障社会工作领域的著作也被翻译过来，例如英国社会模式的关键提出者和实践的捍卫者迈克尔·奥利弗(Oliver Michael)的《残疾人社会工作》也在 1990 年翻译过来。②但这并不是说我国的残障工作一开始就有社会工作的影子，或者一直就是如西方那样是社会工作的重要领域之一。主要原因在于我国社会工作发展所经历的独特历史阶段和时代。社会学中断将近 30 年，同时文革也影响了残障工作正常开展。20 世纪 80、90 年代，我国的残障工作主要是在国家层面建构工作组织架构、制定宏观的法律、国家发展规划等等，针对具体的社会服务还远远没有成为一个工作重点。而此时，社会工作的发展更是滞后。作为社会学二级学科的社会工作，其恢复时间也要远远晚于社会学。所以到 20 世纪 90 年代，残障社会工作的发展，很难说是社会工作领域的扩展或者恢复。

从社会工作专业本身的学科历史以及实践领域来说，残障工作一直是社会工作几个工作领域之一。所以尽管有错位的历史，随着残障工作对于专业化的需求以及社会工作建构的深入，二者的合流也是必然。截止到 2014 年，已有多部有关残障社会工作的书籍(表 1)。

表 1　近年来我国残障社会工作著作

著作名称	著者(编者或译者)	出版年份
《残疾人社会工作》	迈克尔·奥利弗著，谢子朴、谢泽宪译	1990
《残障社会工作》	马洪路主编	2007
《残疾人社会工作》	卓彩琴编	2008

① 奚从清、沈庚方主编:《残疾人工作概论》，杭州:杭州大学出版社，1990 年。

② 参见奥利弗:《残疾人社会工作》，谢子朴、谢泽宪，译，北京:华夏出版社，1990 年。该书英国初版于 1983 年。

续表

著作名称	著者(编者或译者)	出版年份
《残疾人社会工作》	王辅贤主编	2008
《残疾人社会工作》	Juliet C. Rothman 著,曾守锤、张坤译	2008
《残疾人社会工作》(第二版)	Oliver, Michael 等著,高巍、尹明译	2009
《残疾人社会工作》	李翠英主编	2009
《残疾人社会工作》	周沛曲,绍旭、张春娟等著	2012
《残疾人社会工作》	奚从清、林清和主编	2013

社会工作是个实践性非常强的学科和工作,而我国社会工作的发展与西方社会工作的发展有所差异。西方社会工作的专业化发展之路,建立在社会组织的实践基础之上,而我国的社会工作在重建过程中,国家以及专家(以高校以及专业学生的培养为基础)扮演关键的角色。这样的一种局面除了要面对社会工作者的专业建构之外,还要有社会工作实践本身的本土化过程。事实上,我国的残障工作也的确需要更加专业,社会工作的引入与发展将是一个不可避免的过程。那么这个过程,可以有两种路径,一是已有的残障社会组织引入社会工作力量,二是社会工作的专业力量建构替代已有的组织。近几年我国的社会工作专业以及实践获得快速的发展,而以公益创投为主要方式的政府购买公共服务也把社会工作专业人才的建设推向更务实的阶段。①

专业残障社会工作的发展,不管采用何种途径,都离不开这个场域内不同行动者的共同努力。政府主要的职责是为实践提供政策上的合法性支持,社会工作实践者是把政策与服务付诸实施的行动者,专家学者是政策制定以及专业实践的智识支持者,而残障群体以及相关者则是参与者。到目前为止,政府在职能转变的驱

① 中共中央　国务院 2010 年发布的《国家中长期人才发展规划纲要(2010—2020 年)》将社会工作专业人才提升为与党政人才、企业经营管理人才、专业技术人才、高技能人才和农村实用人才相并列的第六支主体人才地位。2011 年 11 月,中央组织部、中央政法委、民政部等 18 部门和组织联合发布了《关于加强社会工作专业人才队伍建设的意见》。社会工作的领域包括“社会福利、社会救助、慈善事业、社区建设、婚姻家庭、精神卫生、残障康复、教育辅导、就业援助、职工帮扶、犯罪预防、禁毒戒毒、司法矫治、人口计生、应急处置等领域”,不管是直接的残障群体,还是具体的服务内容,残障群体都是一个不会被忽视的群体。在社会工作领域的建构过程中,政府是一个重要的参与者。(参见李学会、周伦:《论政府购买社会组织服务与社会管理创新》,《北京城市学院学报》2012 年第 2 期;李学会:《公益创投:政府购买社会组织公共服务的实践与探索》,《社会工作》2013 年第 3 期。)与此同时,我国社会工作教育也获得长足发展。到 2014 年,教育部批准和予以备案的开办社会工作本科教育的高校已经达到 298 所,开办社会工作硕士专业教育的高校已达 104 所,还有一些学校开办专科/高职层次的社会工作教育。每年培养的社会工作专业毕业生超过 1 万名。(参见王思斌、阮曾媛琪、史柏年主编:《中国社会工作教育的发展》,北京:北京大学出版社,2014 年。)

动下，已经做出了相当的努力。本文仅从残障社会组织发展的角度探讨专业化发展，那就是通过行动导向的研究促进实践知识的生产。这也是我们对残障社会组织的观察以及服务项目的实践得出的一点思考。这些成立时间或长或短的组织或机构，虽然大都认识到研究的重要性，但要么囿于研究力量的不足，要么缺乏研究结果的传播渠道，这些宝贵的实践经验没有得到及时、深入的提炼。当然，不同主体之间的合作，还需要更多创造性的尝试。

从我国社会工作的发展来说，我们有理由期待它能够为残障工作带来一些改变或者新的认识。如果缺乏有关残障理论的支持，残障社会工作的开展或者就会陷入社会工作方法（个案、小组、社区）在残障群体上的套用。当然，这也是需要的一种做法。不过，社会工作实践不仅仅是把社会政策与专业服务实施的过程，也是反思社会政策、实现社会倡导的过程。在服务残障群体方面，社会工作丰富的干预模式足以说明社会工作专业方法的有效性。①不同的残障视角会决定不同的社会工作方向，如英国的奥利弗，在社会模式的残障理论视角下，如何改造个人模式下的社会工作就是一个迫切的问题。

（四）经济学的：人力资本与贫困

相比较而言，经济学对于残障的关注不多。②既有经济学学科本身的特点所致，也与残障群体本身的特点有关。不过，残障问题的确也是一个经济问题。不单是残障群体的社会福利事关资源的分配与再分配，残障群体的就业、教育、康复等等生活也是一个市场问题，同样需要经济资源。而且残障群体及其家庭的消费同样规模巨大，即便只关注康复领域的需求，面对 8 600 多万的残障群体，不得不说是一个潜力巨大的市场。残障群体所需要的康复与功能辅具等，以及残障群体生活水平的提高所衍生的需求（例如汽车、旅游、交往等），这些残障人群用品也的确是一个商机。在《残疾人市场掘金引擎》中，作者比照“银发经济”，试图建构“残疾人经济”，其立意旨在“从道义上，帮助残疾人改善生活状态和质量；从商业上，也是一个巨大无比的商机”。③虽然把残疾人的需求以及心理、行为等方面做一个一般性的理解，难免无法解决残障群体的复杂性。但提出了一个极为重要的问题，每年残障群体所需要的各种辅具以及康复的确是一个巨大的经济支出，④而且残障群

① 张福娟主编：《残疾人社会工作案例评析》，上海：华东理工大学出版社，2010 年。

② 巴尼特、奥尔特曼编：《残疾理论研究进展及学科发展方向》，郑晓瑛、张国有、张蕾等译，北京：北京大学出版社，2013 年。

③ 李野新：《残疾人市场掘金引擎》，深圳：海天出版社，2008 年。

④ 仅据 2013 年《中国残疾人事业发展统计公报》（[残联发（2014）29 号]），2013 年“为残疾人减免费用供应辅助器具 128.3 万件，其中装配假肢 2.9 万例、矫形器 4.7 万例，验配助视器 12.5 万件”。如果我们考虑到不同的残障类型以及所需要的辅助器材之差异，那么我国残障群体每年的康复支出，或者仅仅就辅具方面的支出将是一个惊人的数字。当然，为残障群体开发辅具，以实现某些功能的补偿，的确是一个十分重要的议题。

体的消费却往往受到忽视。残障群体的消费问题，我们对此知之不多。

残疾人的就业率低下，而且往往陷入贫困。这也是各国残障工作普遍面临的困难。经济学所提出的解决方案在于提高残障人士的人力资本。[①]在相当的程度上，经济学关于残障的研究要归于贫困研究的范畴。而残障群体往往由于缺乏足够的人力资本，而在市场经济（首先是劳动力市场）中处于弱势地位。随后的逻辑就是要想摆脱贫困状态，唯有进行人力资本投资与开发。当然，我们已经探讨过，残疾人可以参与劳动、创造经济社会价值已经是一个巨大的进步，而且这一事实也只有在近代以来才真正付诸实践。把残障人士视作一种资源，显然要比被视作一种负担来得更具有进步意义。熊斌、董志强把残疾人力资源开发的内容定义为："通过医疗和康复手段改善或恢复残疾人健康，通过其他有效措施（法律、制度、政策、教育、就业、指导等）尽可能使残疾人有能力防御、保护自己，不受压抑，能够同他人进行正常沟通，得到相应的就业机会和为社会做贡献的机会，适应社会环境及其变迁和发展。"[②]很显然，这种定义相当宽泛，可以说与其他学科关于残疾人劳动以及社会干预并无二致。而教育是人力资本投资的主要渠道，[③]不过教育投资回报率会随着年份的增长而边际递减。而目前我们残疾人教育的重点也的确放在了基础教育上。然而，有关人力资源开发的论调，除了主要关注尚具有完全或者部分劳动能力的残障主体，而忽略没有劳动能力的残障者外，还会面临的困境是有关残障人士的权利问题，以及公平与效率的关系问题。我们用全部的视角看待残障群体，并不是指责经济学人力资源开发的视角没有包括那些更为弱势的残障群体，而是从这个角度重新思考，残疾人为什么要工作？残疾人工作的意义何在？如果从这个视角来说，让残疾人的资源成为获取劳动报酬、创造财富的对象，似乎恰恰说明了残障群体在市场竞争中的失败。我们参照吴秀照的观点，残障人士参与工作的意义首要的不在于获得经济意义上的成功，例如获得报酬，或者稍具社会意义上的自主生活，而更在于，劳动是残障群体的权利，而且其他义务主体有义务创造条件达成其就业，劳动的社会参与、分工协作以及社会交往才是重点所在。[④]

---

① 熊斌，董志强：《残疾人力资源开发：一般分析以及基于重庆的实际研究》，成都：四川大学出版社，2002年。

② 同上书，第18页。

③ 贝克尔：《人类行为的经济分析》，王业宇、陈琪，译，第2版，上海：上海三联书店，上海人民出版社，2008年。

④ 吴秀照：《从"工作"与"就业"的意义再探庇护工场及障碍者另类工作场所的发展》，载《残障、权利与正义年度大会论文集》，武汉大学，2014年。

尽管如此，经济学的视角还是为残障研究开辟了多种可能，而且这些议题已经超出了纯粹经济的范畴，而是通过教育、就业、消费而与教育学、社会学、医学等发生联系。

三、残障研究：一种综合的视角

相较于西方的残障研究，我国的残障研究领域过于分散，研究力量尚比较薄弱，而且缺乏自觉的理论建构和历史梳理。残障研究的全球化既增加了不同国家残障领域的交往，也要求研究者具备理论自觉和本土意识。多学科的残障研究以及目前愈加庞大的研究力量为综合的视角提供了现实可能性。

（一）残障研究：研究什么及研究路径选择

在残障研究的议题下，与以主题为对象的研究不同，障碍研究的定位应该在有关残障的一般性研究，它的初衷应该在于增进对社会事实的反思性认识，涵盖残障与社会、残障与法律、残障与经济、残障与文化、残障与性别等等议题。很显然，残障研究与集中于某一类残疾或者残疾人需求的、某个面向息息相关，但也相当不同。社会如何界定以及看待残障，识别残障人士已经成为政策制定的前提。到目前为止，认识残障的几种模式被建构出来。例如医学模式与社会模式、个人模式与社会模式、福利模式与权利模式等等称谓。这些模式本身的识别，也是研究者首先要予以关注的议题。很显然，残障本身也是一个社会建构的过程。①尤其是2001年世卫组织通过的ICF以及2006年联合国通过的《残疾人权利公约》。这些不同理念之间的冲突与融合必将带来重新审视历史认识的契机。对于我国的残障研究来说，还有一个绕不开的任务，在于残障事业全球化的今天获得残障研究的自主性与自觉性。这意味着，我们的残障研究更多一层对外来知识的解构与重新理解。国际社会中的残障议题，也是残障研究的构成部分，例如我国的残障政策与国际人权公约的学习与演化关系，国际公约的扩散与内化等等。仅是定义残障上，也具有不同的视角。②

多学科、跨学科的研究无疑是残障研究的基本特点与路径之一，这种取向直接

---

① 邱大昕：《谁是身心障碍者：从身心障碍鉴定的演变看“国际健康功能与身心障碍分类系统”(ICF）的实施》，《社会政策与社会工作学刊》2011年第2期；邱大昕：《谁是盲人：台湾现代盲人的鉴定、分类与构生》，《科技、医疗与社会》2013年第16期。

② Riddle, Christopher A., “Defining disability: metaphysical not political,” *Med Health Care and Philos*, vol.16, no.1 (Aug 2013), pp.377—384. 王国羽、林昭吟、张恒豪编：《障碍研究：理论与政策应用》，高雄市：巨流，2012年。

体现在国际主流的残障研究的刊物上[①]。残障研究与残障社会运动有着复杂的联系,激进的、以解放为导向的(英国)社会模式,强调全社会的共同行动。从研究的角度来说,如何促进实践的变化一直是残障研究所集中思考的议题,其中的一个抱负就是,为变革政策与实践提供智识上的基础。[②]社会工作、医学、康复等领域兴起的以证据为本的实践(Evidence-Based Practice),对于残障研究来说,局限于特定的、局部的有效性研究受到更多质疑和反思。随着残障研究的增多,提升研究质量具有了坚实基础,一些国际性的残障研究刊物在残障研究的规范性等方面都在试图建构共享的学术写作规范。[③]残障研究的第二个路径取向,是实践导向。就研究而言,即是追求做基于经验证据的实证研究。与一般的社会科学研究倡导实证取向,以认识中国的现实一致外,[④]基于实践、经验的残障研究也是关注残障者主体性的要求。对研究者的要求来说,需要具备宽阔的视野,从历史的、比较的角度梳理现有的研究。

(二) 我国残障研究的组织基础

1988 年成立的中国残疾人联合会无疑是我国残疾人事业发展的里程碑事件,在改革开放以来的残疾人事业走向规范化,并与国际社会进一步接轨。随着残疾人事业的发展,残疾人研究越来越受重视,无论是政府部门还是学术机构都积累了一定规模的残障研究专家学者。2006 年联合国《残疾人权利公约》通过,我国完成第二次全国残疾人抽样调查工作。我国于 2008 年批准,同年我国修订的《残疾人保障法》施行。在此前后,有关残障研究的学术团体渐渐出现。2008 年,第一个全国性残疾人事业发展研究社团——中国残疾人事业发展研究会[⑤]成立。随后一些

---

① 西方主要的残障研究刊物主要在 20 世纪 90 年代左右产生,例如《*Disability and Society*》(1994)、《*Disability Studies Quarterly*》(2000)、《*Journal of Disability, Development and Education*》(2003)、《*Journal of Disability Policy Studies*》(1990)、《*Journal of religion, disability & health*》(1994)、《*Research in Social Science and Disability*》(2000)、《*Disability, Culture and Education*》(2002)等等,除了一般性的、综合的期刊,还有一些比较专门的刊物,以及一些定期出版的学术集刊。这些主流的残障研究刊物,都强调了视角的交叉性,当然也内含了学科的多元性。

② Suzanne McDermott, Margaret Turk, "How can research lead to change in practice?" *Disability and Health Journal*, vol.8, no.1, (Jan 2015), pp.1—2.

③ Susan Gabel and Scot Danforth, "Disability Studies in Education: Seizing the Moment of Opportunity," *Disability, Culture and Education*, vol.1, no.1 (Jan 2002), pp.1—3. Leighton Chan, Allen W. Heinemann, Jason Roberts, "Elevating the quality of disability and rehabilitation research: Mandatory use of the reporting guidelines," *Disability and Health Journal*, vol.68, no.2, (Mar—Apr 2014), pp.131—133.

④ Xie, Yu, "Evidence-Based Research on China: A Historical Imperative," *Chinese Sociological Review*, vol.44, no.1, (Fall 2011), pp.14—25.

⑤ 其宗旨为残疾人事业发展政策、理论与实践研究;重要规划、重大政策、会议文件、报告起草、编制;组织实施中国残联年度课题研究;组织开展残疾人状况监测;联系指导有关残疾人事业研究机构。该研究会内设残疾预防专业委员会、残疾人社会保障专业委员会以及残疾人公共服务专业委员会。

省份也成立分省残疾人事业发展研究会。中国残疾人联合会注重与地方残联、高校跨部门、跨地区的合作，先后建立北京大学中国残疾人事业发展研究中心(2007)、中国人民大学残疾人事业研究院(2007)、山东大学残疾人事业发展研究中心(2007)、吉林大学残疾人事业发展研究中心(2009)、南京大学(2010)、武汉理工大学中国残疾人事业发展研究基地(2012)、四川大学中国残疾人事业发展研究与培训基地(2014)、郑州大学残疾人事业发展研究中心(2014)，都是中国残疾人联合会指导下成立的针对中国特色残疾人事业发展进行研究的学术研究平台和科研创新基地。这些努力一开始就注重建设跨学科、开放型的研究机构，当然具体的研究取向与所挂靠的部门①以及组织机构的运行有关。这些机构在专业人才培养、政策研究、康复治疗等方面承担工作使命。

除了残障研究的组织建设以及相应的人才队伍的建设，定期的交流平台的建设则是把残障研究聚合起来的操作机制。中国人民大学残疾人事业发展研究院自2007年起开创性地搭建的两个中国残疾人事业发展高端理论平台：中国残疾人事业发展论坛(已经成为全国性综合型论坛，成立来的主题参见表2)、残疾人事业发展专题性论坛(近三年的主题分别为："国际视角下的残疾人事业发展"(2011)、"制

表2 中国残疾人事业发展论坛历届主题

届 数	年份	主 题	地点
第一届	2007	平等、参与、共享	北京
第二届	2008	残疾人事业发展研究会成立	北京
第三届	2009	残疾人社会保障与服务	广州
第四届	2010	残疾预防	北京
第五届	2011	农村残疾人社会保障体系和服务体系建设	长春
第六届	2012	残疾人社会福利政策与服务	南京
第七届	2013	残疾人人权保障与公共服务	济南
第八届	2014	中国特色残疾人事业	武汉

① 这些研究中心依托或挂靠的学术部门为北京大学(人口研究所)、中国人民大学(劳动人事学院、社会与人口学院)、南京大学(政府管理学院)、山东大学(哲学与社会发展学院)、吉林大学(哲学社会学院)。从中心的地位和组织来说，跨学科的残障研究一直是宗旨之一。例如，"中心"整合了山东大学哲学与社会发展学院、法学院、护理学院、医学院等相关院系的师资力量，共同参与跨学科的残疾人事业发展研究。吉林大学综合哲学社会学院、法学院、医学院、护理学院和公共卫生学院等相关学院多学科、多领域、多方面的学科门类齐全的优势，成立残疾人事业发展研究中心，研究残疾人问题，创新残疾人事业理论，培养从事残疾人事业的专业人才，为科学合理地解决残疾人问题提供决策依据和理论支持。

度创新与战略规划”(2013)、“残疾人同步小康与农村扶贫”(2014)),组织开展了多项国际合作与交流活动,对于建构组织性的残障研究共同体起到极大的积极作用。

四、小 结

就目前的研究而言,笔者认为有几个方面可以作为突破的面向。首先,避免同质化的危险,在我们使用残疾人的时候,往往会忽视在这一普遍性的称呼下,涵盖着肢体、智力、视力、精神、言语乃至还有并未明确归类的障碍类别,如果不顾及他们的历史、文化和经验的差异性,这个多元的世界将被遮蔽。其次,增加对性别、地域、阶层等各个方面的比较研究,有助于我们理解权力的运作逻辑以及社会中广泛存在的歧视。再次,经验研究应该被纳入一个更广泛的社会的、政治的、经济的、文化的背景中进行,以增进总体事实的理解。第四,研究者与被研究者之间的经验不应该完全对立起来,这些具体而流动的经验可以成为促成理解、相互学习和融合的有力力量。

推动我国的残障研究及质量提升,需要以更加多元的形式,例如文学式的或者个人化的故事、纪录片等等,再现残障现象。要实现这个目标,有关残障的基础研究,是促进残障研究发展的基础。残障研究形成共同体需要有共享的基础,一般来说社会科学的研究基本强调残障研究要嵌入在社会模式而不是医学模式之中。①这也是 2006 年联合国《残疾人权利公约》通过以来,社会模式几乎成为“政治正确”的唯一选择。尤其是残障社会组织的发展以及权利意识的觉醒,以社会运动为表征的倡导与发声也越来越多,例如近年来的自立生活倡导、无障碍环境建设、盲人普通高考争取等等。社会现实的进展为残障研究提供了丰富的研究题材,而梳理这些社会现象显然对于理解残障、不同范式的优劣以及基本的认识论、本体论假设至关重要。②实际上,社会科学所批判的医疗模式,在医学内部也有不同的历史形态。③我国的残障研究,既需要在我国的发展脉络中历史地理解,也需要从国际间的差异与相似来比较性的考察。

① M. Moore, J. Maelzer, S. Beazley, *Researching disability issues*, Buckingham: Open University Press, 1998.

② 张恒豪,苏峰山:《Disability Rights and Wrongs》,《台湾社会福利学刊》2009 年第 2 期。

③ 参见 S. Lewis, “Understanding Health By Building Better Bio-Medical Models,” in J. P. Sturmberg & C. M. Martin, eds., *Handbook of Systems and Complexity in Health*, New York: Springer, 2013, pp.243—250. Norma Leclair, Steven Leclair, and Christopher R. Brigham, “The Medical Model of Impairment,” in S. Goldstein and J. Naglieri, eds., *Assessing Impairment: From Theory to Practice*, New York: Springer, 2009, pp.59—75。

从隔离走向融合?

——我国视力障碍者高等教育的历史、特点及政策变迁*

摘　要:2014 年,被视为“盲人普通高考”元年。本文回顾了我国视障者高等教育的发展历程,分析了盲人参加普通高考的政策实践以及制度障碍的演变。我国残疾人高等教育具有规模小、层次低、存在性别和城乡差异、专业选择范围小以及无障碍学习支持不足的特点。隔离的特殊教育体系、单考单招的招生制度以及体检制度是视力障碍者高等教育面临的主要制度障碍。近两年的普通高考实践,已经对特殊教育体系以及视障生的教育预期产生了深远影响。隔离式的特殊教育走向隔离与融合并存的格局,然而视障者普通高考权利仍然是个未完成的状态。学生考试以及学习期间所需要提供的合理便利并未形成共识,我国残障高等教育政策面临调整的选择,而有关公平与效率、高校的接纳以及障碍者的自主选择权还需要进一步讨论。

关键词:视障者　高等教育　盲人高考　制度障碍

一、引　言

2014 年,被媒体称作“盲人高考”元年。从河南盲人李金生争取参加高考的曲折过程,到甘肃考生张耀东被湖北中医药大学录取成为第一个通过统一高考并被普通高校录取的盲人考生,经过媒体报道、专家解读后,盲人普通高考被赋予了实现教育平等、保障残障人士教育权利的意义。然而,针对“盲人高考”这一事实本身,其背后的历史成因、社会背景等等并没有得到更多的关注。仿佛只有从这一刻开始,盲人才被赋予了前所未有的权利,成为看得见的权利主体。

稍作追问,我们就会发现,解释 2014 年作为“高考元年”这一社会事实并不那么简单。我国高等教育本身所遭遇的巨大变动,当属 1977 年恢复以入学考试为高等教育主要选拔办法。可见,盲人作为潜在的参加高等教育入学考试的主体并非

* 原文发表于《社会工作》2015 年第 6 期,第二作者为傅志军。论文得益于 2014 年上海市残疾人联合会课题“残障与公共政策”(2014SHCL006)、瑞典罗尔·瓦伦堡人权与人道法研究所与武汉大学公益与发展法律研究中心合办的“中国残障人权利多学科研究项目”(第二期)。

在2014年。1985年滨州医学院正式设立残疾人临床医学系,首开残疾人高等教育事业的先河。随后,天津理工学院、北京联合大学也相继招收残疾青年入学。1987年,长春大学特殊教育学院成立,面向全国招收盲、聋和肢体残疾学生。可见,盲人不仅可以参加高考,而且作为一个事实长期存在。作为"高考元年"之高考指的是什么?李金生所倡导的高考是指普通高考,而非面向残障人士的单考单招。"高考元年"的全部意涵是,盲人参加普通高考的开始,盲人接受高等教育途径的扩充。随着隔离式的残疾人高等教育体系的确立,残疾人长期被排除在接受教育行列之外,高等教育权利与实践之间处于"脱藕"(Decoupling)/错位状态。①本文分析的重点不在于盲人高考的行动倡导本身,尽管这个过程同样值得仔细审视。我们的研究主题是我国(视力)残疾人高等教育的历史发展以及特点,并分析盲人高考的制度障碍。在此之后,本文分析了盲人高考突破了哪些障碍,还面临哪些难题。

二、我国(视力)残疾人高等教育的发展历史与特点

残疾人教育属于特殊教育范畴,比较综合的高等特殊教育定义是包括残疾人所接受的高等教育和为培养师资与研究残疾人教育所需要的高等教育,也就是残疾人的高等教育和为残疾人服务的高等教育。本文所探讨的是残疾人的高等教育,他们是接受高等教育主体。与普通同伴相比,残疾学生只有很小部分人能接受高等教育,而且主要面向肢体、视力、听力障碍者,以至有人将残疾人高等教育界定为"指为视觉残疾者、听觉残疾者、肢体残疾者举办的高等专门教育"。②要理解我国视障者的高等教育现状,就不得不了解我国残障高等教育的历史。

(一)我国残障人士接受高等教育的历史与形式

在新中国成立后的相当长的时间里,政府针对残障者的政策主要集中于因战伤残者的生活照料,教育领域的政策集中于基础教育,重在提高残障儿童的入学率。加之"文化大革命"对整个高等教育体系的破坏,20世纪80年代之前政府既没有专门针对残疾人高等教育的政策,也没有相应的残疾类别的教育统计,不同层次的教育质量都比较低下。如此低的入学率,意味着绝大部分的残疾人被排除在教育体系之外。例如,被誉为"中国保尔"的张海迪完全通过自学获得知识。残疾

① L. Swiss, "Decoupling Values from Action: An Event-History Analysis of the Election of Women to Parliament in the Developing World, 1945—1990," *International Journal of Comparative Sociology*, vol.50, no.1, (February 2009), p.69.

② 袁茵:《残疾人高等教育的理论思考》,《大连理工大学学报(社会科学版)》2002年第4期。

人接受高等教育，至少在20世纪80年代中期以前并没有获得制度性的许可。①

1985年2月，当时的教育部、国家计委、劳动人事部、民政部《关于做好高等学校招收残疾青年和毕业分配工作的通知》要求高等学校招生“在全部考生德智条件相同的情况下，不应仅因残疾而不予录取”，无疑具有积极的意义，但“残疾考生”仅限于“肢体残疾（不继续恶化），生活能自理，不影响所报专业的学习及毕业后所从事的工作者”。其他类别的残疾考试被排除在外。1985年9月，我国第一个专门面向残疾人的五年制临床医学本科专业在山东滨州医学院成立，学生需要参加全国统一高考录取。这一事件“在高等院校普遍以体检标准拒绝录取残疾考生的情况下具有重要意义”。②应该说，前者代表了普通大学随班就读的融合倾向，后者代表了普通大学中设立特殊专业的半隔离取向，而1987年开始招生的长春大学特教部则是隔离取向的延伸。但都离不开一个背景，就是1985年前后，我国高等教育领域的改革。尽管如此，开办专门面向残疾人的高等教育多少是出于对普通高校招生体检的应对。③

我国残疾人高等教育经过30年的发展，办学规模、形式等都有较大发展（参见表1）。从国际范围来看，残疾人高等教育有三种模式：一是“隔离式”的特教学院；二是在普通大学中附设特教学院；三是在普通大学中随班就读。残疾人高等教育招生入学是关键一步，目前我国残疾人接受高等教育主要可以通过以下几种途径：

1. 参加普通高考，普通高校录取。从制度上看，1985年2月，《关于做好高等学校招收残疾青年和毕业分配工作的通知》明确高校录取不得仅因肢体残疾而拒绝考生，即便如此残疾人的生活自理能力仍然是考量录取的必备基础。总体来说，

① “许多不曾相识的人们，给了她许许多多的爱，使她度过了生死难关，以优异的成绩高中毕业。她想考大学，想当作家，把人们对自己的爱都写进书里。可是，那时，残疾人还没有考大学的机会。樊建英被分配到李公楼街福利皮件厂当了一名工人，……”。樊建英（肢体残疾）系1991年全国自强模范获得者，前文“当时”系指1982年左右，可以为当时的残疾人高等教育作一个注脚。同样获得1991年全国自强模范的严邵钧（小儿麻痹导致肢体残疾），“1979年高考，获得了超过大学本科录取分数线的好成绩……体检却没有通过。伤残的左腿在人生转折点上拖累了他！”（参见典文，华风编：《自强之歌—3（2003年卷）》，北京：华夏出版社，2003年，第256、296页。）

② 《中国残疾人事业大事编年：1949—2008》编写组编：《中国残疾人事业大事编年：1949—2008》，北京：华夏出版社，2008年。

③ 我们可以看一看滨州医学院招收残疾人的历史：1984年，时任滨州医学院院长的郭玮发现，当时高考体检标准中明文规定不招收残疾学生，从而导致一批优秀残疾考生无缘大学。他深深为之惋惜，“是否可以为残疾人专门设立一个系，让那些优秀的残疾学生有学上？”谢丽福曾参加了4次高考，第一次过了本科线，后三次都过了重点线，但最终都是因为身体残疾而与大学无缘。“滨州医学院医学二系创办的前几年，学生年龄都偏大，那是因为许多高校拒收残疾学生而积攒下来的。这些学生高考成绩都很好，大多参加过数次高考，有着相似的坎坷经历。”参见《一所学校和一群残疾大学生的故事》，《中国教育报》2005年6月2日，第2版。这也是在1985年之前，残疾人被排斥在普通高等教育体系外的例证。

残疾人进入普通高校具有了制度基础。而且从近些年的录取形式来看,普通高等院校录取一直是主流(表 1)。但我们仍然有理由相信,进入普通高校学习的残疾人绝大部分是肢体残疾人,听力障碍和视力障碍者非常少。①

表 1 2001—2014 年高等院校录取残疾考生情况

	2003	2004	2005	2006	2007	2008	2009	2010	2011	2012	2013	2014
高等特殊教育院校录取	827	842	904	986	1 086	1 032	1 196	1 057	877	1 134	1 388	1 678
普通高等院校录取	3 072	4 104	4 335	4 148	5 234	6 273	6 585	7 674	7 150	7 229	7 538	7 864
合计	3 899	4 946	5 239	5 134	6 320	7 305	7 781	8 731	8 027	8 363	8 926	9 542

制作:笔者绘制,数据来源:中国残联"中国人残疾人事业发展统计公报"(2003—2014)②

1985 年以来原国家教委、国家计委、劳动人事部和民政部等单位先后多次发出通知,要求高等学校、普通中专和技工学校做好残疾青年的体检、招生和分配的工作。1987 年北京大学首次招收 21 名肢体残疾人,1988 年又有 11 名残疾人进入北大学习。"八五"期间全国约有 6 000 余名残疾考生进入普通院校学习。"九五"期间,有 6 812 名残疾学生进入普通高等院校学习,录取率始终保持在 90%以上。1999 年普通中等专业学校录取残疾考生 3 577 人,录取率 89%;普通高等院校录取残疾考生 1 381 人,上线考生录取率达到 90%。③

参加单招单考,特殊教育高校院系录取。招考采用"单独报名、统一命题、联合考试、分别录取"的方式进行,考试大纲由招考学校制定。长春大学特殊教育学院、滨州医学院视障生[中医学(针灸推拿方向),本科,2013 年开始招生]、郑州师范学院特殊教育学院聋人单独招生、北京联合大学特殊教育学院针灸推拿专业(专科、专升本)、中州大学特殊教育学院(听障)、南京特殊教育职业技术学院聋人三年制专科都是采用这种模式。在培养方式上,也是以隔离式的教育为主。

① 据笔者不完全统计,2013 年高等特殊教育院校招生计划,本科层次:山东滨州医学院(视力障碍 30 人)、长春大学特殊教育学院(听力障碍 132 人,视力障碍 66 人)、天津理工大学聋人工学院(本科,1997)、河南中州大学特殊教育学院、北京联合大学特殊教育学院(视力障碍 180 人,专科 90、专升本 30 人);专科层次:南京特殊教育职业技术学院(听力障碍 210 人)、长沙特殊教育职业学院、南京金陵科技学院、上海应用技术学院、广州中医药大学盲人大专班、广州大学聋人大专班。同时可参考宗占国,庄树范:《创建中国特色的残疾人高等教育》,《中国高教研究》2005 年第 4 期;赵向东:《北京高等教育中的残疾学生——北京 13 所高等学校残疾学生现状调查》,《中国特殊教育》2007 年第 7 期。

② 中国残疾人联合会:历年《中国人残疾人事业发展统计公报》,http://www.cdpf.org.cn/sytj/node_303997.htm,2015 年 6 月 17 日。

③ 中国残疾人联合会编:《中国残疾人事业年鉴:1994—2000》,北京:华夏出版社,2002 年,第 477 页。

高等教育自学考试、广播电视大学接受高等教育。1981 年国务院批准设立高等教育自学考试，[①]该制度“是从广大自学人员中选拔具有高等教育学历的各类专业人才，以弥补普通高等学校和成人高等学校培养人才的不足”，而且在 20 世纪 80 年代培养学生数目超过普通高校。[②]1986 年，原国家教委和残疾人福利基金会发布《高等教育自学考试残疾人应考者奖励暂行办法》，鼓励残疾人参加高等教育自学考试，并设立“残疾人自学成才奖励基金”。尽管不是主流的教育方式，但也的确为残疾人接受高等教育提供了另一种可能。[③]

（二）我国残疾人高等教育的特点

如前所述，我国残疾人高等教育的发展除了与普通高等教育具有不同的发展道路外，不同残疾之间的差异同样巨大。肢体残疾走在残疾人高等教育前列，而且更为融合，一般的特殊教育政策也多专指除肢体残疾之外的残疾种类。[④]除了这些特点外，从总体上我国残疾人高等教育具有如下特点：

1. 规模小。我国高等教育进入大众化时期，总体毛入学率已经超过 20%，而接受高等教育的残疾人适龄毛入学率还不足 1%，与非残疾学生相比差距巨大，面临高等教育入学机会的不平等。[⑤]

2. 层次低。主要集中于专科，本科研究生层次极少，与发达国家相比有相当大的差距，[⑥]针对残疾人的高等教育仍然是精英教育。

3. 性别、城乡差异。女性残疾人比男性残疾人、农村残疾人比城镇残疾人更不易获得高水平的教育。[⑦]

---

① 基本的制度框架是 1981 年 1 月 13 日《国务院批转教育部关于高等教育自学考试试行办法的报告》和 1983 年 5 月 3 日《国务院批转教育部等部门关于成立全国高等教育自学考试指导委员会的请示的通知》，1988 年 3 月 3 日国务院发布《高等教育自学考试暂行条例》（国发[1988]15 号），以上通知废止。我们在文章后面也会看到，自考在各个省之间具有很大差异，从制度到实施同样存在时间差。

② 洪佳士：《从宁夏首届毕业生质量看高等教育自学考试前景》，《宁夏大学学报（社会科学版）》1988 年第 4 期。

③ 例如，1991 年普通高等院校招收 1 465 名残疾学生，特殊高等院系招收 478 名聋、盲、肢残学生，而同年 4 770 多名学生通过自学考试获得大专文凭。参见 1991 年 7 月 20 日《国家教委、国家计委、财政部、民政部、劳动部、人事部、中国社会福利有奖募捐委员会、中国残疾人联合会关于切实做好“八五”期间残疾人教育工作的通知》。由于没有连贯、专门的统计，我们很难判断具体的数值变化。

④ 例如，高等院校在提前招生考试中，专指盲聋哑残疾，不包括四肢残疾等其他残疾。

⑤ 参见王志强、申仁洪：《残疾人高等教育随班就读初探》，《中国特殊教育》2008 年第 5 期；阎安：《残疾人高等教育发展道路探讨》，《社会工作》2010 年第 1 期下；廖娟、胡仲明：《残疾与教育相关性实证研究》，《残疾人研究》2013 年第 4 期。

⑥ 参见宗占国、庄树范：《创建中国特色的残疾人高等教育》，《中国高教研究》2005 年第 4 期；阎安：《残疾人高等教育发展道路探讨》，《社会工作》2010 年第 1 期下。

⑦ 廖娟、胡仲明：《残疾与教育相关性实证研究》，《残疾人研究》2013 年第 4 期。

4. 专业选择范围小。残疾人高等教育只能选择某些特定的专业，与国外的全纳教育相比，我国残障学生选择专业的范围要小得多。例如，与美国国家聋人工学院和俄罗斯鲍曼技术大学聋人中心聋人可以选择全校所有专业相比，我国天津理工大学聋人工学院学生只能选择现有的两个专业及学校提供的辅修专业。①而视力残疾学生更是仅有针灸按摩和音乐专业。

5. 无障碍学习支持不足。一般的学校缺乏对残疾人学习的支持，无障碍环境建设落后，即便是一些专门招收残疾人的高校，残疾人的学习仍然困难重重。②从事特殊教育的教师自身同样需要提高教学研究能力，以为残疾学生提供学习上的便利。③虽然普通大学生对于接纳残疾人接受高等教育，大多数都能接纳和认可，但对于如何平等、合适地相处、交流知之甚少，在真正做到融合方面还有很大空间。④要为残疾人高等教育提供合理便利的学习条件，背后必须有一套教学服务体系，例如聋人教育中的手语翻译、笔记记录员、声音文本转换系统、远程教学系统等等，我国与国外的设置还有很大差距。⑤

三、单考单招：视力障碍者高等教育政策

对于视力障碍者的高等教育，缺乏专门的分类统计（表 1），2003 年中国盲人协会第三届委员会工作报告勾勒出了一个一般的轮廓⑥：

> 盲童义务教育纳入国家教育发展总体规划，以特教班和随班就读为主体、以特教学校为骨干的特殊教育格局已经形成。全国现有特教中心 1 624 所，盲校、盲聋合校发展到 135 所，普通学校附设盲童班 141 个，大量盲童在普通学校随班就读，盲童入学率由 1997 年的 32.5% 提高到 2002 年底的 59.8%，……初、中、高级盲人职业教育全面开展，盲校普遍开设了职业教育课程，27 所盲校设立了职业高中；在青岛盲校成功试办普通高中之后，已有

①⑤　童欣、曹宏阁、康顺利：《分析借鉴美、俄聋人高等全纳教育经验——以美国国家聋人工学院和俄罗斯鲍曼技术大学聋人中心为例》，《中国特殊教育》2009 年第 4 期。

②　赵向东：《北京高等教育中的残疾学生——北京 13 所高等学校残疾学生现状调查》，2007 年《中国特殊教育》第 7 期。

③　边丽、滕祥东、张海丛：《残疾人高等教育教师队伍现状调查研究——来自四所大学的调查报告》，《中国特殊教育》2012 年第 11 期。

④　赵向东：《北京高等教育中的残疾学生——北京 13 所高等学校残疾学生现状调查》，2007 年《中国特殊教育》第 7 期。

⑥　甘柏林："振奋精神　携手共进　做好盲人协会工作——中国盲人协会第三届委员会工作报告"，2003 年 9 月 10 日。

10所盲校设置了普通高中，为盲人进一步接受高等教育打下了基础；北京联合大学、长春大学为盲人设置了本科按摩教育，新疆中医药大学设置了大专转本盲人按摩教育，盲人攻读硕士及博士学位教育也已开始出现。

我们可以看到，盲童的入学率相当低，1997年只有32.5%，直到2000年底，视力残疾儿童少年入学率仍然只有54.1%，在盲、聋、弱智三类残疾儿童少年入学率中最低。[①]2002年也只有59.5%，而2002年我国小学学龄儿童净入学率为98.6%。如果我们以6—14岁的儿童在学率比较，残疾儿童与非残疾儿童差距巨大。依2006年第二次全国残疾人抽样调查数据，非残疾儿童的在学率超过99.5%，而残疾儿童只有60%左右。[②]到2012年，残疾儿童的入学率依旧不高，[③]这也从另一个角度说明了我国残疾人高等教育规模小的一个原因。我国视障者的高等教育，同样具有以上作为总体的残疾人高等教育的特点，规模小、专业受限、层次低等。1987年长春大学特教部招收盲生，可以使视作我国视障者高等特殊教育的发端。尽管缺乏记录，但我们很难相信这是视障者高等教育的元年，但它的确是特殊教育在高等教育领域的延续：隔离的环境、受限的专业。

表2　我国视力障碍者报考特殊高等教育院校及要求

学校	专业	学制、学位	就业方向	规模	报考者条件
长春大学特教学院	针灸推拿学	医学门类，本科，学制五年，授予医学学士学位	面向残疾人的各级组织机构、特殊教育学校、各类医疗康复机构与按摩院等。	60	具有高级中等教育毕业或同等学力，年龄17周岁以上，生活能够自理的残疾青年。
	表演	艺术学门类，本科，学制四年，授予艺术学学士学位	能在专业文艺团体从事音乐表演工作，能在学校、企事业单位及社会团体从事教育教学工作	6	

① 中国残联教育就业部，残疾人教育工作概述："2000年底，盲、聋、弱智三类残疾儿童少年特殊教育残疾儿童入学率分别达到54.1%、72.9%和81.9%，平均入学率已由20%提高到77%"。（参见中国残疾人联合会编：《中国残疾人事业年鉴：1994—2000》，北京：华夏出版社，2002年，第586页）

② 程凯、郑晓瑛等：《第二次全国残疾人抽样调查数据分析报告》，北京：华夏出版社，2008年，第144页。

③ 刘延东副总理在全国特殊教育工作电视电话会议上的讲话（2014年1月27日）指出"2012年，残疾儿童少年接受义务教育的比例达到72%，比2007年提高10个百分点"，参见《教育部关于学习贯彻李克强总理等国务院领导同志有关特殊教育重要批示和讲话精神的通知》，2014年4月11日，http://www.moe.gov.cn/publicfiles/business/htmlfiles/moe/s7054/201404/xxgk_167495.html，2014年10月7日。

续表

学校	专业	学制、学位	就业方向	规模	报考者条件
滨州医学院	中医学（针灸推拿方向）	医学门类，本科，学制五年，授予医学学士	面向残疾人的各级组织机构、特殊教育学校、各类医疗康复机构，按摩院等。	30	生活能自理，符合全国普通高校招生体检标准，具有高中毕业或同等学力，有残疾证明的视障青年
北京联合大学特殊教育学院	针灸推拿	专科，学制2.5年	在各级中医院、康复疗养院的中医、针灸、推拿、理疗、康复、美容、保健等科室；各类康复、保健休闲、美容足疗机构；个人自主创业。	90	报考人员必须持有省、市级残联核准颁发的中华人民共和国残疾人证，并能独立生活和学习
	针灸推拿学	专升本，学制2.5年，授予医学学士学位	同上	30	

资料来源：作者依各校2014年招生简章搜集整理。

从表2可以看出，视障者的招生规模相当有限，200余人的名额与每年残疾人高等教育录取人数相比也只是相当小的一部分。①虽然在20世纪90年代，我国基础教育即开展随班就读，为残疾人就读普通高中打下基础。但从表3我们可以看出，2003年全国仅有盲人高中10所，在校生仅有347人。足见潜在的成为大学生的盲生在数量上相当有限。视障者高等教育的特点除了有一般的残疾人高等教育的特点外，以下几个特点也使视障者高等教育受到限制因素。

1. 注重技能教育的课程设置。针对视障者义务教育阶段之后的教育，目前的政策注重培养视障者的职业技能。因此中等职业学校以及在校生的数目与普通高中学校数、在校生相比，普通高中在校生数量小得多。如果我们向前延伸考察特殊教育义务教育阶段，计算高中入学率，这个数字也是相当低。②

2. 专业设置的限制。1987年盲生可以选择的专业是按摩和音乐，20多年来，选择的范围几乎没有任何变化。一个有意思的现象是，盲人高等教育与针灸按摩的高度匹配。除了大学教育，其他形式的大专班也基本上是针灸按摩专业。③在隔

① 2014年全国高考报名人数为939万人。

② 义务教育阶段以9年计算，考虑到在校生的数量变化不大，可以认为每一个年级的学生约为6万人，而进入中等职业教育学校学习的约占6%，进入普通高中的比例约为2%，尽管这个数字有所提高。但即便把二者数据加总，残疾人（除去肢体残疾）的高中阶段入学率最高不超过20%。

③ 例如1993年南京中医学院和南京市盲人学校合办的大专班。广州中医药大学与广东省残联2006年合办首届视障青年针灸推拿大专班。参见报道《粤首批单招盲人大专生开学 11名视障青年被录取》，2006年9月7日，http://www.chinanews.com/edu/jydt/news/2006/09-26/796047.shtml，2014年11月1日。

表 3 特殊教育不同阶段学生规模 （单位：所/人/所/个/万人）

	特殊教育普通高中阶段						特殊教育义务教育阶段			中等职业教育阶段		
	普通高中学校数			在校生			特教学校	普通学校特教班	在校生	中等职业学校	在校生	毕业生
	总计	盲	聋	合计	盲	聋						
2003	31	10	21	1 698	347	1 351	1 655	3 154	57.7	190	11 311	—
2004	53	12	41	2 416	333	2 083	1 679	2 713	54.9	145	11 259	—
2005	66	17	49	3 891	704	3 187	1 662	—	56	158	11 960	—
2006	69	15	54	4 192	807	3 385	1 648	2 547	56	116	8 732	4 984
2007	83	15	68	4 978	931	4 047	1 667	2 803	58	148	9 028	5 647
2008	95	19	76	5 464	1 006	4 458	1 672	2 844	58	162	9 932	6 033
2009	104	20	84	6 339	1 142	5 197	1 697	2 801	54.5	174	11 448	5 833
2010	99	15	84	6 067	783	5 284	1 705	2 775	51.9	147	11 506	6 148
2011	179	19	145	7 207	1 009	6 198	—	—	—	131	11 572	6 449
2012	186	22	121	7 043	1 488	5 555	—	—	—	152	10 442	7 354
2013	194	27	125	7 313	1 609	5 704	—	—	—	198	11 350	7 772
2014	187	—	—	7 227	6 173	1 054	—	—	—	197	11 671	7 240

数据来源：中国残疾人事业发展统计公报(2003—2014 年)。

注：表中特殊义务教育阶段在校生仅包括盲、聋、智残；2011 年开始统计口径有所变化，该年已开办特殊教育普通高中班(部)179 个，表中数据之和小于汇总，原因在于还有其他残疾类别的普通高中。

离教育体系中，视障生学习什么专业是十分确定的。即便是上大学，视障生所读专业也是职业知识含量较低的按摩，这反过来限制了视障生升学的积极性。

四、我国视障人士接受(普通)高等教育所面临的障碍

(一) 隔离教育理念下的教育体系

1989 年 5 月 4 日发布的《国务院办公厅转发国家教委等部门〈关于发展特殊教育的若干意见〉的通知》(国办发〔1989〕21 号)从根本上决定了我国特殊教育的格局。在《通知》中，国务院认为“建国以后，特别是近十年来，我国的特殊教育事业有了一定发展。但由于种种原因，我国特殊教育，特别是残疾少年儿童教育，已经成为普及初等教育最薄弱的环节，目前全国盲、聋学龄儿童入学率还不足 6%”。很显然，残疾少年儿童的低入学率已经成为我国普及初等教育的障碍。《通知》从宪

法保障残疾人受教育权出发,把发展特殊教育视作"提高残疾人素质的根本途径"。残疾儿童长期被排除在义务教育体系之外,发展特殊教育的方针多少有些提高整体义务教育入学率的考量。

根据这个通知,在此后的实践中,基本上形成了特殊教育的基本框架。在盲童教育的布局上,1989 年的《通知》指出"原则上以省、自治区、直辖市为单位划片设校,或以地市为单位设校;并有计划地在聋童学校和普通小学附设盲童班,或吸收掌握盲文的盲童在普通小学随班就读"。

表 4 我国特殊教育办学形式

学习形式	适用对象	办学形式
普通班学习	虽有一定残疾,但可以在普通班学习的残疾儿童	随班就读
普通小学附设特教班	随普通班级学习困难较大的残疾儿童	普校中的隔离教育
特殊教育学校	肢体残疾和有学习障碍、语言障碍、情绪障碍等少年儿童	可以直接办校,也可以先办班后办校;可以办全日制学校,也可以办课程设置暂不齐全的学校;可以每年招生,也可以隔年招生
高等院校、中等专业技术学校和技工学校	继续认真贯彻落实招收残疾学生的有关规定	有条件的省、自治区、直辖市,要选择一、两所大专院校,试招盲、聋等残疾学生在适合的专业中学习

1990 年我国颁布的《残疾人保障法》有关教育的条款,以及 1994 年国务院颁布的《残疾人教育条例》都延续这种残疾人教育的办学理念。学生分流所依据的原则过于笼统,为各地实践留下极大的自由裁量空间。

(二) 特殊教育政策的隔离教育使得残疾人教育缺乏连贯性衔接

随班就读常常被视作融合教育的主要形式,然而在实践中,隔离教育是残疾人义务教育阶段的主要形式(参见表 3)。正式文件中首次出现"随班就读"概念是在 1987 年颁布的《全日制弱智学校(班)教学计划》(征求意见稿)中,1989 年《关于发展特殊教育的若干意见》也把它作为残疾人教育的一种形式。1994 年原国家教委颁布《关于开展残疾儿童少年随班就读工作的试行办法》,此后一些残疾人普通教学班级逐渐出现。从教育体系的角度来说,特殊教育与普通教育相对独立而又可以相互连接(图 1)。没有确切的数据表明有多大规模的特殊教育与普通教育之间的转换,在后文的分析中,我们看到招生体检的制度就是阻挡这条道路的障碍之一。一旦进入特殊教育的体系,体系自身的逻辑多半会锁定(Lock-in),受教育者的教育过程具有路径依赖的特点。

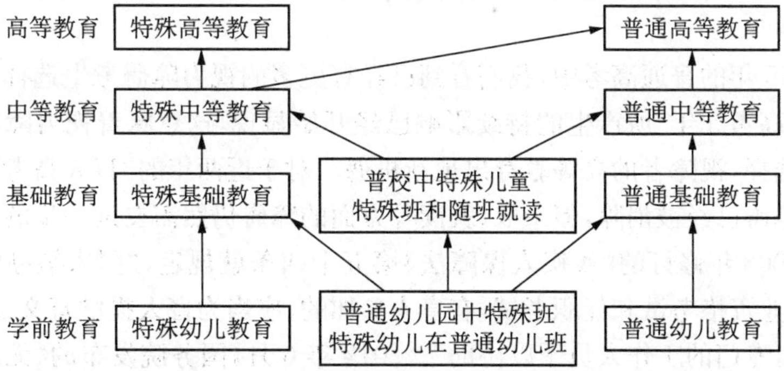

图 1　普通教育和特殊教育的交叉融合图

资料来源：朴永馨主编：《特殊教育学》，华夏出版社 1995 年版，第 57 页。

隔离教育所具有的长远影响，更在于普通学校失去了为残疾学生创造合理便利与学习无障碍环境的理由。直到 2012 年，国家出台的《无障碍环境建设条例》也未对所有校园的无障碍环境创造做出强制性的要求。残疾学生的学习环境对学生造成的影响可想而知。

(三) 招生制度中的体检

在福利性的残疾人教育政策视角下，平等受教育权得不到保障，入学机会、普通高等学校选拔方式、专业设置等都存在局限。①我国高等教育招生的制度安排中，考试和录取是两个极为关键的环节。隔离教育是残疾人招生形式（单考单招）的决定因素，而体检则是残疾人进入普通高等教育体系的最后一道屏障。1985 年是残疾人高等教育的里程碑，但开放对象仅仅局限于肢体残疾。事实上，体检也确实是残疾人接受高等教育的重大障碍，因此各级部门出台系列政策调整和干预，而且针对视力的限制与规定是所有条款中最多的。

2003 年，教育部规定由于视力及肝功不正常等方面的原因，高等学校可限定部分专业不予录取。随着体检工作的深化，标准也更加具体。制定体检标准者提到，标准内容供考生在报考专业志愿时参考，学校不得以此为依据，拒绝录取达到相关要求的考生。我们可以看到这些体检标准，体现出以学校招生为中心的体检标准、以健全人为中心的体检隔离的特点。既明确了体检的障碍，也告诉残疾人基于视力限制的专业不可以就读，但吊诡的是，在哪些专业可以的限度上，也只给按摩留足了空间。

① 林聪、林莎莎、林慧慧、杨林：《农村盲生的教育通道》，杨立雄主编：《中国残疾人事业典型案例》，北京：人民出版社，2012 年。

五、参加普通高考:视障者高等教育的新机遇与挑战

在2015年的普通高考中,我们看到已经有更多的视力障碍考生选择了普通高考。"盲人高考元年"所产生的持续影响已经开始显现,这意味着视力障碍考生有了更多的选择,视障者的高等教育出现新机遇。对于近两年的"盲人高考"而言,盲人报考的障碍已经被消除,但录取、就读等方面的障碍仍然需要进一步的倡导和制度规范。2008年修订的《残疾人保障法》第五十四条就规定,"国家举办的各类升学考试、职业资格考试和任职考试,有盲人参加的,应当为盲人提供盲文试卷、电子试卷或者由专门的工作人员予以协助"。2012年6月,国务院发布的《无障碍环境建设条例》第二十条重申了这个规定。可见政策能否得以执行也将是考生所面临的不确定来源之一。2014年2月10日的《教育部关于做好2014年普通高校招生工作的通知》(教学〔2014〕1号)在《2014年普通高等学校招生工作规定》第"五、考试"部分,第14条指出,"各级考试机构要为残疾人平等报名参加考试提供便利。有盲人参加考试时,为盲人考生提供盲文试卷、电子试卷或者由专门的工作人员予以协助"。虽然只是重申了2008年修订的《残疾人保障法》以及2012年《无障碍环境建设条例》的有关条款,但实现了法律法规从文本走向实践的政策过程。

教育部、中国残疾人联合会2015年4月联合发布的《残疾人参加普通高等学校招生全国统一考试管理规定(暂行)》主要围绕考试本身,考虑如何为(视力)残疾考生参考提供合理便利。正如前文分析,能不能参加普通高考只是视障生高等教育困境的一个面向。从视障权利的倡导来说,同样还需要进一步的倡导。其中一些议题必须要认真的对待。

第一,隔离是平等的吗?视障考生争取普通高考权利,更深层的是挑战隔离教育。近几年,国家越来越重视特殊教育。教育部、发展改革委、民政部、财政部、人力资源社会保障部、卫生计生委、中国残联等部门联合提出《特殊教育提升计划(2014—2016)年》,国务院办公厅2014年1月8日予以转发。这也是落实《国家中长期教育改革和发展规划纲要(2010—2020年)》的一部分。然而特殊教育的发展,重点依旧放在了发展特殊教育学校上,延续了隔离教育的思路。尽管这么做的目的都是"切实保障残疾人受教育权利",不过能否达到此目的,实现教育公平仍有讨论的空间。倪震从美国种族隔离教育的变迁历史那里获得了理解我国视障人参加普通高考的新视角。①1954年沃伦首席大法官代表联邦最高法院宣布,黑人布朗

① 倪震:《为什么他们选择相同的职业:东市盲校的学生生活》,张万洪主编:《残障权利研究》(2014年卷),北京:社会科学文献出版社,2014年。

诉脱陪卡教育委员会案胜诉，终结了1896年“布莱希案”的“分离但平等”原则。一方面是由于美国教育资源和教育环境的变化，教育越来越重要，但隔离的教育让不同种族获得相同资源上却是不平等的；另一方面隔离本身就对被隔离群体的心理、精神以及社会地位产生负面的影响。基于残障的隔离教育，同样将机会的平等以及实质的平等置于尴尬的位置。我国的隔离教育实践历史悠久，如何走出路径依赖、利益纠葛的困境，还需要在有关平等的问题上进行细致的讨论。

第二，理解“适合”残疾人的专业。坚持全纳教育理念的发达国家，残疾人选择就读专业更具有自主性，学校通过多方位的教育支持增加残疾人接受教育的便利性。[①]而目前我国视障者高等教育所选择的专业不但寥寥无几，而且主要被限定在按摩上。长期以来，“盲人”从事做按摩的理由通常被认为是“盲人适合做按摩”，基本上基于身体的功能。如何破除笼罩在视障人士身上的“按摩”这个社会—文化魔咒，将会是一个持久而艰难的任务。分布分散的盲校、就学信息的获得、学校的远近、家长态度与期望等都对盲人入学机会产生影响。[②]更重要的是盲校一般远离主流社会，封闭的寄宿制管理模式更是让盲生处于进一步隔离的状态，选择相同的职业（按摩）就有了制度、文化上的保证。[③]可以想象的是，视障学生可以参加普通高考，而接下来的就是用什么样的考试方法考试，再接下来选择什么样的专业。不管怎么变化，予以高校更多的自主权和考生的选择权必然是一个方向。但是，在具体怎么实现的技术和策略方面，仍然需要借鉴先进经验、共同协商。

第三，高等教育机构：充分的接纳准备好了吗？高校必然会成为下一个积极的义务主体，合理便利的理念也将会成为一个视障者要求学校接纳的理由。然而，目前的高校做好准备接纳视障学生了吗？“没有先例”会不会还会成为高校在录取环节予以拒绝的理由？一个学校接纳视障学生，必然会引起或者需要整个系统的变动。无障碍学习环境的建构，不仅需要学校基础的物理环境的过关，还要有学校教师、同学提供一些积极义务，当然，更需要有资源中心为以上主体提供必要的支持。在这个领域，一些权利倡导组织可以发挥更多的功能。

第四，有关公平与效率的问题。随着视障者普通高考实践的增多，一些更为一般的本质议题就会呈现，例如公平与效率的关系问题，事实上，2014年“盲人高考”事件的各种报道以及引发的公众讨论，已经开始了对这个议题的讨论。例如考试

① 茅艳雯、马红英：《发达国家残疾人高等教育研究综述》，《中国特殊教育》2010年第3期。

② 林聪、林莎莎、林慧慧、杨林：《农村盲生的教育通道》，杨立雄主编：《中国残疾人事业典型案例》，北京：人民出版社，2012年。

③ 倪震：《分离但平等？一项关于残障人高等教育和残障人教育体系的研究》，刘小楠主编：《反歧视评论》第1辑，北京：法律出版社，2014年。

内容的多少(题量以及与此相关的考试时间)、题型的设置(例如数学中的图形)、考试的形式(单考单招还是统考统招)等等问题,都涉及盲生与非盲生、盲生之间的公平问题。与视障学生考试所需要的高成本相比,归于统一的特殊教育会不会更有效率?这些问题,都需要得到解答。

六、小结:未完成的赋权与充权

历史转向2014年,盲人普通高考权的争取与实现,可以视为残疾人高等教育回归主流的努力,残疾人高等教育的发展模式问题又呈现为公共议题,但到目前为止似乎还没有引起正视。也就是鼓励高校招收残疾人,采用随班就读的方式利用普通高校的教育资源。①直观上看,高等教育阶段的随班就读,可以避免专业的重复建设,也可以让残疾人接触和使用更丰富的学术资源,更为关键的是,普通人与残疾人的日常接触本身就是融合教育所依靠的路径。但这些观点忽视了获得大学资格之前漫长的准备阶段,也没有为残疾人的适应和普通人的接纳提供更多的想象,残疾人要克服的障碍远远不是只来自学习。有人鉴于目前的各种条件,指出建立更多的特殊教育学校是让更多残疾人接受高等教育的可行形式。②从全球残障教育的趋势以及残疾人自身的诉求来看,隔离式的教育并不代表主流的方向。视障学生可以参加普通高考的影响是多元而开放的,可以改变教育者、受教育者及其家长的教育预期,可以影响盲校的教学与职业训练安排,可以促使高校在接纳视障学生时考虑好做出什么样的准备,可以影响普通大众对视障者的认知等等。

盲人已经迈出了艰难的第一步,目前盲人大学生仍然只是极少数,但却对现有的这个系统提出了挑战。尽管目前的教育领域,对应试教育颇有批评,然而盲人融入其中却困难重重。③在接纳视障学生的态度上,高校与视障者接触的历史、专业

---

① 王志强、申仁洪:《残疾人高等教育随班就读初探》,《中国特殊教育》2008年第5期。

② 廖娟、胡仲明:《残疾与教育相关性实证研究》,《残疾人研究》2013年第4期。

③ 2014年3月23日,《有人》杂志执行主编蔡聪,作为唯一的一名残障人,参加了美国总统夫人米歇尔在北京美国大使馆举办的教育圆桌会议。会后,蔡聪说道:"整个会议上,所有人都在谈中国的应试教育如何改革,就我这一盲人在谈我们要融入应试教育的体制中去,要参加到万恶的普通高考中去。在追求平等与融入的路上,很是悲哀呀!"这与20世纪60、70年代少数族群的权利运动的情形颇有相似之处,残障人士把自身所遇到的社会隔离类比于黑人受到的排斥与隔离,主张争取反排斥与隔离的权利。他们以"黑人为了要坐公车的前座而抗争,我们却为了能坐上公车而抗争"(Black people fought for the right to ride in the front of the bus. We're fighting for the right to get on the bus),意指黑人权利运动抗议种族隔离从拒绝被安排到公车的后座,坐到前座白人区开始。而残障人士,由于缺乏无障碍设施的设计,连坐上公车都很困难。(参见王国羽、林昭吟、张恒豪编:《障碍研究:理论与政策应用》,高雄市:巨流,2012年,第24—25页。)

知识等影响他们对视障学生能力、情感、信任的判断。[①]盲人大学生要实现与环境的和谐共生，学生需要得到适当的支持，教师也需要得到适当支持帮助其调整教学。[②]盲人大学生如何适应环境并要求学校提供合理便利？学校如何做出调整以消除环境障碍？普通学生如何“合适”地与盲人大学生沟通？教师怎么调整教学方式以顾及特殊的学生而又不失公平？残疾人权利的倡导组织如何跟进？……权利之门已经打开，但路走向何方还需要细致的推敲和观察，相关的话题才刚刚开始。

---

① 陈光华：《对视障生接受普通高等教育的态度调查》，《中国特殊教育》2005年第12期。

② 茅艳雯、马红英：《发达国家残疾人高等教育研究综述》，《中国特殊教育》2010年第3期。

残障观的多元范式与残障研究的转向

——兼评《残障权利研究》与《障碍研究》*

摘　要：医学模式、社会模式以及尝试超越二者的普同模式，构成了考察残障的多元范式。本文借助于台湾综合性的残障研究著作，探讨我国大陆残障研究尝试理解和转化国际残障研究中知识、理念的努力。对于中国的残障研究而言，关注残障者的主体性并反思残障研究的隐含假定是残障研究的重要任务。本文提出了一个可供参考的反思框架，亦可以作为寻求突破的方向。

关键词：残障研究　社会模式　医学模式　研究转向

一、引言：如何认识残障

残障①人士向来是社会成员中从未缺席的一部分，但如何认识、理解残障本身，深受文化观念、历史传统、社会制度等因素的影响，如何“合适的”描述和对待残障人士摇摆不定，进而衍生出差异巨大的法律、社会政策和社会态度。以残障为对象的研究，虽然在现代科学观念下可以更加客观、理性、中立地表达观点，但这些研究同样参与社会建构，甚至是残障权利运动的一部分。

2006 年联合国通过的《残疾人权利公约》为我国残障研究、残障权利倡导事业

---

* 原文发表于《社会工作》2016 年第 3 期。本文系瑞典罗尔·瓦伦堡人权与人道法研究所与武汉大学公益与发展法律研究中心合办的“中国残障人权利多学科研究项目”的阶段性成果。研究的初步想法得益于项目 2014 年 8 月在台湾中正大学紧凑而充实的学习。2014 年 10 月在武汉大学召开的残障权利年会，与与会人员的交流受益匪浅，尤其是与王国羽、王秀照、张恒豪、苏峰山等老师的交流。项目成员包括来自 NGO、自倡导、多学科北京的研究者，相互之间正式与非正式的交流深化了研究的设计。同是成员之一的上海市民远职业技术学院的傅志军副教授，他的引介使得本人与上海市虹口区特殊教育与康复指导中心的合作成为可能，直接的经验和督导经历对于反思研究提供了良好的途径。

① 笔者赞同如何称谓具有某种缺陷或者身心遭遇障碍的人士是重要的，实际上不同文化中的称谓例如残废、残疾、身心障碍等等已然是一个社会建构的文化事实，既体现了残障人士的正名乃至于自我认同，也体现了社会再现残障的方式和文化意涵[例如张恒豪、苏峰山(2009)对战后台湾小学教科书中障碍者的分析以及李学会(2014)对全国自强模范社会形象的研究]。本文采用的是残障这样一个比较宽泛的概念，不同于残疾——多多少少有些医学模式的意谓，也不同于(身心)障碍——过度重视残障人士本身的社会状态而忽略了其他(权力)主体在界定残障群体“资格”发挥作用的现实。文章中在使用不同概念时，为了引述原文的完整性，保留了不同的用法。例如，台湾的残障研究，倾向于使用“障碍”一词。

的全球化提供了契机。他国的研究观点、理念、技术等方面有了现实的传播路径,本土在地的组织以及观点拥有了国际交流的机会[①]。对于残障群体的权利而言,是一个契机,也是一个挑战。互联网、智能通信设备大大弥补了残障人士在某些功能上的不足,甚至成为身体机能的某种延伸;同时,残障群体权利意识的觉醒,国际的新的做法、理念等等有关权利、行为、政策等的具体突破都可以比较快速地传递到残障群体中,这对残障群体的权利倡导来说,无疑是一种良好的示范和合法性来源。长期以来,我国残障研究囿于经验现象的描述和一般对策的阐述,研究所依据的理论范式以及方法的科学性相对受到忽视。学术研究虽然滞后于一线的残障组织对于《残疾人权利公约》的反应,但也已经迈出了坚实的一步。武汉大学公益法研究中心主编的《残障权利研究》(2014)是一个良好的开端,试图以实证的方法,融合多学科的视角。

作为残障研究步入全球联系的例证,2014年瑞典罗尔·瓦伦堡人权与人道法研究所[②]与武汉大学公益与发展法律研究中心合办的"中国残障人权利多学科研究项目"同样也在推动残障研究的全球化。项目所支持的台湾行程部分,为两岸残障研究的接触提供了便利,也让有着一脉文化相连的两岸,在残疾人事业发展方面有了碰撞。由台湾障碍研究的重要代表人物王国羽、林昭吟、张恒豪主编的《障碍研究:理论与政策应用》(2012)可以视作台湾学者障碍研究的总结和与西方障碍研究对话以获得本土认同所做的努力。台湾的残障研究者作为项目的参与者,在台

---

① 《残疾人权利公约》所直接衍生的民间组织参与国家治理的途径就是,提交与政府提交审查报告相平行的影子报告。CRPD第三十三条"国家实施和监测"一章第三条予以确认:"民间社会,特别是残疾人及其代表组织,应当获邀参加并充分参与监测过程"。

② 《残障权利研究》(2014)就是在该机构与武汉大学公益与发展法律研究中心于2012—2013年间实施的"中国残障人权利多学科研究项目"的成果。在我国倡导并切实推动开展多学科人权研究,可以说肇始于挪威人权中心和罗尔·瓦伦堡人权与人道法研究所所进行的项目。在此之前,两机构在2006年、2007年在北京举办过两次跨学科人权研究国际研讨会。(参见张万洪主编:《我们时代的人权:多学科的视角》,北京:中国法制出版社,2010年,导言。)在《残障权利研究》(2014)之前,同样是张万洪所主编的《我们时代的人权:多学科的视野》(2010),可以视作跨学科研究的一个发端,在国内的残障研究中同样是比较前瞻的实践。而且来自多元学科背景的现实,也让研究的主题更多样,或许也有些缺乏聚焦,这当然也与人权研究宽泛自由的领域有关。早期人权领域的研究,残障问题仅仅是一个分支,例如以2004年由联合国发展计划署、英国国际发展部和北京大学法学院人权研究中心主办的"以权利为基础促进发展国际研讨会",尽管残疾人权利保护是一个议题,但显然不是一个主要的议题(参见北京大学法学院人权研究中心编:《以权利为基础促进发展》,北京:北京大学出版社,2005年。)。代表国际人权发展重大事件的《残疾人权利公约》从文本到付诸实践,为人权研究、残障研究开辟了新的方向。这也好理解作为国内人权研究重镇的武汉大学(公益与发展法律中心),将研究旨趣之一转向残障研究,这不仅仅是人权研究向残障领域的扩张(残障作为研究或法律客体),更是残障作为权利主体的凸显。法学(人权)领域的有关残障的研究,代表了从研究残障的人权研究到以残障人权为研究对象的残障研究的转变过程。在这个意义上,《残障权利研究》(2014)是一个里程碑的事件。

期间对台湾的残障研究以及残障事业的实践做了介绍。2014 年 10 月 30 日到 11 月 1 日,同样是由上述主办方主办的"残障、权利与正义年度大会",将大陆与港台之间的残障研究之交流推向新的广度与深度。

笔者作为参与者之一,接触了两岸三地的残障研究者、倡导者与实务者,面对丰富的资料和全新的视角,除了产生了"补课"的想法和马上行动的激情之外,也多少有些失落感。国内的残障研究,多数时间是一个边缘的领域,在学术规范性、研究的深度以及学术群体的投入方面都存在有待突破的空间。①从主流的视角来说,社会保障、社会福利、社会政策等学科的研究,多以福利视角注重从国家福利体制的角度,建构一整套面向残障群体的政策体系②。因此,有必要增进对现有研究的认识,增强研究的宏观视角的自觉以及完整的理解外来的、本土的现实。残障研究需要有细致的议题设置和研究规划,有关残障基础研究同样需要加强。本文立足于以上两本残障研究的著作,尝试做些梳理,尤其以台湾的研究为残障,期望能够对国内残障研究的发展有些启示。

相较而言,《障碍研究》更具有概括性,《残障权利研究》则偏重经验性研究。本文的第二部分主要针对《障碍研究》进行梳理,第三部分主要对《残障权利研究》进行了评述。这两部分的讨论不求对所有文章面面俱到分析,只是就残障的范式以及残障研究的视角、方法选择进行浅显的回顾。第四部分探讨残障研究的理论取向与现实的方法与学科选择。最后进行小结。

二、变迁中的研究范式和残障定义

很久以来,残障人士通常被认为是医疗体制、社会福利、特殊教育、社会政策等领域中接受服务的客体或者研究对象,与之相应的研究更是分散在不同学科之间。

① 蔡禾、周林刚等:《关注弱势:城市残疾人群体研究》,北京:社会科学文献出版社,2008 年,第 23—27 页。

② 福利的视角为残障权利模式所排斥或者批判的审视,多少是因为福利的视角下残障群体被视作福利的被动接受者,而权利模式强调残障的主体性,即便接受来自国家的福利,那也是因为这是残障群体的(社会)权利。早在礼记大同篇中就有"鳏寡孤独废者,皆有所养"的福利理念,"皆有所养"虽然赋予了国家对于残疾人的责任,但也确立了残疾人需要被施舍和帮助的边缘地位。而且福利视角下的政策实践,残障者对国家的依赖,可能会给福利接受者造成污名(参见卡罗·沃克尔:《社会政策发展中的几个关键问题》,杨团、关信平主编:《当代社会政策研究》,天津:天津人民出版社,2006 年,第 35—46 页。)。这也正是台湾残障权力运动先驱刘侠批判传统福利观念的原因之一(参见刘侠:《侠歌长流:刘侠回忆录》,台北:九歌,2004 年。)。尽管对福利本身的理解可能会造成不同视角之间的冲突,但对于福利视角下的研究以及政策实践来说,保持必要的反思,而不是把来自国家的福利视为不言自明的假定是有必要的。社会政策学科中社会政策的主体与客体、受益者分析等等角度,都可以推进社会政策研究,以揭示政策实践背后的价值基础。

伴随着残障权利运动的兴起，为具体的实践提供理论支撑，转变现有的研究视角正是残障成为主体的要求。在这一背景下，从研究障碍的学科分割到残障研究的跨领域整合，既是残障权利运动的结果，也是这一运动的一部分。《障碍研究》的出发点是"以障碍者为主体出发，探讨障碍者权利的建构与实践、反省社会结构造成的'障碍'，以及社会政策层面上不同理论架构下对障碍者权益实质保障的争议"。①除了障碍研究中，障碍的主体性需要凸显，实际上障碍研究本身同样需要在与西方残障研究的比较中获得主体性。因此，尽管在该书中编者把十章内容划分为两个部分："第一章到第四章处理障碍研究的理论发展、分类方式与历史脉络，第五章到第十章为探讨不同层面的障碍议题与政策"，不过所有研究都内含理解残障的多元方式之于研究残障和残障研究的影响。本部分以此为思路，解读台湾残障研究的领域。

(一) 医学模式

如何描述残障有多个版本，在与以往的范式决裂，为残障权利运动提供理论支持的过程中，医学模式作为一个范式被建构出来。医学模式的基本观点已经广为人知，这一范式主要从人的缺陷方面研究残疾，这些缺陷造成了个人能动性受限制，并不能像"正常人"那样实现某种功能。相信专家和专业人士的作用，残疾是一个需要被避免的缺陷，康复的重点在于残疾人自身，因此需要对残疾人进行医学诊断与治疗，临床康复。当然，医学模式的残障观也不是从来就建立的。张恒豪、苏峰山所撰写的"西方社会障碍历史与文化"一节回顾了西方定义、识别和干预残障的历史与文化，现代医学的出现使残障(尤其是智力与精神障碍)的划分有了新的方法，十八世纪的启蒙时代，生物医学、教育、照顾的专家观点强化了专家处理障碍议题的主导权，确立了残障作为"病人"的医疗观点。19、20世纪欧洲收入残障者的机构和隔离式的学校数量迅速发展。②如何认识残障就体现在具体的日常实践和政策设定之中，尽管很难从一般的话语实践中，辨识出背后的残障概念模式。而且经过20世纪70年代以来，医疗模式与社会模式的转换与对立，然而，医疗模式之于残障权利来说却不是轻松去除的。王国羽的"障碍概念模式与理论发展"，回顾了定义障碍的各种努力，以及政策意涵。"世界卫生组织分类系统与障碍测量议题"，讨论了ICF制度中，除了评估残障者所具有的身体损伤，还注重环境因素的影响。世卫组织所做的残障定义改变过程，"就是逐渐脱离以医疗专业为掌控障碍论述的过程，医疗专业的判断只是障碍评估的一部分"。③

① 王国羽、林昭吟、张恒豪主编：《障碍研究：理论与政策应用》，高雄市：巨流，2012年，第8页。

② 同上书，第14—20页。

③ 同上书，第97页。

以就业观点为例,医疗模式的观点下,障碍者的“异常”被认为是劳动参与的主要障碍,必须通过医疗康复或职能训练加以矫正,以符合劳动市场的人力需求的标准。对于残障者的就业议题,医疗模式的视角下,能否就业取决于残障者自身,雇主是否提供就业岗位以及政府是否有义务消除障碍并没有积极的义务要求。①

(二) 残疾的社会模式

20 世纪 70 年代,英国反隔离身体残疾联盟(UPIAS)的活动家开创了英国残障运动史的开端。经由 Mike Oliver 等人对理解残障的阐释,不但被学术界所肯定,而且成为检验英国残疾政策、区分社会组织等方面的标准。残障的社会模式成为一个强势的范式。其观点可以归结为简单的口号:“残疾来自生活而不是来自身体。”社会模式对于残疾政策以及残疾人自身都产生了深远的影响。通过某些政治策略消除障碍而不是局限于具体的医疗手段,引起社会变革是社会模式的行动方向;传统的医疗模式观点认为残疾问题来源于身体的缺陷,社会模式则认为问题来自社会的压迫,新的观点无疑都有助于残疾个体的解放。②

范式之转换的实际影响体现在政策价值基础的转变,具体在立法(第四章)、医疗(第五章)、劳动就业(第六章)、社区照顾(第七章)、特殊教育(第八章)、无障碍环境(第九章)、性与性别(第十章)来说,台湾残障立法经历从慈善向权利的过程;残障医疗与健康照顾需要政策利害关系人的合作、高品质的服务提供以及障碍人士的参与;残障者在目前的竞争性生产体制中获得工作机会实属不易,障碍者的工作与就业需求的满足,需要在政府的政策推动下,企业、非营利组织与社区承担起相应的责任;障碍者自主选择、主导服务的机会和空间是推动障碍者社区生活的方向;特殊教育的意义需要重新思考,尽管特殊教育去特殊化有争议,但推动教育的回归刻不容缓;无障碍环境常常与障碍者具体的体验相关,因而障碍的解决方式应该是提供身心障碍者多元的选择;身心障碍者有正常的情欲需求,却容易形成社会的边缘人残障者的性与性别议题员工被正视。

(三) 医疗与社会模式之外

社会模式的基本假设以及和局限性需要重新审视。③英国的残疾社会模式建立在生物学意义上的残损和社会意义上的残疾之间的二元对立基础之上,极端的社会模式否认残损问题,拒绝降低残损的可能性和益处。残损具有社会原因,但无法解释由于先天因素、偶然事件的而导致的残损。而且残损与残疾之间的二元对

① 王国羽、林昭吟、张恒豪,主编:《障碍研究:理论与政策应用》,高雄市:巨流,2012 年,第 164 页。

② 汤姆·莎士比亚和尼古拉斯·沃森:《残疾的社会模式:一个过时的意识形态?》,巴尼特、奥尔特曼编:《残疾理论研究进展及学科发展方向》,郑晓瑛等译,北京:北京大学出版社,2013 年,第 8—9 页。

③ 同上书,2013 年。

立，遮蔽了由残损到残疾的社会过程。因此莎士比亚和沃森[①]建议要超越英国残疾模式，首先要打破残损和残疾之间的对立，而是一个连续谱，残疾是一个包含生物学、心理学、文化、政治等因素的复杂概念；其次，残损是一个普遍存在的生理局限，而不是仅仅被定义为残疾人的那部分群体，因此残障研究更应该揭示残损和其表现形式之间的本质联系，这些本质联系的形成过程就是社会排斥和歧视的过程。《障碍研究》倡导超越社会与医疗模式的对立，强调障碍是一种普同经验，认识残障的视角应该回到身体经验，采用生理、社会、环境的互动模式。[②]同样以就业为例，在此种观点下，障碍的就业的确受到个人残损的障碍，同样如果社会不提供某些支持，就业困境会加剧；但更全面、真实的现实是，"障碍者就业，不仅在于就业机会的获得，更需要仔细分析其身心功能状态与职场环境的互动，进而调整适性的工作机会与提供就业支持"。[③]明确多元范式，既有时间上的历史演进，更多的是相互竞争的模式，也就是要看到具体模式的内在不足以及适用性，每一种模式都促使其他模式重新审视它们关于残疾的假设以及方法。

三、残障研究的理论视角与方法选择

有意思的是，努力在残障研究中开拓新的出路的主要依托是法学学科。与欧美、台湾不同，这些国家和地区的残障研究主要分布在社会学、社会工作、社会政策、社会福利等学科。正如我们前面所交代的，法学介入残障领域的研究，首先是以人权为突破口，从平等、正义等基本的价值出发，指出残障群体的权能不足，因此从法律（首先是建构法的精神之现实体现者——法律条文）角度确认、保障残障群体的权利就一直是法学发挥干预现实作用的方式。从研究的角度来说，掌握某种理论视角与价值偏好之后，进入具体的残障权利领域，识别存在的问题，顺理成章但也不是没有问题[④]。借鉴和深化不同学科的残障研究，法学的、社会学的、教育学的、经济学的、文学的等等学科视角，都是有待挖掘的学术资源。

（一）研究视角的选择

对于目前大陆的残障研究，研究者所面临的立场选择与社会情境更加复杂，首

---

① 汤姆·莎士比亚和尼古拉斯·沃森：《残疾的社会模式：一个过时的意识形态？》，巴尼特、奥尔特曼编：《残疾理论研究进展及学科发展方向》，郑晓瑛等译，北京：北京大学出版社，2013年，第10页。

② 王国羽、林昭吟、张恒豪主编：《障碍研究：理论与政策应用》，高雄市：巨流，2012年，第64—65页。

③ 同上书，第168页。

④ 借鉴人类学家栗本慎一郎的观点，接受某一假设后，具体的"实证"研究只是寻找证据的证实性问题。（参见栗本慎一郎：《经济人类学》，王名等译，北京：商务印书馆，1979年，第78—79页。）

先面临的就是理论与现实的关系问题①。本文所讲的研究视角，系指主体（谁来做残障研究）与客体（残障研究的对象）的匹配。表 1 是笔者建构的残障研究视角的理想类型②，之所以将研究者是否为残障者作为重要一维，在于残障这一身心状态已然成为理解残障区别的原因来源；残障研究的对象是否为残障者，重在强调研究对象的主体性。Inside-in 的视角：遭受某种障碍的人研究/表达主体的经验，这种研究的功能在于形成障碍者的自我认同；Inside-out 的视角：研究者为障碍者，研究的对象主要在于非障碍者对障碍的研究，此类研究的直接功能在于权利倡导；Outside-in 的视角：非障碍者对障碍者的研究，突出障碍者的主体经验，功能在于障碍的文化再现；Outside-out 的视角：非障碍者对障碍研究的研究，不直接以障碍者为研究对象，功能在于客观知识的生产。

表 1　残障研究视角的理想类型

		残障研究的主体是否为残障者	
		是	否
残障研究的对象是否为残障者	是	Inside-in 自我认同	Outside-in 文化再现
	否	Inside-out 权利倡导	Outside-out 知识生产

理解残障研究的视角，不仅仅在于能够细致地划分残障研究，更在于自觉了研究视角后，拓展研究问题的深度和广度。例如，《我国残障儿童受教育权保障的检视与反思》，采用的视角属于 Outside-out 的视角。白荣梅、王静开篇引出研究问题的话“2012 年 9 月 28 日，深圳宝安区宝城小学 19 名家长联名写信，要求在该校就读的自闭症李某转学”。③这一事件可以看出，残障儿童通过随班就读的方式实现受教育权所遭受的障碍，随后该文利用实证数据检视了我国残障儿童受教育权的保障问题。如果采用 Outside-in 的视角，那么实例本身就是一个重要的研究议题，19 名家长联名写信要求在该校就读的自闭症李某转学的行为就是一个邻避行动，

① 一些学科往往把此类问题归在“本土化”议题之下，到目前虽然鲜有研究者强调残障研究的本土化，但面对残障权利倡导或研究不足的中外实践对比时，往往能够从挫败感中面对差异。从一般的人权角度出发，提出别人拥有的权利我们也应该拥有，固然是激动人心的口号，但也忽视了社会情境的差异，而情境的差异恰恰是行动策略选择和政策走向的影响因素。

② 这一理想类型的提出意在指出研究视角的具体维度，有助于具体反思研究的立场和形成自觉的研究。研究视角的取义受张恒豪相关研究的启发，不同的是本文从两个维度建构四种理想类型。这些围绕残障的视角各有利弊长短，具有不同的功能。当然，这些视角及其功能是可以相互转换的，而且具体的研究可以具有多重功能。随着残障者权利意识的觉醒，残障者从事研究的情形已不是个例。欧美以及港台地区不乏进行残障研究以及倡导的佼佼残障者，国内亦是如此。他们的研究首先是其自我认同的一部分，本身也是知识生产和文化再现的过程，更有可能导向权利倡导。

③ 张万洪主编：《残障权利研究：2014》，北京：社会科学文献出版社，2014 年，第 105 页。

从理性选择角度来说这些家长的做法并非没有正当性。至少来说，真正的融合教育，利益相关者应该知道“哪些是合适的行为”。在这样的视角下，追踪这个行动的始末，通过实证方法了解自闭症学生、自闭症学生家长、学校教师、其他学生家长以及其他部门的态度与行为，分析行动逻辑以及结果，也将是一个不错的研究。

残障者的权利是多元的，以此为研究对象的残障权利研究更是涉猎广泛，张万洪所主编的《残障权利研究》(2014)从主题上关注了残障人的就业、教育、性与社会性别等，也从异质性的残障人角度探讨肢体残障、精神残障、视力残障等的权利。残障人的就业和教育向来是我国政府法律和政策实践的重点领域[①]，也是研究的焦点所在。残障人的就业常常遭到各种障碍，因而就业率低以及就业质量不高。政府除了提供政策上的支持，其本身的作为同样具有示范意义。刘小楠、谢斌的《公共部门带头招录残障人士的实证研究及政策建议》，指出公共部门有责任和义务招录残障人士，这也正是国内外法律的共同要义。该研究以申请政府信息公开的方式调查我国公共部门招录残障人士的现状，有力地展现了政府对招录残障人士的态度以及所作出的具体努力。虽然研究结果发现，政府信息公开以及招录的残障人士的比例并不令人满意，但研究本身已经是一个残障权利确认与倡导的行动。冼志勇的《残障人就业权利法律保障体系若干问题探析》可以算是理解残障人就业困境的一个角度，法的制定与实施都值得深入检讨。残障人的就业不仅受到就业政策的影响，同样与就业之前的教育以及残障的家庭、学校等制度设置相关联。倪震的《为什么他们选择相同的职业：东市盲校的学生生活》为我们揭示了视力障碍者的学生在隔离的盲校中所获得信息以及信息的来源都是单一而同质的，“做一名合格的按摩师”几乎是所有围绕视力障碍者的主体对盲生的唯一期望，正是这样的制度环境让盲生从事按摩具有了路径依赖的可能。

《残障权利研究》(2014)除了关注我国残障社会政策已经干预的主要领域，更是从残障人士的具体权利出发对一些重要而相对忽视的问题进行研究，例如生育权、性权利。钱锦宇、任璐的《中国智力障碍者生育权的保护与限制研究》以Outside-out的视角探讨智力障碍者的生育权，采用的方法主要是基于法学学生对智力障碍者生育权看法的调查。智力障碍者常常是法律、政策的客体，法律上的权利主体资格也常常受到限制。倡导智力障碍者的生育权固然是一个方向，但受到的限制除了法律上的，还有智力障碍者能否成为生育决策主体的问题。张金明等

① 例如1990年全国人大常委会通过《中华人民共和国残疾人权益保障法》，之后更具有实践指导意义的条例陆续出台，1994年国务院颁布实施的《残疾人教育条例》，2007年国务院颁布实施的《残疾人就业条例》，2012年颁布实施《无障碍环境建设条例》。这些条例的出台顺序反映了国家在残障权利保障的价值选择和政策优先选择。

人的《脊髓损伤者生育权利现状调查研究》采用 Outside-in 的视角了解了脊髓损伤者的生育需求及影响因素,他们普遍具有生育子女的愿望而且具备生育能力,但获得专业的服务却相当欠缺。

(二) 研究方法的尝试

残障研究和权利倡导需要有效的方法“讲故事”“讲道理”,有力的证据是揭示残障权利受损背后的文化偏见、政策偏差、制度设置等障碍的指引,而跨学科的尝试和多种叙事的方法可能是达成这一目标的选择。《残障权利研究》(2014)把突出实证性作为研究特点之一,强调研究者“深入‘田野’,直面真实世界,关注残障人权利实现的迫切性问题”。因此,研究的重点在于残障权利的实践,而非残障权利的规范分析。从资料收集的方式上,调查法、访谈法、观察法广泛使用;研究方式方面,偏向于定量的调查研究以及偏向于定性分析的民族志、现象学也成为残障研究方法的尝试。

倪震的《为什么他们选择相同的职业:东市盲校的学生生活》,探讨盲生与特定职业(按摩)的匹配,理解为何盲生把“如何做一名合格的按摩师”作为职业期望。作者并未将之视为盲生的职业选择倾向,而是将盲生普遍选择按摩作为职业这一社会事实置于产生该事实的具体场域中。作者选取了获取信息的渠道和方式作为研究突破口,信息是进行决策的依据和基础,而单一的信息已经让盲生选择按摩只能是最终的、唯一的选择。民族志的观察方法带领我们走进盲生的生活世界,隔离教育政策对盲生职业选择的影响增进了我们的理解,虽然没有提出一般的政策或解决建议,但相信读者能够从中读出政策干预的方向。陈亚亚的《女权与残障:基于身份政治的思考与观察》,采用多种研究方法探讨残障女性的生存现状和身份认同,访谈残障女性是研究资料的主要来源和落脚点,同时也兼顾了文献分析、机构走访、网络在线观察和访谈相关从业者。从方法上保证残障女性是主体,但又与其他主体系统相联系。尽管将女权主义引入残障议题并无定论,但把性别视角引入残障议题却是需要的。马志莹的《因爱之名,以医之名? 从权利角度看精神病院住院女性的体验》,则直接关注残障女性的生活体验,利用 2010—2012 年三个暑假对一个精神病院的参与观察所得的数据分析精神病住院女性的社会权利的微观实践。既为我们展示了医疗模式的残障观的具体表现,也可以看到残障权利在参与者之间的拉锯、斗争与转移。可见,残障者的权利倡导单以法律的力量并不充足,需要的是权利系统中行动者的共同自觉和努力。其他的研究者都尝试采用实证的方法,关注具体的残障权利实践,我们看到这种尝试有助于理解残障权利实践的历史脉络,能够促进研究视角、理论之间的对话。

四、迈向自觉的研究与行动

(一) 关注残障者的主体性

《障碍研究》和《残障权利研究》都强调残障者的主体性。从研究的视角来说，Inside-in 和 Outside-in 的研究是努力的方向。激进的视角——没有残疾的人不会做与残疾有关的研究——虽然否认了残障者与非残障者之间理解的可能性，但也极力强调了残障者自身的日常生活体验，而且鼓励予以表达，这种体验的表达者正是他们自身。

但我们也应该看到，过度关注某一具体做法，就可能会忽视本土实践的历史脉络而陷入去背景化的认知模式，这无疑会影响倡导目标的设定和倡导策略的选择。如果我们要承认经验的历史性，要超越经验与理论的非此即彼二元对立的思维方式，则关键在于经验与理论的紧密连接。通过残障的实践历史连接理论与经验，"连接理论，便有可能超越经验的简单描述性、回顾性和纯特殊性；同时，一旦连接经验，便会承认理论的历史性，避免其超时空的绝对化或意识形态化"。①

通过经验研究辨识隐含的残障理论及其建构过程，可能是我国残障研究获得主体自觉的一个选择。例如虽然我们正在使用"医学模式"概念及理论，这是与西方的对话中确立的话语范畴。在我国残障领域的实践中，是否具有其他的模式或者怎样体现医学模式，并没有深刻的挖掘②。如果理论的建构过程缺乏经验的支持，那么要实现经验与理论的连接，就需要深入实践进行研究，以避免仅仅以"学术上正确"的观点进行研究。

(二) 研究主体理论和立场的自觉

残障理论视角选择的自觉，增强范式的文化敏感性，除了强调残障者的主体性外，研究主体的自觉同样重要。残障理论与立场的重要性除了体现在观察残障的基本视角，更是引领残障研究的起点，正如奥尔特曼所言：

> 残疾的理论模型的意义在于它是该领域真实世界的抽象概括，在广泛的基础上定义了主要概念和它们之间的关系，不受具体经验和细节的干扰。它为我们提供了研究和思考概念及其关系的空间，摆脱了细枝末节问题的干扰。然而，要使用理论观点，也就是将其应用在日常社会中，就需要对存疑的现象

① 黄宗智:《连接经验与理论:建立中国的现代学术》,《开放时代》2007 年第 4 期,第 19 页。

② 马志莹的《因爱之名,以医之名? 从权利角度看精神病院住院女性的体验》已经在这个方向上做出了比较好的探索。

进行经验性解释。要缩小概念范畴,对形成理论的概念进行定义是第一步。在社会中,同一个概念可能由于观察者角度的差异有多重定义。一旦选定了一种定义,具有无限的具体特性的理论概念与现实的经验性概念之间的巨大差异就形成了。①

这大概也正是 Mike Oliver 强调残障研究应具有解放性质的缘由。理论视角的选择是经验研究的指引,如果我们借用福柯关于微观权力实践的思想,那么理论本身也是建构残障现实一种力量,所以残障研究者辨识不同理论的价值假设与策略选择就是必要的。

(三) 自觉的行动:弥合研究与倡导、实务的鸿沟

要有自觉的理论选择和研究取向,倡导实证导向的经验研究是一个现实选择。而跨学科的研究实践,合作研究就是必要的策略,也是建构学术共同体的要求。当然,合作研究并不简单,②这也为编者所承认。以学术会议为依托,借助于研究项目培育合作的可能性,已经是武汉大学公益与发展法律研究中心的努力方向。

苏峰山在大会文集中指出"障碍研究并非单纯的学院研究,障碍研究从一开始就深受障碍者运动所启发,也同时影响障碍者运动的方向",道出了残障研究与权利运动的密切关系。为了相同的目的,国内残障研究者与行动倡导者(NGO)之间的接触越加广泛和紧密。残障权利的实践发展对理论指导具有迫切的需求,厘清残障研究是什么以及研究什么、如何研究,并形成一些共识以桥接理论与现实的鸿沟。经过三十年的发展,台湾的残障研究已经发出了走出西方框架的呼声。例如,西方的残障观的发展,西方经历了隔离、大规模机构化的过程,而台湾并没有机构化的历史,利用西方"普适的理论"理解台湾经验就会遮蔽多样的现实。③一线的实务工作者要么认为研究不重要,要么认识到了重要性而能力不足;脱离现实的残障研究要么沦为理念的演绎,要么忽视实践的逻辑。④基于具体工作直观总结的三段论式研究,以及从理念出发的"抽象经验主义"研究,⑤都需要超越。以行动为基础的研究,或许是走向实务工作者与研究者合作的切入点。

---

① 芭芭拉·M.奥尔特曼:《残疾的定义和操作化,以及在调查数据中的测量:一个更新》,巴尼特/奥尔特曼编:《残疾理论研究进展及学科发展方向》,郑晓瑛等译,北京:北京大学出版社,2013 年,第 70 页。

② 韦恩·C. 布斯、格雷戈里·G. 卡洛姆、约瑟夫·M. 威廉姆斯:《研究是一门艺术》,陈美霞、徐华卿、许甘霖译,北京:新华出版社,2009 年,第 25 页。

③ 王国羽、林昭吟、张恒豪主编:《障碍研究:理论与政策应用》,高雄市:巨流,2012 年,第 30 页。

④ 皮埃尔·布迪厄、华康德:《实践与反思:反思社会学导引》,李猛、李康译,北京:中央编译出版社,1998 年,第 50 页。

⑤ 赖特·米尔斯:《社会学的想象力》,陈强、张永强译,第 3 版,北京:生活·读书·新知三联书店,2012 年,第 32 页。

五、小 结

在残障事业发展全球化的背景下，残障权利的实现以及残障研究都面临转型。我国经济社会的发展，社会治理理念的推行以及残障权利意识的提高，对实务工作者和研究者提出了新的要求。提升残障研究的质量是一个艰辛而又迫切的过程。鼓励跨学科、多学科的残障研究向这一目标迈出一步，然而，研究者也要避免放弃个人所长去尝试其他学的理论或者方法，避免用跨学科的话语遮蔽了视角的多样性，缺乏专业视角下的问题意识和脉络梳理。如果缺乏实证的社会事实的描述，跨学科的研究，就会流于一般性的分析说明和经验描述的碎片化。避免利用公约的条文对照。仍然具有大量的可开发的资源。

强调残障研究的主体性，就要回到残障本身，探讨残障的原因（以及随社会条件的变迁）、残障面临的问题及原因、解决残障群体面临问题的政策实践等等这些“基础性的研究”，残障的身份、过程、体验以及残障群体内部的异质性都需要进一步重新认识。如果说“人权理论探讨的并非事实，而是应然权利”，[①]那么新的视角的研究则应该转向法的实践。残障研究具有广阔的前景，从多学科的多元视角开拓残障研究，系统地在我国有关残障的以往研究、文化观念、政策实践的历史中，挖掘残障研究的资源，并推动残障权益保障发展，既是当代中国知识分子的文化责任，也是历史任务。

---

① 张光杰、徐品飞：《人权是什么？——三种阐释与一个回答》，复旦大学人权研究中心编：《复旦人权研究》，上海：复旦大学出版社，2004 年，第 24 页。

特殊教育教师如何突破科研瓶颈*

随着我国特殊教育的发展，特殊教育实践更加走向深入和多元，对教师的专业化要求也越来越高。国家对特殊教育的重视，为特殊教育的广大实践者提供了更广阔的发展空间和可能。国家中长期教育改革和发展规划纲要（2010—2020 年），以单独一个章节规划特殊教育的发展。作为纲要落实的重要政策，教育部、发展改革委、民政部、财政部、人力资源社会保障部、卫生计生委、中国残联制定了《特殊教育提升计划（2014—2016 年）》，国务院办公厅在 2014 年 1 号文件予以转发。特殊教育走在全国前列的上海，在“医教结合”理念的指导下，在 2009—2011 实施了三年行动计划，目前 2014—2016 年的三年行动计划也在推行。从国际上来说，残障观的范式转换为特殊教育的实践、政策提供了新的导向。以社会模式为基础理念的国际标准或者公约，借由国际组织以及网络，都在推动残障研究、行动的全球化联系。例如 2001 年世界卫生组织公布的国际功能分类（International Classification of Functioning, Disability and Health, ICF）以及 2006 年联合国通过的《残疾人权利公约》（UN Convention on Rights of Persons with Disabilities, CRPD），为我们认识残障、残障群体的各种权利及其实现提供了更宏观的视角。特殊教育体系以及特殊教育保障体系逐步完善，特殊教育教师是教育活动最终的实践者和落实者，新时期的特殊教育发展也为特殊教育教师提出新的要求。

特殊教育的一线教师不仅承担着具体的教育教学任务，同时也是特殊教育理念的实践者以及特殊教育政策的落实者。特殊教育教师从事科研，有助于将教育过程中的问题或者经验转化为学术问题，同时也可以对教育理念以及教育政策提出基于实践的反思。从现实的角度来说，教师的科研往往在职称评定中占有一定分量，甚至随着职称的上升而占据更重要的位置；从特殊教育的发展来说，从事教学的特殊教育教师参与科研，同样可以在一定程度上弥合教育理念、理论与实践、经验之间的鸿沟。

---

* 本文成文于 2015 年底，未发表。本文系 2014—2016 年在虹口区特殊教育康复指导中心担任兼职科研员期间为鼓励同仁写作所作，其中一些观点同样适用于当下特殊教育以及社会工作实践。

一、特殊教育教师从事科研的制约因素

由于各种各样的缘由，特殊教育教师参与科研存在一些瓶颈。这些缘由既有观念上的认识问题，也有能力上的限制问题；既有教师自身的因素，也涉及学校制度、职称评价等政策的影响。而且这些因素，也可能存在相互影响。科研活动的开展是由具体的特殊教育教师完成的，在此我们集中从教师的角度分析特殊教育教师从事、参与科研的制约因素。分析制约力量的目的，在于帮助特殊教育教师自我辨识，并从中探讨突破瓶颈的路径选择。

(一) 认识偏差

特殊教育教师往往具有这样的观念，即教师只要做好教学即可，科研是那些专门的人员或者有兴趣做科研的人的事情。处于一线的特殊教育教师，无论是是幼教，还是中小学阶段，教学是主要的职责。研究完全可以交给教育专家来完成，不少教师持有这种观念。

(二) 时间有限

特殊教育教师的教学任务重，有的教师还要承担其他事务性的工作，有限的时间制约了教师的投入。特殊教育的教师，面对的学生数量可能不多，但是工作的强度和内容却不轻松。特殊教育是一个难以用效率来衡量或者要求的事业，特殊教育对象的特殊性决定了教师在提供教学活动的同时，还必须肩负其他多元的角色，例如康复课程的开发、课堂秩序的把控、学生行为的干预等等。特殊学生的多种安置方式下个别化教育计划的推行，都需要大量的时间进行前期计划和宏观统筹。如果学校的特殊教师配置力量不足，那么有限的教师更是承担过多的工作，无疑压缩了科研的可能时间。

(三) 能力不足

特殊教育教师中有的认为科研与己无关，但也有不少认识到科研的重要性，而且也有从事科研的动力，然而由于缺乏研究方法的训练、研究经验的积累等因素，科研能力存在不足。特殊教育教师的年轻化为高学历的相关专业毕业生进入教师岗位提供了更多机会，一定程度上来说，特殊教育教师从事科研的积极性和可能性有很大提高。然而，特殊教育教师所接受的训练以教学为主，研究方法的训练、研究工具的掌握以及这些方法和工具的使用，仍存在一些不足。

(四) 缺乏指导

特殊教育的教师所在的特殊学校或者普校特教班，甚至特殊教育机构，从事教学是主要的工作，科研活动虽然会在一些机构中倡导或者作为工作的一部分，但一

线的特殊教育教师从事一些科研活动往往是自发的,缺乏有力的指导。参与高质量的研究课题是提升参与者科研能力的有效途径,与前面提到的特殊教育教师科研面临的限制因素的相互影响,教师获得较高层次的研究课题,或者与研究者合作的机会并不多。

(五) 发表受限

无论是研究报告还是论文,发表无疑是重要一环,既是对已有科研成果的肯定,也是进一步激励研究者的因素。囿于诸多因素,特殊教育教师科研的质量难以保证,研究成果的发表渠道并不多。

二、教师的自我增能

尽管有如上限制,特殊教育教师参与科研同样存在一些独特的优势。特殊教育的对象决定了教育过程的复杂性,也为教师发挥创造性提供了一些可能。当然,研究需要严谨的态度、科学的方法,并遵从研究伦理。探索性的研究,也要在科研规则之下进行。那么,教师可以在哪几个方面进行增能呢?

(一) 改变认识,树立终身学习理念

专注教学提高教育教学水平,无疑是教师基本的职业伦理之一。然而,如果认为教学与科研不相容,或者教学不需要科研,那么就误解了科研的本质以及科研与教学的相互促进关系。科研从本质上来说,是对教育教学过程、组织形式、教育政策等通过科学的研究方法,得出可靠的结论的过程。教师在从事教学的过程中,无论是教学经验的积累促成教学规律的认识,还是教师对学生学习行为的理解,都会对教师形成反向的影响。这就意味着,教师的教学活动都伴随着教学内容、教育方法、教育对象等方面的思考。这些思考就是转化为科研选题的来源,通过科研将零散的观念逻辑化的串联起来,就会深化教学过程的认识,从而提高教学水平。科研可以为教学提供智识上的支援,而且一线教师直接从事教学,围绕课程、教学方法等方面的科研实际上也是教学活动的延伸。而持续的学习,则是保证积极的认识得以实现的基础。

(二) 勤于总结,善于发现问题

虽然特殊教育教师的科研内容主要集中于特殊教育教学或者有关教学的研究,如果我们扩展来看,研究主题集中于特殊教育研究,从方法上广泛使用个案研究、(准)实验研究、行动研究等方法,研究(调查)对象既属于教育的范畴也属于残障研究(Disability Study)或者通常所讲的残疾人研究。很显然,要想在具体的教学过程中发现有学术价值的选题,需要研究者具有广阔的视野,比较的、历史的、批判的、反思的视角常常交叉使用。这就要求教师在教育教学过程中，勤于总结，发现一些问题就为科研做好了第一步。

（三）寻求合作，注重能力提升

一线教师对于教育过程中的现象总结，如果没有比较扎实的理论储备，或者知晓相关领域的学术进展，那么总结或者提出的问题，就可能流于经验的直观描述。而且受制于学术数据库，教师在文献阅读、信息获取等方面的渠道有限。在这样的情况下，寻求具有科研能力、具备学术资源、掌握研究方法的研究者合作，是一个比较现实的选择。弥合教学实践与学术研究的鸿沟，并不是要求研究者必须进行实践，实践者一定要进行研究。如果在一个组织内部，以合作的机制完成这个过程，也是值得学习的思路。

三、小　结

如我们之前提到的，特殊教育教师应该参与一些科研，科研对于教师的教学以及宏观上特殊教育的发展都具有积极的影响，尽管有很多限制性的因素。好的研究即便不能够直接应用于实践，也会导向更有效的实践。除了教师自身要在观念、科研能力等方面进行自我增能之外，就学校以及其他特殊教育的机构来说，应该重视科研，尤其是基础性的研究，培养科研的氛围，将学校建设成为“学习型组织”。在实践中，多以优势视角来审视目前科研中存在的问题，从多方面提高研究质量。国家以及地方特殊教育政策的实施，必将在实践上产生很多新的做法以及伴生的问题，特殊教育教师发现这些问题，并尝试提炼出学术问题，既避免重复性的研究，也可以对特殊教育理论、政策形成新的认识。这既是特殊教育教师自身发展面临的任务，也是特殊教育发展给教师带来的挑战。

二十年来我国特殊教育个案研究的对象、主题与方法

——对《中国特殊教育》39 篇论文的内容分析*

摘　要：通过对《中国特殊教育》近二十年以个案研究为方法的 39 篇特殊教育研究分析发现，个案研究方法广泛应用于特殊教育领域。研究对象主要集中于儿童，研究的主题涉及行为干预、康复训练等，资料收集方法使用了准实验设计、访谈、观察等多种方法。个案研究需要在研究方法报告以及特殊学生理论假定等方面提高自觉，开拓个案研究的领域，提高规范性和研究质量。

关键词：个案研究　特殊教育研究　内容分析

一、引　言

个案研究是教育研究方法的一种，而且被广泛应用于特殊教育领域。个案研究中，文件、档案记录、访谈、直接观察、参与观察、人工实物以及其他形式的定量数据都可以是研究证据的来源，①因而在表现教育行为干预、进行效果评估、描述行动意义等方面具有优势。随着我国特殊教育的发展，相应的研究、评估对于特殊教育方法的自觉有了更高的要求，因此有学者呼吁特殊教育学及其研究方法论的发展需要突破。②除此之外，研究方法的自觉，还在于不同的特殊教育研究范式以及方法选择并非中立，其背后实际上暗含着对于残疾/行为的认知假定与价值判断。③在这个背景下，特殊教育的质的研究被寄予厚望，而个案研究是提高研究质

---

* 本文成文于 2015 年，未发表。本文系 2014—2016 年在虹口区特殊教育康复指导中心担任兼职科研员期间为准备开展研究和服务设计所做的前期准备论文。

① 迪姆·梅：《社会研究：问题、方法与过程》，李祖德译，第 3 版，北京：北京大学出版社，2009 年，第 160 页。

② 何侃：《特殊教育研究方法论的突破路径》，《教育评论》2008 年第 5 期。

③ 邓猛，苏慧：《质的研究范式与特殊教育研究：基于方法论的反思与倡议》，《中国特殊教育》2011 年第 10 期。

量的方法选择和特殊教育的内在要求。[①]

为了了解我国特殊教育领域使用个案研究方法的趋势与特点，我们对《中国特殊教育》二十年来所发表的使用个案研究为方法的研究进行了分析。《中国特殊教育》是我国特殊教育拥有读者最多和影响最大的一种期刊，在相当大程度上影响和代表着我国特殊教育发展和研究的现状及趋势。[②]该期刊早期也翻译过国外的研究，并鼓励进行个案研究。[③]本文检索了该期刊 1994—2014 年所有文章标题或者关键词包含"个案研究""个案""案例"等概念的经验研究，在此基础上排除了学校层面的个案研究，而仅仅集中在以"特殊教育"本身的研究，而不是针对其他问题的研究，尽管其他主题的研究也很重要，例如针对随班就读教师的研究[④]、特殊教育学校发展的研究[⑤]。最终获得了 39 篇研究论文，针对这些论文通过内容分析的方法，围绕使用个案研究的方法进行了回顾。从总体的趋势上来说，2004—2006 年发表的个案研究论文数量最多(25 篇，占 64%)，这也大致看出研究方法选择热点与趋势；其余研究散布于不同年份，可见个案研究的方法一直是一种重要的研究方法。回顾这些研究的目的，不在于对研究本身进行评价，而在于从研究方法角度，考察个案研究在特殊教育领域的一般趋势和特点以及使用方法的规范，以期为提高个案研究的质量，促进特殊教育的(个案)研究提供一点参照。

二、研究设计与方法

个案研究通常以对某一现象进行详细的描述、可能的解释或者评估这一现象为研究目的，为实现某个目的，研究者以观察现象所表现的主题、关系模式等收集相应的数据资料。[⑥]因此，本文的分析从研究对象、研究主题以及研究方法三个方面进行统计。就特殊教育研究而言，研究对象通常为具有某种障碍的人群或个体，

---

① 邓猛、苏慧：《质的研究范式与特殊教育研究：基于方法论的反思与倡议》，《中国特殊教育》，2011 年第 10 期；蒋强、孙时进、李成彦：《我国特殊教育发展现状的文献计量学分析——基于 2003—2012 年〈中国特殊教育〉载文》，《中国特殊教育》2013 年第 10 期。

② 蒋强、孙时进、李成彦：《我国特殊教育发展现状的文献计量学分析——基于 2003—2012 年〈中国特殊教育〉载文》，《中国特殊教育》2013 年第 10 期。

③ 沈泓、高民译：《自我管理技能训练对于减少课堂中不恰当提问行为的效应》，《中国特殊教育》1997 年第 4 期。

④ 杨希洁：《一位成功的随班就读数学教师的个案研究》，《中国特殊教育》2005 年第 1 期。

⑤ 魏爱棠：《群体需求与环境资源的失衡——关于民办自闭症教育生存状况的个案调查分析》，《中国特殊教育》2004 年第 6 期。

⑥ 梅雷迪斯·M.高尔：《教育研究方法导论》，许庆豫等译，第 6 版，南京：江苏教育出版社，2012 年，第 619—621 页。

除了一般意义上的残疾人,还包括具有某些偏差行为的个体,而且某些障碍类别在我国的残疾人划分体系中尚未得到明确的归类,例如自闭症或孤独症;研究主题本文列出了4个维度,分别是行为干预、康复训练、融合教育以及家庭教育,这些领域也是特殊教育的主要领域,当然的具体研究可能包含多个研究主题;研究方法系指具体的研究对研究方法的说明以及资料收集方式、研究结果报告或评价的陈述,从研究结果的报告来说,个案的描述、理论的回顾、资料收集的方法、研究设计的说明、结果评估等方面是必要的组成部分。

为了确保编码的信度和效度,研究者分别阅读文献,并以具体的研究对照彼此的编码,讨论编码的分歧。通过对指标描述以及编码说明的深入讨论,统一编码的规则。最终形成39篇论文的编码数据库,利用SPSS进行数据分析。

表1 统计维度以及编码说明

统计条目	维 度	指标描述与编码说明
研究对象	障碍类别	视力、听力、智力、孤独症、自闭症、多重等等
	人群特征	按年龄划分为幼儿(6岁以下)、儿童(6—14岁)、青少年(14岁以上)
研究主题	行为干预	针对轻微越轨行为或偏差行为,例如攻击行为、同伴关系等
	康复训练	与研究对象相关的康复,例如言语康复、智能开发、平衡等
	融合教育	主要围绕随班就读
	家庭教育	主要围绕家庭对于特殊教育的角色与功能
研究方法	案例个数	研究中报告的个案数量
	个案描述	案例的人口社会特征等方面是否有说明
	理论回顾	研究问题所依据的理论背景、问题引申等
	资料收集	是否有说明以及方法(记录、访谈、观察、实验)
	研究设计	干预方法、过程是否有说明
	效果评估	是否有以及用什么方法(例如准实验设计、前侧后侧等)

三、研究发现

(一) 特殊教育个案研究的对象及特点

虽然个案研究的分析单位层次可能是个体、群体,也可以是社区、国家层面,但通常来说某个具体分析单位的数量是1个。在我们研究的文献中,也有个别(2篇)自我报告采用个案研究方法的研究,涉及的数量超过1个,例如以评估孤独症儿童融入主流教育的早期研究,所观察的案例就是以20个自闭症儿童的观察为基础。

表2是39篇研究论文在研究对象特征的描述。从人群特征上来说，主要集中于儿童(6—14岁)，幼儿(6岁以下)以及青少年(14岁以上)的研究数量相当。这与特殊教育的研究主要集中于义务教育有关，而特殊教育的研究对象主体集中于残疾人，残疾人的教育在实践上政策导向与干预重点也集中于义务教育阶段，因此在人群特征上呈现这样的特点。从障碍类别上来说，呈现出比较分散和多元的特点。为了更直观地体现研究本身对于障碍类别的界定，我们并没有做过多的归类，例如自闭症与孤独症。这也体现出研究者对类似障碍现象命名方面的差异。

表2　个案研究人群特征与障碍类别交叉表

		障碍类别												合计
		多动症	多重残疾	孤独症	脑瘫	偏差行为	视力障碍	唐氏综合征	听觉障碍	听力障碍	语言障碍	智力障碍	自闭症	
人群特征	幼儿	0	0	0	0	2	0	0	0	1	1	2	3	9
	儿童	2	2	5	2	2	1	2	1	2	0	3	0	22
	青少年	0	0	0	0	2	1	0	0	2	0	2	1	8
合计		2	2	5	2	6	2	2	1	5	1	7	4	39

(二) 特殊教育个案研究的主题及特点

纵观二十年的特殊教育研究，主题覆盖行为干预、康复训练、融合教育以及家庭教育。有的研究并不只是涉及一个主题，因此统计篇数为51，而非39篇。我们可以看出，行为干预以及康复训练是主要的研究主题。在特殊教育中，特殊学生往往同时需要某些方面的康复，例如医教结合的安置方式，针对他们在言语、行动等方面的康复训练就是重要的内容。例如针对脑瘫儿童的平衡性、协调性的研究①、智力障碍儿童的认知训练②等。此类研究尽管也涉及行为的干预，但行为本身并不是训练的目的。因此本文把行为干预一类界定为针对偏差行为或轻微越轨行为的研究，例如儿童的攻击性行为③、夹腿综合征④。我们也可以看到，以偏差行为为研究内容的个案研究，其研究对象并不只是通常意义上的特殊学生，例如残疾人，

① 王辉：《脑瘫儿童康复训练个案研究——共济失调型儿童的平衡、协调性训练》，《中国特殊教育》2004年第7期。

② 徐云、陈丽君：《弱智儿童早期干预——图形认知和手眼协调训练个案研究》，《中国特殊教育》1995年第3期。

③ 郑虹：《一个伴有夹腿综合症唐氏女生的个案研究报告》，《中国特殊教育》2005年第6期。

④ William Wiersma、Stephen G. Jurs：《教育研究方法导论》第9版，北京：教育科学出版社，2010年，第185—186页。

而是涉及更为广泛的人群。相信在今后的研究中,以行为干预为主题的个案研究会超出特殊教育的范畴。融合教育同样是特殊教育中一个比较重要的研究主题,尤其是围绕智力障碍者随班就读的研究。融合教育是特殊教育的目标也是我国所倡导的教育组织形式,改善特殊学生随班就读的状况成为特殊教育研究的课题。特殊学生的教育离不开家庭的支持,一些研究也把分析的视角转向家庭。

表 3 特殊教育研究主题统计表

研究主题	行为干预	康复训练	融合教育	家庭教育	合计
篇数	18	18	10	5	51
比例	35%	35%	20%	10%	100%

(三) 特殊教育个案研究的方法及特点

个案研究虽然是研究者所报告的研究方法,但在一般的研究中,个案研究往往不是孤立的研究方式或者个案仅仅表明研究的对象是个别的。尽管如此,个案研究在研究内容、格式等方面同样需要一定的规范。为了了解这些特殊教育个案研究在个案描述、资料收集方法、研究设计等方面的特点,我们进行了编码统计。个案研究虽然重在剖析个案的特点,发现该个案与研究主题的内在逻辑,所以往往通过理论对话引申出研究问题也是必要的。统计表明,有不少研究没有理论回顾的部分。相应的,在研究的设计方面也比较缺乏。绝大部分的研究都对资料收集过程和个案进行了描述,即便不是文章结构的单独部分。不足之处是对个案的选择交代不足,从事特殊教育经验研究者不乏教育实践者,①选择以个案为对象的研究具有便利性。但是如果不处理好个案的选择性问题,②即个案是不是有目的的抽样、个案的特殊性,往往对研究结果的报告或者推论产生限制。而且参与观察对于研究具有观察者效应,观察者对其收集数据的效度或信度有负面影响的行为,对此观察者应该正视,并采取措施。③

个案研究作为独立的研究方法,在资料收集方法方面可以应用多种途径,例如内容分析、准实验研究、观察记录等等多种方法。在我们分析的 39 篇研究论文中,使用实验法、观察(记录)、访谈等方法进行资料收集是主要的方法。直接观察与参与观察都可以运用于个案研究中,在参与观察中,研究者是参与观察的媒介。教育

① 蒋强、孙时进、李成彦:《我国特殊教育发展现状的文献计量学分析——基于 2003—2012 年〈中国特殊教育〉载文》,《中国特殊教育》2013 年第 10 期。

② 迪姆·梅:《社会研究:问题、方法与过程》,李祖德译,第 3 版,北京:北京大学出版社,2009 年,第 58 页。

③ 梅雷迪斯·M.高尔:《教育研究方法导论》,许庆豫等译,第 6 版,南京:江苏教育出版社,2012 年,第 385 页。

表 4 特殊教育研究方法与设计

		资料收集	研究设计	理论回顾	个案描述
是否有较为详细的描述	否	3	12	11	2
	是	36	27	28	37
	合计	39	39	39	39

领域的实验研究，基本上都是准实验设计，即使用原始组作为被试，而不是随机安排被试接受实验；而且在实验设计上，往往采用单一被试/单组时间系列设计，即针对单一个案特定变量进行重复测量。①单组时间序列设计可以简单地表示为：O_1—O_2—O_3—X—O_4—O_5不同时间点（O_1—O_5）的测量，以比较干预(X)前（O_1—O_2—O_3，基线条件，A)后（O_4—O_5，实验处理，B)的变化。实验刺激的结果。在进行干预之前进行调查的数据作为基线，研究效度的问题。而且无法避免参与实验对象的霍桑效应以及实验实施者的观察者效应。实验者通常使用回归的方法作为基线条件的期望变化，观测值与期望值的比较作为实验干预的效果标准。但是仍然没有解决实验实施周期内的问题，因此在研究设计上，又增加了后续的观察作为新的基线条件。以上研究设计由 A—B 模式变为 A—B—A 模式，当然这种设计同样无法处理实验的信度与效度问题。主要的原因在于，准实验研究发生在自然背景下，研究对象采用非随机的抽样方法，很难避免取样的偏差。

除了实验法之外，也有研究采用了内容分析或行动研究。教育中大多数内容分析通常只是对具体信息简单的类或制表。②在内容分析方面，往往以词语的频率，确定语言康复的基础，例如通过语音测试诊断出被测试儿童是否有语音困难，并依据具体的语音困难类别（语音发展迟缓、构音障碍及语音系统困难）进行发音干预；③以听力障碍人士交际中的多语码现象，以及语码选择和语码转换的特点、规律的研究，对于听力障碍者的教育以及社会交往具有基础性的意义。④行动研究——教育行动者为解决某一具体问题进行的研究，也可以视作准实验研究的一种。⑤例如智力障碍儿

① 参见梅雷迪斯·M.高尔：《教育研究方法导论》，许庆豫等译，第 6 版，南京：江苏教育出版社，2012 年，第 405 页；William Wiersma、Stephen G. Jurs：《教育研究方法导论》第 9 版，北京：教育科学出版社，2010 年，第 208 页。

② 梅雷迪斯·M.高尔：《教育研究方法导论》，许庆豫等译，第 6 版，南京：江苏教育出版社，2012 年，第 29 页。

③ 苏周简开，林佩薇：《语音系统困难儿童的评估和治疗：个案研究》，《中国特殊教育》2003 年第 6 期。

④ 汤凌燕：《听力障碍儿童在交际中语码选择和转换的个案研究》，《中国特殊教育》2006 年第 7 期。

⑤ William Wiersma、Stephen G. Jurs：《教育研究方法导论》第 9 版，北京：教育科学出版社，2010 年，第 100 页。

童信息技术学习的个案研究,[①]研究者也是个案干预过程的参与者。此类研究重在增强个案的权能,通常对行动过程进行细致的描述,确定影响行动结果的环境因素以及行动者所扮演的角色。随着社会科学领域对于“证据”的强调,行动研究具有广阔的前景。

四、相关讨论

(一) 特殊教育中的个案

虽然个案研究并不以发现社会现象的一般规律为目标,但个案因其所具有的代表性问题而一直饱受批评。个案是由研究者基于具体需要选择出来的,因此研究者有必要说明案例的特殊性并加以详细描述。即便如此,把研究结果推论到其他情境中同样是有危险的,因此对个案研究成果的概括必须以个案本身为基础,以从中发现理解其他个案的线索。[②]尽管有方法上各种各样的不足,但个案研究依然是教育领域的重要方法。尤其是特殊教育,个案本身就具有特殊性,而且特殊教育研究所面对的对象的规模往往比较小,“case by case”的研究对于总结教育规律、提出干预方法等依旧有效。

除了方法上可以改进的面向,对于特殊学生,以及更为一般的障碍的假定同样值得深入探讨,也就是说教育的方法之外也要兼顾教育对象的主体性。特殊教育研究,既属于教育的范畴,也属于残障研究的范畴。在现有的研究范式中,个人(医疗)模式与社会模式是近代以来的两种残障观。个人模式视角下的残障等同于损伤或缺陷,残疾是一个需要被避免的缺陷,康复的重点在于残疾人自身,借助于医学的力量进行临床康复;社会模式则认为损伤不一定构成障碍,是环境的不足让损伤成为障碍,因此干预的重点在于改变环境而不是个人。[③]特殊教育的个案研究,无论是采用实验法还是观察法,所依赖的资料时间段并不是很长,行为干预的效果也主要基于特殊学生个人的改变。因此,如果没有足够的自觉,个案研究就常常倾向于残障的个人模式。尤其是《残疾人权利公约》生效以来,倡导积极的义务主体参与社会环境的改变,就一直是一个强有力的方向。事实上,以反思个案的心理治疗或康复训练的研究,已经注意到干预应该兼顾时间的长期性以及个案社会环境的改变。[④]而社会

① 叶筱菁:《智障儿童信息技术学习个案研究》,《中国特殊教育》2005年第2期。

② 梅雷迪斯·M.高尔:《教育研究方法导论》,许庆豫等译,第6版,南京:江苏教育出版社,2012年,第88页。

③ 王国羽、林昭吟、张恒豪主编:《障碍研究:理论与政策应用》,高雄市:巨流,2012年,序。

④ 参见张将星:《极端学生心理治疗:从危机干预到共创环境——以心理治疗十年帮扶教育个案分析为例》,《中国特殊教育》2013年第10期;李丹,田文雁:《孤独症儿童回归主流社会基本条件》,《中国特殊教育》2003年第6期。

工作以协调个人与环境的协调为目标之一，将社会工作理念与方法用于特教体系十分有必要，而且也是欧美以及港台的实践。①心理的评估与医学的干预固然是基础，特殊学生的社会融合单靠这些是不够的，社会环境同样需要做出调整。在特殊教育的研究方面，跨学科的视角也将是一个发展方向。

（二）有待突破的方法：以历史的研究为借镜

个案研究方法在近代特殊教育刚刚起步的时期，就是一种常用的研究方法。②民国时期的研究运用虽然在某些主题、话语等方面虽有不同，但对于了解特殊教育研究传统、研究范式，甚至对于启发今天的残障社会工作亦有很大价值。我们介绍一个建国前的个案研究，③仅抽取报告中的 2 个个案，以探讨借鉴的可能性。该研究从文章的结构上来说，包括了"引言、研究目的、研究方法及经过情形、特殊儿童的个别研究、结论"。从研究的目的来说，该研究指出个案研究的价值："虽然是个案，但也有一般的工作方法。每一个个案的研究虽有不同，但都经过原因调查、原因诊断和补救训导"。在个别研究部分，依照 pressey 的调查表，包括基本信息（性别、年龄、不当行为）、不适当行为的原因包括儿童家庭史（医药的/社交的与情绪的、智力的、教育的与经济的）、儿童的生活史（医药的/社交的与情绪的、智力的、教育的与经济的）、儿童的现状（生理的状况、社交的与情绪的适应、智慧的教育、教育的适应），了解儿童以及家庭的状况、行为归因、干预策略选择等等。很显然，此种研究策略和报告方法值得进一步学习。

表 5 个案研究的两个案例

	个案 1	个案 2
性别	女	男
实足年龄	六岁十一月	八岁
年级	一上	二下
不适当行为的性质	时常不能注意整洁	各科成绩有显著的低落情形
不适当行为的描写	整个的一身，没有一处是清洁的，头发乱的，手指黑的颜面龌龊的，衣服肮脏，并且穿得也不整齐，尤其是她的两只脚，使人看了作三日呕。	第一次临时测验，各科成绩均不如前。

① 张如杏：《建构特教体系中专业社会工作——以台北县为例》，《台湾社会工作学刊》2006 年第 5 期。

② 顾定倩等主编：《中国特殊教育史资料选》，北京：北京师范大学出版社，2010 年。

③ 绍中附小：《特殊儿童的个别研究》，浙江省教育厅编印：《浙江教育》，1937 年，第二卷，第一期，顾定倩等主编：《中国特殊教育史资料选》，北京：北京师范大学出版社，2010 年，第 347—387 页。

续表

	个案1	个案2
原因的调查和诊断	这儿童的家庭非常龌龊,使人难堪,母亲事忙,无暇顾及她的整洁,而她的母亲自己也是很不干净的。因此,幼小养成了不整洁的坏习惯。	原因的调查: 一、儿童的家庭史…… 二、儿童的生活史…… 三、儿童的现状…… 原因的诊断: 他的学业成绩低劣,一方面由于遗传不良,天资愚笨;一方面由于兄弟不睦,常与顽皮儿童作伴,以致功课荒芜。
个别训导的方法	一、在家里 1. 每晨必刷牙漱口,整洁头发,练习自己洗面,洗面时必照镜子,看看有没有洗干净。 …… 二、在学校 1. 讲脏小孩的故事给他听。 2. 介绍清洁的儿童给她做朋友。 ……	1. 联络家庭,请其家长严加督促,兄弟间不要争闹,设法与顽皮儿童隔离,并在家规定时间地点学习功课。 2. 课后指导各科作业,设法为其解除困难,引起兴趣,并减低程度。
个别训导的结果	看来稍微整洁些。	该生终因各科成绩过差,以致留级。
继续调查诊断与补救	她处在龌龊的家庭里,怎能希望她收拾得干净?所以单从她个人的训练,不能收得完满的效果,根本办法,要从革新她的家庭生活入手。	该生天资愚笨,无法补救,且在家不听父母言,兄弟争执及顽劣同伴亦无法制止,是以训练无成效可言。

五、小　结

在过去的二十年,个案研究是特殊教育研究的重要方法。在研究主题、研究对象、资料收集方法等方面都呈现多元发展态势。由于个案研究本身的不足以及个案背后理论范式假定方面的忽视,现有的个案研究难免有碎片化的表征,这大概也是近几年研究数量下降的原因。回顾我国特殊教育研究的历史资源,借鉴不同学科的方法和理论视角,既有助于促进学术的交流与积累,也有助于提高教育研究对于政策、康复、行为干预的效度,在强调“以证据为基础的干预决策”①的今天,更加需要。

① 王波、肖非:《特殊教育的循证实践取向》,《中国特殊教育》2013年第8期。

运动的好处：罕见病群体的体育休闲与心理健康*

摘　要：针对成骨不全患者群体的调查发现，罕见病群体的运动休闲与娱乐交往数量偏少，而且以非参与性的独处为主要方式。回归分析表明罕见病群体的收入以及运动频率对其心理健康具有正向影响。社会政策以及残障社会组织应注重建构罕见病群体的社会关系网络，提高其参与社区文化、体育活动的便利性和积极性，增强其社会资本。

关键词：罕见病群体　体育休闲　心理健康　网络建构

一、研究问题

2014 年风靡全球的"冰桶挑战"让渐冻人这一罕见病群体走进大众视野，成为2014 年一个广泛参与的公益活动。罕见病(Rare Disease)，是指发病率很低、很少见的疾病。对罕见病的研究并不多，①到目前罕见病所受到的关注依然不多。学术界比较系统、大规模的研究当属中国人民大学残疾人事业发展研究院与瓷娃娃罕见病关爱中心于 2012 年起合作的"中国罕见病群体生存状况调查"。

成骨不全症(Osteogenesis Imperfection，OI)是以骨脆弱和骨畸形为临床特征的常染色体显性遗传的罕见疾病，又称脆骨症、原发性骨脆症等。民间将该疾病患者称为玻璃娃娃、玻璃人、瓷娃娃。大陆目前没有成骨不全者患者总体状况的相关数据，据估计，目前中国约有 10 万名以上的成骨不全患者。②成骨不全症患者因长期频繁骨折，造成骨畸形，身材矮小，行动障碍，虽然尚没有具体的政策予以明确标识，但在实际操作中相当部分罕见病患者可以办理残疾人证，因此在一定程度上

---

* 本文成文于 2015 年，系博士研究生期间的课程论文。所使用的数据来源于瓷娃娃罕见病关爱中心，由该中心邢焕萍提供，她也同为瑞典罗尔·瓦伦堡人权与人道法研究所与武汉大学公益与发展法律研究中心合办的"中国残障人权利多学科研究项目"(第二期)学员。

① 叶秀珍、曾敏杰、林志鸿：《各国罕见病相关法案之比较研究》，台北：罕见病基金会，2002 年。

② 罕见病发展中心研究及倡导部：《中国罕见病组织发展问题研究》；李莹、鲁全等：《中国罕见病群体生存状况调研报告》，北京：中国劳动社会保障出版社，2014 年，第 213 页。

罕见病群体的情形可以参照或者归类为残障群体。他们的智力、寿命不受疾病的影响,同样具有获取教育与就业等机会的能力。但由于各种因素的限制,罕见病群体及其家庭常常在治疗与就医、教育获得、就业、生活保障以及社会交往等方面的困难。①成骨不全症患者因其特殊的身体状况,并由此引发的心理健康状态,是我们此次分析所关心的。

对于大部分成骨不全症患者来说,频繁的骨折—频繁外出就医—持续的康复,似乎是一个无休止的循环。而伴随着就医行为的是让家庭陷入贫困。②由于成骨不全症患者本身的健康状况,而缺乏体育运动,甚至影响他们接受教育的机会。在日常生活中,社会性的体育或者休闲活动,成骨不全症患者面临更多的困难,这些活动有助于心理健康。③心理健康的社会学视角关注社会分层和社会不平等对于心理健康问题的影响以及这些影响发生的机制,④而社会经济地位越高的人,其健康水平越高。⑤在我们的调查中,回答"我曾经出现过自杀的念头"一项中,"从不这样""有时这样""总是这样"比例分别为 58.4%、37.8%、3.8%。如何理解和干预成骨不全症患者的心理健康问题,不仅仅是学术界关心的问题,更是成骨不全症患者及其家庭处理类似心理危机的迫切需要,也是相应的心理健康服务所需要的。

二、基本数据与变量测量

数据来源于 2013 年 3—6 月,北京瓷娃娃罕见病关爱中心对我国成骨不全症患者生存状况进行的调查。调查在 2008 年瓷娃娃中心首次全国调研的基础上,从瓷娃娃中心收集建立的病友数据库中抽取联系方式,建立抽样框。调查采用网络填答、邮寄调查、上门入户的方式完成,最终获得 561 位患者及其家庭的数据。为了控制年龄的因素,剔除由此带来的职业等方面的差异,此次分析主要集中于 16 岁以上的群体。对数据的总体特征进行描述,有助于了解罕见病群体的生存环境。

在性别分布上,男性占 51.5%,女性占 48.5%,与我国第二次残疾人普查结果中显示的男女性别比例完全吻合(全国残疾人性别比为:男性 51.55%,女性

① 李莹、鲁全等:《中国罕见病群体生存状况调研报告》,北京:中国劳动社会保障出版社,2014 年,第 14—16 页。

② 蔡禾、周林刚等:《关注弱势:城市残疾人群体研究》,北京:社会科学文献出版社,2008 年。

③ 傅仰止:《独乐乐不如众乐乐? 休闲的社会性与休闲满意》,《台湾社会学刊》2009 年第 43 期。

④ 梁樱:《心理健康的社会学视角——心理健康社会学综述》,《社会学研究》2013 年第 2 期。

⑤ 王甫勤:《社会经济地位、生活方式与健康不平等》,《社会》2012 年第 2 期。

48.45%)。在年龄分布上，未成年(18 岁及以下)的被访者占 55.8%，成年被访者占 44.2%。在户籍类型上，城市户籍占 36.4%，农村户籍占 63.5%。561 名被访者覆盖全国 29 个省市。总的来说，本次调研所搜集的数据资料，能够较好地展现成骨不全症患者的生活状况。

关注成骨不全症患者的生存状况，很重要的一个基础部分是需要了解被访者家庭及周边社区。在本次调研中，84.1%的被访者父母婚姻和睦，8.3%的被访者父母离异。由于“成骨不全症”这类疾病最高有 50%的遗传概率，但在很多地方缺乏正确医学知识及生育指导，在被访者中，平均每个家庭有 1.4 位成骨不全症患者，最多为 20 人的家族式患病群。成骨不全患者的家庭平均月收入 2 367.05 元，其中城镇户籍的家庭平均月收入为 3 074.45 元，农村户籍为 1 917.09 元。在瓷娃娃中心日常接触的家庭中，很多家庭原本经济收入还可以满足日常生活，但由于有了一名患成骨不全症的儿童，需要长期手术、药物、康复等方面治疗，家庭整体支出大大增加。61.1%的城市家庭认为在负担家庭生活方面不同程度的入不敷出，该比例在农村家庭上升到 79.8%。在所有被访者中，37.8%的被访者在过去半年内发生过骨折，这些被访者中 29.1%的人没有接受任何治疗，主要原因是家庭经济条件差。在瓷娃娃中心日常接待的个案中，由于频繁骨折导致家庭经济压力大，甚至很多患者骨折后不再去医院就诊，而是由患者家属自行用夹板等固定，或卧床使其自然愈合。久而久之，骨折部位严重畸形，导致患者残疾。

心理状况测量使用自编量表，取值 1—3 分，分值越大表示心理状况越健康。以往的研究使用了因子分析，采用因子总得分和各项方向一致性之后的加总两种分析方法结果差异不大。本次采用的心理健康状况数值为自编量表 20 个变量的总和。取值范围为 20—60。考虑到成骨不全症患者的工作状态会对其心理健康产生影响，此次分析中考量了工作状况。在 19 岁及以上的被访者中，32.8%在职，61.0%处于失业和待业状态。工作性质以单位全职、网络就业、自主创业为主。可以看出，成骨不全症患者作为残疾人的一部分，其就业率并不乐观，从总体的残疾人就业状况来说，就业率远远低于非残疾人。①

在研究成骨不全症患者的心理健康状态时，有关收入方面使用了家庭收入。主要是因为成骨不全症患者参与工作的比例太低，在患者自身的收入方面，具有太多的缺失值。在我们的调查中，有工作填写了每月收入的患者仅有 108 位。除了有工作者的比例比较低之外，他们的工资同样比较低。50%的回答者的月收入在

① 参见蔡禾、周林刚等：《关注弱势：城市残疾人群体研究》，北京：社会科学文献出版社，2008 年；王治江、张源、尹朝存、王建伟、靖学闯：《残疾人教育歧视现状调查及对策研究》，中国残疾人联合会：《中国残疾儿童现状与需求调查研究》，北京：华夏出版社，2012 年。

表1 描述统计量

	取值范围	均值	标准差	分析N
心理健康状态	20—60	41.550 8	6.313 80	256
性别	男=1,女=2	1.52	.500	256
学历	小学及以下=1,初中=2,高中=3,大学及以上=4	1.87	1.057	256
每月户外运动次数		5.726 6	5.576 16	256

800元以下,然而,在比较高的收入区间中差异比较大。有的成骨不全症调查者开设了网店,每月的收入可以达到10 000元。由于缺失值比较多,在理解这部分人群的心理特征时,进行了探索性的研究。

三、研究发现

(一) 成骨不全患者体育休闲基本状况

研究发现,50.4%的被访者每周户外活动的次数少于1次,每周活动在1、2次的在26.4%,只有23.2%的被访者每周户外活动的次数在3次以上。由于大部分患者长期在家,外出活动少,娱乐方式单调,导致患者对于社会认知有所脱节、现实中的朋友交际少、依赖网络交流或父母情况严重。50.7%的被访者认为自己的休闲文娱活动"匮乏"或"非常匮乏",只有6.8%的被访者认为自己的休闲文娱活动"非常丰富",12.9%认为"丰富"。影响休闲娱乐活动的三个主要原因依次是身体行动不便、没有适合的场地和没有适合的娱乐设施。被访者对自身参与社会活动的机会主观评价整体偏低,46.0%的被访者认为机会非常稀少,29.7%认为机会比较稀少,只有2.2%的被访者认为参与社会活动的机会非常多。可以肯定的是,成骨不全症患者的身体健康状况影响了患者的社交活动。被访者最常见的娱乐方式是看电视、上网、听歌、看书,其余如:下棋、户外运动、书法绘画等娱乐方式,选择的人数较少。

针对更为广泛的罕见病群体的调查同样表明,罕见病群体最普遍的娱乐方式包括上网、看电视、看书、看报纸等方式,而逛街、体育运动等方式的比例较低。这些娱乐方式不需要与其他群体的交往。而且闲暇时间的使用方面,待在家中的比例最高,外出游玩的比例比较低。①

① 李莹、鲁全等:《中国罕见病群体生存状况调研报告》,北京:中国劳动社会保障出版社,2014年,第15—16页。

(二) 成骨不全患者心理健康的影响因素

我们的一个设想是,参加户外运动的频率将与患者的心理健康有关系。心理状态数据加总为患者的心理健康状态(因变量),是一个连续变量。由于收入的分布偏态,采用了 Log(月收入)进行了替代。采用逐步回归的方法,把数据列入多元回归方程中,多数变量不显著,而且解释的方差相差不大。最后形成的模型中包括变量参加户外运动的频率和学历程度。模型检验表明,F 值为 23.486,显著性检验为 0.000,模型拟合度较好。Durbin-Watson 检验值为 2.011,通过检验,说明残差项不存在一阶自相关。系数的检验表明,VIF 的值小于 10,说明自变量之间不存在强烈的共线性。预测者和残差的标准偏差数值不大,说明模型较为稳健。通过模型可以发现,户外活动频率越高心理健康状态就越好,可见户外活动有助于罕见病群体接触人群、建立关系,并维持好的精神状态。同样学历程度越高罕见病患者的心理状况就越好。学历程度和参加户外活动的状况可以解释 15.7%的方差,即罕见病群体心理状况的差异可以通过这两个变量控制 15.7%。

表 2　罕见病患者心理健康因素线性回归分析(OLS 模型)

	模型一		模型二	
	系数	标准误差	系数	标准误差
常数项	36.637***	0.809	36.346***	1.232
户外运动频率	0.149***	0.066	0.206**	0.98
学历	2.171***	0.346	1.606***	0.513
目前收入	—	—	0.001***	0.000
N	256		100	
R^2	0.157		0.298	

注:** $p<0.05$, *** $p<0.01$。

针对有工作的罕见病患者,进行了探索性的研究。通过排除变量逐步回归,得到参加户外运动、月收入以及学历对心理健康具有显著性的影响。模型检验显著,各变量 VIF 小于 10,不存在共线性。回归分析表明,参加户外运动的次数比较显著的影响心理健康状态。每增加一次户外运动,其心理健康的状态就有显著改善。与总体的罕见病患者的心理健康影响因素相比,学历所起的作用似乎有所下降,而户外运动的影响有所增加。月收入虽然从总体上影响心理健康,但影响有限。

罕见病群体的出行不方便,一方面是自身身体因素,一方面是社会必要的无障碍设施的不健全。据残疾人状况及小康进程监测报告,①城镇残疾人对无障碍设施的满意度比较高。2007—2013年度,城镇残疾人对无障碍设施和服务表示非常满意或满意的比例持续上升,2013年度满意度达到84.6%,与上年度相比,上升了3.1个百分点(见表3)。尽管残疾人对无障碍环境的评价比较高,但从总体上来说残疾人参与社区文体活动的比例较低,经常参加社区文化、体育活动的比例虽然有一定程度的提升但仍然不足10%(表4),而且农村比城镇参加社区文化、体育活动的比例更小。所以,怎样提高罕见病群体具有高社会参与性的运动休闲,应该是社会政策以及社会服务项目的努力所在。

表3 城镇残疾人对无障碍设施和服务的满意度 (单位:%)

	2007	2008	2009	2010	2011	2012	2013
非常满意或满意	48.0	62.9	66.9	69.4	77.9	81.5	84.6
一般	48.5	34.5	31.5	29.2	20.4	17.8	15.1
不满意	3.5	2.6	1.5	1.4	1.7	0.7	0.3

表4 全国残疾人参加社区文化、体育活动情况 (单位:%)

	2007	2008	2009	2010	2011	2012	2013
经常参加	4.7	5.7	5.4	5.4	6.3	7.8	8.2
很少参加	20.1	24.5	24.5	28.3	32.4	36.5	34.9
从不参加	75.2	69.8	70.1	66.3	61.3	55.7	57.0

四、结 论

我们的研究表明,成骨不全症患者受制于健康状况,其社会交往、休闲娱乐、教育以及工作等机会受到限制。从总体上而言,他们的心理健康状况受到多方面因素的影响。仅有三成左右的成骨不全症患者有工作、有收入,更进一步限制了罕见病群体社会交往的机会和规模。而研究发现,参与劳动与否影响他们的心理健康,

① 在《关于印发2013年度残疾人状况及小康进程监测报告的通知》([残联发〔2014〕47号])中,2013年度残疾人状况监测工作涉及全国734个县(市、区)中的1 464个调查小区,有效监测样本37 199人。其中,成人35 722人,儿童1 477人;男性19 443人,占52.3%,女性17 756人,占47.7%,男女性别比为109.5(女性为100);城镇9 191人,占24.7%,农村28 008人,占75.3%。参见中国残疾人联合会:http://www.cdpf.org.cn/sjzx/jcbg/201408/t20140812_411000.shtml,2015年10月1日。

一般而言有工作的要比待业或者失业的状态要好,这充分说明,工作也是一种社会交往,是残疾人获得社会参与感的来源。[①]在残障研究领域,关于残疾的医疗模式逐步让位于社会模式,鼓励残疾的教育平等以及消除歧视,是联合国《残疾人权利公约》的要求。[②]对于残疾人而言,勇敢地走出去获得交往有助于残疾人的心理调适,当然,残障群体的自我认识是否有助于减轻社会污名的状态还有待于进一步的挖掘。而对于残疾人家属或者残障组织而言,鼓励残疾人获得工作,参与社会同样重要。

罕见病或者关注罕见病的组织虽然起步较晚、规模小、资源有限、服务内容少、专业化程度低,但在NGO以及家长团体的努力下,也迈开了发展的脚步。这些组织有助于建构残障群体的社会关系网络,增强其社会资本。《财政部、民政部、住房和城乡建设部、人力资源社会保障部、卫生计生委、中国残联关于做好政府购买残疾人服务试点工作的意见》(财社〔2014〕13号)对于催生社会组织将会具有重大影响。以公益创投为主要形式的政府购买公共服务,是社会治理转型的探索,也需要社会组织积极参与其中。[③]

从运动休闲来看,体育运动,尤其是户外的休闲娱乐,更是有助于开拓残疾人的社会网络,促进心理健康,这大概也是社会性休闲娱乐的好处。尽管做了这些探索,但是由于缺失数据较多,所获得的结论可能会受到限制。而且,在心理健康与户外运动以及其他因素之间的关系,很难确定单一的因果关系。残障群体的心理健康,除了考虑外部环境的影响,罕见病本身对其心理健康的影响,以及残障人士的心理调适阶段都会影响其心理健康。[④]而如果进一步揭示心理问题的社会心理机制,[⑤]就必须全面回顾残障群体的社会交往体验,利用事件史分析的方法分析残障群体的心理过程及影响机制。想要更进一步的认识,还需要更多的探索。

① 王国羽、林昭吟、张恒豪主编:《障碍研究:理论与政策应用》,高雄市:巨流,2012年。
② 张万洪主编:《残障权利研究:2014》,北京:社会科学文献出版社,2014年。
③ 李学会:《公益创投:政府购买社会组织公共服务的实践与探索》,《社会工作》2013年第3期。
④ 李小寒:《身体残障病人的心理社会调适》,《实用护理杂志》2011年第3期。
⑤ 梁樱:《心理健康的社会学视角——心理健康社会学综述》,《社会学研究》2013年第2期。

扩展送教上门的内涵:生态系统的视角*

摘　要:送教上门是我国特殊教育体系的组成部分,是保障重度残疾儿童受教育权的途径。以生态系统理论审视送教上门的内涵,要突破单纯的教学,而应以优化特殊学生的社会化生态环境为综合目标,为特殊学生及家庭增能。特教中心可以发挥送教上门工作组织者的角色,家庭是送教上门工作的切入点,而学校应以参与塑造特殊学生的融合环境为目标。

关键词:送教上门　生态系统　社会化　特教中心

近年来,国家越来越重视特殊教育的发展,尤其是《国家中长期教育改革和发展规划纲要(2010—2020年)》发布以来,教育部等多部门提出《特殊教育提升计划(2014—2016年)》,都把我国特殊教育的发展提到重要的位置。上海的特殊教育一直走在前列,在国家制定发展规划之后出台了《上海市中长期教育改革和发展规划纲要(2010—2020年)》以及《上海市特殊教育三年行动计划(2014—2016年)》,而且在此之前,已经实施了《上海市特殊教育三年行动计划(2009—2011年)》,推进医教结合实践,加强资源投入以及服务体系建设方面做了有益探索。

《上海市特殊教育三年行动计划(2009—2011年)》指出,上海市改革开放以来基本形成了"以特殊教育学校为骨干,特殊教育班和随班就读为主体,送教上门、社区教育为补充的从学前教育到高等教育互相衔接、普特融合的特殊教育体系"。送教上门虽然在不同地区有了一些实践,但明显还缺乏深入的探讨。本文尝试借助于生态系统理论,探讨送教上门的内涵,以及在此理念指导下组织开展送教上门的启示,以期对送教上门的实践具有引导作用。

一、作为一种特殊教育安置形式的送教上门

保障特殊儿童的受教育权利,一直是我国政府以及教育机构努力的方向。但

---

* 原文发表于《理论观察》2016年第2期,第二作者为李晶晶,第三作者为傅志军,系上海市虹口区2015年度教育科学研究项目"区域送教上门教育康复训练模式的建构研究"(立项编号:B15102)、上海市残联课题"残障社会政策"(2014SHCL006)阶段性成果。

特殊儿童的教育,往往受制于特殊儿童自身的身体限制以及无障碍环境建设的不足,或者当地教育条件、家庭条件、观念的影响。据《2013 年度中国残疾人状况及小康进程监测报告》,①我国残疾儿童接受义务教育的比例逐步提高,但仍然有 30%左右的特殊儿童未入学接受教育,6—14 岁残疾儿童接受义务教育的比例为 72.7%。相较于同期总体接近 100%的儿童入学率,可以看出特殊儿童是主要的未入学适龄儿童。未入学的特殊儿童主要集中于残疾程度较高的重度残疾,残疾类型集中于肢体残疾、智力残疾、精神残疾以及多重残疾。已有的调查表明,多数不在学的残疾儿童家庭对送教上门具有比较迫切的需求,并且除了基本的文化知识,特殊儿童家庭还需要康复训练以及家庭教育技巧等。②

送教上门在不同国家(地区)有着不同的定义和实践,例如台湾的在家教育、日本的访问教育、美国的 Homebound Instruction 等。台湾的在家教育的定义虽然强调在家教育是教师上门进行教育的特殊教育服务方式,但在操作中,其内涵涵盖特殊教育服务、医疗复健服务、相关福利、家庭支援服务以及其他必要的行政支持服务等。③针对重度残疾儿童,开展送教上门是保障特殊儿童教育权利的重要途径。2013 年 11 月 21 日修订通过,自 2014 年 4 月 1 日起施行的《上海市实施〈中华人民共和国残疾人保障法〉办法》指出,"对义务教育年龄段内不能到学校就读的重度残疾儿童、少年,教育部门应当建立统一的学籍管理制度,组织开展送教上门服务"。在此前的医教结合实践中,送教上门都被作为特殊儿童教育安置的形式之一。

二、融合环境与特殊儿童的社会化

融合教育是当前特殊教育的一个共识,特殊儿童并不被隔离出来进行单独教育。然而,特殊儿童的教育及安置是一个复杂的系统,尽管目前特殊儿童在普通学校随班就读是主流,但特教班、特殊学校以及送教上门一直是特殊教育体系的组成部分。从我国残疾儿童就读学校的统计中就可以看到我国特殊教育体系的格局(参见表 1)。④

①④ 中国残疾人联合会:《关于印发〈2013 年度残疾人状况及小康进程监测报告的通知〉》(〔残联发〔2014〕47 号),http://www.cdpf.org.cn/sjzx/jcbg/201408/t20140812_411000.shtml,2015 年 10 月 1 日。

② 高宇翔:《北京郊区县学龄残疾儿童少年不在学及送教上门需求情况调查》,《南京特教学院学报》2012 年第 1 期,第 14—18 页。

③ 董玮倩,昝飞:《台湾地区在家教育特殊教育服务概况及启示》,《基础教育》2011 年第 4 期,第 113—118 页。

表 1 6—17 岁全国残疾儿童就读学校类型构成 (单位:%)

	2007	2008	2009	2010	2011	2012	2013
普通小学	73.0	72.0	74.5	73.0	68.2	61.5	59.6
普通中学	17.1	18.1	15.3	16.5	20.2	23.5	24.7
特殊教育学校	5.0	6.2	7.1	7.1	6.5	8.9	8.9
普通教育学校特教班	0.7	0.5	0.6	0.7	0.1	0.3	0.1
普通高中	2.8	2.1	2.0	1.6	2.5	3.4	4.1
中等职业学校	1.4	1.1	0.6	1.1	2.4	—	—
普通中等职业学校*	—	—	—	—	—	2.1	2.3
残疾人中等职业学校*	—	—	—	—	—	0.3	0.3

注:* 原"中等职业学校"选项从 2012 年度细分为"普通中等职业技术学校"与"残疾人中等职业技术学校"。

我们把特殊儿童的受教育形式以及教育过程的支持性环境作为划分特殊教育安置形式的标准,那么我们可以把四种特殊教育形式做如下划分(表 2)。这些安置形式首先基于特殊儿童的自身特点,从残疾程度来说,越轻的越倾向于在普通学校进行随班就读,而重度残疾更有可能失学或者在家接受教育。相应的,这些安置形式的教育方式、教育内容、教育目标等方面都有所差异。随班就读的特殊儿童往往执行的是普遍的教育计划,进行的是竞争性的考核机制,而受教育的环境也是同伴群体的融合环境。随着随班就读工作的开展,安置对象扩展到精神、智力残疾,也有部分学生在普通班级中实行个别化教育计划(Individualized Education Program, IEP)。

表 2 不同特殊教育安置形式的理念及教育环境特点

<table>
<tr><td colspan="2" rowspan="2"></td><td colspan="2">学校是否为融合理念</td></tr>
<tr><td>是</td><td>否</td></tr>
<tr><td rowspan="2">班级教学的
支持性环境要求</td><td>高</td><td>普通学校随班就读
✓ 轻度残疾
✓ 普遍/个别教育计划
✓ 多元同伴支持</td><td>特殊教育学校
✓ 重度残疾
✓ 个别/普遍教育计划
✓ 限制性同伴支持</td></tr>
<tr><td>低</td><td>普通学校特教班
✓ 中度残疾
✓ 个别/普遍教育计划
✓ 有限同伴支持</td><td>送教上门
✓ 重度残疾
✓ 个别教育计划
✓ 缺乏同伴支持</td></tr>
</table>

资料来源:作者建构。

就送教上门而言,所针对的对象为"不能到学校接受教育但基本具有接受教育能力的6—15周岁义务教育阶段重度残疾儿童少年"。[①]由于送教上门的开展往往在特殊儿童的家庭之中,学生只有特殊儿童一个,教育环境既不是学校课堂教学的物理空间,也缺乏同辈群体的共同成长。除了教育环境的特殊性外,由于特殊儿童的家庭也往往面临着各种困难和问题,家长对送教上门的预期也有所差异,家长对送教上门的教师或者志愿者的教学能力的要求并不是首要的。[②]从国际上的残障政策来说,世界卫生组织提出的《国际功能、残疾和健康分类》(ICF)以及联合国《残疾人权利公约》都强调残疾人的受教育权利,政府以及相关主体有义务创造条件以促进残疾人充分和平等地参与教育和融入社区。送教上门的特殊儿童在身体、智力等方面存在限制,目前的实践中他们的受教育目标不在于进行选拔性的考试,即便纳入学籍,其考核也都是因人而异的。

因此,送教上门的"教",就不应该局限于单纯的"教学",而应扩展到"教育""教化",也就是社会学中所指的"社会化"。在社会化的过程中,家庭、学校、同伴群体是主要的社会化环境。而教育是社会化的主要手段,而且,在强制性的义务教育的实践中,学校成为儿童社会化的首要场所。然而,送教上门的特殊儿童恰恰缺乏这样的机会和环境。

三、送教上门的目标与策略:优化特殊儿童生态系统

如前所述,送教上门的目的在于促进特殊儿童的正常社会化,塑造社会化的融合环境是主要的任务。相应的,送教上门的组织者、实施者、切入点就超出了学校、教师、特殊儿童的范围。在发达地区的残障者社会福利传递工作往往由社会工作者传递,目前以公益创投为基本载体的政府购买服务促进了残疾人社会服务的发展,同时地区性的特殊教育康复指导中心也建立起来。有鉴于此,特教中心承担组织工作便于资源分配与工作协调。特殊教育指导中心的工作重点在于优化特殊儿童的社会化生态系统。生态系统理论强调案主所面临的问题从属于更广泛的社会问题,运用社会生态学分析案主的需求以及干预策略。[③]在送教上门特殊儿童的生态系统中,以特殊儿童及其家庭为中心,学校、社区等组织依次构成生态系统的同心圆。在生态系统中,环境与行动者的关系既有积极性的,也有消极性的。生态系

① 袁建:《关于开展对残障儿童"送教上门"工作的几点思考》,《教育现代化》2015年第8期。

② 高宇翔:《北京郊区县学龄残疾儿童少年不在学及送教上门需求情况调查》,《南京特教学院学报》2012年第1期。

③ Teater A.:《社会工作理论与方法》,刘艳霞等译,上海:华东理工大学出版社,2013年。

统理论也是评估特殊儿童教育环境的重要理论指导(尤其是医教结合背景中的教育评估或者鉴定安置过程的初步评估),本文仅就这一理念下,探讨送教上门的工作思路。虹口区目前进行送教上门安置的学生有3名,特教中心发挥相应职能,在送教上门工作方面做了一些探索。以下工作思路是对已有工作的总结,也是我们在实践中进行的理论思索。理论是实践的指引,在具体的实践之前,也应有理论的储备,具体的技术操作都是宏观理念的具象化。

(一) 家庭:送教上门工作的切入点

特殊儿童在教育、生活等方面所面临的困难都或多或少给其家庭带来负担,这也是他们被视为弱势群体的一个原因。特殊儿童由家庭抚养是我国特殊儿童主要的成长模式,而且特殊儿童的家长的确做出了巨大的牺牲和投入,例如夫妻一方放弃工作全职照顾孩子。[①]因此,他们是需要增能的群体。[②]不过,在比较重度的送教上门特殊儿童(例如脑瘫、精神障碍等),增能的对象不仅仅在于特殊儿童,更应该在于家庭层面的增能。一方面在于重度残疾儿童的监护人是其家长,特殊儿童的某些利益以及决策需要家长作为代理;另一方面在于家长是儿童社会化过程中的首要支持者,特殊儿童的出现打破了家庭成员与环境之间的适应性平衡,这也就意味着家长同样需要社会支持。

正是在这样的思路下,虹口区的送教上门安置学生,在鉴定安置伊始首先是从家长的工作开始,了解家长的需求、同理家长的心声。而且,一旦安置后,特教中心开展的干预活动,总是同时指向特殊学生和其家长。例如,虹口特教中心已经实施两期的"立体式绘本阅读项目",在针对特殊儿童(项目不仅面向送教上门儿童)的绘本阅读的同时,相同时间针对家长举办家长沙龙,采用教师讲课、焦点小组等方式促进家长学习相应知识、组成互助小组、促进夫妻间接纳孩子以及调适夫妻关系等。

(二) 学校:特殊儿童同伴群体的建造者

送教上门的学籍一般归入辖区学校,作为某一班级的成员。学校及教师在送教上门工作中扮演教育提供者、学籍管理者、教育评估参与者、资源链接者等方面的角色。正如前文所探讨的,送教上门的教育目的并不在于为升级考试内容的传输,因此学校所扮演的角色更在于协助建立特殊儿童的融合环境。特殊儿童被编入某一班级,是让特殊儿童获得班级归属感,并从中锻炼友谊、信任、关系等交往品质。对于班级的普通学生而言,与特殊学生的交往本身就是生命教育或生活教育

---

① 参见尚晓援:《中国残疾儿童家庭经验研究》,北京:社会科学文献出版社,2013年;中国精神残疾人及亲友协会编著:《中国孤独症家庭需求蓝皮书》,北京:华夏出版社,2014年。

② 陈树强:《增权:社会工作理论与实践的新视角》,《社会学研究》2003年第5期。

的过程。对于学校或者特教中心而言,开发合适的课程,将特殊儿童与所在班级的融合环境塑造出来,将是重要的任务。当然,目前国内外的研究表明,同伴群体之间的融合与接纳实践充满挑战。

(三) 特教中心:送教上门工作的组织者

上海的医教结合实践,已经在一定程度上理顺和重构了特殊教育的管理机制。从残疾人的生命史的角度来说,其需求是多元而具有阶段性的。残疾人工作的管理部门涉及政府、教育部门、卫生部门、残联等多个条口,而承担最主要工作的教育与卫生部门,在医教结合工作中体现为区域特殊教育康复指导中心,特教中心具有管理、指导、咨询、科研等多项职能。①

在目前的特殊教育实践中,特教中心承担送教上门的组织工作最合适。一是特教中心作为教育系统的行政部门,利于协调学校、卫生、残联等政府部门间的组织系统;二是送教上门工作的参与者包括教师、医生、社会工作者、学生、志愿者等多个主体,特教中心便于协调和链接资源。在我们的实践中,送教上门学生个别化教育计划、康复计划等工作均为特教中心承担,组织医生、社会工作者、教师等人员的多方参与,为特殊儿童及其家庭提供详尽的服务。

四、小 结

从现有的实践来看,送教上门的组织实施工作需要参与者的大量付出,可以说并没有"效率",但却是保障每一个孩子接受教育的权利的必要途径。②从美国的特殊教育发展史来看,特殊教育的发展也与整个教育系统的改变息息相关,认真回应每个孩子的特殊需求和状况是教育永恒的追求。③本文借助于生态系统理论的视角指出,送教上门的内涵要扩展到儿童社会化的教育环境,送教上门应同时促进特殊儿童家庭的增能,重视特殊儿童生态环境的优化,这些理念都要体现在课程的设置当中。目前虹口区特殊教育指导中心正在积极探索区域内的送教上门工作,后续的理念实践还需要进一步的总结挖掘,以期为我国的送教上门发展提供一些参照。

---

① 国家教育体制改革试点"推进医教结合,提高特殊教育水平"项目组编著:《医教结合为生命添彩.上海特殊教育研究报告》,上海:上海教育出版社,2014 年。

② 参见恩胜、吴岚:《送教上门:特教学校功能的创新实践》,《现代特殊教育》2015 年第 3 期;王力多:《试谈如何有效开展送教上门工作》,《现代特殊教育》2012 年第 Z1 期,第 76 页。

③ Laudan Aron and Pamela Loprest, "Disability and the Education System .The Future of Children," *Children With Disabilities*, vol.22, No.1, (Spring 2012), pp.97—122.

特殊学生社会排斥的社会工作介入：基于生态系统理论的方案优化[*]

摘　要：特殊学生遭遇社会排斥是教育领域常见但又缺乏有效干预和预防方法的问题。本文在社会工作常用的生态理论视角下，基于虹口区特殊教育指导中心进行特殊学生行为干预的案例，对已有的干预流程以及效果进行了归纳和评估，在此基础上，优化和理清了目前的干预模式。除此之外，还建构了区域内教育系统应对特殊学生社会排斥的工作模式。注重预防社会排斥，创造融合教育环境，既是残障工作强调的权利模式的内在要求，也是社会工作介入以达成人与环境"适应性平衡"目标的要求。本文最后指出，注重本土实践经验的总结与提炼，是社会工作方法本土化以及残障工作规范化的一个可选择路径，也是整合社会资源，实现良性社会治理的探索方向。

关键词：残障社会工作　生态系统理论　融合教育　社会排斥

一、研究缘起

在特殊教育领域，随班就读是融合教育理念下安置残障学生的主要形式。特殊学生①的班级融合一直是教育工作者面临的现实问题，如果这个问题处理不好，

* 原文发表于《残障权利研究》2016年第1期，第二作者为吴玲，系2014年上海市残疾人联合会课题"残障与公共政策"(2014SHCL006)以及瑞典罗尔·瓦伦堡人权与人道法研究所与武汉大学公益与发展法律研究中心合办的"中国残障人权利多学科研究项目"(第二期)阶段性成果。本文早期版本获得第九届梁国治中国社会工作教育奖学金论文一等奖，会上点评嘉宾华东师范大学社会工作系主任黄晨曦教授给出了中肯的修改意见，同时受益于苏州大学社会学院陈红霞副教授、上海大学社会工作系主任张宇莲副教授的建议。复旦大学社会发展与公共政策学院顾东辉教授，虹口区特殊教育与康复指导中心丁美珍主任给予了最大程度力所能及的支持。

① 特殊学生并非全然残疾学生，虽然残疾学生的确是特殊学生的主要构成群体。所谓特殊学生，是异于大多数普通学生身心状况的学生，既包括在身心方面具有某些生理、精神障碍的学生，也包括一些超常者，或者在某些行为上具有偏差的学生。正因为如此，特殊教育既有面向残疾学生的专门教育，也包含天才教育，以及在行为方面，如学习障碍方面的教育。相较于我国近代相对宽泛的特殊教育内涵——既有残障、特殊行为也有智力超常者(参见顾定倩、朴永馨、刘艳虹主编《中国特殊教育史资料选》(上、中、下)，北京：北京师范大学出版社，2010)——目前的特殊教育多局限在残疾人教育。从社会学的视角来说，特殊学生到残疾学生还需要一个复杂的鉴定、识别过程，而且某些特殊学生只是短期的行为、心理上的偏差，所以使(转下页)

特殊学生就会面临社会排斥,而这样的情形时常见诸报端。①包括残障学生在内的特殊学生面临的社会排斥问题,学校以及家长都难以提出有效的解决办法。在报道中,一些特殊学生因其行为而引起班级冲突,家委会要求特殊学生离开班级,特殊学生家长要求随班就读落到实处保障特殊学生就学权利,班主任既为现实的升学考核所累也为融合教育的价值所束缚,而学校教务、行政部门在协调中难以取得平衡。另外,融合教育的质量也受到影响。

社会工作是处理弱势群体社会困境的学科和专业,有大量的研究呼吁社会工作介入残障群体的社会排斥,乃至从社会工作的理论、观念出发设计干预路径。目前对于具体如何干预班级内的社会排斥并没有太多的研究,且依据抽象理念设计的干预策略过于笼统。本文的研究既属于学校社会工作,也属于残障社会工作。由于特殊教育与普通教育的分离,特殊教育中的社会工作发展受到忽视或者限制。在我国台湾,有研究指出特殊教育体系中的社会工作同样需要专业化。②与台湾地区不同的是,尽管目前我国大陆的社会工作已经成为社会治理的一支重要力量,但仍然处于本土化建构的过程之中。本文的经验来源于实际的干预行动,除了对一些危机事件开展具体干预,在特殊教育中心咨询功能的要求下,我们也对一定数量的特殊儿童进行观察评估,为家长、学校提供建议,这部分实践起到了预防社会排斥事件发生的作用。在此基础上,我们提炼了以社会工作的理念为基础的班级社会排斥干预策略和基本模式。因此,本文的目的不是聚焦某一个个案,而是重在从特教中心/服务提供者的角度归纳一般服务流程。社会工作具体介入残障服务工作的途径,是我国残障社会工作研究需要加强的方面。③本研究力图在总结评估已

(接上页)用特殊学生更加全面。正是在这个意义上,本文使用“特殊学生”这个称谓。这也符合虹口区特教指导中心的实践者——本文的作者之一——对特殊学生的理解:“这里所谓的特殊的孩子并不是特指特殊学生,是指与众不同的学生,包含着智力残障、自闭症等特殊学生,也包含着情绪失控、心理失调的普通学生。所以,我们的服务对象应该是表现特殊的学生。”(JDZJ, 2015-03-08, LW)使用“特殊学生”的另外一个初衷是想表明本文的探讨也适用于一般意义上的“特殊”学生。

① 比较全面的类似事件介绍参见范承刚等:《难找一张有尊严的课桌——一个自闭症孩子的艰难复学路》,《南方周末》,2012 年 9 月 27 日。基于该事件的研究参见白荣梅、王静的《我国残障儿童受教育权保障的检视与反思》一文(载张万洪主编:《残障权利研究(2014)》,社会科学文献出版社,2014),该文把这一问题视作对残障学生受教育权的侵害。此事件后,壹基金与深圳市自闭症研究会在深圳推动开设“随班就读”。笔者所做的就是探讨如何避免权利受损以及预防,而且这里的权利不仅包含残障学生的权利,还有其他主体的合理权利。笔者在其他场合讨论了不同切入点的残障研究,指出在一般权利视角下的研究,并不能为具体的实务提供可资借鉴的实践策略。(参见李学会:《残障观的多元范式与残障研究的转向——兼评〈残障权利研究〉与〈障碍研究〉》,《社会工作》2016 年第 3 期)。

② 张如杏:《建构特教体系中专业社会工作——以台北县为例》,《台湾社会工作学刊》2006 年第 5 期。

③ 汤夺先、张传悦:《我国大陆地区残疾人社会工作研究综述》,《安徽农业大学学报》(社会科学版)2012 年第 2 期。

有实践的基础上,形成社会工作介入特殊学生社会排斥的基本方案,为今后的实践提供可能的参考。

二、文献回顾与理论选择

在实现社会工作介入特殊教育的专业化过程中,理论与实务的整合应该以社会工作以及特殊教育的相关理论为基础。[①]本部分的文献围绕社会生态理论以及残障理论中的社会模式展开。残障社会工作专业理论研究是目前我国研究的薄弱之处,[②]本研究尝试做出一点探索。残障人士的社会权利(包括生存权、教育权、发展权、工作权等)往往因为贫穷、社会隔离、社会排斥、歧视等受到侵害或限制。[③]也因为如此,增权(Empowerment,又译作赋权)理论常常被应用于包括残障人士在内的弱势群体研究。改变残障者的无权状态,实施增权的主体与策略是多元的,[④]赋权的视角意识到了矛盾的解决必须以人与环境的协调为行动的落脚点,造成案主困境既有结构性的问题,也有个人的问题,但绝不仅仅是个人的问题。然而,实务过程中的赋权理论过于注重挖掘案主潜能,注重个人问题,而不是环境本身。

本研究中,我们采用生态系统理论的视角,将社会排斥场域中的各个行动者视为相互嵌套的系统。本文的一个基本观点是,要解决特殊学生面临的班级社会排斥悖论——每个行动者都有合理的行动理由但都不充分——就要从整体上改变班级社会生态,要求行动者共同采取行动改变,而非仅仅集中于特定的案主(往往是特殊学生及其家长)。在社会工作实务中,采用什么样的理论视角就导向该视角之下的问题解决方案,心理社会理论(Psycho-social Theory)是社会工作理论与实务的基础,社会工作者面对具体理论时有多元的选择,但必须考虑使用这一理论或模式的合适性。[⑤]本文采用社会工作中的生态系统理论,原因有以下几点。

---

① 张如杏:《建构特教体系中专业社会工作——以台北县为例》,《台湾社会工作学刊》2006 年第 5 期。

② 奚从清:《残疾人社会工作理论探讨》,《残疾人研究》2012 年第 1 期。

③ 谢琼:《残障人士权利与福利制度》,《残疾人研究》2011 年第 1 期。

④ 参见陈树强:《增权:社会工作理论与实践的新视角》,《社会学研究》2003 年第 5 期;范斌:《弱势群体的增权及其模式选择》,《学术研究》2004 年第 12 期;潘利营:《一项基于社会工作增权理论的研究——对南京市某福利机构中智障人士生活状况的分析》,《社会工作》2009 年第 12 期(下):庞文:《论残疾人的增权及其实现》,《武汉科技大学学报》(社会科学版)2011 年第 6 期。

⑤ Teater A.:《社会工作理论与方法》,刘艳霞等译,华东理工大学出版社,2013; Allen-Meares, P. and B. A. Lane, "Grounding social work practice in theory: Ecosystems," *Social Casework*, vol. 68, no. 9, (1987), pp.515—521.

首先,从宏观社会工作实务来说,笔者更接受将社会工作视作一个推动人和环境适应性平衡的专业和职业。①生态系统理论强调,社会工作所面临的案主的问题是更广泛的社会问题,需要运用社会生态学分析案主的需求以及干预策略。该模式认为“社会工作干预的重点可能在于人或环境,抑或两者。社会工作者的目标是提高或修复人的心理社会功能,或是改变阻碍人与环境互利互动的有害社会条件”。②这与我们的社会工作实践理念具有内在的一致性。

其次,生态系统理论强调人与环境的适应性平衡,而特殊学生的出现打破了班级的环境平衡,环境的改变影响了案主行为。在社会模式的残障观看来,病残伤害现象的本质是“社会问题与社会风险”,而非“个人倒霉与个人麻烦”。③因此,社会生态系统理论中的社会工作干预策略,与残障理论中的社会模式具有一致性。在描述残障的不同范式中,医疗模式基于病理分析,认为残疾人所遇到的问题是他们自身伤残的直接结果,要借助专家力量通过康复计划以及心理调整使其适应残疾后的特殊条件。而社会模式认为残障是一种由社会建构出来的范畴:不是个体的损伤导致残障,残障并不是个体物理意义、感知意义或者认知意义上功能性的困难,残障是由于社会安排设置的行动障碍导致的一种结果,消除残障的重点在于改变社会环境。④虽然社会模式不是单一的理论,但在看待障碍方面,都接受障碍的消除离不开对环境的干预这一观点。社会工作的社会生态理论与特殊教育中的社会模式残障观,是实现特殊教育社会工作实务过程整合的理论基础。

最后,在消除残障群体的社会排斥方面,伴随着残障观的演变,尤其是自联合国《残疾人权利公约》(以下简称《公约》)通过以来,各国既有观念上的改变也有政策上的干预。⑤《公约》要求社会在消除歧视、社会排斥方面承担积极的义务,残障问题不仅是一个教育问题,更是一个权利议题,在解决班级社会排斥的问题上,绝不可以化约为由特殊学生来承担的医学问题或者社会福利问题。因此,社会干预

---

① 顾东辉:《社会工作的价值观、冲突及对策》,王思斌主编:《社会工作专业化及本土化实践:中国社会工作教育协会2003—2004论文集》,北京:社会科学文献出版社,2006年。

② 莫拉莱斯、谢弗主编:《社会工作:一体多面的专业》(第十版),顾东辉等译,上海:上海社会科学院出版社,2008年,第191页。

③ 刘继同、左芙蓉:《中国残障福利政策模式的战略转型与积极性残障福利政策框架》,《人文杂志》2011年第3期。

④ 参见梅运彬、王国英:《残疾观的演变:欧洲的例证与启示》,《兰州学刊》2008年第4期;苏峰山:《障碍的社会存有论:障碍研究模式之解析》,《残障、权利与正义年度大会论文集》,武汉大学,2014年;迈克尔·奥利弗、鲍勃·萨佩:《残疾人社会工作》(第二版),高巍、尹明译,北京:中国人民大学出版社,2009;王国羽、林昭吟、张恒豪主编:《障碍研究:理论与政策应用》,高雄市:巨流,2012年。

⑤ 梅运彬、王国英:《残疾观的演变:欧洲的例证与启示》,《兰州学刊》2008年第4期。

应该避免过于倚重心理学、医学的个体化倾向，而是实施多层面的干预。[①]我国同时也是《儿童权利公约》的缔约国，保护儿童的权益一直是我国立法实践的内容之一。我国采用随班就读的方式保障残障群体的受教育权，这种融合教育的实践理念，恰恰是基于教育环境的无差别以及相互影响。所以，无论是随班就读安置形式下的学生还是班级中新出现的特殊学生，都绝不仅仅是“只是添一张课桌”的问题。无论是预防还是干预，都应重视对社会环境的理解和改变。

三、研究方法及案例介绍

（一）研究方法

我们的研究目标在于对已有的干预经验进行归纳总结，提炼出基本的工作流程，并依据社会生态系统理论对该流程进行优化。本文采用的研究方法为个案研究，以虹口区特殊教育中心的干预实践为基本对象。本文展现了这些跟进的具体案例，包括干预对象的一般信息以及干预过程，这些案例有助于了解实践工作，但不是研究的起点。本研究所依据的资料来源于我们相对完整的工作记录，具体包括：(1)课堂观察记录，特教指导中心工作人员依据自行设计的观察记录表进行随堂听课，对特殊学生班级的空间关系、行为反应、课堂互动等方面进行细致的反思性观察；(2)家长调查评估，即由中心工作人员询问家长关于孩子的信息；(3)教师描述，班主任以及任课教师对特殊学生行为的描述以及认识；(4)各方反馈，在特殊教育中心组织力量进行干预之后，了解各方对干预/调解的效果评价，并进行跟踪观察。这些资料由特教中心教师建立档案，利用个案管理的方法进行跟进和使用资料。自 2013 年 10 月以来，先后干预了 15 个个案，部分信息如表 1 所示。

需要指出的是，虽然本文旨在探讨特殊学生面临的社会排斥，不过很显然社会排斥是多个层次的，所以我们所接触的案例，包括仅仅因为“正常”学生的某些不守规矩行为而引起班主任对课堂秩序的担忧，也有智力障碍或者自闭症学生的特殊行为引起以普通学生的家长为主要相关者的家委会的不满。也就是说，社会排斥的程度与相关者采取的相应行为关联，并与最终引起的环境失衡结合在一起。在这个意义上，我们把社会排斥、社会问题、社会融合看作一个连续谱。也正是如此，在后面的区域工作模式中我们把预防作为创造融合环境的一部分，新的干预模式

---

① 莫拉莱斯、谢弗主编：《社会工作：一体多面的专业》(第十版)，顾东辉等译，上海：上海社会科学院出版社，2008 年，第 306—310 页。

表 1 部分特教中心干预特殊学生社会排斥个案

个案—干预年份	性别	年龄	年级	是否随班就读	主要行为表现①
YSC-2014-12	男	8	2	否	1.不遵守课堂纪律;2.对其他同学具有攻击行为;3.渴望被关注,多动
YJY-2014-11	女	8	2	否	1.上课会突然发作扰乱课堂秩序;2.经常激惹其他小朋友;3.自己有一个幻想的乐国
CSP-2014-10	男	8	2	否	1.无法适应学习,稍有压力立刻骂人;2.情绪突然失控,口出秽语;3.出现攻击性行为
CXQ-2014-12	男	7	1	否	1.行为规范问题——打人;2.非常关注运动
FBT-2014-12	男	8	2	否	1.注意力分散,被诊断为多注意缺陷性多动症;2.语言表达含混;3.基本不和其他同学交往
YYC-2014-11	女	8	2	否	1.语言简单,且不主动交流;2.手指无力;3.较少对外界反应
PJM-2014	男	8	2	否	1.基本生活能力、学习能力、交往能力都存在问题;2.手指精细运动差;3.发音不准确
JWZ-2014-11	男	8	2	是	1.课堂中处于游离状态,自己玩;2.经常闯祸,主要和其他小朋友做一些恶作剧
JL-2014-09	男	8	2	是	1.常常与同学有冲突,缺少朋友;2.注意力不能集中
CYY-2014-11	男	8	2	是	1.诊断为自闭症;2.和同学沟通少;3.对于自己行为的控制差,动作快于语言,力度和速度过于夸张;4.奶奶对学生的干预较多

资料来源:虹口区特殊教育中心随班就读档案。

中,干预的对象也大为扩展。诸多消除对弱势群体社会排斥的途径中,教育增权被寄予厚望。②然而,特殊学生面临的班级社会排斥,却对特殊学生的受教育机会产生侵害。这虽然不符合我国关于特殊学生随班就读的法律规定,然而一些家长以

① 这些总结源于多次的观察记录以及针对家长、教师的访谈评估,对干预方案的选择以及某些行为是否具有器质性的基础,还需要更多的探索。

② 庞文、于婷婷:《论残疾人的教育增权》,《中国特殊教育》2011 年第 7 期。

及教师提出的一些诉求也是合理的。

这种困境往往导致学校层面处理问题时的三难境地:第一,保护特殊学生受教育权;第二,平衡家长诉求;第三,学校自身目标(尤其是升学/学习成绩)。近些年国家对特殊教育很重视,尤其是(上海)实施具体的行动计划(尤以医教结合项目为表征),为特殊学生的鉴定安置提供了相对良好的制度环境,①而每个区成立的特殊教育指导中心无疑是最基本的组织。特教中心的职能之一就是对辖区内的特殊教育进行指导、管理,同时为普通学校(义务教育阶段)提供特殊教育方面的咨询。这些都是我们得以实践的重要条件。第二笔者为实践的具体设计者、实施者,参与了个案干预的全流程;第一笔者参与了某些个案,并担任特教中心融合教育实践项目督导,熟悉残障社会工作理论与实务。

(二) 以往的干预:起因及流程

应该说,教育过程中出现一些特殊学生是常见的事情。然而,教育工作者、家长很难意识到这是个需要重视的问题,或者再进一步,一个需要有特殊方法对待的问题,因为找不到合适的寻求帮助的途径而造成更大的教育危机(社会排斥)。如前文所述,特教中心所接触的案例,就算比较严重的也未达到离开学校后复学无望的情形,但也的确有家委会要求学校对其采取措施,如提出诉求,让孩子进入隔离的特殊学校。除了这种比较严重的社会排斥,实际上更为广泛地融合环境的不足才是最常见的社会排斥,②也因此,随班就读就容易变成“随班就座”“随班就混”等。我们的“接案”过程,以及开始介入实践的起因如下:

> 上学期开学,就有不少学校教师反映自己学校里面有一些怪③孩子,不会说话的,无法控制自己言行的……现在老师们越来越有特教经验了,脑子里面都会跳出来“自闭症”“多动症”“心理问题”等词语,但是自己无法对号入座,也不知道怎么教育这样的孩子。而这样的孩子杀伤力往往很大,个个都是不定时炸弹,不得不解决他们身上存在的问题。
>
> 有些学校就希望中心老师去看一下这些孩子。刚开始,我就提出要进教室观察,然后中心老师一起讨论,制定了初步的流程。我们中心老师中一半都有二级咨询师的资质。然后我们就大着胆子想着先做起来再说。没有想到,

① 关于虹口区域性特殊教育制度支持方面的论述参见傅志军、丁美珍:《融合教育支持模式的地区实践——以上海市A区残障儿童融合教育为例》,张万洪主编:《残障权利研究》第二卷第一期 2015·夏季号,北京:社会科学文献出版社,2015年。

② 如后文所述,如果普通学校中的教师不懂特殊教育以及遇到特殊教育问题时,不了解获得及时有效的信息以及转介机制,本身就是导致社会排斥的一个因素。

③ 引用参考资料中的斜体字,为笔者所加,下同。

一到学校，常常被好几个老师围着，都要说自己班级的怪孩子的情况。我们也是一边做，一边完善流程；一边做，一边积累经验。

需要指出的是，介入并未按照社会工作"接案—评估—制定方案—介入—结案—总结"的一般流程展开，①但实践过程无疑具备了社会工作实务过程的关键阶段。以下是笔者之一事后对工作流程的归纳：

第一，接案。②该服务由学校向特教中心上报情况进行申请，由巡回指导教师上报中心，中心会确认参与的人员和时间。一般说来，实际服务这天中心有两个老师和负责巡回指导的教师；学校要安排特教老师，最好还有相关校领导参与；一般情况下，还要邀请家长来校参与。

第二，服务。中心老师和巡回教师到校以后，一般先进行观察评估。观察一节课和一个课间休息时间，到了教室，老师只要暗示我们是哪个学生就可以了，我们两位老师会选择最合适的地方观察孩子整节课的情况，做详细的记录。

观察评估并与家长、老师交流之后，我们一般会召开由中心人员、学校教师和家长参加的三方会议，按照初步评估的结果进行不同目标的咨询服务。一种是明显有智力障碍、自闭症等特殊问题的学生，我们一般会给老师和家长答疑解惑，会非常详细地解释相关政策和测试的内容，同时也会帮助家长和老师转变对这个孩子的教育理念。另一种是一般性心理问题，最多见的就是行为问题，学生的行为失控，难以教育，对其他同学造成威胁。面对这样的学生，更多的是让家长和教师理解问题出现的原因有哪些，统一教师和家长的教育规则，统一双方奖罚的标准和内容，使家长和教师的教育形成合力。面对比较棘手的学生和难以解决的问题，我们也会在三方会议之前，请专家来评估和指导。

第三，跟踪反馈。一般说来，到学期末，中心老师会到校或者电话联系一下班主任老师，追踪一下情况。（JDZJ，2015-03-08，LW）

当然，为特殊学生提供的服务是根据学生的实际情况而定的。哪些行动者需要被纳入环境干预的系统中，视特殊学生以及环境失衡状况而定。

---

① 在此使用了社会工作实务一般过程中的术语，但在特教中心以往的工作中，并未依据社会工作的理念指导实践。特教中心工作人员并无社会工作专业训练的教育背景，在文章末尾，笔者探讨了这些"朴素的社会工作实践"对社会工作的价值意涵。

② 特教中心同时具有制定区域内某些制度的职能，已有的实践往往具有基础性的作用。接案的可能，就取决于教育部门对特教中心的期望，而特教中心的做法，无疑可能对区域教育产生影响。

（三）已有干预的效果及评价

1. 干预的效果

针对我们干预的15个案例有限的追踪表明，特殊学生面临的社会排斥问题得到一定程度的缓解。尤其是在比较严重的案例中（YSC-2014-12），家委会成员要求学校以及教育主管部门对特殊学生进行隔离，通过我们中心按照流程，组织各方的协调，家委会对特殊学生的行为有了更多的认识，并逐渐接纳，同时特殊学生家长在教育方面有了针对性更强的方法，教师的教育目标也有所调整，特殊学生的受教育环境得到很大改善。从总体上来说，这些干预的效果可以用以下的总结来概括：

> 现在，根据我们的追踪，大部分是很好的。有些老师直接说是翻天覆地的变化。（JDZJ，2015-03-08，LW）

2. 对干预流程及效果的评价

取得这样的效果，我们当然知道是多方面积极力量合作的原因。[①]特教中心作为整个过程的参与者，扮演了多重角色。（1）服务提供者，为特殊学生及其家长以及教师等直接提供心理咨询、问题诊断等方面的具体服务。（2）资源联系者，在合适的时机联系医生、心理咨询师、教育专家等。（3）协调者，既要在不同的案主系统中进行协调，也要在服务提供者之间协调，中心是工作流程的组织者。如果回头看以往的实践，可以发现，积极的介入可以为各方理性地沟通创造条件。在一些比较严重的社会排斥事件中，往往缺乏有效的机制以及执行方法，缺少各方协调的平台与机会。基于区域内的实践经验，从特教中心的角度，我们把相对有效的干预归因为：（1）从制度上来说，区域特殊教育制度的完善为特教中心的干预赋予了权能；（2）从干预的对象来说，注意到了多方的诉求，并把问题的分析置于广阔的环境中；（3）从干预的实施者来说，注重联系多元有效资源，从多方面

① 在总结以往工作时，我们把成功的原因归为“天时、地利、人和”三个方面，主要指目前的特殊学生的问题已经受到家长、教师、学校的重视，且小学阶段学生干预的时机比较成熟，注重环境的改变得到各方的支持。这些因素正是我们在总结、改进工作模式中采用优势视角的内在选择逻辑，限于本文的篇幅，实务阶段没有展开，评估中主要借鉴了优势视角理论。当然，特教中心的工作人员所具有的能力与知识结构，是目前的实践取得一些积极效果的基础原因。尽管他们不具备社会工作的知识，然而，笔者相信，社会工作对于他们的增能将会是效果明显的。例如，他们对观察记录中的一个细节的重视，案例（YSC-2014-12）中，YSC在语文和数学课上的表现相差巨大，动作多的现象在语文课上常见，而数学课则几乎没有。凭借敏锐的洞察力，观察者发现原因是语文课老师（女，班主任，新教师）经验不足在早期的课上告诉YSC只要不捣乱做啥都行。这一细节的挖掘，成为事后干预者建议教师与家长达成一致行为标准的关键。事实证明，这一做法的确奏效。注重环境改善，从多种途径确认归因，他们淋漓尽致地表现了“社会工作精神”。有关社会工作（方法）的本土化，笔者将另撰文详细讨论。

获取帮助;(4)从干预方案的执行来说,注重多个对象的同时改变,而且保持对干预效果的持续关注。

反观以往的干预过程,由于缺乏明确的理论指导,很难设计逻辑一致的干预流程,组织实施服务的机制也是不完善的。从生态系统理论的视角看,具体有以下不足:(1)注重个人行为和责任承担,忽视社会环境系统的干预与平衡;(2)注重医学的以及家长的建议,增加了特殊学生的心理负担;(3)注重单一主体,忽视多元体系。

四、生态系统理论视角下的干预方案的设计与改进

(一)干预方案的设计

根据生态系统理论在制定干预策略时应考虑的系统,[①]以及以往的实践经验,我们填充了社会工作实务阶段的基本框架(参见表2)。根据这个框架,可以就个案设计具体实务工作流程。当然,方案的设计需要社会工作者全面收集数据,并做独立评估,任何单方面的陈述都难以做出准确判断。生态系统理论要求工作者对案主不同层面的社会环境的互动有所了解,并把这些问题归因于互动情境。[②]在具体的实施中,还需要在实务阶段进行灵活的调整。[③]在实务阶段,包含了不同的系统以及系统之间的协调。

表2 系统理论视角下(残障)社会工作实务阶段

阶段	活动	系统			
		促变主体系统	案主系统	目标系统	行动系统
需求评估	相关主体针对相应的案主进行评估,由社会工作者形成最终的评估报告	特教中心工作人员 学校人员代表 教育专家、医生 社会工作者	特殊学生 特殊学生家长 班级 班主任 家委会代表	增强认识 面对问题合作	搜集记录 现场观察专家 评估

① Pincus, A. and Minahan, A., *Social Work Practice: Model and Method*, Itasca, Itasca Ill.: Peacock Publishers, 1973. Pincus, A. and Minahan, A., "A model for social work practice," in H. Specht and A. Vickery, eds., *Integrating Social Work Methods*, London: Gorge Allen and Unwin, Reading, Mass, 1977.

② Teater A.:《社会工作理论与方法》,刘艳霞等译,上海:华东理工大学出版社,2013,第26—27页。

③ F. 埃伦·内廷、彼得·M. 凯特纳、史蒂文·L. 麦克默特里:《宏观社会工作实务》,刘继同、隋玉杰等译,北京:中国人民大学出版社,2006。

续表

阶段	活　动	系　统			
		促变主体系统	案主系统	目标系统	行动系统
方案制定	依据需求评估,划分不同的行动者所承担的任务目标,确定工作方法	学校人员代表教育专家、医生 特教中心工作人员 班主任 社会工作者	班主任 特殊学生家长 家委会代表	参与讨论问题 达成一致认识 完成分工工作	制订草案 讨论方案 确定方案
计划执行	1. 行为归因	医生、教育专家	特殊学生	医学、心理评估	医务、咨询
	2. 考察环境	社会工作者、特教中心工作人员	特殊学生及其家长、班主任、家委会	提出诉求 寻找干预切入点	课堂观察 访谈
	3. 小组协商	社会工作者、特教中心工作人员	特殊学生家长、班主任、家委会、学校、医生、教育专家	达成一致目标 确定各自任务和工作方法 确定干预周期	小组座谈
	4. 干预推行	社会工作者、医生、教育专家	特殊学生及其家长、班主任、家委会、班级	增强认识、改善环境、干预特殊学生行为、统一家长与学校教育目标与策略	个案辅导 小组工作
	5. 常规监测	社会工作者		跟踪干预过程	访谈、观察
总结评估	1. 效果反馈	社会工作者	特殊学生及其家长、班主任、家委会	收集反馈信息	前测后测比较、访谈、观察
	2. 效果评估	特教中心工作人员、社会工作者、医生、教育专家、医生	特殊学生及其家长、家委会	确定干预效果	小组座谈
	3. 结案	特教中心工作人员、社会工作者		反馈干预效果	总结记录

(二) 还缺了什么:危机的预防

上文提及的案例,是特殊学生面临社会排斥比较严重的情形。实际上,在日常的学校教育中,特殊学生的异常行为以及由此引起的轻微失范状态、环境失衡,是很常见的。因此,要把融合理念付诸实践,还必须在构筑无障碍融合环境过程中注重预防。预防在社会工作、特殊群体服务等领域具有广阔的前景。①危机预防的理念在于，融合教育首先需要的是融合环境的塑造，培养环境内行动者的残障意识以及接纳意识。

由此，依据特教中心的职能，我们制定了区域内特殊教育工作流程（见图 1）。该流程注重危机预防以及日常教育的常规监测，危机预防的目标在于创造融合环境。危机预防目标的实现主要取决于学校以及教师的努力，即保持对学生特殊行为的敏感性；借由特教中心巡回教师或者学校资源教师组织实施。上文的方案优化过程主要是危机干预环节的实务过程，具体方案以及流程还需要进一步探讨。事实上，我们以往的工作重点在于发现产生社会排斥的教育危机以及实施干预工作，也就是从"接案"到"结案"的社会工作服务过程，这也是目前许多学校在推行融合教育时主要从事的工作。而教育危机的出现往往是一个相对较长的过程，因此有必要向前和向后延伸服务。

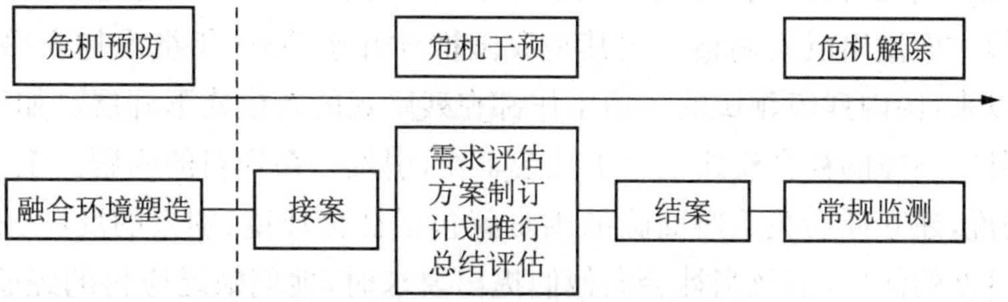

图 1　区域内特教中心特殊教育工作流程建构

缺乏有关残障的严谨且具有可比性的数据以及有效的证据往往会限制我们的理解与行动，②而具体的实务工作可以为我们提供哪些行动是有效的证据。在上海市推行医教结合的背景下，我们统筹区域内的融合教育工作，以解决特殊学生所面临的社会排斥问题。特教中心的职能以及义务教育阶段的管理部门所属，决定了区域特教中心比较适合担任这一角色。我们建构了以危机干预为核心的区域特殊教育工作流程，危机发生之前的危机预防和危机解除之后的常规监测，重在与学校一起塑造融合环境。特教中心教师的常规巡视便于发现存在的问题，接案以后的干预可以依生态系统理论视角下（残障）社会工作实务流程（表 2）进行干预。

该模式可以视作我们探索在目前的特殊教育体系中建构残障社会工作的一种

① 莫拉莱斯、谢弗主编《社会工作：一体多面的专业》（第十版），顾东辉等译，上海：上海社会科学院出版社，2008 年。

② World Health Organization and World Bank, *World report on disability*, *2011*, Malta, 2011. pp.262—263.

努力,这也涉及学校社会工作的设置问题。实践表明,在一个区域内,特教中心的职能发挥有助于融合教育的推进。同时,我们也可以看到,一些表面上看上去属于教育问题或者发生在教育场域内的问题,其解决思路可能不仅需要甚至并不能完全限于教育工作者,也需要社会工作者的介入,因此特教中心工作者的多元教育与专业背景是有益的。这属于特教中心的建构问题,本文暂不做细致讨论。

五、结论与讨论

提高随班就读融合教育的质量,是我国特殊教育面临的重要问题。本文依据特教中心的实践,从社会工作的生态系统理论角度总结了学校教育中经常出现的社会排斥现象。借助这个理念,设计了区域特殊教育工作流程。我们至少可以从特殊教育以及社会工作的实践两个角度做初步探讨。

近年来,我国对特殊教育的重视程度有很大提高,从国家到地方,在立法、政策、规划等方面做出巨大调整。尤其是我国推动并于2008年批准加入《残疾人权利公约》以来,国内残障领域的各项工作都在残障观的新模式下开展。如奥利弗所指出的那样,残障的社会模式应用于社会工作,引发一系列新的问题。至少对特殊青少年来说,建立社会关系所面临的困难就包括社会环境、别人的反应、隔离的教育方式、过度的保护,以及当社会向他们提出要求时,他们缺乏应付的经验等。①具体到我国融合教育的主要形式——随班就读,我们的实践以及改进的思路在于,在随班就读初始阶段,就应该着手融合环境的建设。相应的干预主体包括:特殊学生及其家长、普通学生及其家长、任课教师(尤其班主任)。向各方教授必要的知识和交往技巧,避免污名化的社会交往和造成学校教育中的社会排斥。②应该避免"融合教育"理念下的教育实践"仅仅将学生从特殊学校转移到主流环境之中",如果不重视环境的改变,排斥很有可能因为教育地点的转变而加大。③也就是说,要重视和理解社会排斥的多样性。

从社会工作理念的实践来说,我们也能体会到,在一个理论指导下的实践,所体现出的专业化意涵。就残障社会工作而言,同样需要把国际经验本土化,然而在探讨或者实践本土化时,我们经常仅仅停留在抽象概念的逻辑演绎上面。本土经

① 迈克尔·奥利弗、鲍勃·萨佩:《残疾人社会工作》(第二版),高巍、尹明译,北京:中国人民大学出版社,2009年,第63页。

② 正如邓朴方所言,"不是不人道而是不知道"。

③ Armstrong, F. Armstrong, D. & Barton L., *Inclusive education: policy, contexts and comparative perspectives*, London: David Fulton Publishers, 2000.

验的规范化也应该是本土化内在的含义，本土化的一个过程是经验的总结，但不是直观的经验主义，外来经验的本土化与本土经验的专业化是相辅相成的过程。①可见，若要理解这些外来的知识，本土的实践可以提供理解的向度和反思的切入点。当然，我们认可社会工作是一个多面向的专业，实践者、实践方法、实务场所等类型多样，即便一项工作结束，社会工作者的工作也远没有结束。②而且，在具体的宏观社会工作领域，关于工作对象本身的理论会衍生出不同的社会工作实践。③同时也要意识到，社会工作者所倡导的赋权当然也不是对案主的恩赐；另外，义务主体积极履行其义务也是保障残障者权利的必要社会环境。

从研究方法以及增进知识的角度来说，无论是残障研究者还是社会工作者，都需要进入具体的实践领域，自觉地发掘鲜活的经验。④我们的实践，虽然积累了一些经验，但对于具体的案例仍需要深入地挖掘，包括介入社会排斥或者创造融合教育的社会工作实务流程、评估问题、工作者自身的增能等，这也是我们今后努力的方向。

---

① 顾东辉：《中国社会工作实践的本土导向》，中国社会工作协会组编：《中国社会工作发展报告（1988—2008）》，北京：社会科学文献出版社，2009年。

② 莫拉莱斯、谢弗主编：《社会工作：一体多面的专业》（第十版），顾东辉等译，上海：上海社会科学院出版社，2008年。

③ 迈克尔·奥利弗、鲍勃·萨佩：《残疾人社会工作》（第二版），高巍、尹明译，北京：中国人民大学出版社，2009年，第63页。

④ 李学会、傅志军：《残障研究的多学科视角及综合取向》，《社会工作》2015年第4期。

家庭为本的残障社会服务与福利治理

——基于一个服务项目的实践与评估*

摘　要：福利传递过程中的多方参与是福利治理的内在要求，社会工作服务以其专业性越来越成为福利传递的重要途径。本文以一个残障社会工作服务实践为基础，分析福利治理对于福利对象的改变，进而分析了福利治理的支持体系。从自助到助人体现在，服务对象成为福利提供者、影响其他福利接受者参与福利治理，这种转变离不开特教中心、志愿者、专家的专业服务与合作。社会工作服务实现福利传递的同时，应注重与其他机构主体的合作（资源链接者），也要善于促成某些福利治理中的环境改善（倡导者）。

关键词：福利治理　社会工作服务　残障社会工作　助人自助

一、引　言

社会建设已经成为我国社会经济发展的重要内容之一，国家社会治理的转型，需要在微观的实践中的落实社会治理的转型。对社会服务的发展提出了新的要求，福利治理是一个融合性的概念，它涵盖了福利的产生、传递与供给的系统化实现过程。①政府所强调的社会福利社会化不谋而合，有效的福利服务传递需要借助于多方面的专业人才，特别是社会工作，尽管我们目前的社会工作还未得到充分的发展。社会工作的发展是社会福利政策的落实者，社会福利社会化需要社会工作教育部门的资源支持和福利输送以及专业的服务提供等；而且专业社会工作积极、广泛参与各项社会发展服务，成为社会福利制度的重要构成。②社会工作的主体、服务对象、价值伦理以及工作方法等与社会治理具有同构性，这为社会工作的诸多

---

* 原文发表于《残障权利研究》2017年第4卷第2期，第二作者为李晶晶。本文的早期版本参加了第七届中国社会学会社会福利专业委员会年会"新常态背景下的社会福利治理"学术会议，与会专家提出了中肯建议。

① 韩央迪：《从福利多元主义到福利治理：福利改革的路径演化》，《国外社会科学》2012年第2期。

② 参见张洪英：《社会工作教育者在社会福利社会化过程中的多元化角色定位》，《长沙民政职业技术学院学报》2005年第2期；刘继同：《中国社会政策框架特征与社会工作发展战略》，《南开学报（哲学社会科学版）》，2006年第6期。

智慧应对社会治理的开展提供了广阔的空间。[①]社会工作参与社会治理具有基础性、服务性特点，符合社会治理的逻辑结构：即理念上的源头治理、主体上的系统治理、机制上的综合治理和原则上的依法治理。[②]

变化中的福利定义和传递制度，以及福利传递过程中的实践，成为福利治理的三个相关主题。[③]在福利治理的理念下，强调多元主体的参与，在福利传递的过程中，强调权利与责任的平衡，强调福利的接受与贡献的关系，强调社会资源分配的正义，需要政府部门做出必要的调整，发挥民间社会的自主组织和自主治理功能，[④]而且在这个过程中，社会组织（包括志愿组织）同样需要增能，既需要认识到治理参与主体低位，也要与其他主体建立伙伴关系。[⑤]本文借助于一个社会工作服务项目，探讨社会福利传递的优化路径。

二、项目设计基础与研究方法

在社会工作服务参与福利治理的转型的同时，在世界范围内有关残障的模式也发生转变。尤其是 2006 年联合国通过《残疾人权利公约》以来，残障的医疗模式向社会模式的转变进入了理念与政策的扩散阶段。我国是推动催生这一公约的重要力量，而且成为最早签署并批准这一公约的国家之一。2008 年修订的《残疾人保障法》将公约的理念加以内化和借鉴。医疗模式主要从人的缺陷方面看待残疾，这些缺陷造成了个人能动性受限制，并不能像“正常人”那样实现某种功能，康复的重点在于残疾人自身，对残疾人进行医学诊断与治疗、临床康复就成为残疾人工作的重点；而社会模式则认为残疾人面临的问题来自社会的压迫，强调残障之社会结构的原因、建构以及干预方向。[⑥]正是在这个意义上，Newman[⑦]将之称为残障模式

---

① 顾东辉：《社会治理及社会工作的同构演绎》，《社会工作与管理》2014 年第 1 期。

② 王思斌：《社会工作在创新社会治理体系中的地位和作用——一种基础—服务型社会治理》，《社会工作》2014 年第 1 期。

③ B. Jessop, “The Changing Governance of Welfare: Recent Trends in Its Primary Functions, Scale and Modes of Coordination,” *Social Policy and Administration*, vol.33, no.4, (December 1999), pp.348—359.

④ 参见彭华民、宋祥秀：《嵌入社会框架的社会福利模式：理论与政策反思》，《社会》2006 年第 6 期；钱宁：《多方参与的社会治理创新：发展社会福利的新路径》，《山东社会科学》，2014 年第 9 期；王思斌：《社会工作在创新社会治理体系中的地位和作用——一种基础—服务型社会治理》，《社会工作》2014 年第 1 期。

⑤ 顾东辉：《“治理”视野下志愿组织的增能》，《中国社会工作》2014 年第 3 期。

⑥ 王国羽、林昭吟、张恒豪主编：《障碍研究：理论与政策应用》，高雄市：巨流，2012 年；黄源协、萧文高：《社会政策与社会立法》，二版修订，台北市：双叶书廊，2012 年；奥利弗、萨佩：《残疾人社会工作（第 2 版）》，高巍、尹明译，北京：中国人民大学出版社，2009 年。Rothman, J., *Social work practice across disability*, Booston, MA: Allyn and Bacon, 2003.

⑦ S., Newman, “Rare Diseases: The Medical and the Disability Perspectives in the Age of 2.0,” in R. K. Bali et al., eds., *Rare Diseases in the Age of Health 2.0*, Berlin: Springer, 2014, pp.51—65.

2.0 时代,社会模式为重新审视医学、教育以及身体提供了新的视角。

残疾人社会福利是“指以政府及社会为主体,以全体残疾人为客体,以制度化与专业性为基本保证,以保障性与服务性为主要特征,以社会支持网络为主要架构,以物质资助与精神支持为主要内容……以促进残疾人个性化发展为长远目标的社会政策与社会制度”。①福利输送系统指的是存在于地方社区的脉络下,服务提供者与服务接受者之间的组织性安排,之所以强调地方社区(Local Community),是因为社区是福利提供者和接受者均会出现的地方。②在本文中,福利的提供者是特教中心以及各类专家、志愿者,服务的接受者是参加绘本阅读项目的特殊儿童及家庭;提供福利服务的场所包括特教中心以及相关户外场所。

2014 年虹口区有特殊学生 218 名,其中初中生 127 名,小学生 91 名;男生 143 名,女生 75 名。在障碍类别上,智力障碍是第一大类的障碍者,其次是自闭症。特殊学生的安置方式包括特殊学校(特教班)、随班就读以及送教上门(表 1)。本项目的设计创新之处体现在两个方面,一是服务家长与特殊学生的绘本阅读项目同步进行,二是层次递进的志愿者使用和管理。智力障碍以及自闭症障碍者的家长在争取障碍者合法权益、社会福利等方面具有至关重要的作用。③因此,针对这部分特殊儿童的福利服务,应更加重视特殊儿童家庭功能的作用。本文所关注的正是家长参与服务项目的某些转变,而不是集中在学生。④志愿者的服务是福利治理的组成部分,他们是专业服务的辅助者、传递福利服务的中介者之一。由于在行为、语言等方面的特殊性,特殊儿童的服务相当耗时、耗力,这要求参与的志愿者既要有相当的耐心,也要有一定的技巧。我们招纳大(成年)小(学生同伴)志愿者时,既照顾了志愿者一定的专业基础,也考量了特殊学生的同伴支持。

依托“悦读园”立体式儿童绘本阅读项目为载体,在全区特殊学生家长中成立家长沙龙,为家长提供情感支持、心理支持、康复指导支持以及教育理念支持等各种服务。政府已不再是唯一的福利供给者,而是结合民间的非正式部门、志愿性部门或第三部门、商业部门共同承担社会福利供给。⑤“绘本阅读”项目依托了非盈利

① 周沛等:《残疾人社会福利》,济南:山东人民出版社,2013 年,第 39 页。

② Gilbert, N., Terrell, P.:《社会福利政策引论》,沈黎等译,上海,华东理工大学出版社,2013,第 189 页。

③ 参见 H. Chang, “Social change and the disability rights movement in Taiwan 1981—2002,” *The Review of Disability Studies*, vol.3, no.1&2, (2007), pp.3—18。王国羽,林昭吟,张恒豪,主编:《障碍研究:理论与政策应用》,高雄市:巨流,2012 年。黄源协,萧文高:《社会政策与社会立法》,二版修订,台北市:双叶书廊,2012 年。

④ 虽然绘本阅读的一些目的也包括多元智力(计算、空间、阅读……)的提升,但这显然不是最终或者最重要的目的,在个别化教育计划下,针对特殊学生的教育更重在社会功能的培育以及社会融合。

⑤ 蔺丰奇:《社会福利服务输送与治理研究:基于政策网络的视角》,《社会福利》2012 年第 11 期。

组织上海师范大学“大带小绘本阅读”团队以及辖区内丰富的志愿者队伍，三者共同承担了福利治理的责任。虹口特教中心与上海师范大学大带小绘本阅读服务团队合作，于2014年10月至2015年1月、2015年3月至2015年6月开展了两期针对特殊学生及其家长的服务项目。第一作者作为项目的社会工作督导全程参与了两次服务项目的设计服务、制定计划、评估项目等内容。在每期的最后一次活动，向所有的参与者发放“参与项目家长评估问卷”，并针对部分家长以及志愿者做了访谈。本文的研究资料除了两次问卷以及访谈资料外，还包括家长在参与每次项目之后的反馈，除了每次不记名的即时反馈外，部分家长主动向我们进行了比较长的反馈，我们得到了13位家长共计43次反馈，这些接近一万三千字的反馈也是我们进行项目评估的证据来源。[①]

表1 虹口区特殊学生障碍类别与安置类型交叉表

		障碍类别					合计
		智力障碍	肢体障碍	自闭症	听力障碍	其他	
安置类型	送教上门	1	4	0	0	2	7
	随班就读	165	7	28	7	4	211
合计		166	11	28	7	6	218

三、服务项目：福利传递的治理实践

（一）项目设计

1. 需求评估

上海市医教结合的施行为整合特殊教育领域的资源提供了契机，在理论上医（医疗康复）教（特殊教育学）结合是比较狭隘的理解；[②]但在落实医教结合的工作制度中，涉及政府的教育、卫生等行政部门，还包括残联、医生、教育工作者等有关组织和人员的参与，因此无论是特殊教育管理系统、专业化服务机制还是医教结合

① 在某些地方笔者直接引用了相关者的语言，当然社会工作服务项目的评估相当复杂。正如石丹理等所提醒的那样，要处理好“研究者所听到和看到的都是可信的”神话。在评估中所用资料的可信，一是资料是否真实，属于有效性的范畴；一是前后一致，属于信度的范畴。（参见石丹理、韩晓燕、邓敏如：《社会工作质性评估研究的回顾（1990—2003）：对中国社会工作的启示》，《社会》，2005年第3期。）此次服务项目两期涉及12次服务，而且有观察记录，一贯的资料能够保证所取的信息稳定性和真实性。

② 谢敬仁、陈设立主编：《中国特殊教育新进展2000—2010年》，北京：高等教育出版社，2013年，第260—270页。

管理机制,所涉及的参与者都远远超过了医疗康复以及特殊教育的范畴。[①]如何更好地为辖区内残障群体及其家庭提供有效的服务,一直是特教指导中心努力的方向。按照有关规定,特教中心的职能包括管理、指导、研究、资源、服务五大功能。这些功能都是围绕贯彻实施国家针对特殊儿童随班就读的教育质量和保障政策,依托综合的评估,为每一个随班就读的学生制定个别化教育计划,整合相关资源,保障特殊学生的教育权益以及相应的福利服务。在医教结合的工作中,特教中心居于特殊教育的核心位置,教育安置评估、个别化教育计划制定与实施过程评估等工作,都是特教中心组织实施。

在为了了解辖区内的特殊学生的家庭教育,我们于 2014 年 10 月向特殊学生家长发放问卷 218 份,回收有效问卷 196 份。调查表明受访家庭就小孩具体情况参加家庭教育和医疗康复的讲座或培训次数相当有限(表 2),部分原因是家长缺乏主动学习特殊儿童教育与康复训练专业知识的意识和机会。这与专门针对自闭症家长的调查结果相接近,30%左右的家庭经常参加培训、多种渠道获取信息,而约 40%的家长认为缺乏相关培训或获取信息的渠道,而家长对相关知识和技能的了解与掌握对儿童的社会化至关重要而且家长有强烈的学习需求。[②]这也是我们选择开展服务项目的立足点。

由于智力发展的迟缓,在学业、日常生活以及人际交往中表现出能力不足,特殊儿童得到过多的挫败经验,因此引发孩子的自卑情绪。绘本采用图画和文字共同叙事的方式,这种图文共奏故事的形式对智力落后儿童的发展有着巨大作用。上海师范大学的大带小绘本阅读运作成熟,针对自闭症群体的服务得到参与者和教育工作者的认可,在特教中心与大带小绘本阅读项目团队合作的基础上,中心决定在双休日开展“悦读园”立体式儿童绘本阅读项目。根据上海市医教结合的有关规定,参加医教结合项目新随班就读安置的 12 名学生招纳入我们的服务项目,随后向辖区的特殊学生家长发布消息,招募了 5 名自愿参加服务项目的特殊学生和家长。17 名学生包括 16 名男生 1 名女生;4 名幼儿园阶段的特殊学生,12 名小学阶段的特殊学生,1 名初中特殊学生;11 名特殊学生为自闭症,1 名智力障碍,1 名听力障碍,1 名阅读障碍,1 名脑瘫,2 名发育迟缓。这 17 名家长和学生成为第一期的绘本阅读服务项目的参与者。第二期在第一期 17 人的基础上,又有 5 人申请加入。这样可以看出第一期服务项目受到家长的肯定,但为了前后的可比性,仅将参加两次项目的服务数据纳入研究范围。

---

① 国家教育体制改革试点“推进医教结合,提高特殊教育水平”项目组编著:《医教结合 为生命添彩,上海特殊教育研究报告》,上海:上海教育出版社,2014 年。

② 中国精神残疾人及亲友协会编著:《中国孤独症家庭需求蓝皮书》,北京:华夏出版社,2014 年。

表 2 受访家庭就小孩具体情况参加家庭教育和医疗康复的讲座或培训交叉表

		参加医疗康复的讲座或培训			合计
		没有	有过 1 次	有过至少 2 次	
参加家庭教育的讲座或培训	没有	98	4	2	104
	有过 1 次	27	18	4	49
	有过至少 2 次	7	8	27	42
合　计		132	30	33	195

2. 计划推行

在我国福利服务网络关系中，家庭福利互助的支持网络具有重要作用。绘本阅读项目的目的在于，通过家长沙龙的方式形成家长之间的互助网络，通过家长学习相关知识促进家庭环境的和谐。最终，每期服务活动六次，考虑到参与者以及特教中心的资源和能力，服务项目周期为双周一次。传统的模式，是家长把孩子送到上课场所，孩子上课，家长等候。中心考虑特殊儿童家长在抚养孩子的过程中，长期处于焦虑紧张状态，为了缓解家长的焦虑情绪和教养压力，提高生活质量。同时协助家长理解和养成更加科学的教养方式，解决部分家长在养育特殊儿童过程中出现的困难。中心创新改革传统模式，在开展“悦读园”儿童绘本阅读项目的同时，开展家长沙龙活动，为家长提供喘息服务，孩子读绘本的同时家长也参加活动，孩子、家长同步走。

表 3 两期绘本阅读家长主要活动及参与者汇总表

2014 年	活动内容	讲师/参与者	2015 年	活动内容	讲师/参与者
第一次	填写家长公约书，讲座《家校沟通的重要性》	资深自闭症家长	第一次	亲子活动	大小志愿者
第二次	绘本培训	绘本带读资深教师	第二次	绘本阅读指导	资深培训师
第三次	绘本培训	绘本带读资深教师	第三次	家长教养风格与儿童心理专题	心理专家
第四次	家长带读	教育小组分享	第四次	家长教养风格与儿童心理专题	心理专家
第五次	亲子关系讲座，亲子沟通技巧	儿童心理专家	第五次	六一义卖	志愿者
第六次	亲子迎新活动	志愿者	第六次	亲子活动	志愿者

在项目伊始,填写家长公约书,明确参与服务项目的权责。每次沙龙的出勤率都保持在12人以上,说明大部分家长都认可沙龙活动。除去客观理由缺席,所有的家长都认真参加了每一次的服务。鉴于服务周期为每两周一次,为了巩固家长所学绘本阅读的技巧,强化家长与孩子的沟通,我们利用特教中心的绘本藏书,让家长和孩子共同借阅绘本,完成阅读和"彩虹阅读单",记录2周里和孩子一起绘本亲子阅读的感受。从两次的服务来看,出席次数以及阅读单完成次数略有上升。每组家庭的频次相对稳定,受障碍程度以及居住方式影响,有的学生项目参与深度不够。例如频次相对较低的于 * *,是比较重度的自闭症,加之与奶奶住在一起,控制力比较弱。

表4　家长参与两期绘本阅读服务项目的状况汇总

家长序号①	出席次数(一)	出席次数(二)	合计	阅读单完成次数(一)	阅读单完成次数(二)	合计
1 黄 * *	5	3	8	3	3	6
2 曾 * *	5	6	11	3	3	6
3 李 *	5	6	11	4	4	8
4 赵 * *	5	4	9	1	2	3
5 凌 * *	6	6	12	4	4	8
6 林 * *	5	6	11	3	4	7
7 倪 * *	5	5	10	2	2	4
8 李 * *	6	5	11	4	3	7
9 于 * *	4	3	7	0	1	1
10 徐 * *	5	6	11	2	2	4
11 蔡 * *	6	4	10	4	3	7
12 王 * *	4	6	10	2	2	4
13 布 * *	6	5	11	1	2	3
14 牛 * *	4	5	9	3	3	6
15 居 * *	5	6	11	2	3	5
16 董 * *	4	6	10	3	4	7
17 陈 * *	5	5	10	4	4	8
合　计	85	87	172	45	49	94

① 根据学术规范,已做匿名处理。

(二) 服务效果:家长评价的视角

两期服务项目结束之时的问卷调查表明,所有的家长都认为自己的孩子在社会交往、阅读兴趣、语言表达、观察注意力等内容中至少有一个方面有所提高或改善。服务结束后,特教中心收到 2 封感谢信和 1 面锦旗,向特教中心的上级主管部门称赞家长沙龙活动和"悦读园"立体式儿童绘本阅读项目,从一个侧面也反映出家长对我们的服务项目的肯定。100%的参与家长满意讲座主题的选择、教师对家长提问的解答、教师授课的专业性程度以及对个人小孩教育的启发。17 人中,有 16 人满意中心活动的周期安排(两周一次)。而 100%的参与者都表示还想继续参加特教中心的绘本阅读项目。

1. 参与动机:从被动到主动

第一期家长沙龙的 17 位家长,有不少家长在沙龙刚开始的时候,对沙龙的模式持观望态度,随着沙龙活动的持续开展,家长参与态度有所变化,从"要我参加"到"我要参加"。第一期家长沙龙活动,得到参加家长的一致好评。在第二期活动开始前,家长们纷纷询问何时开始活动。这个家长的态度代表了多数的参与者,我们也可以看到这样的服务项目所提供的"庇护"作用。

> 悦读园又开放啦!我们这些小微群体又能在一起沟通交流了,虽然只是两周一次,但我一直非常珍惜这一时刻,很多人都不能理解我们的孩子,大多数的时候,我们也羞于告诉别人我们孩子的真实情况,但在这里,我们的心能够安宁,我们都能理解彼此的孩子,也看到了越来越多的人来关爱这些孩子,他们同样是这世界的一部分,同样是父母的心头肉,给他们爱也温暖了父母的心,悦读园,也是爱的家园,来这里一起感受爱和温暖!(HXN, 2-1 反馈)

2. 参与方式:从服务对象到志愿者

福利服务过程中,我们注重参与者的体验。随着服务的开展,参与人员成为目标一致的团体小组。在一开始,参与的家长和学生都是服务对象,接受特教中心以及志愿者的服务。经过一个周期的服务,所有的参与者对基本的流程有了清楚的认识。其中障碍程度较轻的学生以及比较开朗、外向的家长,在参与沙龙讨论、配合项目需要更积极。在第二个项目周期,经过参与者的提出和项目组的考虑,参与绘本阅读的 3 名学生、1 名家长转化为志愿者。

> 学会感恩。很多事情无法挽回,但是,孩子的周围有这么多愿意帮助他,愿意耐心等他,理解他,爱他,教他的老师和志愿者,这是我以前没发现过的。很感动,也许,我也能去作一名志愿者,用自己的行动来回馈社会。(家长反馈,BWBB, 2-3)

> 今年的孩子比去年多了很多,志愿者也好多,D老师告诉我说,现在如果因为有事要推迟,孩子们还不答应呢。是啊,孩子们不答应,这是因为老师们和志愿者们爱的付出啊!那天我就和D老师说,我也愿意成为一名志愿者,其实当初说这句话时,并没有什么想法。过一段时间,W老师通知我可以加入志愿者队伍,当天回家告诉我老婆:我很高兴成为其中一员。(家长反馈,NHXBB,2-2)

3. 参与过程:从服务接受者到服务实施者

在第一期第四次沙龙形式是教育小组分享模式,每组绘本阅读带读老师由家长自己报名选出,其他家长作为观察老师记录。家长有了角色转换的机会,除了可以演练带读学生的技巧外,也可以体会带读教师控制全场的努力,还可以观察其他家长的沟通行为。这样的模式受到家长们的喜欢,而且他们的想法可以为我们改进服务提供某些方向。

> "悦读园"第四次活动是家长带几个小朋友读《葡萄》,我的任务是第四小组的观察员,这个小组是正常和特殊小朋友的组合。喜欢听讲故事是孩子的天性,看到这个临时组成的小团队,融入讲故事的程度各不一样,我有个想法:以后的活动是不是可以尝试请程度好的小朋友用拉拉小手、挽挽肩的方式来带动其他小朋友一起听绘本。在成人的带读之上,小朋友可以用他们自己的视角和方式来沟通交流这个故事,或许能挖掘出成人看不到的内容,而带给他们不同的乐趣,并吸引住他们。(家长反馈,BWMM,1-4)

4. 参与结构:爸爸的在场与转变

孩子的爸爸对于儿童的社会化具有极为重要的作用,这为大量的研究所证实。从家庭的角度来说,爸爸是构成家庭环境的角色之一,爸爸的参与对于残疾儿童的社会化不言而喻。但有研究表明,相较于那些没有残疾儿童的爸爸,残疾儿童的爸爸具有更大的压力和更低的生活满意感,①而且受制于文化的影响,多数的家长并不希望外界知道自己的孩子具有残疾、很难在短时间内接受残疾孩子的现实。②

在我们的服务项目中,秉承优化生态系统的理念,注重家庭成员的共同参与。在第一期项目中,前五次为具体的服务内容,第六次为迎新文艺活动。在第一期的前五次活动中,只有1位学生是其爸爸参与活动,其余16位都是孩子的妈妈。在迎新文艺活动中,有6个学生的爸爸妈妈参与了活动。在第二期的项目中,已有

① C. A. Darling, N. Senatore, J. Strachan, "Fathers of children with disabilities: stress and life satisfaction," *Stress Health*, vol.28, no.4 (Oct 2012), pp.269—278.

② 中国精神残疾人及亲友协会编著:《中国孤独症家庭需求蓝皮书》,北京,华夏出版社,2014。

7位孩子的爸爸至少参加了2次服务过程。我们可以看到服务已经促成特殊学生的家长的共同参与。以下是一位爸爸独自带小孩参加活动的场景：

> 这是我第一次独自带着阿布来参加活动，看过活动安排，我心里开始犹豫，等下有各自课程的时候，我是陪伴着还是让他一个人跟其他小朋友还有志愿者听故事，让他独自面对这个情景？毕竟去年那次他一个人从开场哭到结束的记忆还在。（家长反馈，ABB，2-2）

（三）服务实施的支持系统

1. 中心职能定位以及中心工作人员职业精神

特殊教育的发展在近几年受到越来越多的关注，而上海更是走在全国前列。上海市教委等八部门制订的《上海市特殊教育三年行动计划（2009—2011年）》经上海市人民政府办公厅转发，在全市落实。《国家中长期教育改革和发展规划纲要（2010—2020）年》更是从国家战略层面推进特殊教育发展，大力提升特殊教育水平。随后教育部、发展改革委、民政部、财政部、人力资源社会保障部、卫生计生委、中国残联制定的《特殊教育提升计划（2014—2016年）》经国务院办公厅转发实施。上海市教委、市发展改革委、市财政局、市人力资源社会保障局、市卫生计生委、市编办、市民政局、市残联制订的《上海市特殊教育三年行动计划（2014—2016年）》已经上海市政府办公厅转发实施。正是在这一系列国家特殊教育发展的背景下，区一级的特殊教育学校或者特殊教育指导中心逐渐成立或者加强。到2014年9月，特教中心拥有6名专职和4名兼职巡回指导老师，除了具有从教所需要的资格证书外，还具备心理咨询师、社会工作师职业资格证书。

一方面特教中心是在政府职能扩张或加强的背景下获得资源的，资源的获得更依赖政府内部的分配；另一方面也由于特殊教育相对较偏以及职权较低，而获得更大的工作自主性。在这样的背景下，特教中心围绕功能定位，开发特色项目，重视专业指导与支持服务是开拓与建立辖区内特殊教育格局、培育新建团队的凝聚力就是现实的选择，中心提供了丰富的服务形式，家长沙龙、专家讲座、体育热身、爱心义卖、文艺联欢等活动，每一种活动形式都经过了细致的考量和设计。绘本阅读服务项目的成功开展，首先离不开工作人员的专业能力和敬业精神。除了这些基本的工作，工作人员的敏感观察也是保证服务质量的关键。中心除了2周一次双休日的沙龙活动开展培训类的服务，还根据家长个别需求，提供个性化支持。同样，特教中心坚持服务特殊学生及其家庭的原则，不仅仅集中于学生在中心的短暂时间，还促成特殊学生家庭环境的改变。

> 某校随班就读生小A，轻度自闭症，父母离异，跟随奶奶生活。在参加悦

读园活动时,第一次活动由奶奶带着来参加。中心老师和志愿者发现奶奶对孩子的教育没有任何方法,对孩子的行为问题没有解决的能力。第二次活动,小A的妈妈一起来参加。中心老师发现小A对见到妈妈特别兴奋和开心,参加活动时候情绪和行为都比较好。可见妈妈对小A的影响是良性的。中心负责心理咨询的老师和小A妈妈进行沟通,建议她多陪伴孩子,有利于孩子的成长。小A妈妈听取老师的建议,有时间来参加活动,并在亲子迎新活动时候和小A一起做亲子游戏。通过母子共同参与4次家长沙龙活动,孩子情绪和行为都有变化,学校老师反馈孩子有进步。(项目记录,JLJ-2014-11-20)

2. 有效的志愿者管理和志愿者的热忱付出

特殊学生的特点决定了服务提供难以做到一致高效,行为多动、注意力难以集中等等方面的问题都需要有专门的人力予以协助。招募志愿者就是现实的选择。我们在招募志愿者时,坚持两个原则,一是坚持在遴选志愿者时具有(特殊)教育工作经验者优先,并且做到志愿者与所需服务的匹配;二是坚持为服务对象提供多元支持,注重选择学生的同辈群体,不仅鼓励双方的配合完成绘本阅读服务,更提倡他们成为生活中的朋友。黄源协和萧文高将台湾的志愿服务发展趋势总结为:从慈善爱心到社会参与、从牺牲奉献到服务学习与自我成长、从民间自主到与政府结合的伙伴关系、从热心利他到品质绩效、从免费人力到重视成本、从完全付出到相对的权利义务、从庶务性工作到专业性发展、从国内服务发展到国际交流。[①]在福利治理过程中,有效的志愿者管理和相对专业的培训是保证志愿者发挥治理参与主体的关键。

经过一个服务周期的演练,在第二期活动中,志愿者管理更具有规划性和科学性。首先,在志愿者的分工方面,按照志愿者自身的专长进行分工,团队分专家组、带读组、观察组、小志愿者组、摄影组等多个团队,各自完成相应的任务;其次,在志愿者的管理方面,由专人负责志愿者的联络、培训、具体任务分工等;再次,在志愿者的激励方面,更注重精神和心理的激励,向志愿者发放感谢信,肯定他们的付出。在志愿者服务方面,已经培养了一批高质量的志愿者,在特教中心的福利传递过程中,他们已经成为可以承担部分重要专业服务的力量。

3. 专家的专业支持

在实施上海市特殊教育三年行动计划(2009—2011年)过程中,医教结合以及随班就读工作的深入使工作机制以及协调机制逐步确立。尤其是特殊教育专家咨询委员会和残疾儿童入学鉴定委员会,为辖区特殊学生提供咨询和指导,他们是福

① 黄源协、萧文高:《社会政策与社会立法》,二版修订,台北市:双叶书廊,2012年,第431—434页。

利服务的智力支持。此次绘本阅读项目中，聘请相关专家参与制定服务计划、课程设计、项目评估等内容。针对家长开设的课程，采用了多种讨论方法，促使家长的教育反思。从家长的反馈以及课堂的表现来看，他们的所得达到了我们预期的效果。

拍球练习结束以后，我就很自然地去参加上师大博士L老师的分享中去了。分享很有意思，也是启发性的，带领着我们拓宽思路，放开束缚，重新认识孩子的世界，他们认知外界环境的角度是什么，在读绘本时候都关注哪些细节，通过跟各位家长的互动，博士给了我们很棒的开导，告诉我们孩子的内心，我们还需要花更多的心思去感受，这样才能更好地教育他们，帮助他们更好地成长。（家长反馈，ABB，2-2）

四、结论与讨论

本文借助于观察一个教育行政部门——特殊教育康复指导中心的福利服务实践，探讨了福利传递体系中的福利治理过程，尤其是重点考察了福利服务对象的转变。政府是福利提供的主体之一，而福利服务的传递取决于执行政策的行政组织是否有足够的服务能力、管理能力及各部门的协调能力；福利服务对象的参与明显有助于提高福利服务的质量；志愿者的服务可以在福利提供部门合理管理下完成比较专业的服务。在这三者的关系中，福利治理的达成是以实现福利对象人与环境的适应性平衡为标志。而福利治理过程，显然能够改善福利传递系统的生态环境。在本文的案例中，特殊儿童的家长实现了从自助向助人的转变。在参与服务之前，家长基本主要借助于家庭内部的力量，相对封闭，缺乏外部的支持，特殊学生在随班就读过程中往往会面临社会排斥的困境；在服务过程中，家长形成互助小组，并获得家庭教育的专家支持，促成家长的观念转变以及家长与学生新的互动模式的生成。参与绘本阅读项目的家长，在参与动机、方式、过程、结构都发生了转变，部分的参与者已经从服务的接受者成为提供者，实现了对服务对象的增能，并开始影响其他主体，成为助人者。当然这离不开特教中心（政府福利传递者）、志愿者、专家的支持和协作。

福利治理强调“分权”（decentralization）和“参与”（participation），平衡政府部门、志愿者、福利服务对象之间的关系，并实现社会福利服务的有效输送。在我们的服务设计中，注重从为案主做（Doing for Clients）到与案主做（Doing with Clients）、由案主做（Doing by Clients）转变。在评价服务时，使用了多种证据，并侧重服务使用者角度的意见，当然，做好评估工作并不简单。就特教中心而言，目前服务的特殊学生以及家长仍然只是一小部分,如何扩大服务范围,探索有效的服务传递路径值得进一步探讨。

要优化福利治理体系,需要多个主体的能力提升。本文的探讨只针对了处于基层的特殊教育指导中心,在福利治理的背景下,服务型政府的建设正是政府转型的方向。对于残疾人社会福利的传递过程中其他政府主体,扮演什么样的角色以及福利治理转型的路径,都还需要细致观察。本土导向包括外来事物本土化和本土经验规范化两个部分。中国社会工作的本土导向既包括外来社会工作进入中国后的适应变化,也包括中国社会服务经验对社会工作的领悟、借鉴和融汇。[①]应对社会工作发展面临的各项挑战,需要跨专业、跨机构的合作,实务界与学术界也要建立伙伴关系。[②]实务工作者与研究者的合作有助于社会工作知识与服务实践的融合,这无疑对我国社会工作的专业化与职业化发展具有启发意义。

① 顾东辉:《中国社会工作实践的本土导向》,中国社会工作协会组编:《中国社会工作发展报告蓝皮书(1988—2008)》,北京:中国社会出版社,2009年。

② 黄源协、萧文高:《社会政策与社会立法》,二版修订,台北市:双叶书廊,2012年,第429—430页。

社会学中的残障研究：强弱范式及历史发展

——兼论对中国残障研究的启示*

摘　要：早期以戈夫曼、萨德·纳吉(Sasd Z. Nagi)为代表的社会学的残障研究，延续了涂尔干、帕森斯将残障视为偏常的视角，残障并不是研究的核心与主体。这可以被看作是弱范式主导下的社会学的残障研究。受20世纪70年代后期兴起的残障运动的影响，以社会模式为理论基础的残障研究代表了强范式的兴起。强范式的残障研究反思了残障研究者的立场，并呼吁残障研究应该超越知识生产而积极干预现实。两种范式的残障研究相互影响、并存，且强范式的残障研究也开始有所反思。对我国新时期的残障研究而言，需要建构包含批判性、比较性、历史性、反思性的残障研究想象力，学习借鉴西方残障研究成果并发现我国残障研究传统。

关键词：残障研究　残障社会学　强范式　弱范式　残障研究想象力

据世界卫生组织发布的《世界残疾①报告》，全球超过10亿人或15%的世界人口(2010年全球人口估计)带有某种形式的残疾，高于20世纪70年代世界卫生组织估计的约为10%的全球残疾率。②中国残疾人联合会根据第六次全国人口普查我国总人口数，及第二次全国残疾人抽样调查(2006年)我国残疾人占全国总人口的比例和各类残疾人占残疾人总人数的比例，推算2010年末我国残疾人总人数8 502万人(2006年抽样调查残疾人总数为8 296万人)。

残障者虽然常被视作最大的少数者群体(minority group)，但成为学术界研究对象却相当晚近。作为再现残障的一种形式，正如残障者所处的边缘社会地位一

---

* 原文发表于《残障权利研究》2018年第1期。

① 在中文世界，很难找到与英文disability对译的词汇，disability包含损伤、障碍等多种意涵(参见王国羽、林昭吟、张恒豪主编：《障碍研究：理论与政策应用》，高雄市：巨流，2012年)。如后文还要讨论到的那样，如何称谓身心功能受限的群体并不是给出一个明确定义那样简单，定义过程本身也具有其文化、政治、社会意涵。本文使用的是残障概念，一是它比目前国内广泛使用的"残疾"更体现社会含义，残疾所隐含的作为疾病后果的假设已经广受批评；二是笔者很难赞同从残废到障碍的线性转变，障碍所体现的是将残障视为普通经验的视角。本文在某些语境下沿用了残疾概念，以和目前的惯用搭配保持一致。

② World Health Organization and World Bank, *World report on disability*, *2011*, Malta, 2011.

样,残障研究在学术研究场域中有着类似境遇。长期以来,社会学在残障研究中的表现并不令人满意,残障议题为社会学家忽视。①王国羽指出台湾的社会学研究同样缺乏残障议题的讨论,这是社会现实(例如接触障碍者的经验、社会歧视等)与学术社群(包括学术制度)两者的交互结果。②国内亦有学者指出,残疾人研究是一个边缘化的议题。③

2006 年联合国大会通过的《残疾人权利公约》(以下简称《公约》),为重新定位残障研究提供了契机。其所依据的社会模式,伴随着《公约》在各国的传播而成为学术研究和社群实践的思想资源。本文借鉴社会学家亚历山大(Jeffrey C. Alexander)所提出的一对学术分析性概念,即强文化范式(Strong Program)和弱文化范式(Weak Program),以残障研究的强弱范式取向为框架,回顾西方社会学残障研究的历史发展。早期的研究以弱范式为主导,主要为戈夫曼、萨德·纳吉(Sasd Z. Nagi)以及福柯的研究,20 世纪 80 年代的"新残障研究"代表了强范式的兴起,其兴起的社会运动背景、独立学科的努力以及在某些议题上存在内部分歧。最后从学术史的角度,结合近年来《公约》理念的扩散与我国残障研究的发展,讨论这些研究对我国的残障研究(残疾人社会学、残疾人研究)的启示。

一、强弱范式视角的引入

视角或范式意味着一种知识路径或理论路线,它界定了一些核心概念,以及这些核心概念之间的关系。④在广义的残障研究领域,模式的出现始于 20 世纪 70 年代。社会模式的奠基者奥利弗(Michel Oliver)区分了理解和干预残障的个人模式

① 参见 T. Titchkosky, "Disability studies the old and the new," *Canadian Journal of Sociology*, vol. 25, no. 2 (Spring 2000), pp. 197—224。C. Barnes and M. Oliver, *Disability: A Sociological Phenomenon Ignored by Sociologists* (1993), http://disability-studies.leeds.ac.uk/files/library/Barnes-soc-phenomenon.pdf. E. Stone and M. Priestley, "Parasites, Pawns and Partners: Disability Research and the Role of Non-Disabled Researchers," *The British Journal of Sociology*, vol. 47, no. 4 (December 1996), pp. 699—716. H. Bynder, and P. Kong-Ming New, "Time for a Change: From Micro-to Macro-Sociological Concepts in Disability Research," *Journal of Health and Social Behavior*, vol. 17, no. 1 (March 1976), pp. 45—52.

② 王国羽:《缺角的台湾社会学研究:身心障碍研究》,王宏仁主编:《巷仔口社会学》,台北:大家出版社,2014 年。亦可参见巷仔口社会学网站:http://twstreetcorner.org/2013/06/06/wangguoyu/。

③ 蔡禾、周林刚等:《关注弱势:城市残疾人群体研究》,北京:社会科学文献出版社,2008 年,第 22—27 页。

④ 马立克·科尔钦斯基(Marek Korczynski)等编:《工作社会学》,姚伟、马永清译,北京:中国人民大学出版社,2012 年,第 5 页。

与社会模式，从而确立了基本的残障模式。①考泽（Couser）将描述残障的模式归纳为符号（Symbolic）范式、医学模式和社会模式。②这些模式暗含了不同的哲学预设和政策导向。2006 年联合国大会通过的《公约》，吸纳了残障研究的成果，贯彻了社会模式的理念。不过也有研究者不满足于此，而将《公约》视为残障权利范式（Disability Rights Paradigm）的到来。③这种传统可以追溯到以法学学者为主撰写的联合国人权事务办公室读物《人权与残障》（Human Rights and Disability），④以及更早的《人权与残障者》（Human Rights and Disabled Persons）。⑤这似乎表明，在如何理解残障（与社会的关系）上，已经出现相互竞争的多元范式。

然而，历史地看，这些范式的出现是晚近的事。蒂奇科斯基（Titchkosky）的研究表明，至少到 20 世纪 90 年代，美国的社会学研究尽管的确涉及残障，然而只有极少数的主流社会学导论性质的教科书将残障作为一个独立的研究主题，且往往只是在残障权利方面寥寥数言。⑥在此之前，其他国家的社会学家亦有此判断。英国残障社会模式的奠基人、残障研究的代表人物奥利弗批评残障研究并未对残障社会服务提供足够的知识用以指导实务工作，因此社会工作者能否实际提供合适的服务值得怀疑。⑦虽然蒂奇科斯基并不认为 20 世纪 90 年代出现的“新”残障研究意味着托马斯·库恩（Kuhn）意义上的范式转换，但诸如奥利弗这样的社会模式提出者、倡导者、使用者、实践者显然并不这样认为，随着残障研究的发展，以范式转化为线条的描述也越来越多。“新”残障研究所表明的，并不是相较于残障议题的新，而是相对于以往的有关残障的研究视角。⑧

根据以上的讨论可以确定的是，残障研究因理解残障的范式不同而有了不同

---

① M. Oliver, *Disablement in Society*, Milton Keynes: Open University Press, 1982. M. Oliver, *Social Work with Disabled People*, Basingstoke: Macmillan, 1983.

② G. T. Couser, “What disability studies has to offer medical education,” *Journal of Medical Humanities*, vol.32, no.1 (March 2011), pp.21—30.

③ P. Harpur, “Embracing the new disability rights paradigm: the importance of the Convention on the Rights of Persons with Disabilities,” *Disability & Society*, vol.27, no.1 (January 2012), pp.1—14.

④ United Nations, *Human Rights and Disability: The current use and future potential of United Nations human rights instruments in the context of disability*, 2nd Edition, New York and Geneva, 2002.

⑤ Degener and Koster-Dreese, eds., *Human Rights and Disabled Persons*, Dordrecht: Kluwer Academic Publishers Group, 1995.

⑥ T. Titchkosky, “Disability studies the old and the new,” *Canadian Journal of Sociology*, vol.25, no.2 (Spring 2000), pp.201—202.

⑦ M. Oliver, *Disablement in Society*, Milton Keynes: Open University Press, 1982. M. Oliver, *Social Work with Disabled People*, Basingstoke: Macmillan, 1983.

⑧ S. Linton, “Disability studies/not disability studies,” *Disability & Society*, vol.13, no.4 (1998), pp.525—539.

的立场;而范式转换的说法也表明残障研究有不同的历史阶段。本文将亚历山大的一对学术概念——强范式与弱范式——作为分析框架,来阐释残障的社会学研究(Sociology Study in Disability)的两种取向及历史发展,即:弱范式取向的"残障的社会学"(Sociology of Disability)与强范式取向的"社会学的残障研究"(Sociological Disability Studies)。这两种取向的分野借鉴了亚历山大"文化社会学(Cultural Sociology)"与"文化的社会学(Sociology of Culture)"双视角。①强范式的"文化社会学"强调"文化自主性"、以文化视角研究社会结构现象;弱范式的"文化的社会学"则认为文化是社会结构的附庸属性,认同"文化相对自主性"、倡导以社会学视角研究文化现象。②

两种取向的研究尽管都涉及残障,但二者在分析单位、残障理解和研究旨趣方面有着深刻的差异。③第一,早期的社会学研究以及以医学模式为代表的研究以身心受损伤的个人为分析单位,要么是某种理论在分析对象上的延伸,要么是谋求社会干预的对象;残障研究则以残障者遭遇障碍的社会制度为分析单位,其社会政策意涵旨在改变社会结构。第二,在理解残障上,"残障的社会学"的取向多以实体论的角度看待残障,"社会学的残障研究"则远离身体本身坚持残障是一种社会、文化建构。④第三,从学术制度上来看,"残障的社会学"的取向首要的结果是知识生产,而"社会学的残障研究"则反对这种做法,转而在马克思主义以及后现代主义的影响下借由知识—权力的分析,把各类专家生产的知识视为残障者遭受社会压迫的来源,强调残障研究的解放性。以下就两种取向的研究进行历时性的分析。

二、弱范式主导:早期有关残障的社会学研究

在以残障研究为旨趣的独立学科取向的学术实践之前,的确有一些社会学家有意或无意地研究了残障,尽管多数可以将之归为有关残障的研究,而非以残障者为主体的研究。例如帕森斯(Talcott Parsons)、戈夫曼(Erving Goffman)、福柯

---

① J. Alexander and P. Smith, "The Strong Program in Cultural Sociology: Elements of a Structural Hermeneutics," *The Meanings of Social Life: A Cultural Sociology*, New York: Oxford University Press, 2003, pp.11—26.

② 周怡:《强范式与弱范式:文化社会学的双视角——解读 J. C. 亚历山大的文化观》,《社会学研究》2008 年第 6 期。

③ 亦有学者直观地称为"残障研究"与"研究残障"。

④ 参见 R. Bhaskar & B. Danermark, "Metatheory, interdisciplinarity and disability research: a critical realist perspective," *Scandinavian Journal of Disability Research*, vol.8, no.4 (November 2006): 278—297。P. M. Ferguson & E. Nusbaum, "Disability studies: what is it and what difference does it make?" *Research & Practice for Persons with Severe Disabilities*, vol.37, no.2 (June 2012), pp.70—80.

(Michel Foucault),以及古典社会学家涂尔干(Émile Durkheim)等的研究都有涉及疾病、残障。如蒂奇科斯基[①]所言,将残障视为偏差现象的理念,可以追溯到涂尔干。福柯揭示了涂尔干定义偏差的方式,亦即偏离平均状态的统计学特征,而且这种偏差具有负面的文化意涵,因为偏差是相对于标准、平均值等定义的偏差的本质就在于其边缘性。[②]美国社会学家帕森斯关于疾病与医疗工作者角色关系的研究,他分析了疾病的社会特征、治疗的过程以及医师的角色,帕森斯将身心疾病及其互动视作社会系统一般均衡的一部分。[③]帕森斯将病人看作无法对他人施与影响的人,也即社会互动受限,因此是社会解组(Social Disorganization)的指标。由此看来,在社会学的残障研究中,社会问题视角的残障由来已久,当然如前所述这一视角也备受批评。

(一) 戈夫曼的污名理论

戈夫曼的污名理论[④]是残障研究中常用的理论,[⑤]用以分析残障者与非残障者的互动秩序(经常借助于歧视或者社会排斥的视角),以及残障者对受损身份的印象整饰(Impression Management)和管理策略。作为不由自主的越轨(Involuntary Deviance),残缺的身体或者精神状态成为一种污名符号。戈夫曼的理论应用于残障研究,除了污名理论对解释残障者所真实面临的社会处境富有洞察力外,还在于,在戈夫曼在著作中大量引用残障者的例子(至少包括精神病患者、肢体残损者、视力障碍者、言语障碍者等等)为残障研究提供了直观的联系,也即蒂奇科斯基所指出的"原初场景"(Primal Scene)。不过,正如戈夫曼本人所说,这些案例不过是构筑其理论的脚手架。[⑥]也就是说,残障本身仅仅作为、仅仅被当做研究对象(Object of Sociological Study),这种研究取向的社会学家,蒂奇科斯基称之为传统社会学家(Traditional Sociologist),其中就包括戈夫曼。[⑦]

蒂奇科斯基借助于弗洛伊德的"原初场景"概念,指出在一定程度上,残障研究也被污名了。戈夫曼理论所含有的未经反思的健常假定(Normalcy)也备受批评,该假定以理所当然的"标准的人"(Normal Man,或正常人)作为基准,是将残障者作为他者的体现。当然,戈夫曼的污名理论,的确有助于理解残障者污名化的社会过程。而对污名化过程的分析与解构已成为后来的残障研究,或者解放研究范式

①⑤⑦ T. Titchkosky, "Disability studies the old and the new," *Canadian Journal of Sociology*, vol.25, no.2 (Spring 2000), pp.197—224.

② 米歇尔·福柯:《精神疾病与心理学》,王杨译,上海:上海译文出版社,[1962]2014 年,第 60—61 页。

③ T. Parsons, "Illness and the role of the physician: A sociological perspective," *American Journal of Orthopsychiatry*, vol.21, no.3 (July 1951), pp.452—460.

④ 欧文·戈夫曼:《污名:受损身份管理札记》,宋立宏译,北京:商务印书馆,[1963] 2009 年。

⑥ 欧文·戈夫曼:《日常生活中的自我呈现》,冯钢译,北京:北京大学出版社,2008 年。

的思想来源。

(二) 萨德·纳吉的功能限制与角色期待理论

美国社会学家萨德·纳吉提出的“功能限制”(Functional Limitation)概念也是早期社会学残障研究的代表,纳吉就残障的定义及测量提出了独特的框架。①其基本框架可以用以下图示表示:

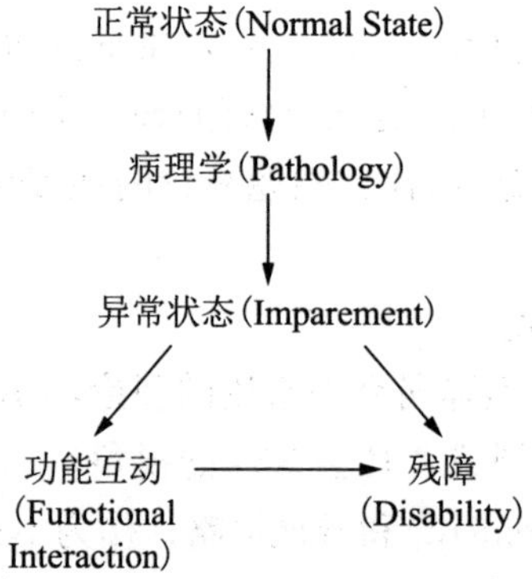

图 1 纳吉的残障框架

在纳吉的框架下,先是以正常状态为基础,在病理学分析之后确定为异常状态,即正常状态的损伤,由此导致功能限制与残障。从正常状态到残障是由于受损伤的异常者无法完成社会的角色期待而社会互动受限。因此,对于国家而言,预防残障的发生是首要的,无论是早期的研究还是后来的修正,纳吉都坚持这样的观点。②如果回顾美国的残障历史,如前所述残障者被视为一个社会问题具有深远的历史。欧文(Irving)、布雷姆(Brehm)以及纳吉把社会问题的残障提升到国家干预计划,这代表了国家在残障领域话语权的提升。③纳吉的观点比较贴近基于损伤以及病例分析的医学模式。另外,以正常为基准的立论方式也广受批评,这一点上与戈夫曼并无区别。纳吉的残障框架受批评的另一点在于,纳吉借助分析残障者面临社会障碍的原因在于社会角色扮演能力的不足,而王国羽认为一般的社会理论

---

① S. Z. Nagi, “An Epidemiology of Disability among Adults in the United States,” *Health and Society*, vol.54, no.4 (Fall 1976), pp.439—467.

② S. Z. Nagi, “The concept and measurement of disability,” in E. D. Berkowitz, ed., *Disability policies and government programs*, New York: Praeger, 1989, pp.1—15. S. Z. Nagi, “Disability concepts revisited: implications for prevention,” in A. M. Pope & A. R. Tarlov, eds., *Disability in America: Toward a National Agenda for Prevention*, Washington, DC: National Academy Press, 1991, pp.309—327.

③ H. Irving, H. P. Brehm, and S. Z. Nagi, *Disability, from social problem to federal program*, New York: Praeger Publishers, 1980.

(纳吉应用的主要是角色理论)用于分析残障群体时是否合适还有待反思。①

(三) 福柯的疯癫(Madness)研究

福柯指出,虽然在19世纪之前,疯癫领域中有的部分已经被各种病理概念以及相关实践所主导,但医学颠覆性的控制始于19世纪。此一时期隔离疯癫者的拘留所一改中世纪时单纯的控制性、救济性的属性,而具有了医疗的功能。②这些拘留所正是西方此后经历的机构化的前身,除了身体的限制外,还为疯癫者重建了道德的枷锁。封闭性的社会空间建构了社会外部排斥与惩罚、群体内部同化与罪恶感的联系,疯癫者被视为潜在的对社会秩序的威胁。③

福柯关于疯癫的研究,可以视为早期社会学的残障研究的某种例外。他的著作在残障研究中亦广泛被引用,虽然福柯的研究有着更为宏大的历史与理论意图。福柯在1954年出版了《精神疾病与人格》,但福柯并不满意这本书,随后1962年修订再版改为《精神疾病与心理学》。④在该书中的第二部分,是对福柯1961年出版的《疯癫与文明》(Madness and Civilization)总结,因此彻底改写了第一版的第二部分。他展现的不是精神病理学的社会与生物基础(Social and Organic Basis),而是精神病理学观念的文化基础。福柯的解释由引致精神疾病的社会条件转向了导致我们将疯癫当做精神疾病对待的文化条件。他建议要理解精神病理学不应求助于某种元病理学(Meta-pathology),而是要进入具体的关系、历史情境、把疯子当做真正的人(true Man)。⑤

直至近代,西方国家救济制度以及资本主义生产方式的确立,以及医学科技的进展使得识别谁是残障者成为迫切的任务。福利国家界定残障者福利资源分配的资格与条件、制定公共卫生与健康政策、临床医学的评估与鉴定是目前各国政府、国际组织与研究机构定义残障分类系统的基本理由。⑥出于不同的目的与政策,这些鉴定与评价标准、分类模式并不一致。1970年代中期,世界卫生组织的英国医师伍德(Wood)建议将残障分类与国际疾病分类(International Classification of

---

① 王国羽:《缺角的台湾社会学研究:身心障碍研究》,王宏仁主编:《巷仔口社会学》,台北:大家出版社,2014年。亦可参见巷仔口社会学网站:http://twstreetcorner.org/2013/06/06/wangguoyu/。

② 米歇尔·福柯:《精神疾病与心理学》,王杨译,上海:上海译文出版社,[1962] 2014年,第64—67页。

③ 同上书,第70—72页。S. L. Snyder and D. T. Mitchell. *Cultural Locations of Disability*, Chicago and London: The University of Chicago Press, 2006.

④ M. Foucault, *Mental illness and psychology*, trans. Alan Sheridan, Berkeley, Los Angeles, London: University of California Press, [1962] 1987.

⑤ Ibid., Forward by Hubert Dreyfus: viii—ix.

⑥ 王国羽、林昭吟、张恒豪主编:《障碍研究:理论与政策应用》,高雄市:巨流,2012年,第45—48页。

Disease)联系起来,他把残障视为疾病的一种后果。这一理念体现在世界卫生组织第一版的残障定义系统中,残障者面临社会障碍的根源在于残障个体的偏差状态。而关于残障与医学的关系,福柯的研究无疑是丰富的社会资源。

三、强范式兴起:"新"残障研究

蒂奇科斯基指出早期残障的社会学研究,要么出现在主流的越轨/偏常社会学(Deviance)的教科书中,聋、盲、轮椅使用者、口吃、身体"畸形"等现象构成了越轨社会学研究的主题领域;要么被健康、疾病、老年学等研究领域纳入其中。①更进一步地,蒂奇科斯基将这些残障研究视作有关残障为何、如何解释残障的文化再现(Cultural Representation),解构在社会学中为何残障被视作有关越轨的社会问题。这并不是说早期社会学的残障研究中并没有社会建构的视角或者以残障为研究目的的研究。除了上文提到的福柯之外,还有一些社会学家做出了努力。例如斯科特(Scott)对美国盲人历史的研究,就指出了盲人的文化建构以及国家扮演的角色。②残障运动与"新"残障研究的出现为残障研究带来了新的样态。

(一)残障运动与残障研究

在莎士比亚(Shakespeare)看来,英国的残障者运动始于20世纪70年代,而残障研究作为一个学术领域直到20世纪80、90年代方才出现。③当然,残障运动在不同的国家有不同的版本,如英国的去机构化运动、加拿大的独立生活运动、美国的残障权利运动。权利运动与残障研究之间的纠缠关系④,既体现在残障研究的理念产生了实实在在的社会后果,另一方面残障研究者也介入了残障运动本身。⑤残障权利启蒙运动的思想与政治实践相结合,产生了一些十分重要的论题。第一,以残障者主体概念为基础的权利概念。第二,追求与非残障者一样的社会经济生活并获得充分地参与,成为一种基本的信念。第三,揭示社会设置所造成的障碍并付诸政治行动加以改变,成为残障权利倡导群体的基本行动取向。这些论题

---

①⑤ T. Titchkosky, "Disability studies the old and the new," *Canadian Journal of Sociology*, vol.25, no.2 (Spring 2000), pp.197—224.

② R. Scott, *The Making of Blind Men*, New York: Russel Sage Foundation, 1969.

③ T. Shakespeare, ed., *Disability Reader: Social Science Perspectives*, London: Cassell Academic, 1998.

④ 残障运动、残障研究,如Shakespeare所言,可能具有严格意义上的历史先后,但随着彼此的发展而具有不可分割的特点。(参见T. Shakespeare, ed., *Disability Reader: Social Science Perspectives*, London: Cassell Academic, 1998。)其中很大的一个原因,就是残障运动和残障研究的执行者的重合性,更因为残障研究、残障运动的执行者本身即是残障者。例如Oliver、Zola以及英国肢体障碍者反隔离联盟的主要成员Vic Finkelstein。

催生、促进了残障研究,并深深影响了残障研究的方向。

1976 年英国肢体障碍者反隔离联盟(the Union of the Physically Impaired Against Segregation, UPIAS)勾画了社会模式的残障(Social Model of Disability)的图景。而奥利弗在芬克尔斯坦(Vic Finkelstein)的基础上把这一模式加以明晰、归纳,因此,他们也被称作残障研究的奠基人。英国肢体障碍者反隔离联盟的宣言指出,是社会使身体有损伤的人成为有障碍的,使残障者遭受社会排斥并限制了残障者的全面参与。因此,残障者是受压迫的群体。由此,奥利弗将残障视为一个政治议题,残障研究也被赋予了解放性的意图。①

1980 年代兴起的残障权利行动者摒弃了对残障以及残障者(Disability and People with Disabilities)的制度化定义,新的意识挑战了占据统治地位的医学模式,而该模式将残障定义为根植于个体的生理病变。医学模式的这种定义所必然导致的解决方案是通过各种方法治愈这些个体或者纠正这些个体的职业或者社会功能定位。在某种程度上,医疗模式已经成为社会对看起来异常或者功能失调者的社会焦虑的制度化表达。这些个体在医学模式下被认为是缺乏自主生活能力的,于社会是有危险的,因而需要专业性的监督与管理。而新的残障观点认为,将残障问题定位于残障个体,医疗模式无法解释社会偏见和歧视,而残障者所面临的障碍远不仅仅是残障本身。除此之外,在残障权利倡导者看来,医疗模式远不是它所宣称的那样科学、客观、富有人性,而是广泛存在于健康护理、社会服务、公共政策、慈善机构、教育等领域内的制度性偏见和歧视,医学模式恰恰一直是问题的核心所在。②借助于美国公民权利理论的核心概念——平等机会(Equal Access),残障权利运动倡导者指出残障者所倡导的权利和价值不仅对残障者是重要的,而且于整个社会有益(包括非残障者)。残障研究也是促成美国残障权利运动转向的力量之一。对残障运动的分析和批评开始出现在研究型大学的课程之中,这也构成了残障权利运动的一部分。残障权利运动所孕育的行动者与残障研究机构建立了联系,而残障研究为残障运动提供了运动所必需的持续的批判性分析。

(二) 独立学科的努力:定义残障研究

20 世纪 90 年代,残障研究获得广泛的反思,而且努力将残障研究建设为独立的学科设置,这一时期以残障研究为旨趣的学术刊物不断涌现。③建制性的残障研

① M. Oliver, M, *The Politics of Disablement. Hampshire*, London: The MacMillan Press, Ltd, 1990.

② Disability Rights Commission, *Changing Britain for Good: Putting Disability at the Heart of Public Policy*, Stratford-upon-Avon: Disability Rights Commission, 2006.

③ 李学会、傅志军:《残障研究的多学科视角及综合取向》,《社会工作》2015 年第 4 期。

究机构可以追溯到美国的残障研究协会。1984 年成立时名为慢性病、损伤与残障研究部(the Section for the Study of Chronic Illness, Impairment, and Disability, SSCIID)，1986 年重新命名为残障研究协会(Society for Disability Studies, SDS)①，该协会的刊物《残障研究季刊(Disability Studies Quarterly)》成为最早的残障研究学术刊物。美国第一个残障研究学位项目 1994 年出现在雪城大学(Syracuse University)。成立于 1999 年的瑞尔森大学残障研究学院(Ryerson University's School of Disability Studies)是加拿大第一个提供学位的残障研究机构。

那么，到底何谓残障研究？1993 年美国残障研究协会给出了广为接受的定义：

> 检验一切社会政策及实践，以理解残障经验的社会而非身体或心理决定因素。残障研究已经尝试去除那些影响社会互动和社会政策的障碍，包括迷思、意识形态以及污名。学术研究挑战了这样的观念，即残障者的社会经济地位以及被设定的角色是他们的状况不可避免的结果。

强调残障研究作为一个独立学科，它所反映的是对已有学科(包括社会学)观点的开疆扩土，即由理论到实践的研究策略的反动，转而强调经验主义的视角，即由实践到理论的研究路径。②尽管对残障研究的定义有所差异，但它们具有共享的要素，得克萨斯残障研究中心(Texas Center for Disability Studies)将其总结为：③

> 哲学层面上：残障研究通常根植于某种赋权模式，或者坚持社会建构视角。大多数残障研究的课程重在解构某种观点背后的假设，以发现新的思路、

① 该协会的主要创立者包括 Daryl Evans、Nora Groce、Steve Hey、Gary Kiger、John Seidel、Jessica Scheer、Irving Kenneth Zola。Irving K. Zola (1935—1994)作为协会的创始人之一，1986—1989 年期间为协会的首任主席，*Disability Studies Quarterly* 最早的编辑者，同时也是波士顿自立生活中心(the Boston Self-Help Center)的创办人和顾问，他广为人知的著作是 1982 年出版的 *Missing Pieces: A Chronicle of Living with a Disability*，以他的名字命名的残障研究新人奖(the Irving K. Zola Prize for Emerging Scholars in Disability Studies)是对 Zola 残障研究贡献的认可。Zola 之后历任主席为：Daryl Evans(1989—1990)、Barbara Altman(1990—1991)、David Pfeiffer(1991—1993)、Sharon Barnartt(1993—1994)、Richard Scotch(1994—1995)、Corinne Kirchner(1995—1996)、Adrienne Asch(1996—1998)、David Mitchell(1998—2000)、Phil Ferguson(2000—2002)、Anne Finger(2002—2005)、Jim Ferris(2005—2006)、Corbett O'Toole(2006)、Chris Bell (2006—2007)、Elaine Gerber(2006—2008)、Noam Ostrander(2008—2009)、Pamela Block(2009—2010)、Devva Kasnitz(2010—2012)、Brenda Brueggemann(2015—2016)。

② P. M. Ferguson & E. Nusbaum, "Disability studies: what is it and what difference does it make?" *Research & Practice for Persons with Severe Disabilities*, vol.37, no.2 (June 2012), pp.70—80.

③ 参见 Texas Center for Disability Studies, disability study overview, http://tcds.edb.utexas.edu/v/page-detail/Disability-Studies-Overview/3n/，2016 年 3 月 2 日。

声音和观点。

声音/表达:残障研究采用的是个人化的表达方式,用主观的方式讲述和解释残障个体的生活经验故事。这种个人化的表达是包容性的,并借此证明了残障者的价值和力量。那种声音意味着残障者所表达的残障将整合入我们的研究,而不是仅仅专注于非残障者所说的残障。

跨学科:要真正理解残障,需要检验多样的"事实"(truths)。关于残障,社会学、心理学告诉我们了什么?语言学家说了什么?人类学家、政策制定者、分析师、律师怎么看待残障?教育工作者、康复专家和社会工作者可以教给我们什么?护士、医生、治疗师为理解残障提供了何种支持?而通常情况下,在具体的研究议题中,以上视角一次只能选择一个。

独立:最后,残障研究是它自己的"事情"。残障研究课程的教科书相对较新,主要在20世纪80年代开始出版。既有大量残障者书写自身经历的书籍,也有记录残障权利运动的书籍,还有一些以残障研究为独立学科的专业组织和会议(Disability Studies as its own discipline)。也有一些大学——尽管不多——提供残障研究方向的学位。

在残障研究中,残障者首先是人(不是身体的某部分、不是要解决的问题、不是对象、不是可怜虫),他们拥有与其他人一样的权利与责任。而且,他们一样是处理日常生活、面对残障问题的专家。北美的残障研究,往往类比于妇女研究、非裔、墨西哥裔美国人研究(Women studies, African American, or Chicano studies)。①这一视角将残障者视为一个少数群体(从数量上来说已然很庞大),强调的是残障的文化、政治、经济建构性,而非传统的生理功能损伤(Physiology of Impairment)。建制性的研究中心、教学机构的大量出现,残障研究在学术研究中建立了根基。

(三) 反思研究起点:残障研究者的立场以及与残障者的关系

从某种意义上说,残障研究代表了把残障从残障社会学的客体对象中解放出来的一种反叛和努力。一个原因是客观的知识受到后现代主义的影响,另一个原因在于残障研究内在的解放属性也要求残障研究进行彻底的反思,其中就包括残障研究者自身。另外,还有一个现实原因,就是部分残障研究者本身即是残障者,他们提出了更为激进的"谁是合适的残障研究者"的门槛。②

① R. Garland-Thomson, "Feminist disability studies," *Signs*, vol.30, no.2 (Winter 2005), pp.1557—1587.

② E. Stone and M. Priestley, "Parasites, Pawns and Partners: Disability Research and the Role of Non-Disabled Researchers," *The British Journal of Sociology*, vol.47, no.4 (December 1996), pp.699—716.

残障者主导的残障研究,都在尝试改变单一的对残障的理解,也对传统的残障知识生产的方式提出了批评。传统观点以帮助残障者为导向,由于从事残障研究的多为健常的社会学家(Normal Sociologist),而残障研究将这一事实也纳入了反思的视野。①

残障研究并不仅仅停留在学术群体范围内,残障知识的应用具有深远的后果。正如隆摩尔(Paul K. Longmore)在分析美国残障权利运动时所指出的那样,残障研究是连接学术机构与残障社群的桥梁与纽带。如果残障研究的目的是为有效地服务残障社群及运动,那么建立与残障社群/运动富有成效的联系就必须提上日程。②如果仅仅将残障(人士)视为学科的研究对象(Subject)的扩展,那么这种研究取向是否避免了某种压迫性的倾向依然值得怀疑。他进一步建议,残障研究与残障社群之间应该是双向的通道:残障者的经验、见解必须影响残障研究,提出新的问题、增进新的理解;而学术研究者与残障者社群/运动的合作,可以更深层地分析残障社会政策,更广泛地理解影响残障者的社会制度。隆摩尔更是支持残障教师以及学生进入残障研究领域,建立残障者组成的残障研究群体。残障研究者获得残障群体的积极支持和参与,也可以反过来推动残障运动的进程。

(四) 文化视角的残障:残障的文化再现与残障文化

社会模式固然指出了残障是一种社会建构,但在利格特(Liggett)看来,社会模式的历史分析解构成功揭示了残障作为一种变动的分类过程,却忽略了残障的社会文化意涵。③莎士比亚更进一步指出,针对残障者的文化再现(cultural representation)的批判分析,才能揭示社会对残障者的偏见与歧视。④考察主流的文化再现媒介(电视、电影、教科书、文学等)中的残障者形象,成为残障研究中文化视角的主要形式之一,内容分析(content analysis)是其主要的研究方法。文化视角的残障研究挑战了把残障者视为生物变异(biologically deviant)的观点,而是视为人类多

---

① E. Stone and M. Priestley, "Parasites, Pawns and Partners: Disability Research and the Role of Non-Disabled Researchers," *The British Journal of Sociology*, vol.47, no.4 (December 1996), pp.699—716.

② P. K. Longmore, "The Second Phase: From Disability Rights to Disability Culture," *Disability Rag & Resource* (Sept./Oct. 1995) Internet publication URL: www. independentliving. org/docs3/longm95.html.

③ H. Liggett, H., "Stars are not born: an interpretive approach to the politics of disability," *Disability & Society*, vol.3, no.3 (1988), pp.263—275.

④ T. Shakespeare, "Cultural representation of disabled people: dustbins for disavowal?" *Disability & Society*, vol.9, no.3 (January 1994), pp.283—299.

样性的体现从而获得了文化位置。①

佐拉(Zola)针对美国电视节目的内容分析②、巴恩斯(Barnes)针对英国电视节目的分析③,都指出主流媒体的残障者往往是缺失的,再现的残障者角色呈现出可怜的、受害的、需要照顾的形象。约翰逊(Jonhnson)针对特殊教育教科书④、约翰逊和尼亚托(Nieto)针对特殊教育以及多元文化教科书⑤、张恒豪和苏峰山针对台湾地区小学教科书的内容分析⑥,都指出教科书中展现的均是健全者为中心的观点、把残障视为一种个人问题,缺乏以残障者为主体的多元文化观点。针对电影的文本分析也指出,残障者往往被偏差化,要么是物化的形象,要么是被视为对社会的潜在威胁。⑦

文化再现的残障研究,揭示了残障者在健全中心主义的社会中"他者化"的建构过程。⑧残障者对残障的认同、残障群体的形成等等,已不再将主流的文化形象作为接纳的对象,而是试着建立残障文化。这也正是隆摩尔强调美国的残障运动应该进入第二个阶段的原因之一。隆摩尔比较早地注意到了残障文化,也即残障者的集体与自我认同。⑨更进一步,隆摩尔还建议残障研究应加强与残障艺术家和

① S. L. Snyder and D. T. Mitchell. *Cultural Locations of Disability*, Chicago and London: The University of Chicago Press, 2006.

② I. K. Zola, "Self, identity and the naming question: reflections on the language of disability," *Social science & medicine*, vol.36, no.2 (January 1993): 167—73.

③ C. Barnes, "Disabling imagery and the media: An exploration of the principles for media representations of disabled people," *The British Council of Organizations of Disabled People*, Belor: Derbyshire, 1992.

④ J. R. Johnson, "Validation and Affirmation of Disability and Deaf Culture: A Content Analysis of Introductory Textbooks to Special Education and Exceptionality," *Review of Disability studies: An International Journal*, vol.2, no.1(Jan 2006), pp.3—32.

⑤ J. R. Johnson & J. Nieto, "Toward a cultural understanding of the disability and deaf experience: Implications of a content analysis of introductory special education and multicultural education textbooks," *Multicultural Perspectives*, vol.9, no.4 (December 2007), pp.32—39.

⑥ 张恒豪、苏峰山:《战后台湾国小教科书中的障碍者意象分析》,《台湾社会学刊》2009 年第 42 期。

⑦ M. Fine & A. Asch, "Disability beyond stigma: social interaction, discrimination, and activism," *Journal of Social Issues*, vol.44, no.1 (Spring 1988), pp.3—21. S. L. Snyder and D. T. Mitchell. *Cultural Locations of Disability*, Chicago and London: The University of Chicago Press, 2006.

⑧ T. Shakespeare, "Cultural representation of disabled people: dustbins for disavowal?" *Disability & Society*, vol.9, no.3 (January 1994), pp.283—299. R. Mallett, "Representing disability in an ableist world: essays on mass media," *Canadian Journal of Disability Studies*, vol.26, no.7, (December 2011), pp.891—893.

⑨ P. K. Longmore, "The Second Phase: From Disability Rights to Disability Culture," *Disability Rag & Resource* (Sept./Oct. 1995) Internet publication URL: www. independentliving. org/docs3/longm95.html.

作家(Disabled Artists and Writers)的合作,他指出这种合作不仅有助于繁荣残障艺术,也有助于促进基于残障的文化研究(Disability-Based Cultural Studies),而该研究可以揭示残障的价值、解释主流的文化对残障的社会/文化建构,通常情况下,这种建构是由非残障的价值(Non-disabled Values)主导的。残障文化的主题论述主要集中在聋人文化,聋人因其独特的语言(手语)而建构起聋人社群。①如果参照隆摩尔的观点,残障文化就不仅仅是涉及文化主体的问题,而是残障议题与社会关联而发展出的文化现象。

(五) 找回残障身体:残障经验的主体性及时间维度

20世纪90年代的残障研究中社会模式成为主流的范式。该范式强调残障者之所以残障是由于社会制度的压迫,在激进的社会模式下,残障不但不是一个问题,而且是值得书写的人类价值所在。这种将(受损的)身体与社会做二元区分的研究策略与行动实践受到批评。佩特森(Paterson)和胡格斯(Hughes)将这种二元对立的残障研究视为脱离身体的视角(Disembodied View),它把身体视作被动的前文化客体(Pre-cultural Object),因此在分析受损的身体政治时,无法处理以此为基础的医学化、个体化的身体议题。②在此基础上,佩特森(Paterson)和胡格斯(Hughes)以现象学的方法建议残障研究应重视日常生活的身体政治。

从残障者自身经验出发,考察残障生涯成为一些残障研究者的呼声和努力方向。③1990年获得利德(Leo G. Reader)医疗社会学卓越学者奖的佐拉在获奖词中指出,身体以及残障者需要重新审视(Bringing our bodies and ourselves back in)。尤其在老龄人口已经占到残障者的一半以上以及老龄化时代的到来,生命历程视角下的需要就应该成为政策设计的考虑因素。④

四、讨　论

需要指出的是,残障研究是多学科的研究领域。⑤越来越多的研究机构的出现,意味着残障(问题)成为一个重要的研究领域;而多个学科的关注,也表明残障是个复杂的社会现象。本文仅就社会学中的残障研究进行了回顾,指出了两种范

---

① I. Parasnis, ed., *Cultural And Language Diversity And the Deaf Experience*, New York: Cambridge University Press, 1997. 聋人文化中心(the Deaf Cultural Centre: http://www.deafculturalcentre.com/)有详尽的介绍,该网站本身既是残障社群的呈现同时也在塑造着聋人文化认同。

② K. Paterson & B. Hughes, "Disability studies and phenomenology: the carnal politics of everyday life," *Disability & Society*, vol.15, no.5 (September 1999), pp.597—610.

③④ M. Priestley, *Disability: A Life Course Approach*, Cambridge: Polity, 2003.

⑤ 张万洪、高薇:《多多益善:残障权利的多学科研究》,《人权》2017年第3期。

式以及历史发展阶段,并讨论了西方残障研究的反思趋向。

在强/弱范式视角下,可以辨别出广义的残障研究中的不同范畴。例如残障的文化再现与残障文化、归因于个人的医学模式与归因于社会结构的医学模式等等。这对形成研究者的自觉具有助益。当然,以两种取向划分残障的研究有助于简化学术史,在实际的研究中两种取向时有交叉。残障研究中的两种取向在以下主题上是一致的:首先,二者都关注残障这一社会现象,是社会学研究的重要主题;其次,二者所借用的概念诸如损伤、残障、社会过程等是一致的;最后,二者的观点都构成了理解残障的不同面向。

总体上而言,早期的社会学研究主要沿着个人模式的路径,即关注因个人损伤而导致的社会弱势(Social Disadvantage),①即便强调社会环境的限制,也并不以残障为主体。林顿(Linton)同样认为,有关残障的研究,例如医学应用领域以及特殊教育的研究并不属于残障研究,而是传统的干预主义模式。②吉尔森(Gleeson)从历史唯物主义的视角指出残障研究的理论不足:流于表面的理论性、唯心主义、迷恋正常状态(Normality)、对历史重视不足,而这些不足削弱了残障研究尝试挑战社会结构对残障者压迫的努力。从研究的视角来说,主要使用诸如污名、受害者、自我实现、角色等微观理论。③因此雅各布(Jacobs)尝试连接社会学家吉登斯和心理学家马斯洛(Maslow, A.)的理论,以与残障权利运动的政治活动家(包括莎士比亚、奥利弗、巴恩斯)的著述联系起来。④

很显然,关注残障权利运动的研究已经具备了转向宏观的趋势。事实上,早在1976年,拜恩德(Bynder, H.)和牛康民(Kong-Ming New P.)就呼吁社会学家关注宏观视角,他们指出社会学中的一般概念,例如角色理论、病态角色、污名、职业、文化观念、价值规范、情境定义等反映了社会学家的使用偏好;病理学的分析则搭建了社会心理学框架。⑤社会学的分析所偏好的病态角色与越轨,而且遵循医学框架,有助于理解康复过程。在拜恩德和牛康民看来,这些还不够,社会学家应该在

① C. Barnes, G. Mercer, T. Shakespeare, *Exploring Disability: A Sociological Introduction*, Cambridge: Polity, 1999.

② S. Linton, "Disability studies/not disability studies," *Disability & Society*, vol.13, no.4 (1998), pp.525—539.

③ B. J. Gleeson, "Disability studies: A historical materialist view," *Disability & Society*, vol.12, no.2 (1997), pp.179—202.

④ P. G. Jacobs, "Potential Maximization: Toward a Micro-Sociological Approach in Disability Studies," *Disability Studies Quarterly*, vol.22, no.1 (Winter 2002), pp.59—73.

⑤ H. Bynder, and P. Kong-Ming New, "Time for a Change: From Micro-to Macro-Sociological Concepts in Disability Research," *Journal of Health and Social Behavior*, vol.17, no.1 (March 1976), pp.45—52.

制度的结构分析中做出贡献,具体来说包括:制度以及制度如何直接或间接地作用于残障、残障者的家庭以及康复领域的专业工作者等。残障研究的兴起可以说是对这一呼吁的回应。回观残障研究的历史,20 世纪 90 年代不仅宏观的视角日益丰富,而且强调残障的主体性的要求也成为题中要义。

三十多年来,社会模式的理念以及基于此理念的政治实践,极大地增进了残障与社会的理解。社会模式也愈来愈成为"政治正确"的准绳。然而如前文所述,这种基于损伤与残障二元对立的身体理论,无助于建构新的身份认同,因而作为一种立场多少有些"过时"。①残障研究者以具有政治口号功能的社会模式为基本出发点,同样值得反思,尤其是那些非残障的残障研究者。②诸如社会模式、医学模式这样的抽象概念,固然提供了残障认同的某种知识和替代选择,但具体的模式以及人群仍旧是一个经验问题。③也就是说,残障者的自我认同或者社会认同是多元的,不因为某一主导理念的出现而线性、整齐地转变。就研究方式而言,残障研究也需要更多地关注残障的经验性以及由此的实证研究。

五、对中国残障研究的启示

对我国的残障研究而言,面临学习西方残障研究成果与寻找我国残障研究传统的双重任务。④肇始于 2001 年并于 2006 年通过、2008 年生效的《残疾人权利公约》,伴随着各国实践,使残障理念与研究的全球扩散变得更为现实。然而,我国摆脱仅把残障者视为政策对象以及缺乏基础理论的残障研究可以说刚刚起步。实际上在 20 世纪 90 年代,我国已有建立残疾人社会学的讨论。⑤新近亦有一些研究尝

① T. Shakespeare and N. Watson, "The social model of disability: an outdated ideology?" in S.N. Barnartt and B.M. Altman, ed., *Exploring Theories and Expanding Methodologies: Where we are and where we need to go* (Research in Social Science and Disability, Vol.2), Bingley: Emerald Group Publishing Limited, pp.9—28.

② E. Stone and M. Priestley, "Parasites, Pawns and Partners: Disability Research and the Role of Non-Disabled Researchers," *The British Journal of Sociology*, vol.47, no.4 (December 1996), pp.699—716.

③ R. B. Darling, "Toward a model of changing disability identities: a proposed typology and research agenda," *Disability & Society*, vol.18, no.7 (December 2003), pp.881—895. R. B. Darling & D. A. Heckert, "Activism, models, identities, and opportunities: A preliminary test of a typology of disability orientations," in S. N. Barnartt, ed., *Disability as a Fluid State* (Research in Social Science and Disability, Volume 5), Bingley: Emerald Group Publishing Limited, 2010, pp.203—229.

④ 李学会:《残障观的多元范式与残障研究的转向——兼评〈残障权利研究〉与〈障碍研究〉》,《社会工作》2016 年第 3 期。

⑤ 代表性的研究例如:丁启文等编:《中国残疾人》,北京:华夏出版社,1990 年;马才华:《建立中国残疾人社会学的思考》,《江西师范大学学报(哲学社会科学版)》1990 年第 3 期;奚从清:《残疾人迁会学:对象·任务·功能》,《社会学研究》1992 年第 6 期。

试对残障研究进行综合性的介绍,[①]似乎在某种程度上也预示着在新的残障理念下社会学学科中残障研究的复兴。

回观欧美残障研究的历史,早期的涉及残障的研究也是某种理论视角在残障群体上的"应用",正如戈夫曼所言的"脚手架"。新的残障理念的出现迫使残障成为研究的核心议题和出发点,而不仅仅就是某种理论的附庸。作为一个学科建制的残障研究(或曰残障学)不过是这一过程的结果。不管在我国是否有可能建立独立的残障研究学科——这种努力涉及广泛的学术分工和已有的权力结构,对于我国的残障研究来说都需要一种新的研究基点。现有的涉及残障的社会学与社会工作研究依然主要遵循社会问题范式,相应的社会工作服务过程缺乏针对服务对象的实质理论。[②]

《公约》理念的扩散为残障者的自我认同以及残障研究提供了新的理念以及知识,这些思想资源具有"范式"意义。在实践以及研究中,《公约》俨然成为"圣经"。2008 年,我国几乎同时修订《残疾人保障法》和批准《公约》。在这十余年中,伴随着我国社会领域的变迁与发展,残障领域变得更加"热闹"。残障者及家庭、实务工作者、研究者、政策制定者成为这一场域的核心相关者,具有社群性质的共同体也逐渐出现。将历史拉长,在改革开放四十年的背景下,各个学科都在反思学科建设以及与社会发展之间的关系。这些背景与变化,都呼唤一种"新的残障研究",一种立足于中国历史、实践与文化的残障研究。

"新的残障研究"需要更具有米尔斯意义上的(社会学的)想象力。笔者作为一个年轻新进的残障研究者,近年来几乎所有研究精力专注于残障相关的实践与研究。[③]结合本文针对社会学的残障研究两种范式的历史发展,以及两种范式下的残障议题,提出四个维度的残障研究的想象力。这四个维度分别为:批判的(Critical)、比较的(Comparative)、历史的(Historical)和反思的(Reflective),可以简称为 CCHR。所谓三句话不离本行,尽管这些梳理主要基于社会学,但相信其启示并不

---

① 例如《社会》杂志 2015 年的组稿文章:星加良司:《试论残障社会模式的认识误区及其实践性陷阱》,《社会》2015 年第 6 期;杨锃:《残障者的制度与生活:从"个人模式"到"普同模式"》,《社会》2015 年第 6 期;王国羽:《障碍研究论述与社会参与:无障碍、通用设计、能力与差异》,2015 年第 6 期。这组来自东亚地区不同作者的论述某种程度上也代表对西方残障研究论述的反思。

② 社会工作的这一境况颇与 Michael Oliver 等人在 1983 年出版的《Social work with disabled people》中对英国残障社会工作的批评相类似,也即注重社会工作的方法但对残障者个人与社会境况的关注不足。该书目前已出版第 4 版(2012),1990 年该书第 1 版被翻译为中文。

③ 2014 年以来笔者正式而连贯地参与实践领域包括 2014—2016 以兼职科研员身份参与上海市虹口区特教康复指导中心工作,以及 2018 年以来以研究员身份进入深圳市守望心智障碍者家庭关爱协会工作。在残障研究领域,已发表的部分研究论文包括参见本书内容。

限于某一学科。

第一，批判的，意指对已有的、固有的观念与认识进行反思的研究，提出一种新的理解。事实上社会模式的提出以及残障研究范式的转移都是建立在批判基础上的。社会模式所批判的是将残障视为个人议题的方式，并将这种方式定义为医学模式，从而使残障研究的一对概念范畴成为现实。大约同时期，呼吁残障研究转向宏观议题的拜恩德和牛康民，同样针对的是残障研究（恰逢美国功能主义社会学盛行时期，也即本文讨论的"弱范式"时期）过度依赖社会学基本概念而缺乏中观理论的现实。某种程度上，20 世纪 80、90 年代将残障视为政治议题的奥利弗、巴恩斯等人可以视为一种思想上的回应。呼吁新的残障研究的蒂奇科斯基同样是这种思维方式的代表。与西方残疾人称谓从"失能者"（the Disabled）到以人为本的"残障者"（People with Disability）的演变类似，近年来国内关于残障研究的反思，以及某些概念的反思（例如语言上"残疾"与"残障"的使用），也是具有批判性的建构力量。但国内相对于像佐拉那样对语言使用的研究，①还需要深入的讨论。

第二，比较的。比较几乎是社会学研究中最重要的思维方式。对异质性的关注是比较思维的核心。残障研究尝试使残障成为如性别、年龄、种族和阶层等在社会分析中占据重要位置的一个维度。②在残障研究中，暗含的一种思维即是有无（是否）残障作为一种比较的维度。例如戈夫曼的污名理论，残障是一种受污名的身份，残障者发展出各种印象整饰策略以呈现日常自我。相反，非残障者却缺乏这样的经验。对于中国的残障研究而言，将残障视角与其他视角相交叉是一种可行的进路。笔者基于中国教育追踪数据比较残障学生及家庭的教育期望的研究，是这种路径的一种尝试。③在教育期望研究中，比较城乡、性别、阶层等差异的研究蔚为大观，那么残障作为一种比较维度（以及与其他维度交叉）有何发现？其他研究领域均可尝试，例如在性别研究中纳入残障，在残障研究中纳入性别。

第三，历史的，即将残障现象置于历史背景中，探讨残障现象的社会建构与演变。历史社会学撰写在国内近几年反复得到确认，除已有丰富的学科积累需要回观外，审视本土、本地的社会现象也是内在动力。在残障研究领域，学科积累薄弱，但我国有着悠久的历史，"清理国故"也不失为必要的努力。理解一个现象、概念、

---

① I. K. Zola, "Self, identity and the naming question: reflections on the language of disability," *Social science & medicine*, vol.36, no.2 (January 1993): 167—73.

② I. K. Zola, "Bringing Our Bodies and Ourselves Back In: Reflections on a Past, Present, and Future 'Medical Sociology'," *Journal of Health and Social Behavior*, vol.32, no.1 (March 1991), pp.1—16.

③ 参见李学会、董咚：《残障学生与非残障学生的家长教育期望：基于 CEPS 2014 调查数据比较分析》，《绥化学院学报》2018 年第 10 期；李学会：《社会经济地位与残障中学生的家庭教育期望：基于 CEPS 2014 的实证分析》，顾东辉主编《社会工作评论》，上海：上海人民出版社，2019 年，第 111—128 页。

理论的来龙去脉无疑有助于更深入的认识,无论是经验研究还是理论研究都具有这种品性。例如蒂奇科斯基对新旧残障研究的划分、拜恩德和牛康民对残障研究从微观转向宏观的呼吁,都是基于残障研究的历史走向。经验研究同样需要历史视角,例如芬奇(French)对英国盲人从事物理治疗的历史研究,有助于理解盲人职业选择的历史机遇与路径依赖。①

第四,反思的,包括对现有观念、研究的反思,以及研究者的自我反思。批判性的反思是推动范式转换和议题转向的基础,这深深体现在残障研究的历史中。例如佐拉呼吁"把我们的身体和我们自己带回来"(Bringing Our Bodies and Ourselves Back In),尽管是在医学社会学的议题之下,无疑也是对社会模式中的激进取向(radical social model)过度强调社会环境造成障碍的一种纠偏。国内的残障研究,尤其围绕《公约》理念、概念的使用,似乎缺乏某种反思。例如类比于西方的残障的称谓演变,以及社会模式/权利模式成为一种压迫式的主流,在我国能够很"完美"地对应出残废、残疾、残障语言使用上的流变。然而,笔者在不同场合下都指出这种对应往往是缺乏历史性反思的线性表述。例如"残废"在历史中是否具有现在意义上的歧视?如果有,那么是一种什么样的国家—社会背景的含义?例如民国时期广泛使用的残废,针对"战时的残废人"以及伤残军人的"残不废"运动无疑是一种正名的尝试,它展现的是残障者与国家命运(抗战)的关联。②在这个意义上,将"残废"作为与"残障"相比相对"落后"的代名词就需要慎重思考。

需要指出的是,以上四个维度并不是单一的(如图 2)。它既可以在某一研究中共存几种,也可以在某一维度下有其他维度。③例如芬奇对英国盲人从事物理治疗的历史研究,首先是历史性的同时也具有批判性和反思性。笔者对我国视障者高等教育政策演变的研究,既是一种历史性的也是一种反思性的分析。

<table>
<tr><td>批判的</td><td>比较的</td><td rowspan="2">比较的</td></tr>
<tr><td>历史的</td><td>反思的</td></tr>
<tr><td colspan="2">历史的</td><td>反思的</td></tr>
</table>

图 2　残障研究想象力的四个维度

以上残障研究想象力的四个维度也不失为残障研究者自我实践的路径。面对浩瀚的西方残障研究,"学习西方残障研究成果"仍然是我国残障研究者(不得

① S. French, "The Origins of Physiotherapy as a Career for Blind and Visually Impaired People in Great Britain," *Physiotherapy*, vol.79, no.11 (November 1993), pp.779—780.

② 参见笔者对这一议题将要发表的文章。

③ 这一框架逻辑受美国社会学家帕森斯 AGIL 模式的启发。

不)需要做的历史任务,但在学习中需要具备以上想象力。例如在文化研究中,针对文化再现的研究是相对易“学习”的。佐拉针对美国电视节目的内容分析、巴恩斯针对英国电视节目的分析、约翰逊针对特殊教育教科书、约翰逊和尼亚托针对特殊教育以及多元文化教科书、张恒豪和苏峰山针对台湾地区小学教科书的内容分析,①是启发笔者写作《残疾人的社会形象:对历次残疾人“全国自强模范”事迹的分析》的思想来源。国内此类研究也日渐增多,无疑有助于增加新的知识,但在(国际)比较性方面还需要加强,如此方能与西方的残障研究进行对话。

而对残障研究者而言,其出发点以及知识立场也需要加以反思。《公约》以及相应的模式是仅作为一种知识,还是研究者也认同与实践的理念,是区别残障研究与非残障研究的维度之一。近些年来,我国残障者成为活跃的社会倡导行动者,并推动了一系列社会变革。而残障研究与这一运动之间的微妙关系,也成为国内残障与社会的一个写照。残障研究者的残障认同或许也是一个需要反思的议题。②

笔者参加的 2014 年瑞典罗尔·瓦伦堡人权与人道法研究所与武汉大学公益与发展法律研究中心合办的“中国残障人权利多学科研究项目”是本人进入残障研究的起点。在大量阅读国内外的残障研究之后,有着矛盾的心理,即“面对丰富的资料和全新的视角,除了产生了‘补课’的想法和马上行动的激情之外,也多少有些失落感”。要推动中国的残障研究,更需要残障研究共同体以残障研究为志业的激情、以专业精神为指引的投入。

① 张恒豪、苏峰山:《战后台湾国小教科书中的障碍者意象分析》,《台湾社会学刊》,2009 年第 42 期,第 173 页。

② 在 2018 年笔者参加一个工作坊中,有与会者提出残障研究必须由残障者来做。如 Titchkosky 的研究,这种提法在西方同样存在。笔者参会作为少有的非/未残障者,成为具体场景中的“少数者”,这种“弱势”的反转不失为“解放研究”的讽刺。这也提示我们,想要做到知行合一,需要时刻地自我解构,也即“反思之反思”。

自闭症儿童对家庭的影响及家庭应对策略：基于文献回顾的理解框架*

摘　要：儿童诊断为自闭症是引发压力的家庭事件，其影响是持续而深远的。自闭症儿童给父母带来精神与角色压力，并进一步影响夫妻关系、亲子关系以及兄弟姐妹间关系。家庭的应对策略包括，在家庭内部，家长调整对儿童的期望以及夫妻关系、家庭分工的调整；在家庭外部，包括家长寻求社会支持、进行政策倡导或者寻求组织化的努力等。文章建构了理解自闭症儿童对家庭影响的框架，这一框架同样对社会工作实务具有启发意义。

关键词：自闭症儿童　家庭成员　应对策略　家庭压力

一、引　言

自美国医生 Leo Kanner 1943 年描述了“儿童自闭症”(Infantile Autism)现象以来，自闭症得到了医学、心理学、社会学等多个学科的关注。儿童自闭症被纳入儿童广泛性发育障碍的一种，自闭症发病率近年来有上升的趋势。①虽然我国目前尚未有确切的流行病学调查，但据估计自闭症儿童是个数量庞大的群体。②但到目前，该群体社会政策关注不足，因而研究自闭症儿童及家庭状况具有很强的现实意义。

儿童被诊断为自闭症对父母来说是一个重要的家庭事件，自闭症儿童的出现会打破现有的家庭平衡，因而对家庭(及成员)的影响是深刻而长远的。在很长的一段时间里，围绕自闭症的研究主要集中于自闭症的诊断、干预以及训练，而忽视

* 本文发表于《社会工作与管理》2018 年第 4 期。本文受香港浸会大学林思齐东西学术交流研究所驻校研究生奖学金计划(LEWI Resident Graduate Scholarship (RGS) Programme)的资助，感谢督导老师董咚博士的支持。

① 参见樊越波、揭晓锋、邹小兵：《孤独症患病率回顾》,《中国儿童保健杂志》2008 年第 4 期；李敬、程为敏主编：《透视自闭症：本土家庭实证研究与海外经验》，北京：研究出版社，2011 年。

② 参见中国精神残疾人及亲友协会编著：《中国孤独症家庭需求蓝皮书》，北京：华夏出版社，2014 年；五彩鹿儿童行为矫正中心编著：《中国自闭症教育康复行业发展状况报告》，北京：北京师范大学出版社，2015 年。

自闭症儿童以及家庭成员的社会支持、家庭应对、家庭关系等。[①]养育自闭症儿童的家庭经验的研究标志着自闭症研究从关注“病症”到“人”的转向。国内围绕自闭症儿童家庭经验的研究才刚刚起步,而社会学、社会工作类的研究更为少见。[②]本文将围绕自闭症儿童对家庭的影响以及家庭应对策略进行系统地回顾文献回顾,建构理解自闭症儿童对家庭影响的框架,这一框架同样对社会工作实务具有指导意义。

二、自闭症儿童对家庭及其成员的影响

自闭症儿童对家庭的影响,始于对自闭症儿童的诊断;由于尚未有治愈之法,自闭症者对家庭的影响持续其一生。自闭症儿童对家庭的影响,既有对家庭成员心理状态的直接影响,也有对家庭成员关系的直接或间接影响;既有对家庭资源、生活质量的影响,也有对家庭决策、家庭发展的影响。

(一) 对父母的影响:压力与乐趣并存

1. 父母身份:角色压力

自闭症儿童对父母的影响,首先是角色压力。养育一个健康、普通的儿童是每一个父母的良好愿望。然而拥有一个残障儿童,使其父母面临巨大的角色压力,并影响家庭生活质量和个人成就感。[③]相较于其他父母,成为一个“好”母亲角色需要付出更多努力。[④]Waddington 和 Buschrossnagel 的研究指出,残障儿童的各种状况直接影响母亲的角色功能,进而间接影响到母亲的心理健康。[⑤]虽然“冰箱母亲”理论早已被证明没有科学依据,但生育自闭症儿童的内疚以及病耻感仍然是影响家长心理健康的一个因素。

---

① 刘艳虹等:《自闭症研究七十年——基于国内外研究现状与前沿的可视化分析》,北京:中国轻工业出版社,2016 年。

② 李敬、程为敏主编:《透视自闭症:本土家庭实证研究与海外经验》,北京:研究出版社,2011 年。

③ 参见 P. M. Kearney and T. Griffin, “Between Joy and Sorrow: Being a Parent of a Child with Developmental Disability,” *Journal of Advanced Nursing*, vol.37 no.5(June 2001), pp.582—592. G. Landsman, “Mothers and Models of Disability,” *Journal of Medical Humanities*, vol.26, no.2/3, (September 2005), pp.121—139。

④ H. K. You & L. A. Mcgraw, “The intersection of motherhood and disability: being a ‘good’ Korean mother to an ‘imperfect’ child,” *Journal of Comparative Family Studies*, vol.42, no.4(January 2011), pp.579—598.

⑤ S. R. Waddington & N. A. Buschrossnagel, The influence of a child's disability on mother's role functioning and psychological well-being, *Genet Soc Gen Psychol Monogr*, vol.118, no.3 (August 1992), pp.293—311.

此外,自闭症儿童父母还要面临角色之间的冲突,主要表现在工作—家庭之间的平衡。①Boyd 等人回顾围绕拥有自闭症儿童的职业家庭研究发现,可以确认的该类家庭的日常生活所具有的共性包括:需要与困难之间的张力,家庭日常生活与健康的联系,围绕自闭症儿童的社会参与,日常生活所面临的挑战,充满困难的日常工作,家庭连接的意义,家庭适应。②而自闭症儿童的出现,将会影响家长的职业生涯发展与家庭照顾安排。

2. 应对儿童问题行为:养育压力

面对儿童的特殊行为而学习养育技巧(尤其处理自闭症儿童的突发行为)时家长养育压力的主要来源。有研究发现,自闭症儿童的行为、养育、照顾、诊疗等都是带来压力的源头。智力障碍儿童的母亲远比典型发育(Typically Developing)儿童的压力大,而其中自闭症儿童母亲感受到的压力最大。③面对养育压力,家长的应对以及效果有所差异。Isenhour 通过对 6 位自闭症儿子的父亲的研究发现,每位父亲都报告了与其自闭症儿子之间的积极关系,而这种积极关系与这些父亲与其自己的父亲之间的积极观念及关系相关。④不过也有研究表明,除了抚养残障儿童需要面对更多困难外,在多数方面与抚养非残障儿童的家庭是相似的。⑤

在目前的社会福利制度下,残障儿童及其家庭得到的福利服务和经济支持非常有限。⑥只有少数的家庭会向政府相关部门反映困难或表达需求,为了照顾残障儿童,多数家庭不得不放弃个人时间,甚至有家庭成员退出劳动力市场,而且要承受因此而带来的对家庭稳定(婚姻状态)的影响。⑦

---

① N. E. Taylor, .S. M. Wall, H. Liebow, C. A. Sabatino, E. M. Timberlake & M. Z. Farber, "Mother and Soldier: Raising a Child with a Disability in a Low-Income Military Family," *Exceptional Children*, vol.71, no.1(Fall 2005), pp.83—99.

② B. A. Boyd, C. H. Mccarty & C. Sethi, "Families of children with autism: a synthesis of family routines literature," *Journal of Occupational Science*, vol.21, no.3(July 2014), pp.322—333.

③ A. S. Eisenhower, B. L., Baker, & J. Blacher, "Preschool children with intellectual disability: syndrome specificity, behaviour problems, and maternal well-being," Journal of Intellectual Disability Research, vol.49, no.9(October 2005), pp.657—71.

④ J. A. Isenhour, *Experiences and perceptions of fatherhood among fathers with sons who have autism spectrum disorders*, Appalachian State University, 2010.

⑤ D. Pelchat, H. Lefebvre & M. Perreault, "Differences and similarities between mothers' and fathers' experiences of parenting a child with a disability," Journal of child health care, vol.7, no.4(January 2003), pp.231—247.

⑥ 尚晓援:《中国残疾儿童家庭经验研究》,北京:社会科学文献出版社,2013 年,第 13—37 页。

⑦ 中国精神残疾人及亲友协会编著:《中国孤独症家庭需求蓝皮书》,北京:华夏出版社,2014 年,第 44—47 页。

3. 家庭困难与社会排斥:精神压力

以上两种压力主要是在家庭内部,自闭症儿童对家长角色的直接影响。但就自闭症儿童对家庭的影响以及社会状况而言,潜在的社会排斥与政策不足使家庭面临经济困难和社会排斥。中国残障儿童主要依靠家庭抚养和支持,家庭需要负责起残障儿童的医疗康复、教育及发展等工作,①而在残障儿童的家庭中,母亲扮演极为重要的角色,除了提供家庭照料,还有可能为此放弃或者失去工作的机会并面临极大的压力。中国精神残疾人及亲友协会针对中国孤独症家庭需求所作的调查表明,母亲是孤独症孩子的主要照料者(76.3%),而且为了照顾特殊儿童,52.4%的家庭有一人放弃工作,且主要是特殊儿童的母亲放弃工作(90.2%)。②除此之外,照顾特殊儿童还挤占了其父母个人的休闲与学习时间,相较于拥有普通儿童的母亲,儿童患有精神障碍的母亲面临更多的心理健康问题。③

大多数研究都指出了残障儿童父母面临更大的压力,自闭症儿童会给家庭的社会生活带来负面影响,④那么新诊断为某种残障的父母其养育压力受哪些因素影响?Davis 和 Carter 针对新诊断为自闭症的幼儿(平均年龄 26.9 个月)父母的研究发现,儿童的社会性发育迟滞或不足显著影响父母整体的养育压力,亲子关系问题以及父母的忧虑;另外,儿童的监管问题给母亲带来压力,而外化行为与父亲的压力相关;认知功能、沟通障碍和非典型行为与养育压力之间的关系并不显著。最后 Davis 和 Carter 指出,要确认自闭症儿童的父母养育经验的差异,还需要对父母的压力进行临床评估。⑤Moes 等人基于压力清单比较了养育自闭症儿童母亲和父亲的压力,研究发现母亲们在每一个清单上都比父亲表现出更大的压力。⑥这说明,父母在面对自闭症儿童时随着时间的增长而有所变化,其心理压力、社会行为等都有所差异。

(二) 自闭症儿童与其兄弟姐妹的互动

现有的研究主要关注了自闭症儿童对家庭的影响,但多是从父母的视角,缺少

① 尚晓援:《中国残疾儿童家庭经验研究》,北京:社会科学文献出版社,2013 年。

② 同上书,第 17—19 页。

③ 中国精神残疾人及亲友协会编著:《中国孤独症家庭需求蓝皮书》,北京:华夏出版社,2014 年,第 43 页。

④ J. A. Isenhour, *Experiences and perceptions of fatherhood among fathers with sons who have autism spectrum disorders*, Appalachian State University, 2010.

⑤ N. O. Davis & A. S. Carter, "Parenting stress in mothers and fathers of toddlers with autism spectrum disorders: associations with child characteristics," *Journal of Autism & Developmental Disorders*, vol.38, no.7(March 2008), pp.1278—1291.

⑥ D. Moes, R. L. Koegel, L. Schreibman & L. M. Loos, "Stress profiles for mothers and fathers of children with autism," *Psychological Reports*, vol.71, no.(3, Pt. 2) (December 1992), pp.1272—1274.

自闭症儿童兄弟姐妹的视角。Latta 等人利用照片启发(Photo Elicitation)的技术对 13 名自闭症儿童的 14 个兄弟姐妹(9 个女性)进行了质性描述。①研究者要求参与者对日常生活拍照,选出对他们最重要的照片,分析了自闭症儿童与其兄弟姐妹之间的互动,这些信息为制定针对自闭症儿童的兄弟姐妹的干预计划提供了知识基础。那么自闭症儿童对非残障兄弟姐妹的影响如何? Macks 和 Reeve 比较了自闭症儿童和非残障儿童与其兄弟姐妹的社会心理和情绪调适,研究发现,人口风险因素(Demographic Risk Factors)比较低时,自闭症儿童会增强其非残障兄弟姐妹的社会心理和情感发展;然而随着人口风险因素的增加,自闭症儿童似乎对其非残障兄弟姐妹们有越来越不利的影响。②由此可见,自闭症儿童对其兄弟姐妹的影响并不具有单一的影响,还取决于家庭环境以及养育过程。

如果说以上研究关注的是自闭症儿童对其兄弟姐妹的影响,那么理解自闭症儿童与其兄弟姐妹之间的关系,还需要从自闭症儿童的角度认识其兄弟姐妹。以往的社会观念认为自闭症儿童会影响非典型的手足互动(Atypical Sibling Interactions), Petalas 等人的研究发现自闭症儿童与其手足之间的互动也是典型的手足互动,那种自闭症家庭非典型互动的假设需要重新评估。③可见,自闭症儿童对家庭及成员的影响并不是千篇一律的,也不是仅仅会带来的消极的影响。

三、自闭症儿童的家庭照顾与应对策略

遭遇自闭症孩子之后,父母的表现可以归为两种类型,一种是关注家庭生活系统中的(实际的与期望的)角色,一种是关注自闭症儿童所带来的正常化与污名化(normalization and stigmatization)问题。④Fishwick 回顾了研究母亲经验的文献,面对残障儿童时面临两种风险因素:经验与挑战,两种保护性因素:应对与支持策略。⑤可

---

① A. Latta, T. Rampton, et al., "Snapshots reflecting the lives of siblings of children with autism spectrum disorders," *Child Care Health & Development*, vol.40, no.4(August 2013), pp.515—524.

② R. J. Macks & R. E. Reeve, "The adjustment of non-disabled siblings of children with autism," *Journal of Autism & Developmental Disorders*, vol.37, no.6(August 2007), pp.1060—1067.

③ M. A. Petalas, R. P. Hastings, S., Nash, T., Lloyd, & A. Dowey, "Emotional and behavioral adjustment in siblings of children with intellectual disability with and without autism," *Autism*, vol.13, no.5 (September 2009), pp.471—83.

④ D. Pelchat, H. Lefebvre & M. Perreault, "Differences and similarities between mothers' and fathers' experiences of parenting a child with a disability," Journal of child health care, vol.7, no.4(January 2003), pp.231—247.

⑤ V. R. Fishwick, *A literature review into parents' experiences of raising a child with a disability, and research exploring mothers' experiences of receiving a diagnosis of monosomy deletion syndrome for their child*, University of Birmingham, 2009.

以看出,自闭症儿童的到来将会对家庭内部以及家庭之外的社会行为产生深远影响,另外父母的应对受个人的特质以及家庭所拥有的社会资源影响。

(一) 父母的残障认知与学习:调整期望

可以说诊断为自闭症就是家长面临诸多压力的开始,也是家长寻求应对之策的开始。自闭症发病约为 3 岁,但在此前就会表现出某型症状。从儿童表现出某些异常到最终确诊为自闭症往往有一段时间间隔),①目前共识性的认识是对自闭症的干预越早越好,可见自闭症儿童的干预有不同程度的"延误"。一种解释是自闭症从出现症状到确诊需要一个过程;另一种解释是父母所持有的观念的影响,父母的否认或者认识不足影响及时就诊,且受社会文化的制约(例如自闭症常伴有的语言发育迟缓被解释为"贵人语迟",父母担心自闭症受到社会歧视等)。而目前诊断自闭症儿童机构或医疗方法不正确的效果许诺遭遇父母确定病症或寻求治愈的愿望发生碰撞,也往往会延迟自闭症儿童的早期疗育,这进一步加剧父母的压力。

然而,父母对残障的认识在其中扮演什么样的角色?养育正常儿童(Normal Children)并对他们的未来充满期待,是所有父母的愿望。然而确诊某种残障往往是家庭创伤事件,②并对家庭成员的生活、情绪以及行为产生深远影响。Landsman 针对母亲与残障模式动态关系的研究,访谈了 60 位美国残障儿童的母亲,约三分之一的受访者间隔一年后再次访谈宁纳入残障经验以进行前后对比。Landsman 的研究发现,确诊之初母亲的残障观念多倾向于医学模式,但随着养育经验的增加也会和医生协商儿童的病症并改变对残障的看法,进而向社会模式转变。③

那么确诊早期的父母为何表现差异?以社会支持为核心的抗逆力研究,围绕家长的心理特征以及社会支持资源指出,父母能否采取适当的应对策略取决于他们的抗逆力高低。但受制于研究方法,此类研究很难区分出遭遇残障儿童前后的家庭抗逆力,也就很难识别出创伤事件本身对抗逆力的影响。已有研究指出,父母对母职或父职的理解影响父母对孩子的接纳。④也就是说,父母角色的理解是影响

① 参见陈瑜、裴涛、张宁:《自闭症谱系障碍患儿父母的复原力与心理健康》,《中国特殊教育》2015 年第 2 期;深圳市自闭症研究会主编:《中国自闭症人士服务现状调查(华南地区)》,北京:华夏出版社,2013 年。

② T. O'Connell, M., O'Halloran & O. Doody, "Raising a child with disability and dealing with life events: a mother's journey," *Journal of Intellectual Disabilities*, vol.17, no.4 (October 2013), pp.376—386.

③ G. Landsman, "Mothers and Models of Disability," *Journal of Medical Humanities*, vol.26, no.2/3(February 2005), pp.121—139.

④ 参见 H. K. You & L. A. Mcgraw, "The intersection of motherhood and disability: being a 'good' Korean mother to an 'imperfect' child," *Journal of Comparative Family Studies* (January 2011), vol.42, no.4, pp.579—598. J. A. Isenhour, *Experiences and perceptions of fatherhood among fathers with sons who have autism spectrum disorders*, Appalachian State University, 2010。

家庭应对策略的前置因素。

Isenhour 指出父亲对未来的关注在不同年龄段的自闭症儿童上表现差异,而且自闭症儿童对家庭社会生活的影响也有差异。这提示我们,自闭症儿童的父母对其自闭症子女的期望是随着自闭症儿童的年龄以及行为的变化而变化的。①父母从遭遇自闭症儿童到接纳需要一个过程,而这个过程也是家长重新认识自己孩子的过程。调整对儿童的期望包括对残障儿童与正常儿童期望差异的调整以及确诊自闭症后不同阶段的调整。一些家长的心理变化过程可以提供参照。②能够及时调整对儿童的期望可以减轻遭遇家庭事件的压力,在确诊之后父母对自闭症儿童康复状况期望的调整,也可减少儿童行为表现对父母负面的影响。

(二) 自闭症儿童的照顾:家庭内部分工

目前的大量研究表明,特殊儿童的教育、生活照顾主要由母亲承担,国内外的研究发现均呈现此特点。③在照顾特殊儿童方面,付出巨大的时间与精力,甚至需要一方退出劳动力市场,通常是儿童的母亲。④这并不意味着父亲在应对自闭症儿童的影响问题上缺失,实际上多数父亲广泛参与儿童教养,而且与其子女保持积极的亲子关系。⑤ 在实际中,也的确是有的自闭症儿童的父亲主要承担起了日常照顾。

那么为什么在家庭照顾上呈现出如此的性别差异?在家庭照料分工上性别差异除了受文化上因素的影响外(这一点也体现在非残障儿童的家庭),还可能受自闭症儿童父母在家庭照顾关注点以及期望的差异的影响。Pelchat 等人比较自闭症儿童的父母在育儿经验的不同时指出,父亲期望与外部世界相适应,儿童的日常照料并不是他们首要的任务;母亲则不苛求,他们的期望更多聚焦于自身。⑥

---

①⑤ J. A. Isenhour, *Experiences and perceptions of fatherhood among fathers with sons who have autism spectrum disorders*, Appalachian State University, 2010.

② 年华:《星星点灯:一位自闭症孩子母亲的心灵独白》,上海:上海锦绣文章出版社,2013 年。

③ 李敬、程为敏主编:《透视自闭症:本土家庭实证研究与海外经验》,北京:研究出版社,2011 年;D. Pelchat, H. Lefebvre & M. Perreault, "Differences and similarities between mothers' and fathers' experiences of parenting a child with a disability", Journal of child health care, vol.7, no.4(January 2003), pp.231—247. N. O. Davis & A. S. Carter, "Parenting stress in mothers and fathers of toddlers with autism spectrum disorders: associations with child characteristics". *Journal of Autism & Developmental Disorders*, vol.38, no.7(March 2008), pp.1278—1291。

④ 中国精神残疾人及亲友协会编著:《中国孤独症家庭需求蓝皮书》,北京:华夏出版社,2014 年。

⑥ D. Pelchat, H. Lefebvre & M. Perreault, "Differences and similarities between mothers' and fathers' experiences of parenting a child with a disability", Journal of child health care, vol.7, no.4(January 2003), pp.231—247.

由于目前国家在对自闭症儿童家庭的支持尚不足,因此应对自闭症儿童对家庭的影响就主要由家庭承担。如前所述,遭遇自闭症儿童时候,近半数的家庭需要调整照顾家庭的分工安排上,也就是说约有半数家庭需要一个正在工作的劳动力回到家中,而且多数是母亲。这种影响还受市场(能否请保姆或者送到康复机构)以及扩展家庭的影响。自闭症儿童家庭的经济负担以及自闭症儿童照顾的特殊性,决定了家庭采用市场的方式并不普遍。而扩展家庭常常是一个有价值的资源支持来源,自闭症儿童的祖父母(Grandparents)也有助于减轻家庭的负担并提供一些儿童照顾经验。①而事实上,祖辈也常常最先发现孩童的异常行为。在我们此前的调研中,亦发现有部分残障儿童由其祖辈老人抚养,关于祖辈与自闭症儿童以及对家庭的支持还需要进一步的考察。

(三) 寻求社会支持:家庭互助、开办机构与政策倡导

如前所述,我国自闭症家长的组织化时间并不长,那么获得同类家长的支持以及进行政策倡导是家长主要的行动方向。实际上,家长也的确是这样做了。针对华南地区自闭症者家长的调查发现,在家长接纳孩子并积极寻求治疗和康复训练之前,往往经历一段思想变化。而联系有共同经历的家长互相勉励以及受成功案例的鼓舞都是促进家长实现对自闭症孩子转变的有利力量。②家庭互助的非正式组织促进了正式组织的出现。鉴于我国对自闭症的认识时间比较短,康复训练机构远不能满足需求,家长成为创办机构的重要构成力量。针对华南地区自闭症服务机构的调查表明,超过一半的机构(n=34)其创始人子女患有自闭症。③很显然,这些机构在满足自闭症儿童的康复训练以及提供针对家长的培训做出了巨大贡献。它使自闭症者家长的共同行动也成为可能。

除此之外,自闭症者的亲友也试图通过倡导影响国家政策。如前所述,我国的自闭症者亲友已经在政策倡导方面做出一些努力并取得一些成绩,目前一些省市出台的自闭症康复补贴/康复救助政策离不开政策倡导的推动。其他国家或地区的经验表明,残障群体及其组织是政策制定以及实施的重要一环。④相信我国的残

---

①② 参见 J. Hillman, "Grandparents of children with autism: a review with recommendations for education, practice, and policy", *Educational Gerontology*, vol.33, no.6 (January 2007), pp.513—527. J. Krumins, *Autism and the grandparent connection: Practical ways to understand and help your grandchild with autism spectrum disorder*, Peterborough: Autism Aspirations, 2010。

深圳市自闭症研究会主编:《中国自闭症人士服务现状调查(华南地区)》,北京:华夏出版社,2013 年,第 14—15 页。

③ 深圳市自闭症研究会主编:《中国自闭症人士服务现状调查(华南地区)》,北京:华夏出版社,2013 年,第 20 页。

④ 张恒豪:《障碍者权利运动的策略与组织变迁:提供服务作为社会运动的手段?》,何明修、林秀幸编:《社会运动的年代:晚近二十年来的台湾行动主义》,台北:群学,2011 年。

障群体(自闭症亲友组织)将要发挥更大的作用。然而,还需要进一步研究的是,为何有的家长采取社会政策行动,而有的却没有?家长采取社会政策倡导行动需要哪些条件,他们所持有的残障观念有何影响?

四、理解自闭症儿童对家庭影响的一个框架

通过以上文献回顾可以发现,自闭症儿童对家庭、家庭成员的影响是多元的。围绕自闭症儿童对家庭社会心理的影响的研究,主要在自闭症儿童对父母压力的影响,进而直接影响照料提供者以及家庭成员的动态影响;具体的主题包括父母压力、功能性交际(Functional Communication)、父母压力分组比较、家庭互动、应对策略、复原力(Resilience)、心理治疗、自闭症的识别以及早期疗育。①基于现有的研究,笔者从家庭内和家庭外两个维度,对自闭症儿童的影响以及家庭具体的应对策略加以归类,建构了理解影响、后果以及路径的模型(表1)。

表1 自闭症儿童对家庭的影响以及路径模型

压力源出现	关系类型	内　容	应对策略	潜在后果
儿童诊断为自闭症	夫妻关系 亲子关系 兄弟姐妹间关系 家庭关系 社会关系	精神压力 角色压力 金钱压力	调整认知 技能、角色学习 家庭内分工 寻求正式/非正式支持 社会倡导 逃避与冲突	适应性平衡 家庭危机

家庭是一个完整的生态系统。②儿童诊断为自闭症是引发压力的家庭事件,其影响是持续而深远的。自闭症儿童的影响,就关系而言,在家庭内包括夫妻关系、亲子关系、兄弟姐妹间关系、家庭关系,在家庭外包括社会关系;就影响的内容而言,包括家庭内部成员的精神压力和角色压力以及家庭层面的金钱压力。而家庭应对策略方面,在家庭内部,包括家长调整对儿童的期望以及夫妻关系、家庭分工的调整;在家庭外部,包括家长寻求社会支持、进行政策倡导或者寻求组织化的努力等。当然。在家庭应对方面,也有家庭(成员)表出消极的逃避与冲突。自闭症

① M. Fávero, M. Santos, "Infantile autism and familiar stress: a systematic review of literature", *Psicologia: Reflexao e Critica*, vol.18, no.3(September 2005), pp.358—369.

② N. Darling, "Ecological Systems Theory: The Person in the Center of the Circles", *Research in Human Development*, vol.4, no.3/4(November 2007), pp.203—217.

儿童对家庭长远的影响,同样取决于家长的应对策略,一种结果是家庭进入适应性平衡,家庭成员、家庭关系协调发展;一种结果是出现家庭危机,例如家庭解体、生活质量下降等。

五、小 结

总体上来说,养育自闭症儿童的家庭群像还是模糊的。现有围绕自闭症儿童的养育经验的研究对象主要为母亲,研究了母亲的压力、母职以及应对等等。Landsman指出父亲的视角对理解自闭症儿童给家庭带来的影响同样必不可少。①不过,专门针对自闭症儿童父亲的研究一直较少。现有围绕自闭症家庭经验的研究主要为依托访谈、观察等收集资料的小样本的质性研究方法,例如扎根理论、现象学分析等,也有人类学的研究做出探索。目前围绕自闭症家庭经验的实证研究主要是现实问题导向的,多数的研究并没有借助于某种宏观理论。

自闭症儿童给家庭带来了多种压力,家长也会在养育过程中学习、获取知识和支持、发展多元应对策略以适应这一家庭事件。然而,哪些因素影响了家长的策略选择? 进一步地,为何拥有自闭症儿童的家庭选择了不同的应对策略? 这些问题仍然需要更细致的研究。另外,从研究单位上来说,这些围绕自闭症家庭经验的研究多数并没有以父母双方为对象,主要是父母一方个人层面的经验,即围绕母亲的研究或围绕父亲的研究。今后的研究仍有待突破,以为政策制定、实务干预提供智识支持。

---

① G. Landsman, "Mothers and Models of Disability", *Journal of Medical Humanities*, vol. 26, no.2/3(February 2005), pp.121—139.

社会支持对自闭症子女家长生活质量的影响
——基于509位家长的实证分析*

摘　要：面对自闭症子女对家庭带来的压力，社会支持是缓解家长压力、形成应对策略、提高生活质量的重要因素。基于对509位养育自闭症子女的家长的调查，研究发现，家长所获得的社会支持不足，来自政府、机构、学校等正式社会支持匮乏，来自家庭成员、社会关系的非正式支持是主要的支持来源。正式支持对家长生活质量的影响有限，而情感性的非正式支持显著提升家长的生活质量。应对自闭症子女所带来的压力，政策以及社会服务机构应重视家庭功能以及抗逆力的建设。

关键词：社会支持　生活质量　自闭症子女

一、问题的提出

相较于其他家长，养育自闭症子女的家长普遍面临更大的压力。①自闭症子女的到来降低了家长的自尊与自我效能感，②而自闭症子女的一般、特殊需要以及结构化的照料需求③迫使家长学习新的技能、调整生活方式进而产生经济、精神上的压力。自闭症子女的问题行为是家长养育压力的来源，并进一步影响家长的生活质量。④国

---

* 原文发表于《人口与社会》2018年第5期。

① M. Lu, G. Yang, E. Skora, G. Wang, Y. Cai, Q. Sun Q, W. Li, "Self-esteem, social support, and life satisfaction in Chinese parents of children with autism spectrum disorder", *Research in Autism Spectrum Disorders*, vol.17(September 2015), pp.70—77.

② K. K. S. Chan, C. B. Lam, N. C. W. Law, R. Y. M. Cheung, "From child autistic symptoms to parental affective symptoms: A family process model", *Research in developmental disabilities*, vol.75(April 2018), pp.22—31.

③ R. Obeid, N. Daou, "The effects of coping style, social support, and behavioral problems on the well-being of mothers of children with Autism Spectrum Disorders in Lebanon", *Research in Autism Spectrum Disorders*, vol.10(February 2015), pp.59—70.

④ 参见R. Obeid, N. Daou, "The effects of coping style, social support, and behavioral problems on the well-being of mothers of children with Autism Spectrum Disorders in Lebanon", *Research in Autism Spectrum Disorders*, vol.10(February 2015), pp.59—70. P. W. Glass, *Autism and the family: A qualitative perspective*, Virginia: Virginia Polytechnic Institute and State University, 2001. J. Leserman, J. M. Petitto, R. N. Golden, et al., "Impact of stressful life events, depression, social support, coping, and cortisol on progression to AIDS", *The American Journal of Psychiatry*, vol.157, no.8(August 2000), pp.1221—1228。

内已有的针对家长的调查发现,多数家长表示在养育自闭症子女过程中生活质量有所下降。①

已有大量研究指出,社会支持对养育自闭症子女的家长至关重要,社会支持有助于缓解家长的亲职压力并提高其生活质量。②社会支持是指"给予他人、特别是对个人的援助和保护"。③根据社会支持来自组织还是个人,社会支持分为正式的和非正式的社会支持,其中正式社会支持主要来自政府有关部门、非政府组织、就职单位以及专业性服务机构,即由社会保障和福利制度所赋予或由各种社会组织及其专业人员所提供的救助或服务;非正式社会支持即由亲戚、同学、同事、同行、朋友等出于亲情、友情、责任或互惠而给予的援手。④Cutrona 和 Rusell 把社会支持分为工具性和情感性两种,并指出社会支持是多维度的,而且当个人所需要的支持与社会支持提供者提供的支持一致时是最有效的支持。⑤

面对自闭症子女对家庭带来的压力,社会支持是缓解家长压力、形成应对策略、提高生活质量的重要因素。⑥Boyd 基于公开发表的文献批判性地回顾了自闭症

---

① 参见深圳市自闭症研究会主编:《中国自闭症人士服务现状调查(华南地区)》,北京:华夏出版社,2013 年;顺德区自闭症子女情况调研课题组编著:《佛山市顺德区自闭症子女情况调研课题》,北京:华夏出版社,2015 年,第 21 页;中国精神残疾人及亲友协会编著:《中国孤独症家庭需求蓝皮书》,北京:华夏出版社,2014 年,第 47 页。

② 参见关文军、颜廷睿、邓猛:《残疾儿童家长亲职压力的特点及其与生活质量的关系:社会支持的中介作用》,《心理发展与教育》2015 年第 4 期;徐安琪、张亮:《转型期家庭压力特征和社会网络资源的运用》,《社会科学研究》2008 年第 2 期;R. Obeid, N. Daou, "The effects of coping style, social support, and behavioral problems on the well-being of mothers of children with Autism Spectrum Disorders in Lebanon", *Research in Autism Spectrum Disorders*, vol.10(February 2015), pp.59—70. S. Cohen, G. MCKay, "Social Support, Stress and the Buffering Hypothesis: A Theoretical Analysis", in A. Baum, J.E. Singer, eds., *Handbook of Psychology and Health*, New Jersey: Lawrence Erlbaum, 1984, pp.253—267. C. E. Cutrona, D. W. Russell, "Type of social support and specific stress: Toward a theory of optimal matching", in B. R. Sarason, I. G. Sarason, G. R. Pierce, eds., *Social support: An interactional view*. Oxford, England: John Wiley & Sons, 1990, pp.319—366。

③ S. Cohen, G. MCKay, "Social Support, Stress and the Buffering Hypothesis: A Theoretical Analysis", in A. Baum, J.E. Singer, eds., *Handbook of Psychology and Health*, New Jersey: Lawrence Erlbaum, 1984, pp.253—267.

④ 徐安琪、张亮:《转型期家庭压力特征和社会网络资源的运用》,《社会科学研究》2008 年第 2 期。

⑤ C. E. Cutrona, D. W. Russell, "Type of social support and specific stress: Toward a theory of optimal matching", in B. R. Sarason, I. G. Sarason, G. R. Pierce, eds., *Social support: An interactional view*. Oxford, England: John Wiley & Sons, 1990, pp.319—366.

⑥ A. Zaidman-Zait, P. Mirenda, E. Duku, et al., "Impact of personal and social resources on parenting stress in mothers of children with autism spectrum disorder", *Autism*, vol.21, no.2(February 2017), pp.155—166. T. A. Moh, I. Magiati, "Factors associated with parental stress and satisfaction during the process of diagnosis of children with autism spectrum disorders", *Research in autism spectrum disorders*, vol.6, no.1(January—March 2012), pp.293—303. A. Mcgirrr, M. Cusimano, "Social support in normal (转下页)

子女母亲的压力与社会支持匮乏之间的关系，指出缺乏社会支持是导致父母养育压力的一个因素。①秦秀群等人指出自闭症子女父母的社会支持总分、客观支持和主观支持维度得分均显著低于正常发育儿童的父母。②Feeney 和 Collins 更进一步揭示了社会支持影响生活质量的机制，充足的社会支持有助于形成良性的照料关系，亲密的照料关系可以影响家长成功地应对生活逆境以及积极追求成长和发展的生命机遇。③我国目前尚未有完备的社会保障政策体系，养育自闭症子女的家长所获得的正式支持有限，而更依赖家庭内部以及社会关系的支持。④

与国外相比，国内对养育自闭症子女的家长的研究关注不足。⑤现有的研究呈现如下三个特点：一是家庭社会支持的内容与来源并没有得到细分，正式支持与非正式支持一起构成了家庭获得的社会支持资源，但两种社会支持的作用有所差异，在分析社会支持对生活质量的影响时应予以独立分析；二是在研究对象方面，以自闭症者的母亲为主，少有涵盖父亲的研究，但以自闭症者父亲为对象的研究同样重要；⑥三是以小样本研究为主，样本量超过 200 的研究少。⑦本文以 509 位自闭症者家长的调查数据，分析家长社会支持的结构与内容，以及社会支持与生活质量的关系。了解自闭症者家长的社会支持结构与内容，有助于理解自闭症家庭的应对以及生活质量的影响因素，也有助于社会服务机构提供有针对性的专业服务。

（接上页）pressure hydrocephalus: unmet tangible social support", Canadian journal of neurological sciences, vol.40, no.1(January 2013), pp.94—96. P. Norton & C. Drew, "Autism and potential family stressors", *American journal of family therapy*, vol.22, no.1(March 1994), pp.67—76.

① B. A. Boyd, "Examining the Relationship BetWeen Stress and Lack of Social Support in Mothers of Children With Autism", *Focus on autism & other developmental disabilities*, vol. 17, no. 4 (November 2002), pp.208—215.

② 秦秀群、彭碧秀、陈华丽：《孤独症儿童父母的社会支持调查研究》，《护理研究》2009 年第 19 期。

③ B. C. Feeney & N. L. Collins, "A New Look at Social Support: A Theoretical Perspective on Thriving through Relationships", *Personality and Social Psychology Review*, vol. 19, no. 2 (May 2015), pp. 113—147.

④ 参见深圳市自闭症研究会主编：《中国自闭症人士服务现状调查（华南地区）》，北京：华夏出版社，2013 年；顺德区自闭症子女情况调研课题组编著：《佛山市顺德区自闭症子女情况调研课题》，北京：华夏出版社，2015 年；中国精神残疾人及亲友协会编著：《中国孤独症家庭需求蓝皮书》，北京：华夏出版社，2014 年。

⑤ 刘艳虹等：《自闭症研究七十年——基于国内外研究现状与前沿的可视化分析》，北京：中国轻工业出版社，2016 年，第 187—197 页。

⑥ G. Landsman, "Mothers and Models of Disability", *Journal of Medical Humanities*, vol.26, no.2/3(February 2005), pp.121—139.

⑦ 班永飞、孙霁：《自闭症子女父母的社会支持与亲职压力：身份、收入的效应分析》，《中国特殊教育》2017 年第 1 期。

二、研究方法

(一) 研究对象

2017年10月—2018年2月,笔者通过自闭症康复机构以及家长组织在南京、上海、深圳等地共收集了509份家长问卷。509位家长中,父亲为97人(19.1%),母亲412人(80.9%);初婚占比90.6%,其他(再婚、离异、丧偶)占比9.4%。受访者受教育程度多数为大学本科,占比33.2%;其次是大专,占比27.3%;再次是高中,占比20.0%。从目前的工作状态看,46.2%受访者目前未在工作。自闭症子女的性别中,男性有447人,占比87.8%;女性占比12.2%。受访家庭中,有63.5%的家庭自闭症子女是独生子女。33.4%的家庭有2个孩子,少量家庭中有3个或以上孩子。81.3%的自闭症子女为城镇户口,18.7%的儿童为农村户口。调查的自闭症者,年龄分布最多的为3—6岁,有146人,6—9岁的儿童有124人,二者合计占比53.1%;9—18岁的自闭症子女有130人。有11个(2.2%)受访家庭的子女超过了18岁,其中年龄最大的为28岁。

(二) 测量工具

1. 社会支持量表

有研究指出,社会支持类型与特定的压力之间存在动态的选择性匹配。①通常而言,诸如信息、金钱等实质性的支持影响压力应对的策略选择,而诸如陪伴、鼓励等情感性支持则可以显著缓解面对压力的紧张状态。自闭症子女给家长带来持久而深远的影响,家庭的应对策略也是多元而动态的。②因此,有必要细分家长所获的社会支持资源。常用的一般社会支持测量并未详尽区分社会支持来源与内容,③因此依据现有的研究,④编制了适用于本研究的社会支持量表。

---

① C. E. Cutrona, D. W. Russell, "Type of social support and specific stress: Toward a theory of optimal matching", in B. R. Sarason, I. G. Sarason, G. R. Pierce, eds., *Social support: An interactional view*. Oxford, England: John Wiley & Sons, 1990, pp.319—366.

② 李学会:《自闭症儿童对家庭的影响及家庭应对策略:基于文献回顾的理解框架》,《社会工作与管理》2018年第4期,第34—39页。

③ 关文军、颜廷睿、邓猛:《残疾儿童家长亲职压力的特点及其与生活质量的关系:社会支持的中介作用》,《心理发展与教育》2015年第4期;秦秀群、彭碧秀、陈华丽:《孤独症儿童父母的社会支持调查研究》,《护理研究》2009年第19期。

④ S. Cohen, G. MCKay, "Social Support, Stress and the Buffering Hypothesis: A Theoretical Analysis", in A. Baum, J.E. Singer, eds., *Handbook of Psychology and Health*, New Jersey: Lawrence Erlbaum, 1984, pp.253—267. C. E. Cutrona, D. W. Russell, "Type of social support and specific stress: Toward a theory of optimal matching", in B. R. Sarason, I. G. Sarason, G. R. Pierce, eds., *Social* (转下页)

该量表测量了实际获得的社会支持，从来源上划分为非正式社会支持与正式社会支持，从内容上包括工具性、情感性、信息性社会支持三个维度。社会支持量表的信度检验表明各个维度均有良好的信度。正式社会支持与非正式支持中的信息性支持与情感性支持均超过了 0.9，而工具性支持分量表的克隆巴赫系数在正式支持中为 0.754，非正式支持中的工具性支持克隆巴赫系数为 0.859，虽然小于其他维度但量表的信度也足够说明适合分析。在统计分析时，社会支持量表转化为[0—100]的取值，数值越大表示社会支持越多。

2. 生活质量量表

本研究测量家长生活质量的工具使用的是世界卫生组织生存质量测定简表(WHOQOL-BREF)中文版，该量表包括总体生活质量和四个领域的具体维度。世界卫生组织将生活质量定义为“个人在他们所处的文化和价值体系背景下对自己在生活中地位的感知”。①生活质量是一个广泛的概念，受人的身体健康、心理状态、个人信念、社会关系以及他们与环境互动关系的影响。该量表在不同的文化背景下具有很高的适用性。②

量表根据其结构计算相应的取值，为了克服不同维度因为题项的数目差异而造成的取值范围的不一致，遵照世界卫生组织所给出的使用规则，首先将各个维度的方向一致化处理后再将各个维度转化为取值范围为[0—100]的数值，其含义是数值越大表示该维度的生活质量越高。

三、研究发现

(一) 家长的社会支持结构与内容

1. 贫乏的社会支持

表 1 呈现的是家长实际获得的社会支持内容分类型的频率分布。从表 1 可以看出，家长所获得的社会支持从量上处于很低的水平。无论是正式支持还是非正

(接上页)*support*: *An interactional view*. Oxford, England: John Wiley & Sons, 1990, pp.319—366.徐安琪、张亮:《转型期家庭压力特征和社会网络资源的运用》,《社会科学研究》2008 年第 2 期;王思淳:《发展迟缓儿童家长的社会支持、充权与生活质量之相关研究:以台北市及新北市接受早期疗育服务之家长为例》,硕士学位论文,台北:台湾师范大学社会工作学研究所,2012 年。

① World Health Organization. The World Health Organization Quality of Life (WHOQOL)-BREF. Geneva: WHO, 2004.

② R. Obeid, N. Daou, “The effects of coping style, social support, and behavioral problems on the well-being of mothers of children with Autism Spectrum Disorders in Lebanon”, *Research in Autism Spectrum Disorders*, vol.10(February 2015), pp.59—70.

表1　家长所获的社会支持内容、不同类型的频率分布(n=509)

社会支持内容	社会支持类型	支持频率			
		从未	很少	偶尔	经常
提供物质或金钱上的协助	正式支持	37.1	35.8	18.5	8.6
	非正式支持	40.3	34.2	17.1	8.4
协助照顾小孩	正式支持	69.0	17.3	9.0	4.7
	非正式支持	33.8	38.7	19.6	7.9
协助解决孩子的就医问题	正式支持	74.3	16.7	6.5	2.6
	非正式支持	47.0	32.8	16.3	3.9
协助解决孩子的教育问题	正式支持	62.1	18.7	10.8	8.4
	非正式支持	49.7	32.4	12.2	5.7
告诉我照顾孩子的方法	正式支持	48.3	27.5	16.5	7.7
	非正式支持	42.8	34.2	15.3	7.7
给予我提醒、建议与指点	正式支持	42.8	30.6	17.9	8.6
	非正式支持	37.5	35.2	19.1	8.3
告诉我照顾孩子所需要的信息	正式支持	43.6	30.3	17.7	8.4
	非正式支持	41.5	36.0	14.7	7.9
告诉我可以获得帮助的信息	正式支持	44.6	31.6	16.7	7.1
	非正式支持	40.7	34.8	17.7	6.9
沮丧时,鼓励我振作起来	正式支持	57.2	23.6	13.2	6.1
	非正式支持	24.4	29.9	23.4	22.4
遇到困难时,可以让我随时打电话求助	正式支持	69.9	19.4	6.7	3.9
	非正式支持	34.8	31.4	18.7	15.1
了解我目前的处境	正式支持	61.7	26.5	7.5	4.3
	非正式支持	27.9	33.8	22.8	15.5
欣赏并肯定我做的事	正式支持	60.1	25.1	9.4	5.3
	非正式支持	25.7	31.8	26.7	15.7
可以陪伴我	正式支持	72.3	19.3	6.1	2.4
	非正式支持	32.6	35.8	20.6	11.0

式支持,回答从未以及很少获得社会支持的家庭占据多数。在正式社会支持方面,相对较高的是“提供物质或金钱上的协助”“告诉我照顾孩子的方法”“给予我提醒、

建议与指点”“告诉我可以获得帮助的信息”，分别属于工具性支持和信息性支持。如果进一步分析社会支持的具体提供者，前者主要来源于政府，后者主要来源于康复机构。而在非正式支持方面，主要集中于情感性支持。虽然超过10%的家长表示“经常”获得情感性非正式支持，均高于其他类型的社会支持，但仍然处于很低的社会支持水平。在多数的维度上，超过半数的家长“从未”或者“很少”获得某种社会支持。

2. 以非正式支持为主的社会支持结构

表2呈现了家长所获的社会支持的结构。从表2可以看出，家长获得的非正式支持总体上均高于正式支持，呈现出以非正式支持为主的社会支持结构特点。配对样本检验表明，工具性支持和情感性支持均具有统计显著性(检验值分别为：$t=-6.465$，$df=508$，$sig=0.000$；$t=-17.208$，$df=508$，$sig=0.000$)。这显示

表2　自闭症子女家庭的社会支持结构(n=509)

	正式支持		非正式支持	
	均值	标准差	均值	标准差
工具性支持	**1.63**	**0.667**	**1.87**	**0.759**
提供物质或金钱上的协助	1.99	0.950	1.94	0.954
协助照顾小孩	1.50	0.846	2.02	0.922
协助解决孩子的就医问题	1.37	0.720	1.77	0.860
协助解决孩子的教育问题	1.66	0.975	1.74	0.883
信息性支持	**1.88**	**0.878**	**1.91**	**0.850**
告诉我照顾孩子的方法	1.83	0.964	1.88	0.935
给予我提醒、建议与指点	1.92	0.974	1.98	0.947
告诉我照顾孩子所需要的信息	1.91	0.972	1.89	0.930
告诉我可以获得帮助的信息	1.86	0.937	1.91	0.923
情感性支持	**1.53**	**0.713**	**2.25**	**0.914**
沮丧时，鼓励我振作起来	1.68	0.921	2.44	1.088
遇到困难时，可以让我随时打电话求助	1.45	0.786	2.14	1.059
了解我目前的处境	1.54	0.811	2.26	1.031
欣赏并肯定我做的事	1.60	0.865	2.32	1.025
可以陪伴我	1.39	0.708	2.10	0.982

出,目前自闭症家庭的工具性支持和情感性支持主要来源于亲朋好友等社会关系。信息性支持方面,非正式支持与正式支持均值相当,二者差异并不具有统计显著性(t=-0.688, df=508, sig=0.492)。与其他两种社会支持内容比较来说,信息性支持的获得相对较高。但就来源来说,信息性支持上正式支持与非正式支持比较接近,政府、康复机构、医院学校等正式组织与亲朋好友等社会关系都为家长提供了相对较多的支持。

总体上来说,家长所获取的社会支持仍然主要来源于亲朋好友等社会关系。就家长的社会支持来源来说,情感性支持主要来源于家庭成员、同学、朋友等社会关系,符合目前的社会现实。[①]而来自非正式支持的情感性支持也是家长所获得的支持中频率最高的,来自正式支持的情感性支持频率也最低。尽管如此,来源于正式组织的情感性支持对家长的生活质量以及应对策略选择的影响仍然需要进一步的检验。

3. 正式支持的缺位与不足

表 2 同样表明,家长所获的正式支持的不足。正式的社会支持来源主要为正式的社会组织,尽管包括了康复机构、医院、学校等组织,但这些组织所提供的实质性或工具性支持仍然主要来源于政府。表 2 也可以看出,来源于政府、康复机构等正式组织的工具性支持比较低

从家长所获得的政府相应补贴也可以看出正式支持的不足。此次调查发现,在 509 个受访家庭中有 277 个(54.4%)获得了相应的补贴,仅超过一半。这有三方面的原因,一是地方政府是否有相应的补贴政策,虽然近些年一些地方出台了补贴政策,然而有些地方尚未有相应政策;二是家长对不同政策的知晓度,调查中也发现有部分家长不知道当地是否有补贴政策;三是有政策的地区中自闭症子女是否已经办理了残疾人证,而有残疾人证往往是家庭获得相应补贴(主要是康复补贴)的前提。[②]而据 2006 年第二次全国残疾人抽样调查,我国残疾儿童(1—17 岁)残疾证的持有率仅为 13.87%。[③]

数据也表明,子女有残疾人证的家庭获得补贴的比例更高。可见,是否办理残疾人证是影响自闭症家庭及儿童获得各类补助的因素之一。而在现实中,是否办理残疾人证有受多方面因素影响。但是否办理残疾人证,除了小孩的状态还在变动之外,还取决于家长对办理残疾人证之后遭遇社会污名的担忧。这在其他关于

① 徐安琪、张亮:《转型期家庭压力特征和社会网络资源的运用》,《社会科学研究》2008 年第 2 期。

② 谢佳闻:《家庭中的残障儿童:从社会模式理论看残障》,上海:上海社会科学院出版社,2012 年,第 91 页.

③ 尚晓援:《中国残疾儿童家庭经验研究》,北京:社会科学文献出版社,2013 年,第 77—78 页。

残障儿童的家庭研究中亦有体现。[①]据中国精协所做的调查，有 55.3%的家长表示愿意或非常愿意给孩子办理残疾证，而 21.2%的家长则表示不愿意。[②]

对于多数自闭症者而言，其症状发现状态多为儿童时期，是否办理残疾人证其家长具有决定权。家长在是否给孩子办理残疾人证上面临矛盾的心理："一方面，办理残疾人证可以带来一些经济方面的实在的好处；但另一方面，孩子从此贴上'残疾人'的标签，使父母既担心孩子心理压力大，也觉得自己在人前抬不起头。"[③]可见，家长的观念既影响了自闭症者办理残疾人证的比例，也进一步限制了获得补贴的可能性。

（二）社会支持与家长生活质量

表 3 呈现的是社会支持与生活质量各维度的相关分析。Pearson 相关分析发现，社会支持与家长生活质量的相关系数总体上不高，某种程度上源于家长所获得的社会支持量上的不足。具体来说，情感性非正式社会支持与生活质量各维度的相关系数最高，其他相关系数呈现出大小差异，统计检验也表明此特点。为详细检验社会支持与生活质量的关系还需要进一步的统计分析。

表 3　社会支持与家长生活质量相关分析

	社会关系	身体健康	生活环境	精神健康
工具性正式社会支持	0.150**	0.120**	0.167**	0.147**
工具性非正式社会支持	0.260**	0.172**	0.224**	0.175**
信息性正式社会支持	0.259**	0.138**	0.225**	0.198**
信息性非正式社会支持	0.164**	0.100*	0.131**	0.086
情感性正式社会支持	0.172**	0.096*	0.104*	0.115**
情感性非正式社会支持	0.332**	0.231**	0.305**	0.274**

注：** $p<0.01$，* $p<0.05$。

表 4 呈现了社会支持与家长生活质量的模型汇总，除社会支持变量外其他变量为控制变量。在所有的社会支持中，仅情感性的非正式支持具有稳定的显著正向影响，对家长健康相关的生活质量各个维度均是如此。其他类型的社会支持对

① 尚晓援：《中国残疾儿童家庭经验研究》，北京：社会科学文献出版社，2013 年，第 34 页。

② 中国精神残疾人及亲友协会编著：《中国孤独症家庭需求蓝皮书》，北京：华夏出版社，2014 年，第 33 页。

③ 顺德区自闭症子女情况调研课题组编著：《佛山市顺德区自闭症子女情况调研课题》，北京：华夏出版社，2015 年，第 41 页。

家长的生活质量影响并不显著,尽管如此,对于理解社会支持对家长生活质量的影响仍然具有启发性的价值。

从表4各个模型可以看出,正式社会支持对家长的生活质量的影响有限,而且在某些方面具有负向影响,尽管不具有统计上的显著性。工具性的正式支持有助于家长的身体健康、环境健康与精神健康,却不利于家长的社会关系质量。也就是说,家长获得的实质性支持对家长的健康不同维度有着不同性质的影响。而且,获得正式的支持恶化了家长的社会关系。这与某些研究有着近似的结论。前文指出,某些家长并不愿意让普通大众知晓其子女的残障状态,并因此可能影响家长为子女领取残疾人证。这意味着有领取了残疾人证的家长其心理具有的残障认同有限,而获取正式支持可能会唤起这种自我污名的状态。另一方面,在一般的观念中,获取政府的帮扶可能面临社会污名状态,即"依靠"政府补助意味着自立的不足。这也可能意味着残障者以及家庭成员获得帮助的过程,是具有歧视性的经验。社会保障政策落实过程中的歧视,显然对残障家庭获得帮助具有负面影响,并进一步影响政策的效果。①

从表4可以发现,非正式的社会支持是影响家长生活质量的主要因素,相较于情感性支持,工具性支持和信息性支持所起的作用有限。值得注意的是,非正式社会支持并不总是有利于家长的生活质量。统计表明,工具性的支持越多家长健康相关生活质量却越低,尽管不具有统计显著性。与之相类似的是信息性支持,对家长健康相关的影响均为负向,尽管只有身体健康方面具有微弱的统计显著性。这表明,非正式的信息性支持或许给家长带来更多的负担。在我们的访谈中也发现,某些家长在获取新的康复、养育、治疗等信息后,由于对孩子的期待以及家长职责,往往会比较积极地尝试多种干预方法。因此不少家长会疲于学习或者长距离的迁徙,反而不利于家长的健康与生活质量。

表4 社会支持与家长生活质量多元线性回归模型(n=509)

	社会关系	身体健康	环境健康	精神健康
工具性正式社会支持	−0.079 (0.052)	0.016 (0.050)	0.058 (0.049)	0.042 (0.053)
信息性正式社会支持	0.048 (0.040)	0.012 (0.039)	0.024 (0.038)	−0.045 (0.041)
情感性正式社会支持	0.066 (0.053)	−0.005 (0.052)	−0.050 (0.050)	0.032 (0.055)

① 尚晓援:《中国残疾儿童家庭经验研究》,北京:社会科学文献出版社,2013年,第77—78页。

续表

	社会关系	身体健康	环境健康	精神健康
工具性非正式社会支持	0.031 (0.047)	0.032 (0.046)	0.003 (0.044)	−0.047 (0.049)
信息性非正式社会支持	−0.003 (0.044)	−0.074+ (0.043)	−0.029 (0.042)	0.000 (0.046)
情感性非正式社会支持	0.153*** (0.036)	0.133*** (0.035)	0.150*** (0.034)	0.155*** (0.037)
性别(参照组:男)	−5.252** (1.981)	−2.903 (1.922)	−3.584+ (1.863)	−2.007 (2.035)
婚姻(参照组:非初婚)	12.373*** (2.519)	3.063 (2.444)	4.224+ (2.369)	6.169* (2.588)
政治身份(参照组:群众)	−0.884 (2.211)	−4.551* (2.145)	−4.255* (2.079)	−3.892+ (2.272)
工作状态(参照组:未工作)	3.307* (1.655)	4.186** (1.605)	2.273 (1.556)	5.589** (1.700)
小孩数目	−0.298 (1.372)	−1.381 (1.330)	−2.683* (1.290)	−1.415 (1.409)
教育程度(参照组:高中及以下)				
大学专科	−4.622* (1.962)	−1.658 (1.903)	2.326 (1.845)	−0.417 (2.015)
大学本科	0.087 (2.131)	3.947+ (2.067)	8.498*** (2.004)	5.101* (2.189)
研究生	0.271 (3.634)	7.423* (3.525)	12.413*** (3.418)	6.998+ (3.733)
小孩的性别(参照组:女)	−0.975 (2.237)	−0.218 (2.170)	−1.465 (2.104)	0.270 (2.298)
小孩的户籍(参照组:农村户口)	0.976 (2.042)	1.645 (1.981)	2.531 (1.920)	2.140 (2.098)
自闭症龄	0.163 (0.178)	0.109 (0.172)	0.226 (0.167)	0.317+ (0.182)
(常量)	30.588*** (6.015)	43.007*** (5.835)	26.110*** (5.657)	28.853*** (5.153)
R^2	0.195	0.127	0.212	0.162

注：*** $p<0.001$， ** $p<0.01$， * $p<0.05$， + $p<0.1$，括号内为标准误差。

其他控制变量虽然不是本文的研究重点，但也显示出丰富的有益信息。这些因素包括家长身份、婚姻状态、子女数量、户籍、子女性别等。在父亲与母亲的比较方面，母亲的生活质量劣于父亲，尤其体现在社会关系的维度。这与母亲是儿童的主要照料者有关，考虑到有相当比例的母亲全职照顾家庭，她们的社会交往受到更多限制。

稳定的婚姻（家庭结构）对家长的生活质量至关重要，①体现在家长的社会关系和精神健康。单亲家庭意味着某一角色的缺失以及相应资源的减少，②其家庭功能的发挥将受到制约，而家长的生活质量就是表现之一。孩子数量越多越不利于家长的生活质量，尤其体现在环境健康方面。可以认为孩子越多，家长越不可能生活在更高质量的居住环境中，这与已有的研究针对家长所观察到的结果一致。③

家长的受教育程度方面，可以认为学历越高的家长有更高的生活质量。但这种差异并不是在所有方面均呈现一致的方向，尤其体现在大学专科学历的家长，与高中及以下学历的家长相比，他们的居住环境可能更好，但社会关系方面的生活质量却更差。而在生活质量的所有维度中，不同学历之间的差异更多地体现在环境健康方面，可以认为，高学历代表了一种更好的社会经济地位，而他们更有可能生活于高质量的环境之中。

相较于户籍为农村的家长，居住在城镇的家长生活质量更高，但这种差异并不显著。小孩的性别对家长的生活质量的影响虽然并不明显，但其影响的性质却呈现出有趣的特点。男孩自闭症的家长在社会关系、身体健康、环境健康方面更差，但在精神健康方面却有着正向的影响。随着自闭症子女的年龄增长，家长的生活质量有所改善，尤其在精神健康方面。可见，随着时间的增长，家长更能够应对自闭症子女的影响，以达到“成功的调适”状态。④

四、结论与讨论

自闭症家长面对家庭压力事件，需要获取知识、掌握技能、管理压力，还需要获

①④ M. M. Bristol, “Mothers of children with autism of communication disorders: successful adaptation and the double abcx model”, *Journal of Autism & Developmental Disorders*, vol.17, no.4(December 1987), pp.469—486.

② 尚晓援：《中国残疾儿童家庭经验研究》，北京：社会科学文献出版社，2013 年，第 169 页。

③ R. Obeid, N. Daou, “The effects of coping style, social support, and behavioral problems on the well-being of mothers of children with Autism Spectrum Disorders in Lebanon”, *Research in Autism Spectrum Disorders*, vol.10(February 2015), pp.59—70.

取新的资源。这些资源具体包括父母的残障观念、养育观念、经济收入、社会支持网络，还有家庭结构以及外在于家庭的社会政策与社会福利。此类资源构成了家长可能获得的社会支持，而社会支持影响家长的生活质量与最终的应对结果。本研究发现，自闭症家庭的社会支持呈现出“以家庭自身以及社会关系为主、正式社会支持不足”的状态，这进一步导致自闭症家庭的社会支持总量的匮乏。

正式社会支持与非正式社会支持对家长健康相关生活质量的影响呈现出不同的特点，正式社会支持的影响微弱，部分原因在于整体上而言家长所获得的正式社会支持不足。而来自亲朋好友等社会关系的非正式支持显著影响家长健康相关生活质量，尤其体现在来自社会关系的情感性支持。如果具体细分社会支持的内容，可以发现不同类型的社会支持对生活质量有着不同性质的影响。例如工具性支持，正式的工具性支持有利于家长的精神健康却不利于社会关系方面的健康，非正式的工具性支持有利于家长的社会关系却不利于精神健康。这对于实际的支持提供具有启发意义，对正式机构（政府、医院、康复机构等）而言减少社会支持资源所含有的负面含义是必要的，获取来自正式组织的支持是家长的权利而非依赖。

其他变量中，工作与婚姻状态对家长健康相关生活质量具有显著的影响。是否在工作未必显著影响家长的居住质量，但直接影响家长的社会关系、精神健康乃至身体健康。而稳定的婚姻状态即表明了家庭功能的实现质量，并进一步影响家长的身心健康。进一步验证了情感性支持的关键作用，这对于社会服务来说重视家庭功能、重视家庭抗逆力的建设具有启发价值。

限于目前的条件以及数据，本研究存在一些局限。本研究所使用的数据并未遵循严格的概率抽样，因此本文的研究结论并不能准确地推论总体概况。此外，养育自闭症子女家长的生活质量影响因素还有待于更细致的考察，例如子女本身的特征，本文仅研究了其性别、数量等。不同地区的家长比较同样重要，社会支持结构的差异代表了资源分布的差异，而家长获取社会支持受哪些因素的影响还有待于进一步的研究。例如家长所持有的残障取向，是否影响家长实际的社会支持获取，并进一步影响其生活质量，将是笔者未来研究的方向。

残障学生与非残障学生的家长教育期望：基于 CEPS 2014 调查数据的比较分析*

摘　要：国内外已有大量围绕家长教育期望的研究，但对残障学生的家长教育期望研究还非常缺乏。本文基于中国教育追踪调查数据，分析了影响家长教育期望的因素以及教育期望对家长管教、学业监督的影响，并比较了残障学生与非残障学生家长的差异。研究发现，残障学生家长的教育期望要低于非残障学生家长。影响两类家长教育期望的共同因素包括家长教育程度、家庭经济条件、所处区域、学生学习成绩、亲子关系。残障学生家长的性别、学生性别、是否为独生子女均不显著影响家长的教育期望。残障学生家长的教育期望虽具有正向促进作用但不具有显著性。残障学生家长对学生的学业投入程度要低，教育期望并没有转化为对学生学习的参与。推进教育公平应重视家长的作用。

关键词：家长教育期望　家长管教　学业监督　残障中学生

一、研究背景

接受教育是每一个儿童的权利。然而由于种种原因，残疾儿童接受教育的机会受到限制，最终实际接受的教育程度也低于普通儿童。据《2013 年度全国残疾人状况及小康进程监测报告》，2013 年度全国 6—14 岁残疾儿童接受义务教育的比例为 72.7%；而同期全国学龄儿童净入学率为 99.7%。2013 年全国残疾人状况及小康进程监测报告也显示，18 岁及以上残疾人"从未上过学"的比例为 36.3%，"小学"比例 38%，"大学本科及以上"仅有 0.5%；而据 2010 年人口普查数据，全国文盲率仅为 4.1%。

那么，家长在残障子女的教育成就上具有何种影响？对该问题的回答有助于理解以上残障儿童更低的教育程度的事实。已有大量研究表明，家长的教育期望

---

* 原文发表于《绥化学院学报》2018 年第 10 期，第二作者为董咚。本研究受香港浸会大学林思齐东西学术交流研究所驻校研究生奖学金计划(LEWI Resident Graduate Scholarship (RGS) Programme)的资助。感谢香港浸会大学林思齐东西学术交流研究所督导老师董咚博士的支持，本研究所用数据为中国人民大学中国调查与数据中心发布的"中国教育追踪调查"，在此表示感谢。

在其子女的入学机会、学业表现以及学业结果等方面扮演重要角色。①在现有研究中,子女是否有残障并未成为研究对象的一个分类,围绕残障儿童家长教育期望的研究仍然少见。②因此,对以上问题尚知之甚少。限于目前的数据,尚无法全面了解家长教育期望对子女最终教育结果的影响,但借助于中国教育追踪调查(China Education Panel Survey, CEPS)数据,可以回答此问题的第一步,即家长教育期望对子女教育行为投入的影响以及两类子女的差异。

本研究将讨论那些影响家长教育期望的因素是否同样存在于残障儿童的家长当中,残障学生的家长可能拥有更低的教育期望进而反过来影响其教育投入。具体包括以下研究问题:(1)哪些因素影响家长对其子女的教育期望?(2)残障学生和非残障学生家长的教育期望有什么差异?(3)在何种程度上家长的教育期望影响了家长的教育投入?

二、文献回顾

围绕教育期望的研究,大体分为两种进路:一种是作为解释最终教育结果的中介变量,如基于威斯康辛模型所做的研究;③一种是作为结果变量,分析影响获得何种教育程度意愿的因素。④本文将家长的教育期望最为结果变量,以下文献回顾主要集中在此取向的研究。

(一) 家长的教育期望及影响因素

家长的教育期望是塑造其子女世界观以及作为一个人整个生活指南的内化社会结构,⑤它犹如自我实现的预言那样激发其子女的动机和期望。这揭示了家长

① 参见周皓:《家庭社会经济地位、教育期望、亲子交流与儿童发展》,《青年研究》2013年第3期。J. Banks, B. Maître, S. McCoy and D. Watson, *Parental Educational Expectations of Children with Disabilities*, RESEARCH SERIES NUMBER 50. Dublin: The Economic and Social Research Institute, 2016. 王甫勤、时怡雯:《家庭背景、教育期望与大学教育获得——基于上海市调查数据的实证研究》,《社会》2014年第1期。

② J. Banks, B. Maître, S. McCoy and D. Watson, *Parental Educational Expectations of Children with Disabilities*, RESEARCH SERIES NUMBER 50. Dublin: The Economic and Social Research Institute, 2016.蔡禾、周林刚,等:《关注弱势:城市残疾人群体研究》,北京:社会科学文献出版社,2008年。

③ 参见王甫勤、时怡雯:《家庭背景、教育期望与大学教育获得——基于上海市调查数据的实证研究》,《社会》2014年第1期;李佳丽,胡咏梅,范文凤:《家庭背景、影子教育和学生学业成绩——基于Wisconsin模型的经验研究》,《教育经济评论》2016年第1期。

④ 参见丁百仁、王毅杰:《教育期望的户籍差异——基于四类儿童的比较研究》,《教育科学》2016年第5期;杨习超、姚远、张顺:《家庭社会地位对青少年教育期望影响研究——基于CEPS 2014调查数据的实证分析》,《中国青年研究》2016年第7期。

⑤ S. A. Dumais, "Early childhood cultural capital, parental habitus, and teachers' perceptions", *Poetics*, vol.34, no.2(April 2006), pp.83—107.

教育期望对子女学习动机与行为的心理社会机制。亦有研究指出,家长的教育期望甚至超过家长的观念与行为对其子女教育成就的影响,而成为家庭层面最重要的预测指标。①

家长的教育期望具有长时段的影响(例如学校教育之后的职业选择),同样也影响家长和学生短时段的行为(例如教育投入、子女的考试等),且二者具有强相关关系。②有研究发现,家长教育期望既直接影响中学生学习投入,还通过家长教育投入的中介作用间接影响中学生学习投入。③

大量的研究表明,社会经济地位高的家长具有更高的教育期望,而且其子女的学业表现也更好。④围绕某一类人群的研究也有类似发现:一项针对农民市民化水平的研究表明,个人年收入越高的农民,其对子女教育期望高的可能性也越大。⑤除家庭社会经济地位之外,家长自身的受教育水平也是影响父母教育期望的因素。一些研究也表明,家长的教育期望存在子女性别父母的差异。一项基于CEPS 2014 数据的分析发现,家庭经济状况更好的父母对女孩的教育期望更高。⑥而另一项针对甘肃农村残疾人的研究发现,残疾人文化程度越高对男孩的教育期望越高,而对女孩的影响则不显著。⑦

---

① W. H. Jeynes, "The relationship between parental involvement and urban secondary school student academic achievement: A meta-analysis", *Urban Achievement*, vol.42, no.1 (January 2007), pp.82—110.

② J. Banks, B. Maître, S. McCoy and D. Watson, *Parental Educational Expectations of Children with Disabilities*, RESEARCH SERIES NUMBER 50. Dublin: The Economic and Social Research Institute, 2016.

③ 参见刘在花:《父母教育期望对中学生学习投入影响机制的研究》,《中国特殊教育》2015 年第 9 期;李佳丽,胡咏梅,范文凤:《家庭背景、影子教育和学生学业成绩——基于 Wisconsin 模型的经验研究》,《教育经济评论》2016 年第 1 期。

④ 参见 J. Banks, B. Maître, S. McCoy and D. Watson, *Parental Educational Expectations of Children with Disabilities*, RESEARCH SERIES NUMBER 50. Dublin: The Economic and Social Research Institute, 2016. J. Trusty, "High Educational Expectations and Low Achievement: Stability of Educational Goals Across Adolescence", *Journal of Educational Research*, vol.93, no.6 (July 2000), pp.356—365. 王甫勤、时怡雯:《家庭背景、教育期望与大学教育获得——基于上海市调查数据的实证研究》,《社会》2014 年第 1 期;李晓晗、郑磊:《家庭社会经济地位对父母参与的影响及作用机制——基于 CEPS 数据的研究》,《教育经济评论》2017 年第 1 期。

⑤ 陈旭峰:《农民地位代际流动何以可能?——农民市民化水平对子女教育期望影响的实证研究》,《人口与发展》2013 年第 6 期。

⑥ 杨习超、姚远、张顺:《家庭社会地位对青少年教育期望影响研究——基于 CEPS 2014 调查数据的实证分析》,《中国青年研究》2016 年第 7 期。

⑦ 申南乔:《甘肃省农村残疾人社会经济地位对子女教育期望影响的实证研究》,硕士学位论文,兰州大学,2009 年。

(二) 残障儿童家长的教育期望

总体上来说,围绕残障学生家长的教育期望的研究甚少。[①]在我国,随班就读是特殊儿童(主要包括视力、听力、言语和智力障碍儿童)接受教育的安置形式。[②]残障儿童的就读需要更多的支持,然而受制于现实的资源,随班就读的质量难以得到保障,特殊儿童的发展亦受影响。[③]一项针对北京地区培智学校家校沟通的研究发现,家长和教师都认同家长参与的重要性,而受教育水平越高的家长越倾向于和教师保持合作,[④]另外家长教养儿童所需的知识也很重要。[⑤]另一项针对3—6岁智力障碍儿童家长的亲子教育行为的研究发现,母亲要比父亲的教育投入高。多数家长认为经过教育康复儿童会有很大改善,但也有部分家长认为儿童是个累赘。[⑥]不过,这些国内为数不多的涉及残障儿童教育的研究,都没有直接讨论家长对残障儿童未来教育结果的期望。

相较于国内较少的讨论,国外已有一些出色的研究。其中,最具有代表性、最综合的研究当属爱尔兰经济与社会研究中心(Economic and Social Research Institute, ESRI)所做的报告《残障儿童的家长教育期望》(Parental Educational Expectations of Children with Disabilities)。[⑦]该研究追踪收集了残障儿童9岁(小学)和13岁(中学)时的相关数据,检验了家长的教育期望的影响因素(9岁时数据),进而分析了家长的教育期望、态度、行为对儿童13岁时的自我认知、学业表现的影响,同时比较了不同残障类别的儿童家长的教育期望的差异。研究发现,与其他一般的教育期望的研究类似,影响残障儿童父母教育期望的因素包括儿童当时实际的学业表现、首要照顾者(主要为母亲)自身的教育程度、亲子关系等。除此之外,残障儿童的性别也有影响,女孩的家长要比男孩的家长有更高的教育期望。在不同障别间,与非残障儿童的家长相比,学习或者智力障碍儿童的家长对儿童完成学业的期望更低,即便控制了家庭特征变量该结果同样稳健。

综上来看,国内外已有大量围绕家长教育期望的研究,但对残障学生的家长教

---

①⑦ J. Banks, B. Maître, S. McCoy and D. Watson, *Parental Educational Expectations of Children with Disabilities*, RESEARCH SERIES NUMBER 50. Dublin: The Economic and Social Research Institute, 2016.

② 肖非:《中国的随班就读:历史·现状·展望》,《中国特殊教育》2005年第3期。

③ 于素红:《上海市普通学校随班就读工作现状的调查研究》,《中国特殊教育》2011年第4期。

④ 刘颂:《北京地区培智学校家长和教师对家长参与的态度研究》,《中国特殊教育》2001年第3期。

⑤ 徐胜、王晶莹、蒲云欢:《自闭症儿童家长对教育成效的评估及期望》,《学前教育研究》2016年第9期。

⑥ 李晓庆:《智障儿童亲子教育的影响因素研究——基于60位家长教育期望的调查》,《基础教育研究》2017年第3期。

育期望研究还非常缺乏。教育研究一直是教育学、社会学等学科的研究热点,但缺乏将残障作为一个关键变量的研究。"中国教育追踪调查"中询问了家长"学生是否有某种障碍",可以用于回答以上研究问题。

三、数据、变量与方法

(一) 数据

本文所使用的数据来源于中国人民大学中国调查与数据中心(National Survey Research Center at Renmin University of China, NSRC) 于 2014 年采集的"中国教育追踪调查",中国教育追踪调查以 2013—2014 学年为基线,以初中一年级(7 年级)和初中三年级(9 年级)两个同期群为调查起点,以人口平均受教育水平和流动人口比例为分层变量从全国随机抽取了 28 个县级单位(县、区、市)作为调查点。调查的执行以学校为基础,在入选的县级单位随机抽取了 112 所学校、438 个班级进行调查,被抽中班级的学生全体入样,基线调查共调查了约 2 万名学生,数据具有全国代表性。

该问卷中 D 部分"孩子的基本情况",其中 D15 询问了"孩子现在是否有下列障碍"(多选),取值分别为:"0=无任何障碍、1=视力障碍(不包括近视)、2=听力障碍、3=肢体残疾、4=语言障碍、5=自闭或其他精神障碍、6=多动症、7=其他"。该题项作为判断是否有残障的标准。除去缺失值,有 18 356 位家长回答了此题,其中回答"无任何障碍"者 17 187 人,占比 93.6%;"有某种障碍"的回答为 1 169 人,占比 6.4%。需要说明的是,CEPS 调查所划分的残障类型与我国现有的残障分类并不完全一致。

(二) 变量

本研究的因变量包括家长对子女的教育期望、家长对子女的管教程度和学业监督。家长教育期望采用的是家长问卷中"您希望孩子读到什么程度",教育期望根据实际对应的教育年限转化为数值变量。赋值的方法是:"现在不要念了"赋值为 7 年(初一年级)和 8 年(初三年级);"初中毕业"=9 年;"中专/技校"=11 年;"职业高中"=11 年;"高中"=12 年;"大学专科"=15 年;"大学本科"=16 年;"研究生"=19 年;"博士"=22 年。家长对子女的管教采用的是家长问卷中"您对孩子管得严不严",包括"在学校表现"等 8 个问题,各个问题加总后转化为取值为 0 到 100 的连续变量。在学生问卷中,询问了学生"上个星期,你的父母有没有督促过你的学习—检查你的作业"和"上个星期,你的父母有没有督促过你的学习—指导你的功课",取值为"1=从未,2=一到两天,3=三到四天,4=几乎每天",两题相加得到取值范围 2 到 8 的连续变量，作为家长学业监督变量，值越大表示家长学业监督越多。

自变量包括学生的性别、年级、是否独生子女、学习成绩，家长的身份（是否为学生的父母）、性别、家庭经济状况，学生所在的区域，亲子关系。学生学习成绩依据的是家长问卷中“这个孩子目前的成绩在班里处于”，取值分别为“1＝不好，2＝中下，3＝中等，4＝中上，5＝很好”。残障学生与非残障学生的成绩具有显著差异（Chi-square＝206.037，df＝4，P＝0.000）。家庭经济状况采用的是家长问卷中“目前您家的经济条件如何”，取值为“1＝非常困难，2＝比较困难，3＝中等，4＝比较富裕，5＝很富裕”，该题可以近似地测量家庭经济条件。亲子关系测量采用的是家长卷中“您是否主动与孩子讨论以下问题”，包括“学校发生的事情”等 5 个问题，加总后转化为取值为 0 到 100 的连续变量。描述性统计发现，残障中学生中女生居多，而且性别比例高于非残障中学生；残障中学生独生子女的比例远低于非残障中学生；残障中学生更多地分布于中西部地区；家长问卷填答者方面，残障中学生的问卷回答者非父母的比例高于非残障中学生，残障学生与其他亲属生活的比例要高于非残障学生。

表 1　主要变量描述

变量及取值		非残障生		残障生		总　体	
		样本量	百分比	样本量	百分比	样本量	百分比
学生年级**	七年级	9 122	52.7	680	58.2	10 279	52.7
	九年级	8 065	47.3	489	41.8	9 208	47.3
学生性别***	男	8 571	49.9	470	40.2	10 042	51.5
	女	8 616	50.1	699	59.8	9 445	48.5
独生子女***	是	7 634	44.4	348	29.8	8 460	43.4
	否	9 553	55.6	821	70.2	11 027	56.6
所属区域**	中西部	8 286	48.2	678	58.0	9 432	48.4
	东部	8 901	51.8	491	42.0	10 055	51.6
家长身份***	非父母	1 237	7.2	121	10.4	1 411	7.5
	父母	15 842	92.8	1 037	89.6	17 390	92.5
家长性别**	男	8 155	47.7	604	52.2	9 048	48.1
	女	8 924	52.3	554	47.8	9 753	51.9

续表

	非残障生	残障生	总体			
	均值	均值	均值	标准差	最小值	最大值
家庭经济条件***	2.83	2.56	2.81	0.596	1	5
家长教育期望***	16.877	16.105	16.815	3.277	7	22
家长教育程度***	10.208	9.061	10.122	3.305	0	20
亲子关系***	64.578	57.948	64.077	26.122	0	100
父母管教**	69.000	66.972	68.829	20.114	0	100
学业监督***	4.447	4.150	4.414	2.060	2	8

注:*表示残障学生与非残障学生差异统计检验的显著性水平,** $p<0.01$ *** $p<0.001$(双尾检验)。

(三) 方法

首先描述了本文使用的核心变量,并进行初步检验,确定残障学生育非残障学生在家庭环境、家长教育期望的差异,后文将进行更严格的检验。第二步将家长的教育期望作为因变量,通过回归模型分析了影响家长教育期望的因素,并比较了残障学生与非残障学生家长的差异。第三步,将家长教育期望作为核心自变量分析了教育期望对家长管教、学业监督的影响,并比较两个样本的差异。

四、研究发现

(一) 家长教育期望

在家长问卷中,分别有 1 164 名残障学生家长和 17 115 名非残障学生家长回答了期望学生读到何种教育程度。与非残障学生家长的教育期望一致,残障中学生家长的教育期望最高比例出现在大学本科(31.8%),二者希望学生读到大学的比例相近。然而,在大学阶段以下,残障中学生家长在每一种学历期望的比例均高于非残障中学生家长,期望初中毕业的比例分别为 4.0%、1.1%。不过二者在期望学生读到最高学历博士阶段的比例相近,甚至残障中学生家长的比例更高。

相较而言,总体上来说残障学生与非残障学生面临不同的家庭环境。残疾是一个家庭事务,有残疾成员的家庭处于更低的社会经济地位。①在描述统计部分,

① 参见第二次全国残疾人抽样调查办公室、北京大学人口研究所:《第二次全国残疾人抽样调查数据分析报告》,北京:华夏出版社,2008 年。C. L. Shandra, R. C. Avery, D. P. Hogan, et al., "Child and adult disability in the 2000 Census: Disability is a household affair", *Disability & Health Journal*, vol.5, no.4(October 2012), pp.241—248.

残障学生与非残障学生家庭的经济条件、监护人、是否是独生子女都有显著的差异。与残障学生相比，非残障学生家长的受教育程度更高，更好的亲子关系。表 2 对这些因素进行了检验。

在表 2 的统计模型中，从总体的数据可以看出，所列自变量对家长的教育期望除问卷填答者身份外均有显著影响，对非残障学生样本同样如此，这些发现与已有研究相类似。①然而，比较两个样本的数据就会发现这些因素的差异。这也说明，除了已有研究探讨户籍、性别的隔离或差异，学生是否残障也是一个重要的变量。非残障学生样本中所列自变量解释了家长教育期望的 18.6%，高于残障学生样本的 12.5%。这似乎说明，残障学生家长的教育期望还要受到其他变量的影响。

表 2　家长教育期望影响因素

	非残障中学生		残障中学生		总体	
	系数	标准误	系数	标准误	系数	标准误
（常量）	12.738***	0.164	12.476***	0.632	12.710***	0.156
身份：父母	−0.136	0.091	0.637+	0.353	−0.094	0.087
家长教育	0.131***	0.008	0.135***	0.035	0.132***	0.008
经济条件	−0.212***	0.041	−0.280+	0.156	−0.214***	0.039
家长：男	−0.106*	0.046	−0.308	0.217	−0.115*	0.045
学生：男	0.116*	0.046	−0.082	0.221	0.097*	0.045
独生子女	0.121*	0.051	0.074	0.247	0.121*	0.050
九年级	−0.638***	0.046	−0.402+	0.215	−0.616***	0.045
学生成绩	0.997***	0.022	0.873***	0.100	0.992***	0.022
亲子关系	0.015***	0.001	0.015***	0.004	0.015***	0.001
东部地区	−0.497***	0.047	−0.522*	0.226	−0.490***	0.046
N	16 312		1 076		17 684	
R^2	0.186		0.125		0.182	

注：1. + $p<0.1$，* $p<0.05$，** $p<0.01$，*** $p<0.001$；2. 表中变量的参照项是表 1 中其余变量取值。

① 参见杨习超、姚远、张顺：《家庭社会地位对青少年教育期望影响研究——基于 CEPS 2014 调查数据的实证分析》，《中国青年研究》2016 年第 7 期；李晓晗、郑磊：《家庭社会经济地位对父母参与的影响及作用机制——基于 CEPS 数据的研究》，《教育经济评论》2017 年第 1 期。

表 2 显示,两个样本的家长教育程度、学生目前的学习成绩、亲子关系、所在地区都是影响家长教育期望的关键因素。这与已有研究是一致的。在家庭经济条件、学生年级的差异比较微弱,但产生影响的方向是一致的。

表 2 也显示,家长教育期望的影响因素在某些方面是有差异的。在家长问卷填答者是否为学生父母的身份上,残障中学生父母具有更高的教育期望。对非残障学生而言,父母比非父母的教育期望要低,尽管统计上并不显著。残障学生问卷的家长(非父母填答者主要是学生的祖辈)更希望学生获得更高的学历。在家长的性别方面,男性家长对非残障学生的教育期望低于女性家长;残障学生家长也是如此,但不具有统计显著性。在学生的性别方面,非残障学生的家长对男生有更高的教育期望;残障学生家长似乎更希望女生获得更多教育,虽然不具有统计显著性。在学生是否是独生子女方面,其子女是独生的非残障中学生家长有更高的教育期望;而非残障中学生并没有这样的差异。

(二) 家长管教与学业监督

教育期望是家长对其子女长时段的期待,这种期待影响家长短时段的教育投入。表 1 可以发现,非残障学生的家长对子女的管教和学业监督上更加严格。表 3 的回归模型检验了教育期望对家长管教和学业监督的影响,模型 R^2 更改具有显著性。在控制了相关变量之后,无论是家长管教还是学业监督方面,对非残障学生的家长来说都具有显著性;而对残障学生家长来说,均没有显著性的影响。可见,家长对残障子女的教育期望,并没有转化为当下的教育投入。

表 3 家长教育期望对家长管教与学业监督的影响

	家长管教		学业监督	
	非残障中学生	残障中学生	非残障中学生	残障中学生
(常量)	52.520*** (1.229)	47.514*** (4.230)	2.535*** (0.129)	2.051** (0.408)
身份:父母	1.024+ (0.582)	0.290 (2.003)	0.455*** (0.061)	0.564** (0.197)
家长教育	−0.341*** (0.051)	0.126 (0.205)	0.074*** (0.005)	0.052** (0.020)
经济条件	−0.281 (0.264)	−0.815 (0.909)	0.113*** (0.028)	0.271** (0.086)
家长:男	0.409 (0.296)	0.663 (1.242)	0.004 (0.031)	−0.164 (0.120)

续表

	家长管教		学业监督	
	非残障中学生	残障中学生	非残障中学生	残障中学生
学生:男	-1.379^{***} (0.295)	-3.430^{**} (1.266)	0.156^{***} (0.031)	0.303^{*} (0.122)
独生子女	−0.220 (0.325)	−1.315 (1.413)	0.308^{***} (0.034)	0.300^{*} (0.136)
九年级	-1.978^{***} (0.294)	−1.072 (1.234)	-0.683^{***} (0.031)	-0.657^{**} (0.119)
学生成绩	-0.887^{***} (0.152)	0.096 (0.594)	-0.175^{***} (0.016)	-0.189^{**} (0.057)
亲子关系	0.306^{***} (0.006)	0.340^{***} (0.024)	0.016^{***} (0.001)	0.014^{***} (0.002)
东部地区	-2.451^{***} (0.300)	−2.107 (1.293)	-0.230^{***} (0.031)	−0.170 (0.124)
家长教育期望	0.331^{***} (0.050)	0.235 (0.178)	0.009^{+} (0.005)	0.017 (0.017)
N	15 783	1 015	16 020	1 037
R^2	0.164	0.200	0.133	0.145

注:1. 为节约篇幅,此模型除家长教育期望之外为控制变量;2. 括号内数字是标准误;3. $^{+}p<0.1$, $^{*}p<0.05$, $^{**}p<0.01$, $^{***}p<0.001$。

为了更进一步理解残障学生家长的教育行为,考察了家长辅导学生功课的程度,两类家长表现具有显著差异性(Chi-square=73.971, df=4, P=0.000)。家长表示学生不需要家长辅导功课的比例,非残障学生的比例(33.6%)要高于残障学生(27.9%)。一些残障学生本身在学习投入、行为方面就存在一些问题,在独立完成作业等方面缺乏自控力。另一方面,学生需要辅导功课但家长没有做的比例残障学生(43.9%)远高于非残障学生(31.6%),在具体的辅导频率上也是如此。也就是说,残障学生的家长对其子女学习过程的卷入程度要低于非残障学生家长。

五、结论与讨论

本文利用 CEPS 2014 调查数据讨论了影响家长教育期望的因素,并比较了残障学生家长与非残障学生家长的差异。研究发现,第一:残障学生家长的教育期望要低于非残障学生家长。第二:在影响家长教育期望的因素上,二者相同的是家长教育程度、家庭经济条件、所处区域、学生学习成绩、亲子关系。所不同的是,家长填答者是学生的父母的残障学生家长具有更高的教育期望,可见与父母生活在一起的残障学生更有可能获得更多教育。对残障学生而言,家长的性别、学生性别、是否为独生子女均不显著影响家长的教育期望。第三:在教育期望对家长管教、学业监督的影响方面,非残障学生家长的教育期望均有显著影响,而残障学生家长的教育期望虽具有正向促进作用但不具有显著性。可以认为,残障学生家长对学生的学业投入程度要低,教育期望并没有转化为对学生学习的参与。

教育公平包括教育机会、教育过程、教育结果的公平,而我国残疾儿童在入学机会上入学率低、辍学率高,教育过程上随班就读质量难以保证,教育结果上有着更低的教育成就。①除此之外,一些特殊学生还要接受隔离式的特殊教育。②在此背景下,国家实施了旨在增加残疾人接受教育机会、提升教育质量的《特殊教育提升计划(2014—2016年)》,目前已经开始实施《第二期特殊教育提升计划(2017—2020年)》。

教育对残疾人及其家庭乃至国家具有深远的意义。廖娟利用1989—2011年中国营养与健康调查数据的研究表明,残疾人的教育回报率显著高于非残疾人。③在《第二期特殊教育提升计划(2017—2020年)》中提出了六大主要措施:提高残疾儿童少年义务教育普及水平、加快发展非义务教育阶段特殊教育、健全特殊教育经费投入机制、健全特殊教育专业支撑体系、加强专业化特殊教育教师队伍建设、大力推进特殊教育课程教学改革,在资源投入上这些措施主要关注的是学校经费、师资、学校等。而本文的研究发现,家长也是教育中不可忽视的因素。因此无论是教育政策还是学校、教育工作者,以及面向残障者的公共服务提供者,都应该重视家长的作用。

此外,本文主要关注的是残障学生家长的教育期望,家长的教育期望对学生自我的教育期望有何影响以及学生最终获得教育如何还需要深入研究。CEPS调查的是普通学校,残障学生的信息并不全面(例如残障时间、是否有残疾人证、残障级别等等)。如果数据能有改进或者有新的调查数据,那么既能更好地理解残障学生的教育也能推进我国实证的残障研究。

---

① 孟万金、刘在花、刘玉娟:《推进残疾儿童教育公平任重道远——四论残疾儿童教育公平》,《中国特殊教育》2007年第2期。

② 李学会,傅志军:《从隔离走向融合?——我国视力障碍者高等教育的历史、特点及政策变迁》,《社会工作》2015年第6期。

③ 廖娟:《中国残疾人教育收益率研究》,《教育学报》2015年第1期。

心智障碍儿童的教育歧视：表现及治理*

摘　要：在目前的教育实践中，仍然有为数不少的残障儿童未能接受合适的教育。心智障碍儿童教育过程中遇到的“基于残疾的歧视”，包括拒绝心智障碍儿童入学的直接歧视和拒绝提供合理便利的歧视，累积性的制度歧视限制了普通学校开展融合教育的意识和能力。要真正实现教育过程中的实质平等，还需要建立针对学校的专业支持体系，即消除不足的办学条件以使提供便利更加合理。本文讨论了以区县为单位建立特殊教育资源中心整体推进区域融合教育/特殊教育，应重视针对教育工作者、家长、学生残障意识的识别与干预。

关键词：心智障碍儿童　教育权　教育歧视　实质平等　融合教育

不是不人道，而是不知道；不是不理解，而是不了解。

——邓朴方

一、引　言

我国有着世界上规模最大的残障者，①且这一数字随着老龄化、疾病等多种因素呈现上升趋势。由于种种原因，残障者获得平等的教育机会和公平的教育过程面临很大障碍。②这种不利境地有着更长久的后果，深刻影响残障者最终的教育成就以及以教育为基础的其他成就，例如更低的就业率和就业质量。③

在目前的教育实践中，仍然有为数不少的残障儿童未能接受合适的教育。其中原因包括残障儿童被主流学校拒绝、教育过程中缺乏必要的支持和调整而导致教育质量低下或教育中断，也即“基于残疾的歧视”。前者为直接歧视，诸如自闭症、唐氏综合征、罕见病等原因导致特殊需要儿童被拒收；后者为“拒绝提供合理便

---

* 原文发表于《反歧视评论》(2018年)。系深圳市守望心智障碍者家庭关爱协会“心智障碍者服务生态系统深圳市示范区项目·融合教育子计划”的阶段性成果。

①③　World Health Organization and World Bank, *World report on disability, 2011*, Malta, 2011.

②　孟万金、刘玉娟、刘在花：《残疾儿童教育不公平现象的原因分析——五论残疾儿童教育公平》，《中国特殊教育》2007年第3期。

利的歧视”,如“随班就读”异化为“随班混读”。

残障儿童接受主流化教育,即融合教育成为国内外特殊教育趋势,有着强烈的家长诉求。本文所指的儿童,与我国批准加入的《儿童权利公约》和我国的《未成年人保护法》规定一致,是18周岁以下的任何人。残障儿童的教育,涵盖了学前教育、义务教育、中等教育以及高等教育阶段。近年来,以视障者参加普通高考的权利倡导为突破点,2015年教育部、中国残联联合印发《残疾人参加普通高等学校招生全国统一考试管理规定(暂行)》,2017年两部门发布了修订后的《残疾人参加普通高等学校招生全国统一考试管理规定》,该规定指出,“残疾人参加其他国家教育考试需要提供合理便利的,可参照本规定执行”。残障考生在国家考试中获得合理便利成为一种常态,但残障考生如何拥有选择教育及录取方式(特校抑或普校,单考单招抑或统考统招)的权利、高等教育中的合理便利,依然还有漫长的路要走。①尤其对于心智障碍儿童来说,他们接受融合教育需要更多、更专业的支持。因此探讨残障儿童接受融合教育的障碍——表现为教育歧视——具有极为强烈的现实意义。

学校是融合教育的实施场所,是实现心智障碍儿童教育公平的空间,是教育制度实施以及沟通家长的桥梁,因此学校是最为关键的节点。心智障碍儿童主要包括智力与精神障碍儿童,如自闭症(亦称孤独症)、唐氏综合征,往往同时伴有多种障碍,因而此类儿童的受教育权更易受损害,融合教育过程需要更多支持。本文无意从宏观制度上全面解读心智障碍儿童教育歧视的成因,仅从学校层面探讨教育歧视何以发生,重在从学校中观视角理解教育制度的运转和教育过程中“重要他人”的角色,以期为寻找治理对策提供思路。

二、心智障碍者的教育:历史回顾

与普通儿童相比,残障儿童义务教育入学率、学前教育入学率相对较低,辍学率则又高于普通儿童。②特殊教育与普通教育双轨并行是我国残障儿童接受教育的制度格局,“分离但平等”的理念虽然在一定程度上保障了残障儿童的受教育权,但特殊学校的实践造成了残障儿童教育生活的隔离并造成职业选择的路径依赖。③要理解

① 参见李学会,傅志军:《从隔离走向融合?——我国视力障碍者高等教育的历史、特点及政策变迁》,《社会工作》2015年第6期;倪震:《分离但平等?一项关于残障人高等教育和残障人教育体系的研究》,刘小楠主编:《反歧视评论》第1辑,北京:法律出版社,2014年。

② 孟万金、刘玉娟、刘在花:《残疾儿童教育不公平现象的原因分析——五论残疾儿童教育公平》,《中国特殊教育》2007年第3期。

③ 倪震:《为什么他们选择相同的职业:东市盲校的学生生活》,张万洪主编:《残障权利研究》(2014年卷),北京:社会科学文献出版社,2014年。

心智障碍儿童的教育歧视，需要回顾我国残障儿童教育体系，即残障儿童接受教育的机会结构。无论是教育机会还是教育过程，心智障碍儿童面临的教育歧视有着制度上的根源。

(一) 残障儿童教育的总体状况

从最终的教育成就来看，我国残障者显著落后于总体水平，这在两次全国残疾人抽样调查中有所体现。①另一份较新的数据有着类似的结论，2013 年度残疾人状况监测工作涉及全国 734 个县(市、区)中的 1 464 个调查小区，有效监测样本 37 199人，该数据具有全国代表性。据该数据，2013 年 18 岁及以上残障者中，仍有 36.3%的残障者受教育程度为“从未上过学”，而受教育程度为大专及以上的比例仅为 1.6%（见表 1)。据 2010 年人口普查数据，15 岁及以上人口为1 111 488 248人，其中具有大专及以上受教育程度的有 118 372 518 人，占比为 10.65%。二者数据粗略比较可知，残障者的受教育程度远低于总体水平，受教育程度越高，残障者的比例越低；成年的“文盲”中残障者占最大比例。

表 1　18 岁及以上残障人的受教育程度构成　(单位:%)

受教育程度＼年度	2007	2008	2009	2010	2011	2012	2013
从未上过学	42.4	42.1	41.8	40.9	37.7	36.9	36.3
小学	35.1	35.0	34.8	35.2	36.9	37.6	38.0
初中	15.8	15.9	16.5	16.7	18.0	18,2	18.4
高中	3.9	4.0	4.1	4.3	4.4	4.5	4.3
中专教育	1.5	1.5	1.5	1.5	1.4	1.3	1.4
大学专科	0.8	1.0	0.9	1.0	1.0	1.0	1.1
大学本科及以上	0.5	0.5	0.5	0.5	0.5	0.5	0.5

资料来源:中国残疾人联合会《2013 年度残疾人状况及小康进程监测报告》。

残障者从源头上有着教育机会的不平等。据国家统计局 2016 年发布的《中国儿童发展纲要(2011—2020 年)》统计监测报告显示，到 2016 年“九年义务教育人口覆盖率已达 100%，初中阶段毛入学率超过 100%，小学学龄儿童净入学率达 99.9%”。但据中国残疾人联合会《2013 年度残疾人状况及小康进程监测报告》显示，即便到 2013 年，6—14 岁残障儿童接受义务教育比例仍然只有 72.7%，尽管这

① 参见程凯、郑晓瑛等:《第二次全国残疾人抽样调查数据分析报告》，北京:华夏出版社，2008 年；赖德胜、赵筱媛等:《中国残疾人就业与教育现状及发展研究》，北京:华夏出版社，2008 年。

一数字呈现大致逐年上升的趋势（见表 2）。这也就意味着，仍然有接近三成的残障儿童没有入学。

表 2 6—14 岁残疾儿童接受义务教育比例 （单位：%）

年份	2007	2008	2009	2010	2011	2012	2013
比例	63.3	63.8	69.5	71.4	72.1	71.9	72.7

资料来源：中国残疾人联合会《2013 年度残疾人状况及小康进程监测报告》。

（二）面向心智障碍儿童的教育体系

到目前为止，我国已经建立了普通教育与特殊教育并行的双轨制教育体系。简单来说，即是残障者有一套特殊教育体系，在基础教育和中等教育阶段，有针对特定障别的盲校、聋校、培智学校等，也有综合性的特殊学校；在高等教育阶段，有实行单考单招的院校。

这种双轨制教育体系的实践，集中体现在国家法律法规理念之中，除了《残疾人保障法》，尤其集中体现在《残疾人教育条例》（1994 年发布，2017 年 1 月修订，2017 年 5 月 1 日起施行）中。修订后的《残疾人教育条例》第 2 条规定："国家保障残疾人享有平等接受教育的权利，禁止任何基于残疾的教育歧视。残疾人教育应当贯彻国家的教育方针，并根据残疾人的身心特性和需要，全面提高其素质，为残疾人平等地参与社会生活创造条件。"而"根据残疾人的身心特性和需要"，刻画了残障儿童接受教育 的分流安置形式，即《残疾人教育条例》第 17 条。

表 3 《残疾人教育条例》中适龄残疾儿童、少年就读形式的有关规定

1994 年版《残疾人教育条例》	2017 年修订版《残疾人教育条例》
1. 在普通学校随班就读。 2. 在普通学校、儿童福利机构或者其他机构附设的残疾儿童、少年特殊教育班就读。 3. 在残疾儿童、少年特殊教育学校就读。地方各级人民政府应当逐步创造条件，对因身体条件不能到学校就读的适龄残疾儿童、少年，采取其他适当形式进行义务教育。	1. 适龄残疾儿童、少年能够适应普通学校学习生活、接受普通教育的，依照《中华人民共和国义务教育法》的规定就近到普通学校入学接受义务教育。 2. 适龄残疾儿童、少年能够接受普通教育，但是学习生活需要特别支持的，根据身体状况就近到县级人民政府教育行政部门在一定区域内指定的具备相应资源、条件的普通学校入学接受义务教育。 3. 适龄残疾儿童、少年不能接受普通教育的，由县级人民政府教育行政部门统筹安排进入特殊教育学校接受义务教育。 4. 适龄残疾儿童、少年需要专人护理，不能到学校就读的，由县级人民政府教育行政部门统筹安排，通过提供送教上门或者远程教育等方式实施义务教育，并纳入学籍管理。

在融合教育/全纳教育理念的扩散与实践中，带有与社会主流隔离色彩的特殊学校越来越显得不合时宜。因此，有研究认为隔离式的教育形式本身就是一

种歧视。[①]回顾我国特殊(高等)教育的发展历史,在普遍缺乏教育机会时,无论采取何种教育安置形式都是一种残障儿童受教育权的保障。[②]实际上,在特殊教育领域,早期的教育体系设计中一直就有普通教育和特殊教育交叉融合的理念,即在不同的教育阶段都有特殊教育与普通教育同阶段、跨阶段的转衔路径。[③]因此,教育安置形式本身有其合理性,其取决于教育的投入与产出、公平与效率。重要的是实际的教育过程中,教育理念和教育技术的更新。

除了残障儿童与非残障儿童之间的教育不平等,残障儿童内部不同障碍类别间也存在不平等。[④]例如,自闭症儿童,依据 2001 年卫生部、公安部、中国残疾人联合会和国家统计局在天津、江苏、吉林、河南、贵州、甘肃六省(市)进行的中国 0~6 岁残疾儿童抽样调查显示,自闭症是精神障碍儿童的主要致残原因。[⑤]2006 年开始的第二次全国残疾人抽样调查中,自闭症被归入精神残疾类别。此后自闭症儿童的康复、教育始进入国家政策议程,但自闭症儿童教育机会以及相应师资严重不足。

三、心智障碍儿童面临的教育歧视:表现与成因

相较于以往的理念和实践,新修订的《残疾人教育条例》淡化了“随班就读”的概念,强化了主流化的理念。从最终的就读形式来说,大致包括融合教育、特教班、特殊学校、送教上门,其中,融合性与隔离性此消彼长,教育过程中所需的支持亦有差异。融合教育的发展,不得不要求现有的普通教育和特殊教育作出系统性的调整。原中国残联主席邓朴方在描述残疾工作时,以“不是不人道,而是不知道;不是不理解,而是不了解”概括问题所在。本部分重点分析教育歧视,即如何“不人道”与“不理解”,并分析成因,即“不知道”与“不了解”。

(一) 心智障碍儿童教育歧视的表现:直接歧视与间接歧视

心智障碍儿童所面临的教育歧视,是一种“基于残疾的歧视”。尽管残障儿童

---

① 倪震:《分离但平等? 一项关于残障人高等教育和残障人教育体系的研究》,刘小楠主编:《反歧视评论》第 1 辑,北京:法律出版社,2014 年。

② 李学会、傅志军:《从隔离走向融合? ——我国视力障碍者高等教育的历史、特点及政策变迁》,《社会工作》2015 年第 6 期。

③ 朴永馨主编:《特殊教育学》,北京:华夏出版社,1995 年,第 57 页。

④ 孟万金、刘玉娟、刘在花:《残疾儿童教育不公平现象的原因分析——五论残疾儿童教育公平》,《中国特殊教育》2007 年第 3 期。

⑤ 中国残疾人联合会等编:《2001 年中国 0—6 岁残疾儿童抽样调查报告》,北京:中国统计出版社,2003 年,第 95 页。

受教育权的损害,有可能涉及其他类型的歧视,本文仅分析“基于残疾的歧视”,包括直接歧视与间接歧视。据《残疾人权利公约》,“基于残疾的歧视”是指“基于残疾而作出的任何区别、排斥或限制,其目的或效果是在政治、经济、社会、文化、公民或任何其他领域,损害或取消在与其他人平等的基础上,对一切人权和基本自由的认可、享有或行使。基于残疾的歧视包括一切形式的歧视,包括拒绝提供合理便利”。①

1. 拒绝心智障碍儿童入学:直接歧视

心智障碍儿童入学被拒,在各个教育阶段都具有普遍性。一是心智障碍儿童在不同的教育阶段都有被拒绝的案例;二是不同的教育阶段,心智障碍儿童都有可能失去教育机会。此外,心智障碍儿童的入学机会与当地的教育资源、教育观念、融合教育的发展水平相关。

对自闭症儿童来说,遭遇入学被拒仍然具有普遍性。②据中国精神残疾人及亲友协会所做的调查,适龄自闭症儿童的入学率仅有 37.5%。这种排斥性的教育环境反过来也影响了家长的教育选择。同样根据此调查,35.7%的家长认为只要可以上学,不在意上什么类型的学校。③

心智障碍儿童入学被拒的因素不仅仅是学校,或者某种程度上学校作出拒绝心智障碍儿童仅仅是最终的结果。其中,其他家长以及任课教师也是一环,他们也是影响残障儿童受教育权的“重要他人”。家长们联名上书抵制心智障碍儿童继续入学的案例一次次地发生。例如,2012 年引起广泛关注的深圳的“李孟”④、

---

① 原文为:“Discrimination on the basis of disability” means any distinction, exclusion or restriction on the basis of disability which has the purpose or effect of impairing or nullifying the recognition, enjoyment or exercise, on an equal basis with others, of all human rights and fundamental freedoms in the political, economic, social, cultural, civil or any other field. It includes all forms of discrimination t including denial of reasonable accommodation。

② H. McCabe, “Parent Advocacy in the Face of Adversity: Autism and Families in the People's Republic of China”, *Focus on Autism and Other Developmental Disabilities*, vol.22, no.1(February 2007), pp.39—50.

③ 中国精神残疾人及亲友协会编著:《中国孤独症家庭需求蓝皮书》,北京:华夏出版社,2014 年,第 24、65 页。

④ 该事件引起了广泛的媒体关注,除了报纸媒体,央视《新闻 1+1》2012 年 10 月 31 日播出节目《自闭症少年的求学路!》也予以关注。关于事件的来龙去脉,参见范承刚等:《难找一张有尊严的课桌——一个自闭症孩子的艰难复学路》,《南方周末》,2012 年 9 月 27 日。关于事件成因的讨论具有代表性的有:赵新星:《自闭症孩子融合教育陷困境》,《南方日报》,2012 年 9 月 25 日,第 A22 版;俞水:《自闭症儿童被退学的背后》,《中国教育报》,2012 年 9 月 27 日,第 3 版。相较于媒体上的讨论,学术讨论并不多见,已有研究参见白荣梅、王静:《我国残障儿童受教育权保障的检视与反思》,张万洪主编:《残障权利研究》(第 1 卷),社会科学文献出版社 2014 年版;李学会、吴玲:《特殊学生社会排斥的社会工作介入:基于生态系统理论的方案优化》,张万洪主编:《残障权利研究》(第 3 卷第 1 期),北京:社会科学文献出版社,2016 年。

2016 年《都市女报》报道的济南的“坤坤”[①],在学校拒绝自闭症学生入学或继续就读之前均有其他家长的参与。在 15 岁的李孟“被退学”案例中,19 位家长的联名信表示,“由于李孟的行为无法自律,难以遵守课堂纪律,已影响到其他孩子正常学习”。

心智障碍儿童入学被拒之后,辗转学校是家长被迫的一种应对方式。来自武汉的“李孟”被退学之前,已经或长或短地就读过武汉梨园特殊教育学校、武汉一冶五小、宝安天骄小学、元平特殊学校以及宝城小学。而 6 岁的“坤坤”在半年内换了三家幼儿园。无疑,这些不确定也成为影响心智障碍者家庭的压力来源。[②]

2. 教育过程中支持的缺失:拒绝提供合理便利的歧视

《残疾人权利公约》在有关教育的条款中指出,要确保残障者的受教育权。缔约国应当确保:“提供合理便利以满足个人的需要;残疾人在普通教育系统中获得必要的支助,帮助他们切实获得教育。”

尽管在融合教育中需要有个别化的教育计划(IEP),但在目前的“随班就读”实践中,并未有实质的、普遍的教育过程调整,这些调整包括教学目标、教学内容、教学进度、教学方式等,以适合个别特殊需要儿童的教育需求。因此,“随班就读”的质量饱受批评。很显然,如果没有这些实质性的支持和调整,残障儿童的学习成就就如“自我实现的预言”那样,只能得出“残疾儿童不适合在普通班就读”的结论。

即便是能够入学,往往伴随着某种歧视性的“保证书”,以厘清学校、家长以及儿童的责任。某些学校与家长签署“保证书”也是一种广泛的实践,一种消极应对心智障碍儿童教育过程的实践。在济南“坤坤”的案例中,保证书中有这样的说辞:“我保证坤坤再也不扰乱课堂纪律,不打扰其他同学,课间必须到休息室休息,不能留在教室,不上体育课和课间操,不参加统考…… 否则必须遵守约定,自愿退学。[③]似乎家长并没有多少可选择的余地,多数家长会像“坤坤”的父亲那样表示:“咱签! 至少先让咱们的孩子有书读!”这种将责任转移到家长身上的实践,催生了大量的陪读家长。

可见,在教育过程中,无论是针对有特殊需要的儿童,还是其家长都缺乏合理便利的支持。这种歧视不但影响具体的教学秩序与教学质量,也不利于融合教育

---

① 参见韩晓凤:《一位自闭症患儿的艰难求学路》,《都市女报》2016 年 3 月 30 日,第 A04 版;韩晓凤:《济南 6 岁自闭症男孩被拒入学引争议 谁能给孩子一张课桌》,《都市女报》2016 年 3 月 31 日,第 A05 版。

② 李学会:《自闭症儿童对家庭的影响及家庭应对策略:基于文献回顾的理解框架》,《社会工作与管理》2018 年第 4 期。

③ 参见韩晓凤:《济南 6 岁自闭症男孩被拒入学引争议 谁能给孩子一张课桌》,《都市女报》2016 年 3 月 31 日,第 A05 版。

的宏观生态。

(二) 心智障碍儿童教育歧视的成因:学校层面的考察

1.“不了解”:教育工作者的意识不足

《世界残疾报告》《残疾人权利公约》强调环境在促进或限制残疾人参与方面的作用,造成残障者面临的障碍的因素包括消极的态度、服务提供的缺乏、服务提供中存在的问题以及缺乏协商和参与等。①在心智障碍儿童的教育歧视方面,这些消极的态度既包括对残疾的认识偏见,也包括对残障儿童的教育选择偏见。例如“残疾是一种疾病,治好之后再来学校”,“残疾学生就应该去特校就读”。

对于具体的学校而言,是否知晓特殊教育发展的趋势与理念变迁并不容乐观。②而且对于我国已有的特殊教育体系,将心智障碍者拒之校门之外似乎有着合理性。对于普通学校而言,所拒绝的并不是心智障碍儿童的受教育权,而是在普通学校接受教育的权利。因此,某种程度上来说,普通学校对残障、残障儿童的“不了解”限制了其积极作为。

2.“不知道”:专业支持体系的不健全

诸多普通学校拒绝心智障碍儿童的理由常常是“不知道”如何教育,这反映了普通学校对心智障碍教育而言专业能力的不足。此种障碍有着历史和现实的原因。《残疾人教育条例》第 19 条指出,“适龄残疾儿童、少年接受教育的能力和适应学校学习生活的能力应当根据其残疾类别、残疾程度、补偿程度以及学校办学条件等因素判断”,学校以“办学条件”有限拒绝似乎也依法有据。与“不了解”相联系,进一步限制了专业师资、专业知识等方面的积累。

在以往的法律法规实践中,政府部门的投入注重教育经费、学校硬件等方面,针对普通学校开展特殊教育的工作机制、专业支持机制相对不足。相较于 1994 年出台的《残疾人教育条例》,2017 年修订版在诸多方面有所细化,并加强了工作落实机制的专业支持和机构设置。新修订的《残疾人教育条例》第 20 条指出,“县级人民政府教育行政部门应当会同卫生行政部门、民政部门、残疾人联合会,建立由教育、心理、康复、社会工作等方面专家组成的残疾人教育专家委员会”。残疾人教育专家委员会的职责是“可以接受教育行政部门的委托,对适龄残疾儿童、少年的身体状况、接受教育的能力和适应学校学习生活的能力进行评估,提出入学、转学建议;对残疾人义务教育问题提供咨询,提出建议”。

无论是建议设立的残疾人教育专家委员会,还是在某些地区已经建立的特殊

---

① World Health Organization and World Bank, *World report on disability, 2011*, Malta, 2011.

② 王红霞、彭欣、王艳杰:《北京市海淀区小学融合教育现状调查研究报告》,《中国特殊教育》2011 年第 4 期。

教育指导中心,都扮演着专业支持的角色。相较于特殊学校,普通学校开展融合教育显得更加分散,不同学校的推进就显得差异巨大。这种专业支持体系的缺失也成为普通学校“不知道”的制度原因。

3. 教育过程中的重要他人:家长与任课教师的排斥

上文指出,非残障儿童的家长某些时候也是阻碍心智障碍儿童融合教育的力量。已有的研究指出,与“正常”儿童家长相比,残障儿童家长对随班就读的态度更加积极,而智力障碍儿童所在班的“正常”儿童家长的拒绝态度表现得更突出。①可见,心智障碍儿童的家长需要付出更多努力以换得随班就读的机会。但事实上,家长包括残障儿童的家长和其他非残障儿童的家长,残障儿童的家长也并不必然积极推动融合教育或者争取和实现残障儿童的教育。家庭成员的残障观念,例如因子女残障而自责或者将残障定义为一种家庭灾难,②或者家庭成员的不接纳,③都影响残障儿童教育权的实现。

除了家长,任课教师的态度也影响心智障碍儿童受教育权的实现。除上文提及的观念以及专业知识的缺乏,任课教师的态度也与普通学校对成绩、升学率的关注有关。在实际的教学过程中,“教师们普遍认为特殊学生难以有效地参与到课堂学习和活动中,会出现下座位、不参与小组讨论、攻击他人、不能列队、集会时突然大叫等情况”,而且主课(语数外)出现的融合问题最多,科任课(思想品德、美术、音乐、体育)出现融合问题较少。④这也印证了特殊儿童对班级教学的影响,出于对成绩、绩效的考量,在没有专业支持的情况下,排斥特殊儿童难免发生。

四、心智障碍儿童教育权的保障:基于教育过程的治理

不歧视是确保残障儿童教育权利的基本原则,即不应拒绝心智障碍儿童在主流学校中接受教育。但不歧视仅是履行消极的义务,在融合教育的趋势下,直接拒

① 牛玉柏、刘泽文、田宝:《家长对残疾儿童随班就读态度研究》,《中国康复理论与实践》2005年第1期。

② M. M. Bristol, “Mothers of children with autism of communication disorders: successful adaptation and the double abcx model”, *Journal of Autism & Developmental Disorders*, vol. 17, no. 4 (December 1987), pp.469—486.

③ 参见尚晓援:《中国残疾儿童家庭经验研究》,北京:社会科学文献出版社,2013年,第176页。C. F. Sharpley, V., Bitsika & B. Efremidis, “Influence of gender, parental health, and perceived expertise of assistance upon stress, anxiety, and depression among parents of children with autism”, *Journal of Intellectual and Developmental Disability*, vol.22, no.1(March 1997), pp.19—28.

④ 王红霞、彭欣、王艳杰:《北京市海淀区小学融合教育现状调查研究报告》,《中国特殊教育》2011年第4期。

绝心智障碍儿童入学的情形会减少。普通学校更应该着力消除教育过程中的歧视,亦即履行积极的义务——提供合理便利。

(一) 合理便利:“不合理”的要求?

事实上,无论是拒绝残障儿童入学还是在教育过程中缺乏合理便利的提供,都是基于学校的视角,而非心智障碍儿童实际教育需要的视角。《残疾人权利公约》代表了看待残障者态度和方法的“范式转变”,即从被视为慈善、医疗和社会保护的“客体/对象”(object)到作为社会积极成员的具有权利的“主体”(subject)。[①]我国已于2008年批准加入《残疾人权利公约》,并且在国内的法律法规实践中积极落实公约精神。

进入主流学校接受教育是残障儿童的权利,也有权选择教育形式(特校或普校)零拒绝残障儿童进入普校,迫使其进入特校系统或者失去教育机会,损害的是残障儿童的受教育权和选择权。近年来国家相关部门高度重视残障儿童的教育,适龄残障儿童入学“全覆盖零拒绝”(全纳)逐渐成为一个共识。因此,无论采用哪种具体的安置形式(普校、特校、特教班、送教上门等),如何提供残障儿童教育过程中的合理便利是一个迫切的任务。

普通学校以“办学条件不足”为由拒绝残障儿童入学,除了现实中确实存在师资不足、专业支持体系不健全的困难外,实际上反映的是学校认为为残障学生提供某些调整和支持“不合理”。在此有必要再次回顾何为合理便利,据《残疾人权利公约》,“合理便利”是指根据具体需要,在不造成过度或不当负担的情况下,进行必要和适当的修改和调整,以确保残疾人在与其他人平等的基础上享有或行使一切人权和基本自由。

事实上,我们并不难从国际公约到国内法律中找到为残障儿童教育提供合适服务的相关依据。《儿童权利公约》第2条第1款规定:“缔约国应尊重本公约所载列的权利,并确保其管辖范围内的每一儿童均享受此种权利,不因儿童或其父母或法定监护人的种族、肤色、性别、语言、宗教、政治或其他见解、民族、族裔或社会出身、财产、伤残、出生或其他身份而有任何差别。”《儿童权利公约》第28条第1款强调了儿童教育机会的均等:“缔约国确认儿童有受教育的权利,为在机会均等的基础上逐步实现此项权利。”为了实现残障者享有的受教育权利,《残疾人权利公约》在有关教育的条款中明确指出,缔约国应当确保“残疾人不因残疾而被排拒于普通教育系统之外,残疾儿童不因残疾而被排拒于免费和义务初等教育或中等教育

① 李学会:《书写残疾资历:创造一种再现残障的文本——读〈残疾资历——香港精神障碍者文集〉》,张万洪主编:《残障权利研究》,北京:社会科学文献出版社,2015年。

之外”。

除了法理上的“合理”,我国的相关法律法规也在为提供便利提供“合理”的条件。例如,特殊教育人均经费数倍于普通学生,招收残障儿童随班就读的学校同样使用此政策。可见,从现实来说,为特殊学生提供合理便利的条件也在变化和趋向改善。学校拒绝残障学生的理由也更加“不合理”,对于教育行政部门以及学校而言,应转变观念而迈向积极的残障儿童教育权利保护行动。

(二) 迈向积极的权利保护行动

在履行保障残障儿童教育权的积极义务中,学校是提供残障儿童入学之后合理便利的关键节点。如前所述,教育工作者的意识不足、专业支持体系的不健全、重要他人的排斥是主要障碍,这些障碍超出了单个学校的行动范畴。因此,要实现教育过程中的实质平等,还需要建立围绕学校的支持系统,这一支持系统以区县比较合适。以区县为单位推进区域性的融合教育发展,既与我国的行政单位设置相吻合,也可以避免由学校为单位推进导致的不平等。本部分重在讨论区域内支持体系(工作机制)的搭建,以及工作方向。

1. 教育行政部门:区域资源中心的建设

近年来,我国的主流化的教育法律法规不断完善,但对于特殊教育的工作机制建设缓慢。相较于第一期《特殊教育提升计划(2014—2016 年)》,《第二期特殊教育提升计划(2017—2020 年)》在主要措施方面,除了共同的师资、教育经费、课程建设等方面的投入,着重强调了“健全特殊教育专业支撑体系”,可谓在工作机制方面迈出大步。该体系包括:

> 区县建立由教育、心理、康复、社会工作等方面专家组成的残疾人教育专家委员会,健全残疾儿童入学评估机制,完善教育安置办法。建立部门间的信息交流共享机制。
>
> 支持特殊教育学校建立特殊教育资源中心,提供特殊教育指导和支持服务。没有特殊教育学校的区县,依托有条件的普通学校,整合相关方面的资源建立特殊教育资源中心。
>
> 各级教研机构配备专职和兼职特殊教育教研员。鼓励高等学校、教科研机构以多种形式为特殊教育提供专业服务。建立健全志愿者扶残助学机制。发挥乡镇(街道)、村(居)民委员会在未入学残疾儿童少年信息收集、送教上门、社会活动等方面的支持作用。加强家校合作,充分发挥家庭在残疾儿童少年教育和康复中的作用。

尽管该提法并未明确指出特殊教育资源中心在教育行政部门的位置,但“宜粗不宜细”的国家政策也为各地实践留下空间。实际上,一些先行地区已经对区域性特殊教育支持体系作出探索,例如上海市多数区县建立隶属于教育行政部门的特殊教育指导中心。特殊教育指导中心的职能包括专业支持、组织协调、资源整合、指导服务、监督评价,该指导中心是区域特殊教育的组织核心,与学校建立支持与监督、分工与合作的运行机制。①

特殊教育资源中心为学校提供专业支持。例如,针对随班就读学生的各类评估,可以减轻学校的工作,亦可以避免学校间的各自为战,也有利于不同学校中教师的交流。

2. 教育工作者及家长:以学校为中心的残障意识培养

“不是不人道,而是不知道;不是不理解,而是不了解”,这句话表明除了专业知识外,残障意识的重要性。在现实中,常常因为融合教育实践的紧迫性而有意无意忽视残障意识的培养。

心智障碍者面临着污名化的文化环境,②例如精神残疾常隐含着对公共卫生和社会秩序的威胁。从国家层面来说,无论是以“残疾人自强模范”为代表的残障形象的国家建构,③还是“全国助残日”的主题折射出的社会残障意识,④都代表了残障者权利主体未得到彰显。残障者的“励志”形象既掩盖了残障者取得“成功”过程中的艰辛甚至某些权利的受损,也容易将残障者所面临的群体困境化约为个人困扰。

就观念来说,对残障(残疾)的理解、对残障者的态度、对融合教育的认识,都需要深刻的检讨。这种检讨需要实证性的经验研究,应该摆脱教条地用《残疾人权利公约》或任何其他法律或经验“去脉络”地理解我国融合教育的现实。因此需要以科学的工具识别和测量教育工作者、家长乃至学生的残障认识,并寻求有效的干预策略。

五、结　语

《残疾人权利公约》以及内化的法律理念的扩散,进一步刺激了残障者及其照

① 马振敏主编:《医教结合教育康复模式实践研究》,上海:上海社会科学院出版社,2018 年,第 89—91 页。

② B. Bie & L. Tang, “Representation of autism in leading newspapers in China: A content analysis”, *Health Communication*, vol.30, no.9(July 2015), pp.884—893.

③ 李学会:《残疾人的社会形象:对历次残疾人“全国自强模范”事迹的分析》,张万洪主编:《残障权利研究》(第二卷第一期),北京:社会科学文献出版社,2015 年。

④ 梁土坤、傅高山:《“福利的客体”还是“权利的主体”? ——“国际残疾人日”与“全国助残日”的主题折射出的社会残障意识》,刘小楠主编:《反歧视评论》,北京:法律出版社,2014 年,第 51—61 页。

顾者权利意识的觉醒。不可否认的是,《残疾人权利公约》近些年已经成为残障权利倡导、国家有关部门修订国内法律法规的有力工具和依据。这为遭受教育歧视的心智障碍儿童获得适切的教育提供了新的空间,也给我国特殊教育格局带来转型的压力。

本文指出心智障碍儿童教育过程中遭遇的“基于残疾的歧视”,包括拒绝心智障碍儿童入学的直接歧视和拒绝提供合理便利的歧视。通过回顾我国面向心智障碍儿童的教育体系,这些歧视具有制度上的根源,并且成为残障儿童教育成就处于劣势的制度原因。这种累积性的制度歧视限制了普通学校开展融合教育的意识和能力,因此拒绝提供合理便利有着“办学条件不足”的合理性。

从法理上说,普通学校不得拒绝残障儿童入校。但要真正实现教育过程中的实质平等,还需要建立针对学校的专业支持体系,即消除不足的办学条件以使其提供便利更加合理。为此本文着重讨论了以区县为单位建立特殊教育资源中心整体推进区域融合教育/特殊教育,在此之前应重视针对教育工作者、家长、学生的残障意识的识别与干预。

如果回到教育本身,本文的讨论放大了融合教育背景,即主要关注了在普通学校中占比较小的心智障碍儿童。融合教育可能还面临更深层的矛盾,在以学习成绩为上的“升学锦标赛”背景下,为融合教育留下的时间和空间有多少还需要更多讨论。在关注学习成绩上,学校、任课教师以及家长具有一致性。在某些随班就读实践中,心智障碍儿童的成绩并不计入班级成绩。这是一种权宜之计还是更深层次的歧视,还需要更深入地认识。

开展融合教育还需要处理其他矛盾,如公平与效率、少数与多数。一种观点认为融合教育的“好处”是残障儿童所具有的“单纯、宽容、友爱”等美好品质。且不论这种以功能讨论教育权利的方法论的缺陷,获得这些“美好品质”(往往以“素质”的名义)能否成为学校教育目标的首要选择,也是融合教育所面临的深层矛盾之一。

需要指出的是,本文的讨论主要基于特殊教育相对发达地区的经验,基于教育过程的歧视治理也主要围绕可变因素。在实际的工作中,还需要考量区域、学校特殊教育、融合教育发展的脉络及可用资源。

心智障碍者的权益保障：家庭视角的审视*

摘　要：心智障碍者对家庭及成员有着深刻而持久的影响，障碍并不仅仅是残障者个人的问题，更是一个家庭事务，但目前的政策实践相对忽视家庭视角，因而心智障碍者的照顾者所获得的社会支持有限。我国面向心智障碍者及家庭的政策过程，呈现"家长先行，政府跟进"的特点。《残疾人权利公约》理念的传播促进了心智障碍者家长的组织化，并使之成为反映需求、政策倡导进而参与社会治理的行动者。心智障碍者家长既是支持心智障碍者实现相关权益的力量，也是需要社会与政策支持的对象。家长需要提高认识，以集体行动将家庭困扰变为社会议题；政策制定者应适时出台相关政策，引导社会组织提供可得、可及、可负担的服务。

关键词：心智障碍者　家庭照料者　权益保障　社会支持　家庭视角

一、引　言

残障儿童对家庭（及其成员）有着深刻而长远的影响，①而残障父母同样影响其子女的生活，②因而，残障并不仅仅是残障者个人的问题，更是一个家庭事务(Family Affair)。③然而，我国目前无论是残障研究还是社会政策，仍然主要以个人视角理解和干预残障。残障的个人视角忽视了家庭照顾者的角色和力量，所以其

---

*　原文发表于《西南政法大学学报》2018 年第 5 期，与张凤琼合作。

①　李学会：《自闭症儿童对家庭的影响及家庭应对策略：基于文献回顾的理解框架》，《社会工作与管理》2018 年第 4 期。

②　A. Lamont A., L. Bromfield, "Parental intellectual disability and child protection: Key issues", *Australian Institute of Family Studies*, no.31(September 2009), pp.1—20.

③　R. R. Hyatt, S. M. Allen, "Disability as a 'Family Affair': Parental Disability and Childhood Immunization", *Medical Care*, vol.43, no.6(June 2005), pp.600—606. L. J. Capone L., "Home care: a family affair", *Home Healthcare Nurse*, vol.15, no.1(January 1997), pp.49—51. J. W. Anderson, C. A. Huth, S. A. Garcia, et al., "Parental Chronic Illness: Current Limitations and Considerations for Future Research", *Review of Disability Studies An International Journal*, vol.8, no.2(October 2014), http://hdl.handle.net/10125/58521.

缺乏充足的社会支持,致使家庭照顾者伤害残障者权益的事件时有发生。①尽管我国的社会保障政策日渐完善,但市场经济体制转轨中的社会保障改革仍然面临着结构性失衡,包括残障者在内的社会弱势群体社会保障仍然处于较低水平。②除此之外,残障者及其照顾者还需要应对来自制度和文化上的歧视,③也即对于包括精神障碍者和智力障碍者在内的心智障碍者及其照顾者而言,还要面对更广泛的、根深蒂固的文化污名乃至自我污名。④

近年来,国家、社会团体以及残障者(组织)为消除歧视、保障残障者权益做出了诸多努力,尤其在中国政府签署《联合国残疾人权利公约》(United Nations Convention on the Rights of Persons with Disabilities, UNCRPD,以下简称"《公约》")并生效的十年里(2008—2018)。中国政府积极履约,在签署《公约》后即修订了《残疾人保障法》,及时吸收了《公约》的相关理念,此后我国政府亦出台了相关条例和国家政策。同时,《公约》亦推动了心智障碍者家长的进一步组织化,使其成为残障倡导的有力思想来源,并在某些方面取得进展。⑤尽管如此,家庭及照顾者的角色和功能仍未引起足够的重视。本文首先将借助于理解残障的个人与社会视角说明家庭视角的必要性,进而分析我国针对残障家庭政策的不足、目前家长的需要以及维护心智障碍者(以自闭症为代表)权利所采取的行动,最后指出家长倡导行动与社会政策相连接的相关建议。

二、理解残障:个人视角与社会视角

在理解残障与社会的关系上,一个广为流行和使用的范畴是个人模式与社会模式(Individual Model and Social Model)。个人模式关注的是个体的身心损伤

① 到2018年7月已经发生了2起严重的家长伤害残障(脑瘫)儿童的事件:2018年6月发生于南京的父亲和爷爷溺亡女童案,以及南京事件不久后发生于合肥的父亲杀害12岁脑瘫女儿案件。而在此之前,亦有其他地方出现多起自闭症儿童、脑瘫儿童受伤害的事件。

② P. Saunders, X. Y. Shang, "Social Security Reform in China's Transition to a Market Economy", *Social Policy & Administration*, vol.35, no.3(2001), pp.274—289.

③ X. Y. Shang, K. R. Fisher, J.Xie, "Discrimination against children with disability in China", *International Journal of Social Welfare*, vol.20, no.3(June 2011), pp.298—308.

④ K. K. S. Chan, C. B. Lam, "Self-stigma among parents of children with autism spectrum disorder", *Research in Autism Spectrum Disorders*, vol.48, (April 2018), pp.44—52. L. Tang, B. Bie, "The stigma of autism in china: an analysis of newspaper portrayals of autism between 2003 and 2012", *Health Communication*, vol.31, no.4(September 2016), pp.445—452.

⑤ 李学会、傅志军:《从隔离走向融合?——我国视力障碍者高等教育的历史、特点及政策变迁》,《社会工作》2015年第6期。

(Impairment)本身,并认为是(异于常人的)损伤造成了残障者参与社会的障碍;社会模式关注的是社会与文化,认为社会未能提供相应的便利产生残障者融入主流社会的障碍。①

理解残障的两种视角导向不同的问题感受和政策。个人模式往往将残障理解为个人的不幸、损失和限制,它要求残障者改变自己,以符合社会对所谓"正常人"的想象,可能的社会回应如:慈善、医疗处遇、隔离、适应、补救式治疗以及长期依赖他人或社会服务。社会模式对问题的感受是偏见、歧视和压迫,主张应以移除外在环境与制度的障碍为主,可能的回应如:社会教育、使用的机会、公民权、政治上的争取,②因而该模式也衍生出普同模式、人权模式。

兴起于二十世纪七八十年代的西方残障权利运动,一方面催生了新的残障研究,同时也从残障研究中获得思想来源。残障研究明晰了潜在的残障模式,并参与到残障权利运动之中。很显然,社会模式的残障并不仅仅是一种认识残障的新视角,而是从一开始就有着明确的政治诉求,尤其是残障组织(Disability Organizations)与国家关系中的角色。③看待残障的视角的改变也体现在世界卫生组织2001年提出的《关于功能、残疾和健康的国际分类》(International Classification of Functioning, Disability and Health, ICF)之中,其强调功能的实现与参与的社会环境因素。④而《公约》的出台,进一步使社会模式的残障认识成为主流。作为二十一世纪第一个人权公约,《公约》为各国政府以及残障者(组织)的行动提供了参照。

《公约》在不同地方提及了家庭的角色和功能。在序言第二十四条指出,"深信家庭是自然和基本的社会组合单元,有权获得社会和国家的保护,残疾人及其家庭成员应获得必要的保护和援助,使家庭能够为残疾人充分和平等地享有其权利作出贡献"。相应地,在第八条提高认识条款中指出,"缔约国承诺立即采取有效和适当的措施,以便提高整个社会,包括家庭,对残疾人的认识,促进对残疾人权利和尊

① T. Shakespeare, "Disability, identity and difference", in C. Barnes, M. Geof, eds., *Exploring the Divide*, Leeds: The Disability Press, 1996, pp.94—113. M. Oliver, "The social model of disability: thirty years on", *Disability & Society*, vol.28, no.7(June 2013), pp.1024—1026. J. Allan, "The sociology of disability and the struggle for inclusive education", *British Journal of Sociology of Education*, vol.31, no.5 (September 2010), pp.603—619.

② J. Allan, "The sociology of disability and the struggle for inclusive education", *British Journal of Sociology of Education*, vol.31, no.5 (September 2010), pp.603—619. 王国羽:《障碍研究论述与社会参与:无障碍、通用设计、能力与差异》,《社会》2015年第6期。B. Hughes, "Disability activisms: social model stalwarts and biological citizens", *Disability & Society*, vol.24, no.6(October 2009), pp.24(6):677—688.

③ M. Oliver M., "The Politics of Disability", *Critical Social Policy*, vol.4, no.11(September 1984), pp.21—32.

④ 世界卫生组织:《世界残疾报告(概要)》,马耳他,2011年。

严的尊重”。

三、未被看见的照顾者:缺失的家庭视角

无论是《公约》,还是基于《公约》、ICF 理念的《世界残疾报告》,都为国家行动提出了建议,其中包括回顾和修订现有的法规和政策。尽管这些法律法规涉及家庭及照顾者,但事实上,到目前为止,家庭照顾者的角色仍未得到足够关注。家庭始终是照顾残障者的主要力量,尤其是残障者的父母。

(一) 家庭照顾者:心智障碍者权益实现的支持力量

无论是未成年残障者,还是成年残障者的照顾,家庭是不可或缺的力量。据中国残联发布的《2013 年度残疾人状况及小康进程监测报告》,17 岁及以下残疾儿童的监护人以父母双方为主。由于缺乏充足和合适的机构支持,心智障碍者更依赖家庭的照顾。已有调查表明,为照顾自闭症孩子,约有一半的家庭中有人放弃工作,且其中绝大多数是母亲。①成年心智障碍者在接受教育阶段之后,家庭依然是心智障碍者的主要照料者。

表 1 17 岁及以下残疾儿童的监护人构成② (单位:%)

	2007	2008	2009	2010	2011	2012	2013
父母双方	82.8	84.2	85.4	86.0	84.9	83.8	85.4
父亲或母亲	5.5	4.9	5.2	5.4	5.3	6.0	5.5
祖父母或外祖父母	8.2	7.8	7.3	6.7	7.0	7.7	7.1
其他亲属或其他非亲属	3.5	3.1	2.1	1.9	2.9	2.5	2.0

残障者权益的实现需要国家、社会及个人之间的联动与互动。而家庭作为连接个人与国家、社会之间的桥梁,有着承上启下的作用:一方面,国家针对于残疾人的行政给付法律规范通过社会传递到家庭进而到个人,社会在保障残疾人的生存与发展权益上应当形成与国家之间的配合,形成互补;另一方面,残障者个人及家庭的需求对国家和社会的法规与服务提出要求。③

① 中国精神残疾人及亲友协会编著:《中国孤独症家庭需求蓝皮书》,北京:华夏出版社,2014 年,第 19 页。

② 中国残疾人联合会:《关于印发〈2013 年度残疾人状况及小康进程监测报告〉的通知》,2014 年 7 月 1 日,http://www.cdpf.Org.cn/sjzx/jcbg/201408/t20140812_411000.shtml,2018 年 9 月 1 日。

③ 廖原:《残疾人权益保障的国家、社会与公民责任范围研究》,《江汉大学学报(社会科学版)》,2013 年第 5 期。

家庭是个人社会化的首属群体,为个人的发展提供必要的资源和精神支持。在儒家文化圈内,重视家庭的文化是保障残障者权益的有利因素。①心智障碍者,与家庭的关系更加紧密。在我国目前补缺型的社会保障政策背景下,家庭承担了心智障碍者的照料与养育功能。心智障碍者需要长期的照护,因而心智障碍者对家庭的影响是持久的。家庭成员中存有残障者将影响其他家庭成员的生活质量,究其原因在于残障者对家庭生态的影响,这种影响借助于家庭结构和家庭功能而实现。②

如此,残障家庭功能的实现是促进残障者福祉的关键,即便有了完备的社会政策,家庭的角色依然重要。心智障碍儿童的到来,给家庭带来各种压力是实实在在的现实。为了应对这一家庭事件,家长采取不同的应对策略,将会产生不同的潜在结果。③例如,为了照顾心智障碍儿童,大量的家长选择离职,或者再生育。这一系列的应对方式,意味着生活方式的全面调整。已有大量的研究表明,外在于家庭的社会支持有助于家庭选择更为有效的应对方式。④而目前,家庭所获的社会支持有限,因而心智障碍者的康复医疗、看护照料、教育、就业全面依赖家长的付出。

可见,要理解心智障碍者的生活图景,有必要将之置于家庭之内全面审视。一方面在于心智障碍者的生存与发展离不开家庭的支持,另一方面在于心智障碍儿童对家庭有着持续而深刻的影响。事实上,心智障碍者的照料者同样受社会观念的影响,尤其社会对于精神障碍者的污名,不仅照顾者亦遭受污名而且可能使家长将这一观念内化。⑤而家长对心智障碍以及心智障碍儿童的看法,是影响家长投入

---

① L. Y. Lin, "Coping strategies, caregiving burden and depressive symptoms of Taiwanese mothers of adolescents with autism spectrum disorder", *Research in Autism Spectrum Disorders*, vol. 15—16 (July 2015), pp.1—9.

② S. Pederson, T. Revenson, "Parental illness, family functioning and adolescent well-being: A family ecology framework to guide research", Journal of Family Psychology, vol.19, no.3(October 2005), pp.404—419.

③ 李学会:《自闭症儿童对家庭的影响及家庭应对策略:基于文献回顾的理解框架》,《社会工作与管理》2018 年第 4 期。

④ 同上书。L. Y. Lin, "Coping strategies, caregiving burden and depressive symptoms of Taiwanese mothers of adolescents with autism spectrum disorder", *Research in Autism Spectrum Disorders*, vol.15—16, (July 2015), pp.1—9. S. Pederson, T. Revenson, "Parental illness, family functioning and adolescent well-being: A family ecology framework to guide research", Journal of Family Psychology, vol.19, no.3(October 2005), pp.404—419.

⑤ K. K. S. Chan, C. B. Lam, "Self-stigma among parents of children with autism spectrum disorder", *Research in Autism Spectrum Disorders*, vol.48(April 2018), pp.44—52.

的因素。[①]在近些年来发生的有关自闭症、脑瘫等心智障碍者家庭的悲剧,除了这些家庭不堪重负之外,其家长的观念亦是不可忽视的因素。回顾心智障碍者家长二十多年的行动历史,部分家长已经走出家庭,成为促进心智障碍者权益实现的有力推动者。

(二) 面向残障者的社会政策:家庭视角的缺位

尽管《公约》秉承的是残障的社会模式,进而对缔约国以及相应的组织提出了相应的责任和义务,但《公约》在保障残障者权益的具体路径上有着强烈的个人主义色彩。[②]而且,个人与社会二元模式,尽管直观、简洁地呈现了两种进路,但在个人与社会之间缺乏过渡,也容易造成非此即彼的对立。

《公约》作为国际人权公约,因其所针对的更多的是缔约国的责任,缺少直接基于家庭视角的相关规定。如果这是可接受的,那么国内的法律法规应有更为细致的规定。

在保障残障者权益方面,我国目前初步建立了以《残疾人保障法》为核心、以《残疾人教育条例》《残疾人就业条例》《无障碍环境建设条例》《残疾预防和残疾人康复条例》为分支的法律法规体系。除此之外,还有一系列相关的社会福利与救助政策,可以说残疾人社会保障体系初步形成。[③]例如 2016 年起全面实施的困难残疾人生活补贴和重度残疾人护理补贴制度,成为"保基本、兜底线"的重要民生保障制度。[④]尽管如此,我国的儿童照顾体制仍然是过度倚重家庭自身的传统模式,[⑤]在服务提供以及理念方面还有改进空间。

我国政府为保障残障者的权益所做出的努力使残障事业取得巨大进步,但在制度建设的某些方面仍然有违《公约》的理念。[⑥]在社会保障领域,无论是社会保

---

① A. Lamont A, L. Bromfield, "Parental intellectual disability and child protection: Key issues", *Australian Institute of Family Studies*, no.31(September 2009), pp.1—20. R. R. Hyatt, S. M. Allen, "Disability as a 'Family Affair': Parental Disability and Childhood Immunization", *Medical Care*, vol.43, no.6(June 2005), pp.600—606.

② L. Terzi, "The Social Model of Disability: A Philosophical Critique", Journal of Applied Philosophy, vol.21, no.2, (July 2004), pp.141—157. B. Hughes, "Disability activisms: social model stalwarts and biological citizens", *Disability & Society*, vol.24, no.6(October 2009), pp.24(6): 677—688. X. Shang, K. R. Fisher, J. Xie, "Discrimination against children with disability in China", *International Journal of Social Welfare*, vol.20, no.3(June 2011), pp.298—308.

③ 张奇林、张东旺:《残疾人权益保障:现状、问题与对策》,《社会保障研究》2014 年第 2 期。

④ 李静、黎建飞:《我国残疾人权益保障的现状与发展》,《河南财经政法大学学报》,2017 年第 1 期。

⑤ X. Y. Shang, X. M. Wu, "The care regime in China: elder and child care", *Journal of Comparative Social Welfare*(June 2011), pp.123—131.

⑥ 刘文静:《〈残疾人权利公约〉视角下的中国残疾人权益保障:理念变迁与制度创新》,《人权》2015 年第 2 期,第 98—114 页。

险、社会救助、社会福利还是特别扶助措施,都在某种程度上,支持残障家庭。在以上的法律法规中,虽均涉及家庭有责任保障残障者的权益,但尚未有专门的条款涉及对残障家庭的支持。

另外相较于境外针对残障家庭的家庭资源中心以及相关政策,我国并没有建立起针对残障者及其家庭的支持体系。除了有形的工具性支持(例如各类补贴),家长亦需要情感性的支持。此类未必直接来源于国家(地区)的相关政策,但提供此类社会支持的社会服务却需要社会政策予以保障。例如韩国,残疾儿童家庭支持政策主要由收入支持、医疗康复支持、教育支持等间接家庭支持和残疾人活动支持、家庭养育支持、父母心理咨询服务支持等直接支持构成,国家与社会共同分担家庭功能。[①]在其他国家和地区亦有类似的实践,例如美国的家庭资源中心,日本以及我国香港地区针对家长服务的社会团体等。[②]这些经验无疑对我国具有重要的借鉴意义。

四、家庭照顾者:需要被支持的对象

相较于其他障别,心智障碍者对家庭的影响以及对照料者的依赖更为持久。某种程度上,近年来时有发生的心智障碍家庭悲剧事件,是家庭不可承受之重。在伤害心智障碍儿童以及家长自我伤害之前,这些家庭均付出了最大可能的努力。近年来,心智障碍者家长组织兴起,在权益倡导方面与政府有了更多的互动,一定程度上引起了社会政策对心智障碍者家庭的关注。这些家庭照顾者亦需要更多元、充足的社会支持服务,需要残障意识的提升,而家长组织在行动路径上亦需要从个人困扰到公共议题的倡导。

(一) 更多元、充足的社会支持服务需要

《世界残疾报告》指出残障者权益实现所面临的问题之一即是消极的态度,其中包括“一些观念和偏见造成教育、就业、卫生保健以及社会参与的障碍。例如,教师、学校管理者、其他学生、甚至家庭成员的态度会影响残疾儿童融入主流学校”。[③]这些观念的障碍限制了进一步采取行动的可能性,而社会政策以及服务体系中家庭视角的缺失,无疑加剧了家庭服务的稀缺。

心智障碍者被纳入我国的残疾人分类及相对应的服务业相对滞后,以至于相

① 金炳彻:《韩国残疾儿童家庭支持体制研究》,《残疾人研究》,2015年第4期,第68—74页。

② 深圳市自闭症研究会主编:《中国自闭症人士服务现状调查(华南地区)》,北京:华夏出版社,2013年。

③ 世界卫生组织:《世界残疾报告(概要)》,马耳他,2011年,第8页。

应的公共服务不足,因此心智障碍家庭获得的正式支持有限。直到2006年第二次全国残疾人抽样调查时,自闭症方才被归入精神残疾分类。此后,具有公共服务性质的残联举办的自闭症康复机构逐渐出现。而在此前,大部分的自闭症康复机构由心智障碍者家长举办,例如具有相当影响力的北京星星雨教育研究所、青岛以琳康教展能中心。深圳市自闭症研究会针对华南地区的调查也表明,超过半数的康复机构创始人子女为自闭症,创办目的也主要是"创始人的孩子没地方去解决他的问题,同时解决其他孩子的问题"。[①]而这些民办的自闭症康复机构亦需要政策、人才等方面的支持。

可见,公共服务的供给不足一定程度上催生了心智障碍者家长推动保障其子女康复权方面的努力空间。除了康复权,心智障碍者的受教育权、就业权也是照顾者不得不参与的议题。在现实中,具有相当比例的心智障碍儿童在各级学校入学时遭遇过被拒绝的经历,[②]这种制度性的排斥无疑给心智障碍家庭带来持久的困扰。为了心智障碍儿童能够入学,不少家长动用社会关系或者接受学校提出的所谓免责条款。而近年来家长组织起来推进融合教育,仍需要各个部门的积极回应。

在就业权方面,家长也做出了先行的努力。我国面向残疾人的就业政策,经历了从国家到市场的转型,[③]伴随的是集中就业的福利企业的弱化以及分散就业的兴起。为了给大龄心智障碍者创造就业机会,一些家长做了不少尝试,例如开办洗车服务、咖啡馆、烘焙坊等。就政府层面来说,近年来各地举办的阳光家园、残疾人康复就业服务中心等机构,代表了具有福利性质的集中托养模式的复兴。尽管如此,心智障碍者的就业权然得不到充足的保障。[④]而且,集中就业的方式也无法满足多元的就业需求。成年心智障碍者无处可去,无疑又增加了家庭养育、经济、心理等方面的压力。

(二)提高心智障碍者家长的认识需要

尽管心智障碍者家长是维护和实现心智障碍者权益的重要角色,但他们亦需要提高认识,包括认识残障以及残障者的权利。基于家庭生命周期,有研究者指出自闭症家庭的五大家庭权利要素,分别是"家庭存续权""家庭获助权""家庭公正

---

① 深圳市自闭症研究会主编:《中国自闭症人士服务现状调查(华南地区)》,北京:华夏出版社,2013年,第19页。

② 同上书;中国精神残疾人及亲友协会编著:《中国孤独症家庭需求蓝皮书》,北京:华夏出版社,2014年。

③ J. Huang, B. Guo, & J. Bricout, "From concentration to dispersion: the shift in policy approach to disability employment in china", *Journal of Disability Policy Studies*, vol.20, no.1(June 2009), pp.46—54.

④ 杨旭:《反残疾人就业歧视的法律保障研究》,《西南政法大学学报》2015年第3期。

权”“家庭自由权”“家庭发展权”。[①]这从另一方面说明,心智障碍者的到来影响了家庭发展的轨迹。事实上,家庭应对行为的选择都有着潜在的家庭与社会后果。[②]例如,家庭照顾的分工(是否离职、扩展家庭的角色)、家庭结构改变(再生育)等等都会影响心智障碍者的权益。而要实现以上家庭权利,从而形成有效的应对策略,需要家长对残障以及残障的影响有充足的认识。

事实上,家长并不一定是天然的合适照料者。心智障碍者的照料需要家长学习更多专业的知识和技能,以扮演养育者的角色。有研究指出,家庭承担了照料心智障碍者的主要责任与我国传统儒家文化对父母角色的影响有关,[③]也即“父职”“母职”。过度强调文化的作用,可能更不利于实现“家庭获助权”,也即家长责任的文化压力使家长不会及时向外求助。而且,家长某些根深蒂固的观念成为心智障碍者权益实现的障碍。例如,“残即废”的观念、将心智障碍儿童的到来归咎于宗教惩罚或某家庭成员的做法(常见的如“冰箱母亲”理论)。[④]这些观念有着实在的现实影响。“残即废”的观念将降低家庭对心智障碍者教育投入的可能性,进而从根本上限制残障者所获的教育成就和就业能力,[⑤]也更可能导致家庭再生育行为的“工具性”,即再生育是为了照料心智障碍者。而将心智障碍儿童的到来归咎于宗教惩罚或某家庭成员,则更容易导致家庭的解体(离异)。

《公约》提出提高认识的措施之一,即“发起和持续进行有效的宣传运动”,达到的目标包括:“1.培养接受残疾人权利的态度;2.促进积极看待残疾人,提高社会对残疾人的了解;3.促进承认残疾人的技能、才华和能力以及他们对工作场所和劳动力市场的贡献。”近年来,《公约》已经成为家庭权利启蒙的思想来源,这将对心智障碍者的权益保障有着长远的影响。

(三)迈向集体:为家长组织的行动创造空间

事实上,我们已经看到在《公约》精神的影响下,家长认识的提高和倡导行动的增加。中国精协孤独症委员会、全国心智障碍者家长组织联会、守望心智障碍者家长组织联盟的相继成立,代表了心智障碍家长以及家长组织的组织化与再组织化。

① 陆奇斌、张强、付愈:《自闭症家庭权利保护研究——基于自闭症家庭个案》,《残疾人研究》2014年第2期。

②④ 李学会:《自闭症儿童对家庭的影响及家庭应对策略:基于文献回顾的理解框架》,《社会工作与管理》2018年第4期。

③ L. Y. Lin, “Coping strategies, caregiving burden and depressive symptoms of Taiwanese mothers of adolescents with autism spectrum disorder”, *Research in Autism Spectrum Disorders*, vol. 15—16 (July 2015), pp.1—9.

⑤ 李学会、董咚:《残障学生与非残障学生的家长教育期望:基于CEPS 2014调查数据比较分析》,《绥化学院学报》2018年第10期。

尤其借助于家长组织,使得《公约》的影响更加广泛。例如,成立于2014年全国心智障碍者家长组织联会,其宗旨是“通过对中国心智障碍者家庭的支持,促进《残疾人权利公约》在中国的有效实施,实现心智障碍者及其家庭全面平等融入社会,更有尊严地生活”。可见,《公约》理念的扩散与本地实践的结合,已经成为我国残障事业发展国内与国际良性互动的注脚。

2011年世界卫生组织发布的《世界残疾报告》提出了改善残疾人的生活状况的行动建议,残疾人及其家庭可以:“通过同等的支持、培训、信息和建议,以支持其他残疾人;在当地社区提倡残疾人权利;逐渐融入到提高认识和社会营销活动;参与论坛(国际、国内和当地)以确定改变的优先顺序,影响政策制定,确定服务形式;参与相关的研究计划。”①

家长集体倡导的行动包括通过调查报告反映诉求和提出建议、推动《公约》理念的传播、借鉴域外经验等,可谓对《世界残疾报告》行动建议的实践。如果我们回顾心智障碍者家长的行动历史,很明显存在两条主线:一是个体行动取向,一个是集体倡导取向。前者典型的表现为家长开办康复机构,在满足其家庭照料的同时辐射其他家庭,这一路径以较早的家长为主要行动者;后者典型的表现为家长组织的出现,倡导社会政策的改变以及更多的公共服务,这一路径尤其体现在《公约》在中国生效的这十年里。事实上,个人化的应对策略在某些情形下反而不利于群体的权利保护。例如,通过社会关系寻求进入主流学校或就业场所,由于家庭所拥有的社会资本存在差异,个体行动只能使部分心智障碍者实现某些权利,久而久之更易陷入“集体行动的困境”。

家长组织的集体行动已经超越了单纯的直接提供服务的路径,更加朝向生成社会政策议题的路径,也即家长以及家长组织已经不同程度地参与到各地社会治理过程中。其中一个表现是,在群团组织改革的大背景下,不少家长已进入各地残联及其下协会。此外,亦有家长成为人大代表、政协委员,这种参政议程的过程无疑将有着深远的影响。在以往的家庭政策实践中,国家与民间社会的良性互动是促成政策变革的因素。②与此同时,政府对《公约》的积极回应也为家长组织的行动创造了空间,例如“合理便利”理念纳入新修订的《残疾人保障法》,③已经成为家长组织推动融合教育发展的有力依据。在这几种力量合流的背景下,心智障碍者家长已经成为我国残障权利倡导、发展新时期中国残障事业中可见的、不可忽视的力量。

---

① 世界卫生组织:《世界残疾报告(概要)》,马耳他,2011年,第19页。

② X. Y. Shang, “Looking for a Better Way to Care for Children: Cooperation between the State and Civil Society in China”, *Social Service Review*, vol.76, no.2(June 2002), pp.203—228.

③ 曲相霏:《残疾人权利公约中的合理便利——考量基准与保障手段》,《政法论坛》2016年第2期。

五、结　语

本文强调残障是一个家庭事务，是仅仅相对于把残障视为个人事务（悲剧）这一视角而言。回顾我国心智障碍者权益（康复权、教育权、就业权）保障的政策过程，其呈现出典型的“家长先行，政府跟进”的特点。家长（监护人、照料者）是保障和实现心智障碍者权益不可忽视的力量，社会政策通过影响家长进而保障心智障碍者进而维护家庭权利。然而，目前主流的残障模式以及政策实践缺乏家庭视角，限制了社会服务的提供。

心智障碍者家长组织近年来获得迅速的发展，它们在反映群体诉求、形成政策倡导方面扮演越来越重要的角色，这无疑对心智障碍者的权益保障起着积极的作用。残障是一个家庭事务，并不意味着照顾残障者或者残障者的权益实现是家庭私事，而是需要社会与政策的支持。要预防危及心智障碍者生命权的悲剧事件，还需要家长组织以及社会服务机构提供可及、可得、可负担的服务，这些服务将是对心智障碍家庭重要社会支持来源。如此，方能减少家长危及心智障碍者的生命权、发展权等权利的可能性。

心智障碍者家长的组织化，使心智障碍者及照料者的需求被社会看见成为可能。政府及相关部门应及时予以回应，出台相应的政策，为家长（监护人）及家长组织赋权，并引导各类社会组织重视对家庭照料者的服务。这是我国积极履行《公约》义务的要求，也是实现可持续发展目标和政府“善治”的途径。此外，到目前为止，心智障碍者及家庭的群像依旧是模糊的，还需要有更多的家庭视角的实证研究，以为家长、家长组织以及政策制定者提供有效的智识支持。

社会经济地位与残障中学生的家庭教育期望:基于 CEPS 2014 的分析*

摘　要:围绕教育期望已经产生了大量的研究,然而多数研究并没有关注到残障群体或者是否有残疾没有成为一个关键的变量。本研究利用中国教育追踪调查(CEPS 2014)数据,研究了家庭社会经济地位对残障学生自我教育期望的影响。研究发现:首先,家庭社会经济地位中家长教育程度对教育期望具有显著影响;其次,家长教育期望对学生教育期望具有显著正向影响;最后,学习成绩是影响教育期望的关键学生个体因素,教育期望存在残障类别的差异。基于以上发现,我们认为在推动教育公平、保障残障青少年教育权利中,应重视家庭因素的影响。

关键词:社会经济地位　残障中学生　教育期望

一、研究背景

教育期望是形塑其世界观以及作为一个人整个生活指南的内化社会结构,①这种具有自我实现预言性质的社会—心理过程成为理解社会分层、社会流动的中介机制。②教育期望是预测最终教育获得稳健且有效的指标,③也是理解升学机会、教育过程不平等的理想视角。④大量研究发现家庭社会经济地位对教育期望

---

* 原文发表于《社会工作评论》(2019 年)。感谢香港浸会大学林思齐东西学术交流研究所驻校研究生奖学金计划(LEWI Resident Graduate Scholarship (RGS) Programme)的资助以及督导老师董咚博士的指导。

① S. A. Dumais, "Early childhood cultural capital, parental habitus, and teachers' perceptions", *Poetics*, vol.34, no.2(April 2006), pp.83—107.

② B. Doren, J. M. Gau, L. E. Lindstrom, "The Relationship between Parent Expectations and Postschool Outcomes of Adolescents with Disabilities", *Exceptional Children*, vol.79, no.1(October 2012), pp.7—23.

③ 王甫勤、时怡雯:《家庭背景、教育期望与大学教育获得——基于上海市调查数据的实证研究》,《社会》2014 年第 1 期。

④ 参见梁玉成、吴星韵:《教育中的户籍隔离与教育期望——基于 CEPS 2014 数据的分析》,《社会发展研究》2016 年第 1 期;丁百仁、王毅杰:《教育期望的户籍差异——基于四类儿童的比较研究》,《教育科学》2016 年第 5 期。

具有正向的影响，[①]因此从家庭社会经济地位入手研究教育期望有助于理解某一类群体的教育状况。

近年来围绕教育期望已经产生了大量的研究，尤其借助于“中国教育追踪调查”数据，既有不同户籍身份群体教育期望的差异[②]以及户籍隔离[③]、阶层隔离[④]、性别差异[⑤]等，亦有将家庭教育期望作为因变量探讨其影响因素的研究。[⑥]

然而，就研究对象而言，此类研究很少关注到残障群体及家庭，是否有残疾没有成为一个关键的变量。围绕残障学生家长的教育期望的研究甚少，[⑦]残障学生自我教育期望的研究则更少。国内尚未有研究专门探讨残障学生的家庭教育期望，一方面是限于残障意识而缺乏相关的数据，另一方面缘于残障研究处于学术边缘地位的现实。[⑧]借助于全国性调查数据，本文研究家庭社会经济地位对残障学生家庭教育期望(包括学生以及家长)影响。在现实中，残障者面临的教育机会以及实际的教育结果与非残障者相比都处于劣势，本文的研究有助于理解这一境况的家庭背景影响。

二、文献回顾

(一) 残障儿童的受教育状况

目前，我国残障者无论是受教育机会还是最终获得的教育都显著落后于非残障者。[⑨]在基础教育中每年尚未入学的适龄儿童主要是残障儿童。而在高等教育

---

① 参见王甫勤、时怡雯：《家庭背景、教育期望与大学教育获得——基于上海市调查数据的实证研究》，《社会》2014 年第 1 期；吴愈晓、黄超：《基础教育中的学校阶层分割与学生教育期望》，《中国社会科学》2016 年第 4 期；刘保中、张月云、李建新：《社会经济地位、文化观念与家庭教育期望》，《青年研究》2014 年第 6 期。

② 丁百仁、王毅杰：《教育期望的户籍差异——基于四类儿童的比较研究》，《教育科学》2016 年第 5 期。

③ 梁玉成、吴星韵：《教育中的户籍隔离与教育期望——基于 CEPS 2014 数据的分析》，《社会发展研究》2016 年第 1 期。

④ 吴愈晓、黄超：《基础教育中的学校阶层分割与学生教育期望》，《中国社会科学》2016 年第 4 期。

⑤ 黄超、吴愈晓：《中学生教育期望的性别差异：表现与成因》，《江苏社会科学》2016 年第 4 期。

⑥ 参见刘保中、张月云、李建新：《社会经济地位、文化观念与家庭教育期望》，《青年研究》2014 年第 6 期；杨习超、姚远、张顺：《家庭社会地位对青少年教育期望影响研究——基于 CEPS 2014 调查数据的实证分析》，《中国青年研究》2016 年第 7 期。

⑦ J. Banks, B. Maître, S. McCoy and D. Watson, *Parental Educational Expectations of Children with Disabilities*, RESEARCH SERIES NUMBER 50. Dublin: The Economic and Social Research Institute, 2016.

⑧ 参见 T. Titchkosky, “Disability studies the old and the new”, *Canadian Journal of Sociology*, vol.25, no.2 (Spring 2000), pp.197—224. 蔡禾、周林刚等：《关注弱势：城市残疾人群体研究》，社会科学文献出版社，2008 年。

⑨ 参见赖德胜、赵筱媛等：《中国残疾人就业与教育现状及发展研究》，北京：华夏出版社，2008 年；孟万金、刘在花、刘玉娟：《推进残疾儿童教育公平任重道远——四论残疾儿童教育公平》，《中国特殊教育》2007 年第 2 期。

阶段,残障学生的录取比例也更低。残障者就读的高等院校包含普通高等学校和特殊教育院校,2003 年到 2014 年录取入高等特殊教育学院学习的残疾人占高等院校录取残疾人的比例徘徊在 11%—21%之间。①

表 1 残疾儿童与非残障儿童接受义务教育比例比较 (单位:%)

	2007	2008	2009	2010	2011	2012	2013
6—14 岁残疾儿童接受义务教育比例	63.3	63.8	69.5	71.4	72.1	71.9	72.7
学龄儿童净入学率	99.5	99.5	99.4	99.7	99.8	99.9	99.7
普通小学升学率	99.9	99.7	99.1	98.7	98.3	98.3	98.3
普通初中升学率	80.5	82.1	85.6	87.5	88.9	88.4	91.2
普通高中升学率	70.3	72.7	77.6	83.3	86.5	87.0	87.6

注:1. 数据"6—14 岁残疾儿童接受义务教育比例"来源于《小康监测报告》;2. "学龄儿童净入学率"和"普通小学升学率"数据来源于《中国统计年鉴(2016)》。

就某些特定类型的残障儿童(例如自闭症、罕见病)而言,遭遇入学被拒仍然就有普遍性。②很显然,这种歧视性的制度障碍限制了残障儿童接受教育的机会。

(二) 家庭社会经济地位与家长教育期望

大量针对一般家庭的研究表明,家长的教育期望显著影响其子女的学业成就,而学业成就亦会影响其将来的就业与收入。③这也正是社会分层、社会流动的研究将家长教育期望置于重要位置的缘由,也是威斯康星学派解释家庭社会经济地位影响教育过程及获得的中介变量,教育期望是预测教育获得的稳健指标。④

现有的研究中,家庭社会经济地位一般主要指父母的受教育水平、收入以及职

① 李学会、傅志军:《从隔离走向融合? ——我国视力障碍者高等教育的历史、特点及政策变迁》,《社会工作》2015 年第 6 期。

② 参见李学会、吴玲:《特殊学生社会排斥的社会工作介入:基于生态系统理论的方案优化》,张万洪、高薇主编:《残障权利研究》,第三卷第一期 2016 · 夏季号,北京:社会科学文献出版社,第 81—95 页;深圳市自闭症研究会主编:《中国自闭症人士服务现状调查(华南地区)》,北京:华夏出版社,2013 年;顺德区自闭症子女情况调研课题组编著:《佛山市顺德区自闭症子女情况调研课题》,北京:华夏出版社,2015 年;H. McCabe, "Parent Advocacy in the Face of Adversity: Autism and Families in the People's Republic of China", *Focus on Autism and Other Developmental Disabilities*, vol.22, no.1, (February 2007), pp.39—50。

③ J. Banks, B. Maître, S. McCoy and D. Watson, *Parental Educational Expectations of Children with Disabilities*, RESEARCH SERIES NUMBER 50. Dublin: The Economic and Social Research Institute, 2016.

④ 参见王甫勤、时怡雯:《家庭背景、教育期望与大学教育获得——基于上海市调查数据的实证研究》,《社会》2014 年第 1 期;丁百仁、王毅杰:《教育期望的户籍差异——基于四类儿童的比较研究》,《教育科学》2016 年第 5 期。

业地位。除此之外,也有研究将家庭文化资本纳入分析影响教育期望的因素,拥有的文化资本或文化资源越丰富教育期望也越高。①

国内尚未有专门针对残障学生以及家长教育期望的实证研究,国外已有一些探索。其中最具有代表性的综合研究当属爱尔兰经济与社会研究中心(Economic and Social Research Institute, ESRI)发布的报告《残障儿童的家长教育期望》(Parental Educational Expectations of Children with Disabilities),该研究发现,影响残障儿童家长教育期望的因素有儿童的性别、障别、学业表现、首要照顾者(主要为母亲)自身的教育程度、亲子关系。②而且在家庭背景因素中,家长的教育程度最具有显著影响,控制了家庭收入等因素同样稳健。

(三) 家长教育期望与子女教育期望

家庭是子女社会化的首要场所,对子女的影响是全面的。同样基于CEPS 2014数据的研究均表明,家长教育期望对学生教育期望具有显著的正向影响。③一项基于CEPS 2014数据的研究发现,家长教育期望存在"罗森塔尔效应"并建构了作用过程循环模型。该研究指出,家长的教育期望影响家长的教育行为,进而影响学生短时段的学业表现,反过来子女学业表现又影响家长的教育期望。④这揭示了家长教育期望的影响路径:家长的教育期望会影响家长的教育投入,并进一步影响学生的学习投入。⑤

家庭社会经济地位和父母参与之间具有显著正向影响,尤其是教育程度较高的父母有更高的育儿参与倾向。⑥这也说明,处于优势地位的家庭更有条件把教育期望转化为实际的教育投入,而且更能维持教育期望。教育期望是一种心理状态,

---

① 参见杨习超、姚远、张顺:《家庭社会地位对青少年教育期望影响研究——基于CEPS 2014调查数据的实证分析》,《中国青年研究》2016年第7期;李晓晗、郑磊:《家庭社会经济地位对父母参与的影响及作用机制——基于CEPS数据的研究》,《教育经济评论》2017年第1期。

② J. Banks, B. Maître, S. McCoy and D. Watson, *Parental Educational Expectations of Children with Disabilities*, RESEARCH SERIES NUMBER 50. Dublin: The Economic and Social Research Institute, 2016.

③ 参见杨习超、姚远、张顺:《家庭社会地位对青少年教育期望影响研究——基于CEPS 2014调查数据的实证分析》,《中国青年研究》2016年第7期;黄超、吴愈晓:《中学生教育期望的性别差异:表现与成因》,《江苏社会科学》2016年第4期;丁百仁、王毅杰:《教育期望的户籍差异——基于四类儿童的比较研究》,《教育科学》2016年第5期。

④ 马欣、魏勇:《家长教育期望中的"罗森塔尔效应"循环模型探析——基于CEPS的模型检验》,《新疆社会科学(汉文版)》2017年第1期。

⑤ 刘在花:《父母教育期望对中学生学习投入影响机制的研究》,《中国特殊教育》2015年第9期。

⑥ 李晓晗、郑磊:《家庭社会经济地位对父母参与的影响及作用机制——基于CEPS数据的研究》,《教育经济评论》2017年第1期。

中学阶段学生的教育期望相对更稳定,对教育获得的预测更准确。①

(四) 研究框架

现有针对学生教育期望的研究关注了到了某些群体间的差异,例如性别差异,女生的教育期望高于男生;②城乡差异,城镇儿童的教育期望好于农村儿童,但城镇和农村儿童内部,本地和外地儿童之间的区别不大。③这些研究都有助于理解目前的教育公平问题。然而,由于种种原因,残障儿童无论在教育机会、教育过程还是教育结果都面临不公平的现状。④学生是否有残障也应该纳入教育公平的视野,但尚未得到充分研究。目前,在众多利用 CEPS 2014 数据的研究中,仅有一项将学生是否残障作为控制变量。⑤本研究是此方向的探索性研究。

综合以上研究,家庭社会经济地位对教育期望的影响可以用图 1 表示。限于目前数据,本文仅探讨教育期望,实际的教育获得留待后续研究。本文提出两个研究假设,假设 1:家庭社会经济地位对学生教育期望具有显著影响,尤其是家长的受教育程度;假设 2:家长教育期望对学生教育期望具有显著正向影响。

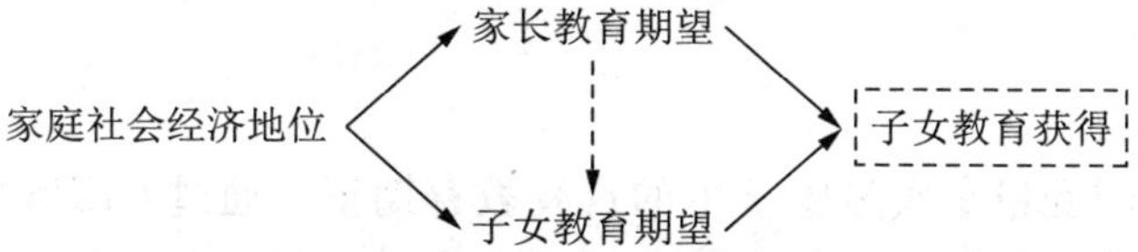

图 1 家庭经济地位对教育期望影响的逻辑

三、研究设计

(一) 数据

本文所使用的数据来源于与中国人民大学中国调查与数据中心(National Survey Research Center at Renmin University of China, NSRC)于 2014 年开展的

① 王甫勤、时怡雯:《家庭背景、教育期望与大学教育获得——基于上海市调查数据的实证研究》,《社会》2014 年第 1 期。

② 参见聂雨薇:《教师鼓励对学生自我期望影响的性别差异研究——基于 CEPS 2014 调查数据的实证分析》,《现代教育科学》2017 年第 4 期;黄超、吴愈晓:《中学生教育期望的性别差异:表现与成因》,《江苏社会科学》2016 年第 4 期。

③ 丁百仁、王毅杰:《教育期望的户籍差异——基于四类儿童的比较研究》,《教育科学》2016 年第 5 期。

④ 孟万金、刘在花、刘玉娟:《推进残疾儿童教育公平任重道远——四论残疾儿童教育公平》,《中国特殊教育》2007 年第 2 期。

⑤ 李晓晗、郑磊:《家庭社会经济地位对父母参与的影响及作用机制——基于 CEPS 数据的研究》,《教育经济评论》2017 年第 1 期。

“中国教育追踪调查”,中国教育追踪调查(CEPS)以 2013—2014 学年为基线,以初中一年级(7 年级)和初中三年级(9 年级)两个同期群为调查起点,以人口平均受教育水平和流动人口比例为分层变量从全国随机抽取了 28 个县级单位(县、区、市)作为调查点。调查的执行以学校为基础,在入选的县级单位随机抽取了 112 所学校、438 个班级进行调查,被抽中班级的学生全体入样,基线调查共调查了约 2 万名学生,数据具有全国代表性。

该数据询问了家长“孩子现在是否有下列障碍”,获得 18 356 个有效回答,其中有 1 169 位家长(占比 6.4%)选择了孩子有某种障碍。障碍类别包括视力障碍(不包括近视)、听力障碍、肢体残疾、语言障碍、自闭或其他精神障碍、多动症以及其他障碍七个类别。虽然该数据对障碍类别的划分与我国现有的残障类别标准不尽相同,而且遵循的是填答者自我报告,不排除有些学生属于发育迟缓或发展性障碍,但依据社会模式下的国际功能、残疾和健康分类(ICF),该数据依然是判断学生是否残障的合适标准。①该数据向家长和学生收集了家庭背景以及完整的人口社会学变量,适合回答本文的研究问题。

(二) 变量

1. 因变量

本研究的因变量是残障中学生的自我教育期望。通过 CEPS 2014 学生问卷中“你希望自己读到什么程度?”测量。参考利用该数据的其他研究的做法,②根据学历对应的受教育年限转化为连续变量,具体的赋值方法是:“现在不要念了”赋值为 7 年(初一年级)和 8 年(初三年级),“初中毕业”=9 年,“中专/技校”=11 年,“职业高中”=11 年;“高中”=12 年,“大学专科”=15 年,“大学本科”=16 年,“研究生”=19 年,“博士”=22 年。

2. 自变量

自变量包括家庭社会经济地位、家长的教育期望以及家校沟通状况。家庭社会经济地位包括家长的受教育程度、家庭经济状况和家长的职业。学校与家长的沟通包括教师与家长主动沟通的频率以及内容、家长对学校偏见的感知。教师主动联系家长的变量重新编码为频次,分别为 0 次、1 次、3 次、6 次。沟通的内容为类别变量,包括孩子的学习、品行等 6 类。CEPS 中没有询问学校对残障学生方面的偏见或歧视,在学校氛围方面针对家长设置了“您觉得老师对外县(区)户籍同学

---

① World Health Organization and World Bank, *World report on disability*, *2011*, Malta, 2011.

② 参见丁百仁、王毅杰:《教育期望的户籍差异——基于四类儿童的比较研究》,《教育科学》2016 年第 5 期;梁玉成、吴星韵:《教育中的户籍隔离与教育期望——基于 CEPS 2014 数据的分析》,2016 年《社会发展研究》第 1 期;黄超、吴愈晓:《中学生教育期望的性别差异:表现与成因》,《江苏社会科学》2016 年第 4 期。

有没有偏见”以及“您觉得老师对外县(区)户籍同学的家长有没有偏见”等问题,可以近似地视作家长对学校持有的偏见的感知。两个问题相加后得到2—10的变量,取值越大表示家长对学校的偏见感知越强。

(1) 家长的受教育程度。测量采用学生问卷中父母一方最高学历,根据学历对应的受教育年限转化为连续变量。[①]

(2) 家庭经济状况。CEPS 2014没有直接询问受访者的经济收入,但询问了自评经济状况。本研究采用的是数据中的三分类,即困难、中等和富裕。

(3) 家长的职业状况。家长职业是二分变量,分为精英职业和非精英职业。精英职业包括国家机关事业单位领导与工作人员、企业/公司中高级管理人员和教师、工程师、医生、律师等专业技术人员,其余类型为非精英职业,[②]残障学生家长是精英职业的比例并不高。在分析家长的教育期望影响因素时采用的是家长职业的具体分类变量。

(4) 家长的教育期望。CEPS 2014在学生问卷中询问了学生“你父母对你的教育期望是”,在家长问卷中询问了家长“您希望这孩子书最高读到什么程度”。二者均是家长的教育期望,分别为家长教育期望1(学生卷)和家长教育期望2(家长卷)。学生卷的家长教育期望是学生感知到的家长教育期望,家长卷是家长表达的教育期望,二者有所差异。

3. 控制变量

包括学生的性别、年级、是否为独生子女、户口类型、残障类别、目前的学习成绩。学习成绩测量使用的是学生问卷中“你目前的成绩在班里处于”,取值分别为1=不好、2=中下、3=中等、4=中上、5=很好,取值越大表示成绩越好。除学习成绩外均为类别变量,其中女性、七年级、非农业户口、独生子女、肢体障碍为参照项。

表2 主要变量描述统计

变 量	均 值	标准差	变 量	均 值	标准差
家长教育期望1	15.274 8	3.434 61	家长教育程度	9.813 4	2.916 33
家长教育期望2	16.104 8	3.738 35	学生教育期望	15.624 8	3.783 02

① 梁玉成、吴星韵:《教育中的户籍隔离与教育期望——基于CEPS 2014数据的分析》,《社会发展研究》2016年第1期。

② 黄超、吴愈晓:《中学生教育期望的性别差异:表现与成因》,《江苏社会科学》2016年第4期。

续表

变　量	取　值	频数(比例)	变　量	取　值	频数(比例)
学生性别	0=女	470(40.2)	学生目前学习成绩	1=不好	208(17.9)
	1=男	699(59.8)		2=中下	296(25.5)
学生年级	0=七年级	680(58.2)		3=中等	352(30.3)
	1=九年级	489(41.8)		4=中上	248(21.3)
学生户口类型	0=非农业户口	438(37.5)		5=很好	58(5.0)
	1=农业户口	731(62.5)	是否独生子女	0=是	348(29.8)
父亲职业状况	0=非精英职业	966(85.5)		1=否	821(62.5)
	1=精英职业	164(14.5)	家庭经济状况	0=困难	462(39.6)
母亲职业状况	0=非精英职业	1 021(90.6)		1=中等	652(55.9)
	1=精英职业	106(9.4)		2=富裕	53(4.5)

(三) 方法

首先对CEPS数据中残障学生、家校沟通状况以及家长教育期望进行了描述，随后利用层次回归分析(Hierarchical Regression)法从学生个体、校—家沟通、家庭背景三个维度来分析对家长教育期望的影响。

在描述了家庭教育期望基本数据之后，利用OLS回归模型检验了影响家庭教育期望的因素。基准模型检验了控制变量的影响，模型二纳入了家庭背景中的家长受教育程度、家庭经济状况以及家长职业，模型三在模型二的基础上纳入了学生感知到的家长教育期望。模型四纳入的家长教育期望是家长问卷中家长表达的对学生的教育期望，以比较两种教育期望解释力。现有家长教育期望研究采用的多为直接询问家长获得的数据，没有区分家长的回答以及学生感知到的教育期望。上述文献回顾表明，家长与子女之间的沟通是教育过程的内容之一，教育期望的传递是其过程。数据也表明二者有所差异，因此本研究做了区分。

四、研究发现

(一) 残障学生概况

回答具有某种障碍的学生1 169人，该题为多选题，经多重响应统计分析，所有障碍类别的学生为1 303人，即有部分学生具有多重障碍。进一步分析表明有112(9.6%)名中学生至少有两种障碍。

需要说明的是，CEPS 2014数据所使用的残障类别的划分与目前我国划分残

表 3 CEPS 2014 中残障中学生的类型

	视力障碍	听力障碍	肢体残疾	语言障碍	自闭或其他精神障碍	多动症	其他	总计
N	547	174	49	111	60	208	154	1 303
百分比	42.0	13.4	3.8	8.5	4.6	16.0	11.8	100.0

疾人类别的标准并不一致。目前我国的相关法律法规把残疾人划分为 7 类(表 3),除视力、听力、肢体、精神、言语四类基本一致外,CEPS 2014 单独列出了多动症。由于 CEPS 2014 没有更详细的说明,很难推断家长对学生障碍类别的划分依据。另外,CEPS 2014 中不同类别数据的分布也与残疾人抽样调查相应年龄段分布有差异。尽管如此,CEPS 2014 仍然是理解目前我国残障学生的家长教育期望有质量保障的数据。

表 4 2006 年第二次全国残疾人抽样调查中 10—14 岁残疾人分类别统计

	视力残疾	听力残疾	言语残疾	肢体残疾	智力残疾	精神残疾	多重残疾	合计
N	160	159	165	640	901	82	843	2 950
百分比	5.4	5.4	5.6	21.7	30.5	2.8	28.6	100.0

(二) 残障中学生的家庭教育期望

1. 家长的教育期望

家长对子女的教育期望表示的是家长对子女未来教育的比较长时段的期望。在 CEPS 2014 调查中,家长问卷询问了家长"您希望这孩子书最高读到什么程度",1 164 名家长回答了此问题。家长期望比例最高的是大学本科(31.8%),其次是博士(18.4%)。转化为教育年限约为 16.1 年,大约是大学本科学历。在学生问卷中 CEPS 2014 询问了学生"你父母对你的教育期望是",1 162 名学生的回答中,比例最高的也是大学本科(28.8%),其次是大学专科(19.2%)。转化为教育年限是 15.3 年,大约是大学专科学历。学生感知到的家长教育期望和家长表达的教育期望有所差异,学生感知到的教育期望更低($t=-8.716$, $df=1\,083$, $sig=0.000$)。

表 5 家长教育期望 (单位:%)

	现在就不念了	初中毕业	中专/技校	职业高中	普通高中	大学专科	大学本科	研究生	博士	无所谓	合计
家长卷	0.9	4.0	6.7	4.1	6.0	17.8	31.8	10.4	18.4	—	100.0
学生卷	0.3	4.6	4.1	7.7	10.2	19.1	28.8	9.2	9.6	6.4	100.0

2. 残障中学生的自我教育期望

表 6 描述的是残障中学生的自我教育期望,比例最高的是大学本科(23.9%),其次是大学专科(20.4%)。转化为教育年限是 15.6 年,高于学生感知到的家长教育期望(15.3 年),低于家长表达的教育期望(16.3 年)。

表 6　残障中学生自我教育期望

	现在就不念了	初中毕业	中专/技校	职业高中	普通高中	大学专科	大学本科	研究生	博士	无所谓	合计
频率	14	57	49	56	126	237	277	108	174	61	1 159
百分比	1.2	4.9	4.2	4.8	10.9	20.4	23.9	9.3	15.0	5.3	100.0

表 7 描述了不同障别学生的自我教育期望。视力障碍、听力障碍、肢体残疾、多动症学生的自我教育期望比例最高的是大学本科,语言障碍、自闭或其他精神障碍以及其他障碍学生为大学专科。希望读到普通高中比例最高的是语言障碍学

表 7　不同障别中学生自我教育期望

		现在就不念了	初中毕业	中专/技校	职业高中	普通高中	大学专科	大学本科	研究生	博士	无所谓	总计
视力障碍	频数	5	20	19	29	54	116	147	47	88	20	545
视力障碍	百分比	0.9	3.7	3.5	5.3	9.9	21.3	27.0	8.6	16.1	3.7	
听力障碍	频数	1	11	8	13	22	29	33	15	28	10	170
听力障碍	百分比	0.6	6.5	4.7	7.6	12.9	17.1	19.4	8.8	16.5	5.9	
肢体残疾	频数	0	5	3	3	5	6	13	4	7	3	49
肢体残疾	百分比	0.0	10.2	6.1	6.1	10.2	12.2	26.5	8.2	14.3	6.1	
语言障碍	频数	1	9	8	6	18	19	17	10	14	8	110
语言障碍	百分比	0.9	8.2	7.3	5.5	16.4	17.3	15.5	9.1	12.7	7.3	
自闭或其他精神障碍	频数	0	5	4	2	3	12	10	6	9	9	60
自闭或其他精神障碍	百分比	0.0	8.3	6.7	3.3	5.0	20.0	16.7	10.0	15.0	15.0	
多动症	频数	5	8	7	6	23	34	53	21	35	14	206
多动症	百分比	2.4	3.9	3.4	2.9	11.2	16.5	25.7	10.2	17.0	6.8	
其他	频数	2	7	6	6	15	44	29	10	25	6	150
其他	百分比	1.3	4.7	4.0	4.0	10.0	29.3	19.3	6.7	16.7	4.0	
	合计	14	57	49	56	126	237	277	108	174	61	1 159

生,而多动症学生现在就不念了的比例较高。在后文的统计模型中详细检验了不同障别学生教育期望的差异。

3. 家校沟通

家长与学校之间的沟通分别构成学生接受教育的家庭氛围与学校氛围,对于残障学生而言,学生的学业以及行为表现更多地影响着家校沟通。在沟通频率方面,交叉分析发现(表8),家长比老师更主动联系对方,家长主动联系老师的频率更高。

表8 家长与老师相互沟通的交叉分析

		老师主动联系家长				
		从来没有	一次	二到四次	五次以上	合计
家长主动联系老师	从来没有	202	50	50	12	314
	一次	83	83	61	11	238
	二到四次	88	101	216	26	431
	五次以上	25	18	67	50	160
合　计		398	252	394	99	1 143
卡方检验		Chi-square=333.63　df=9　p=0.000				

家校沟通除了沟通的频率与方向,相互沟通的内容也是重要的。CEPS 2014询问了家校联系的内容,该题是多选题。多重响应分析发现,家长联系老师方面有928位家长回答,得到1 833个响应;老师联系家长方面有910位家长回答,得到1 659个回应。二者比较在沟通内容上差异不大,相较而言家长联系老师在学生身体状况、交友行为方面沟通更多。

表9 家校沟通内容统计

	学习	品行	心理状况	身体状况	交友行为	其他
家长联系老师	774 (42.2)	336 (18.3)	259 (14.1)	187 (10.2)	181 (9.9)	96 (5.2)
老师联系家长	709 (42.7)	314 (18.9)	237 (14.3)	156 (9.4)	140 (8.4)	103 (6.2)

4. 家长教育期望的影响因素

表10是从学生个体、学校与家长沟通、家庭背景三个维度展现影响家长教育期望的回归分析。本文重在讨论家庭背景对家长教育期望的影响,为此控制了学生的认知能力以及户籍差异。不同模型间纳入变量之后的检验均具有显著性。模

表 10　影响家长教育期望因素的层次回归模型

常数项/变量	模型一	模型二	模型三	模型四
性别(0=女)		−0.357 (0.246)	−0.295 (0.246)	−0.188 (0.244)
障碍类别(0=肢体残疾)				
视力障碍		0.020 (0.369)	−0.012 (0.368)	0.051 (0.363)
听力障碍		−0.318 (0.398)	−0.212 (0.398)	−0.114 (0.395)
语言障碍		−1.008* (0.473)	−0.990* (0.472)	−0.998* (0.468)
自闭或其他精神障碍		0.387 (0.587)	0.454 (0.584)	0.675 (0.577)
多动症		−0.036 (0.403)	−0.062 (0.404)	−0.010 (0.399)
其他障碍		0.640 (0.454)	0.677 (0.452)	0.753+ (0.447)
学习成绩		0.794*** (0.123)	0.802*** (0.123)	0.728*** (0.122)
学习态度		0.225+ (0.131)	0.209 (0.130)	0.186 (0.132)
兄弟姐妹数		−0.092 (0.136)	−0.036 (0.136)	0.020 (0.138)
校—家沟通(0=孩子学习)				
孩子的品行			−0.242 (0.291)	−0.265 (0.287)
孩子的心理状况			0.599+ (0.319)	0.519+ (0.315)
孩子的身体状况			−0.736* (0.361)	−0.839* (0.356)
孩子的交友行为			0.347 (0.396)	0.230 (0.391)
其他			−0.615 (0.412)	−0.630 (0.406)
教师与家长沟通频率			0.081 (0.067)	0.047 (0.067)

续表

常数项/变量	模型一	模型二	模型三	模型四
家长对学校偏见感知			−0.308** (0.104)	−0.205+ (0.104)
家长教育程度				0.131** (0.043)
家长职业(0=无工作)				
农民				0.913* (0.433)
个体户				0.170 (0.486)
技术工人/一般职工				−0.578 (0.437)
管理者/专业技术人员				0.000 (0.517)
主观经济条件(0=贫困)				
中等				−0.143 (0.252)
富裕				−0.517 (0.605)
亲子关系				0.013** (0.005)
受访者身份(0=非父母)	0.858* (0.400)	0.999* (0.385)	0.930* (0.384)	0.889* (0.386)
家长户口类型(0=农业)	−0.147 (0.248)	0.006** (0.242)	−0.063 (0.241)	−0.017 (0.261)
学生年级(0=七年级)	−0.484* (0.240)	−0.608 (0.234)	−0.574* (0.233)	−0.528 7* (0.231)
学生认知能力	1.046*** (0.150)	0.674*** (0.158)	0.620*** (0.157)	0.701*** (0.156)
常数项	15.988*** (0.405)	13.282*** (0.703)	13.939*** (0.763)	11.790*** (0.941)
N	967	967	967	967
R^2	0.056	0.137	0.156	0.194

注:1. +<0.1; *<0.05; **<0.01; ***<0.001; 2. 括号内零值表示参照项;3. 回归模型中括号内数字为标准误。

型一仅仅纳入了控制变量,模型二到四依次纳入了学生个体层次变量、学校与家长沟通、家庭经济文化背景。

从学生个体来看,影响家长教育期望的变量主要是学生目前的学习成绩。就残障学生的性别来说,男生家长的教育期望要低于女生家长,但统计上并不显著。残障学生的障碍类别之间差异并不突出,与肢体残疾学生的家长相比,语言障碍学生的家长持有的教育期望更低。兄弟姐妹数量只考虑学生个体以及家校沟通时,对家长的教育期望具有负面影响,而纳入家庭背景之后,兄弟姐妹的数量具有正向影响。一般的研究表明,家长教育期望具有性别上的偏好,即男孩高于女孩。①学生学业表现的影响,与现有研究一致,在性别差异上方向一致但并不具有显著性。②

学校与家长的沟通方面,总体上来说教师与家长主动沟通的频率对家长的教育期望具有比较弱的正向影响,而家长对学校所持有针对外地学生或家长偏见的感知具有显著的负向影响。与教师主动联系家长沟通学生的学习相比,沟通内容涉及学生的身体状况具有显著的负向影响,而沟通孩子的心理状况具有显著的正向影响。可见,与沟通频率相比,沟通的内容更重要。残障学生自身具有相对劣势的身体状况,而其家长似乎对此亦更加敏感。

就学生的家庭经济文化背景而言(模型四),家长的受教育程度、亲子关系具有显著的正向影响,与已有研究一致。③而在职业方面,与无业者相比,农民有更高的教育期望,而随着职业地位的上升教育期望有所下降。该趋势在家庭经济条件中亦有体现,主观经济条件的贫富状况对家长教育期望的影响并不显著,且经济条件具有负向的影响。

(三) 社会经济地位与家庭教育期望

表 11 是以残障中学生自我教育期望为因变量的多元线性回归模型。其中,模型一是基准模型,模型二、三、四中自变量家长教育期望采用的是学生问卷中的父母教育期望,模型四所使用的是家长问卷中的家长教育期望。

家庭社会经济地位的影响因素中,模型二、三、四均发现家长受教育程度是最

---

① 刘保中、张月云、李建新:《社会经济地位、文化观念与家庭教育期望》,《青年研究》2014 年第 6 期。

② J. Banks, B. Maître, S. McCoy and D. Watson, *Parental Educational Expectations of Children with Disabilities*, RESEARCH SERIES NUMBER 50. Dublin: The Economic and Social Research Institute, 2016.

③ 刘保中、张月云、李建新:《社会经济地位、文化观念与家庭教育期望》,《青年研究》2014 年第 6 期;周皓:《家庭社会经济地位、教育期望、亲子交流与儿童发展》,《青年研究》2013 年第 3 期;J. Banks, B. Maître, S. McCoy and D. Watson, *Parental Educational Expectations of Children with Disabilities*, RESEARCH SERIES NUMBER 50. Dublin: The Economic and Social Research Institute, 2016。

表 11 家庭社会经济地位对残障中学生教育期望的影响

	模型一		模型二		模型三		模型四	
	系数	标准误	系数	标准误	系数	标准误	系数	标准误
(常量)	12.521***	0.507	10.179***	0.717	2.623***	0.631	4.878***	0.748
九年级	−0.529*	0.225	−0.469*	0.223	0.034	0.175	−0.205	0.203
男	−0.163	0.232	−0.201	0.230	−0.199	0.178	−0.123	0.207
成绩	1.238***	0.099	1.177***	0.099	0.524***	0.081	0.843***	0.092
非独生子女	−0.403	0.255	−0.074	0.263	−0.025	0.204	−0.117	0.238
农业户口	−0.310	0.236	0.015	0.244	−0.069	0.190	0.059	0.221
视力障碍	0.684*	0.332	0.773*	0.329	0.600*	0.256	0.928**	0.297
听力障碍	0.310	0.373	0.430	0.372	0.558+	0.289	0.789*	0.333
语言障碍	−0.272	0.418	−0.118	0.417	−0.079	0.324	0.080	0.379
精神障碍	1.094+	0.574	1.049+	0.569	0.928+	0.442	0.668	0.494
多动症	0.755*	0.376	0.698+	0.373	0.470	0.289	0.878**	0.335
其他障碍	0.935*	0.422	0.930*	0.420	0.569+	0.326	0.892*	0.376
家长教育程度			0.212***	0.045	0.098**	0.036	0.177***	0.041
家庭经济—中等			−0.204	0.236	−0.186	0.183	−0.014	0.214
家庭经济—富裕			−0.310	0.562	−0.454	0.436	0.042	0.520
精英职业—母亲			0.229	0.470	0.100	0.365	0.114	0.426
精英职业—父亲			0.214	0.400	0.228	0.310	0.252	0.365
家长教育期望 1					0.679***	0.027		
家长教育期望 2							0.372***	0.028
N	998		998		998		1 043	
R^2	0.155		0.180		0.506		0.302	

注:1. 参照项为表 1 中取值为零的变量; 2. +p<0.1, * p<0.05, ** p<0.01, *** p<0.001。

显著的关键变量。而家庭经济状况具有负向的影响,学生家长的职业是否为精英职业具有正向影响,但统计均不显著。假设 1 部分得到了验证。CEPS 数据询问的是家长对家庭经济状况的主观评价,没有客观反映家庭经济状况(例如家庭收入)的信息,因此也有研究弃之不用。[①]主观经济状况对教育期望的负向影响与基于 CEPS 总体数据的发现一致。[②]同样基于 CEPS 数据的另一项研究利用家长职业、教育、经济状况合成家庭地位因子,虽然对教育期望具有正向影响,但不具有统计显著性。[③]

相较于家庭社会经济地位,家长教育期望更具有解释力。控制变量和家庭社会经济地位所解释的方差为 18.0%,而加入家长教育期望后可以解释 50.6%的方差,模型具有很强的解释力。模型三和模型四表明,家长教育期望对中学生的教育期望具有显著的正向影响,假设 2 得到验证。

模型三和模型四比较了两种家庭教育期望的影响。从最终的解释力来看,两个模型的解释力都比较高,都显著影响学生的自我教育期望。而学生感知到的家长教育期望(模型三)比家长表达出来的教育期望(模型四)更具有解释力。这似乎说明家长和学生之间的良性沟通很重要,学生感知到的家长教育期望未必是家长明确和学生讨论过的。这也就解释了在学生回答的家长教育期望中有 6.4%为"无所谓",自我教育期望中亦有 5.3%的回答"无所谓"。

此外,控制变量也反映了有价值的信息。学生目前的学习成绩对教育期望具有稳健的影响,控制了家庭背景的影响亦是如此。学生的性别、年级、户籍、是否独生子女具有的影响较弱。不同障别学生之间,与肢体残疾相比视力障碍、听力障碍、精神障碍的学生具有更高的自我教育期望。

五、结论与讨论

本文利用中国教育追踪调查数据,研究了家庭社会经济地位对残障中学生的教育影响。研究发现:首先,家长的教育程度显著正向影响学生的教育期望,而家长的职业状况以及主观经济评价的影响并不显著。家校沟通方面,沟通的内容比沟通频率更具有显著影响,似乎家长更不希望老师主动联系家长时讨论孩子的身体状况;其次,家长教育期望显著正向影响残障中学生的教育期望,而且学生感知到的家长教育期望比家长表达的教育期望更显著;最后,学生目前的学习成绩是学生个体层面影响教育期望的关键因素,另外教育期望在不同障别的学生之间具有

---

① 李晓晗、郑磊:《家庭社会经济地位对父母参与的影响及作用机制——基于 CEPS 数据的研究》,《教育经济评论》2017 年第 1 期。

② 杨习超、姚远、张顺:《家庭社会地位对青少年教育期望影响研究——基于 CEPS 2014 调查数据的实证分析》,《中国青年研究》2016 年第 7 期。

③ 丁百仁、王毅杰:《教育期望的户籍差异——基于四类儿童的比较研究》,《教育科学》2016 年第 5 期。

差异。

关于家长的教育期望,本研究中区分了家长表达的教育期望和学生感知到的家长教育期望。研究表明,学生感知到的家长教育期望更能预测学生的教育期望。这对今后的教育期望的研究具有启发意义。与非残障青少年儿童相比,残障儿童面临更多教育不公平。[①]为了增加残障儿童教育机会、促进社会公平,我国专门实施了《特殊教育提升计划》,目前正在实施第二期。相较而言,国家计划更偏重特殊学校的师资、资源投入,相对忽视家庭的影响。而诸多研究表明,家庭背景、家长投入对学生的学业以及教育成就至关重要。因此,政策制定者以及学校应重视家庭的参与。

近几年来,越来越多的残障者进入高等院校接受教育,相关报道常见诸报端。教育部门积极为残障学生提供的合理便利是一个推动力量,残障学生权利意识的提升也是一个重要方面。但不可否认的是,在高等教育在进入大众化之时,残障者获得教育的权利尚未得到有效的保障。残障学生最终的教育获得受哪些因素的影响,残障学生的家庭所扮演的角色以及影响路径,目前我们仍然知之甚少。本文利用"中国教育追踪调查"截面数据做了初步探索。如果有更高质量的调研数据,亦可对融合教育的状况进行更深入的研究。

另外,需要说明的是,虽然本文将问卷填答者身份(是否为学生父母)作为控制变量分析,但我们发现家长身份对教育期望的影响是稳健的,即填答者是父母的教育期望要显著高于那些不是父母填写者。从另一个问题上也能有所发现,CEPS 家长卷中询问"孩子在上小学以前,主要由谁来带",回答"孩子主要由父母带"的残障学生比例为 62.2%,而非残障学生的比例为 71.8%。一定程度上来说,填答者即残障学生的监护人,监护人的教育期望差异值得进一步思考。

最后,限于目前的数据,本文仅研究了残障中学生的教育期望,家庭社会经济地位对教育期望更深远的影响以及最终的教育成就,还需要更多的数据支持。另外,本文使用的数据所提供的残障信息并不全面,例如残障级别、是否持有残疾人证、残疾时长(先天或后天)等等,而这些数据对于了解残障青少年的教育期望非常重要。尽管如此,该数据已经为推动我国残障研究走向实证取向迈出重要一步,[②]相信进一步的追踪数据能够为我们理解残障青少年面临的教育不公平提供更多证据。

---

① 孟万金、刘在花、刘玉娟:《推进残疾儿童教育公平任重道远——四论残疾儿童教育公平》,《中国特殊教育》2007 年第 2 期。

② 李学会:《残障观的多元范式与残障研究的转向——兼评〈残障权利研究〉与〈障碍研究〉》,《社会工作》2016 年第 3 期。

自闭症家庭的社会支持现状与社会服务需求:基于509位家长的调查*

摘　要: 养育自闭症子女的家长面临更大的经济与精神压力,而社会支持有助于家长形成有效的应对策略和提高生活质量。基于509位家长的调查研究发现:(1)目前养育自闭症子女家长所获的社会支持主要来源于家庭成员、社会关系等,而来自政府、机构等正式组织的支持不足。(2)无论是正式支持还是非正式支持,都有利于家长的生活质量。家长对各类社会支持有着强烈的需求度,然而,绝大多数家长认为所获的社会支持并不充足。(3)家长需要更多直接针对自闭症子女及家长的服务及经济救助,小龄自闭症子女家庭更需要康复服务,而大龄家长则对子女的就业安置更加迫切。

关键词: 自闭症家庭　社会支持　服务需求　生活质量

一、问题的提出

自闭症谱系障碍(Autism Spectrum Disorders, ASD)是一种因神经系统失调影响到大脑功能而引致的终身发展障碍,由儿童心理学家 Leo Kanner 医生1943年提出的儿童精神疾病分类,以社会交往障碍、沟通障碍和局限性、刻板性、重复性行为为主要特征。我国尚无专门的自闭症流行病学调查,尚未建立完备而充分的诊疗体系。①孙翔等人基于18篇文章的系统回顾和元分析显示,我国大陆地区儿童自闭症的发病率大约为每10 000人中有11.8人。②数据说明,自闭症者

---

* 原文发表于《社会福利》2019年第3期,第二作者为赵康。本研究系国家社科基金"深度贫困户精准识别与精准脱贫措施研究"(项目编号:18BSH054)成果,本文受香港浸会大学林思齐东西学术交流研究所驻校研究生奖学金计划(LEWI Resident Graduate Scholarship(RGS) Programme)的资助,感谢督导老师董咚博士的支持以及博士论文指导老师顾东辉教授的建议。

① X. Yu, S. Takahashi, "Problems of establishing an early diagnosis and detection system for autism in china: a survey of doctors at medical institutions", *Japanese Journal of Special Education*, vol. 46, no.6(2009), pp.489—502.

② X. Sun, C. Allison, F. Matthews, et al., "Prevalence of autism in mainland China, Hong Kong and Taiwan: A systematic review and meta-analysis", *Molecular Autism*, vol.4 no.7, (April 2013), pp.1—13.

以及所涉及的家庭在数量上是庞大的。[①]

自闭症给家庭带来巨大的经济压力,一方面是儿童的康复带来需要更多的家庭支出,一方面是照顾子女导致家庭成员退出劳动力市场而减少的家庭收入。据深圳市自闭症研究针对华南地区所做的调查,每月孩子康复训练费用支出占月收入一半及以上的家庭超过50%,甚至有24.4%的家庭超出家庭月收入,而超过一半的家庭月收入在3 000元以下(n=623)。[②]中国精神残疾人及亲友协会所做的范围更广的调查也发现,47%的家庭月收入少于3 000元,42%的家庭用于康复教育的费用为5 001—8 000元,康复费用普遍高于家庭收入。此外,亦有超过半数的家庭有一人放弃工作专门照顾自闭症子女。[③]沉重的经济负担更有可能使家庭因此致贫,且经济压力也会进一步影响家庭和家庭成员的发展与权利实现。

除了经济压力,家长亦面临精神压力,子女被诊断为自闭症意味着家长生活方式重构和家庭应对的开始。[④]家长对于自闭症者权利保障有着不可忽视的积极作用,例如推动融合教育的态度与行动。[⑤]家庭权利的保护直接关系到自闭症人士的生存质量,因此残疾人权利保护理念需要从以支持个人为中心向以支持家庭为中心转变。[⑥]社会支持是指"给予他人、特别是对个人的援助和保护"。[⑦]从社会支持来源的结构来说,自闭症家庭的社会支持主要依赖家庭内部的支持。[⑧]已有的针对我

---

① 邹小兵主编:《与你同行——自闭症儿童家长必读》,北京:人民卫生出版社,2013年。

② 深圳市自闭症研究会主编:《中国自闭症人士服务现状调查(华南地区)》,北京:华夏出版社,2013年,第6—7页。

③ 中国精神残疾人及亲友协会编著:《中国孤独症家庭需求蓝皮书》,北京:华夏出版社,2014年,第19—20页。

④ 李学会:《自闭症儿童对家庭的影响及家庭应对策略:基于文献回顾的理解框架》,《社会工作与管理》2018年第4期。

⑤ 苏雪云、吴择效、方俊明:《家长对于自闭谱系障碍儿童融合教育的态度和需求调查》,《中国特殊教育》2014年第3期。

⑥ 陆奇斌、张强、付愈:《自闭症家庭权利保护研究——基于自闭症家庭个案》,《残疾人研究》2014年第2期;倪赤丹,苏敏:《自闭症儿童家庭支持网的"理想模型"及其构建——对深圳120个自闭症儿童家庭的实证分析》,《社会工作》2012年第9期。

⑦ S. Cohen, G. Mckay, "Social Support, Stress and the Buffering Hypothesis: A Theoretical Analysis", in A. Baum, J.E. Singer, eds., *Handbook of Psychology and Health*, New Jersey: Lawrence Erlbaum, 1984, pp.253—267.

⑧ 深圳市自闭症研究会主编:《中国自闭症人士服务现状调查(华南地区)》,北京:华夏出版社,2013年,第6页;倪赤丹、苏敏:《自闭症儿童家庭支持网的"理想模型"及其构建——对深圳120个自闭症儿童家庭的实证分析》,《社会工作》2012年第9期;熊絮茸、孙玉梅:《自闭症谱系障碍儿童家庭的社会支持及其影响因素研究》,《中国妇幼保健》2014年第31期。

国自闭症家庭的研究表明，家长所获得社会支持有限。①研究表明，充足的社会支持有助于家长缩短接纳子女现状的时间、形成有效的应对策略，也有利于家庭结构的稳定和改善家庭成员的生活质量。②

相较于传统的单纯关注自闭症儿童以及被动的家长参与，越来越多的研究视角转向系统的家庭支持。但是，此类关注家庭社会支持的研究存在以下不足：(1)没有明确细分社会支持的内容和来源，因而难以详细地描述家庭社会支持的结构以及解释影响家长生活质量的关键因素；(2)就研究方法上来说，基于小样本的调查研究或理想类型建构为主。本文以 509 位自闭症者家长的调查数据，详细描述自闭症子女家长所获得社会支持结构，并分析正式社会支持与非正式社会支持作用于家长生活质量(尤其是社会关系与精神健康维度)机制，描述家长社会支持各内容的充足程度与需求程度并比较城乡差异，再依子女年龄呈现家庭社会服务需求内容及差异，最后给出相应建议。

二、数据与方法

(一) 研究对象

2017 年 10 月—2018 年 2 月，笔者通过自闭症康复机构以及家长组织在南京、上海、深圳等地共收集了 509 份家长有效问卷。尽管此研究数据并非完全遵循概率抽样，但相较于完全依赖于康复机构的抽样，一定程度上弥补了因调查对象过于同质性而带来的抽样误差。表 1 详细描述了调查对象主要变量状况。

表 1 基本变量描述

变　量	取　值	n(%)
填答者身份	父亲	97(19.1)
	母亲	412(80.9)

① 参见秦秀群、彭碧秀、陈华丽：《孤独症儿童父母的社会支持调查研究》，《护理研究》2009 年第 19 期；董欣：《自闭症者及家庭的社会支持现状分析与建议——以辽宁省大连市为例》，《现代特殊教育》2016 年第 1 期；H. Mccabe, "Parent advocacy in the face of adversity: autism and families in the people's republic of china", *Focus on Autism & Other Developmental Disabilities*, vol.22, no.1(February 2007), pp.39—50. 李赟、曹武君：《桂林市自闭症儿童家庭社会支持系统的现状与对策研究》，《兰州教育学院学报》2015 年第 12 期。

② A. Zaidman-Zait, P. Mirenda, E. Duku, et al., "Impact of personal and social resources on parenting stress in mothers of children with autism spectrum disorder", *Autism*, vol.21, no.2(February 2017), pp.155—166.

续表

变　量	取　值	n(%)
受教育程度	高中或以下	187(32.8)
	大专	139(27.3)
	大学或以上	203(39.9)
户籍	农村	95(18.7)
	城镇	414(81.3)
婚姻状态	离异、丧偶、再婚	48(9.4)
	初婚	461(90.6)
工作状态	未工作	235(46.2)
	在工作	274(53.8)
子女性别	女	62(12.2)
	男	447(87.8)
独生子女	否	186(36.5)
	是	323(63.5)
子女年龄	6 岁以下	244(47.9)
	6—15 岁	228(44.8)
	15 岁以上	37(7.3)
	M	SD
家庭月收入	8 301.571 7	5 317.749 72
自闭症子女症龄	4.456 2	4.285 60

(二) 测量工具

1. 社会支持量表

常用的简易社会支持量表无法详细描述社会支持的来源与内容,结合社会支持的相关研究,编制了本研究使用的社会支持量表。本研究所指社会支持是自闭症家长实际获得的(Received)或感知到的(Perceived)社会支持。①依据社会支持的内容,将社会支持分为工具性支持(Tangible Support,例如提供金钱、照顾)、信息

① S. Cohen, R. Mermelstein, T. Kamarck, H. M. Hoberman, "Measuring the Functional Components of Social Support", in I. G. Sarason, B. R. Sarason, eds., *Social Support: Theory, Research and Applications*, NATO ASI Series (D: Behavioural and Social Sciences), vol.24, Dordrecht: Springer, pp.73—94.

性支持(Informational Support,例如给出养育建议、信息)、情感性支持(Emotional Support,例如陪伴与鼓励)。依据社会支持的来源,分为正式支持(Formal Support,例如政府、学校、康复机构)与非正式支持(Informal Support,例如同事、朋友等社会关系网络)。

2. 生活质量量表

使用世界卫生组织健康相关生存质量测定简表(WHOQOL-BREF)中文版,该量表包括总体生活质量和四个领域的具体维度,即身体健康、精神健康、社会关系健康与生活环境健康维度。①遵照世界卫生组织所给出的量表使用规则,将各个维度的方向一致化处理后再将各个维度转化为取值范围为[0—100]的数值,其含义是数值越大表示该维度的生活质量越高。本文重点分析的是社会关系与精神健康维度。

(三) 统计方法

数据收集完成后,研究使用统计软件 SPSS 17.0 进行数据处理。

三、研究发现

(一) 家长社会支持的结构

表 2 描述了家长获得社会支持的内容及结构。从表 2 可以看出,家长所获得的社会支持从量上处于很低的水平。总分为 5 分的社会支持,家长在多数社会支持维度上得分不足 2 分。在具体的维度上,仅有非正式的情感性支持超过的 2 分,但也处于很低的水平。这与以往的研究结论相一致。②

就家长获得社会支持的结构而言,表 2 表明家长获得社会支持主要为非正式支持。除了信息性支持,在各个维度上非正式支持均显著高于正式支持。这说明,家长所获得的支持以家庭为主,政府等部门的正式支持不足的特点。在比较早一项研究中,吕晓彤和高桥智指出"没有医疗机构的信息支持"和"当心医疗费用"是母亲的育儿困难、苦恼的主要原因。③对照本研究所使用的社会支持框架,正是信

---

① World Health Organization. *The World Health Organization Quality of Life (WHOQOL)-BREF*. Geneva: WHO, 2004.

② 参见秦秀群、彭碧秀、陈华丽:《孤独症儿童父母的社会支持调查研究》,《护理研究》2009 年第 19 期;董欣:《自闭症者及家庭的社会支持现状分析与建议——以辽宁省大连市为例》,《现代特殊教育》2016 年第 1 期;H. Mccabe, "Parent advocacy in the face of adversity: autism and families in the people's republic of china", *Focus on Autism & Other Developmental Disabilities*, vol.22, no.1, (February 2007), pp.39—50。

③ 吕晓彤、高桥智:《自闭症儿童母亲在养育儿童过程中的需求调查》,《中国特殊教育》2005 年第 7 期,第 48 页。

息性支持和工具性支持，而此类支持主要来源于政府、机构等正式组织。

表 2　家长所获得的社会支持内容及结构

	正式支持		非正式支持		t	p
	M	SD	M	SD		
总正式/非正式支持	1.680 5	0.679 52	2.010 9	0.756 71	−9.229***	0.000
工具性支持	1.627 7	0.666 37	1.865 9	0.758 69	−6.465***	0.000
信息性支持	1.882 6	0.878 21	1.914 0	0.849 59	−0.688	0.492
情感性支持	1.531 2	0.712 70	2.252 7	0.913 88	−17.208***	0.000

注：* $p<0.05$，** $p<0.01$，*** $p<0.001$。

就城乡之间的差异而言，农村家长所获的各类社会支持均值均低于城镇家长。本次调查中，城镇户口 414 人，农村户口 95 人。统计检验表明，家长所获得的总的正式支持没有显著的城乡差异（t＝−1.125，df＝507，sig＝0.261），但总的非正式支持上城镇家长显著高于农村家长（t＝−2.644，df＝507，sig＝0.008）。这表明，(1)无论城市还是农村，家长所获的来自政府等正式机构的支持都处于比较低的水平，但(2)城镇家长从社会关系网络获得了更多的支持。就具体的支持内容而言，城镇家长获得的实质性正式支持一定程度上高于农村家长（t＝−1.862，df＝507，sig＝0.063），表明城镇家长处于相对更优的公共服务环境。

在社会政策实践中，残疾人证往往是获得某些社会救助、公共服务的资格标准。因此，自闭症者是否领取残疾人证将影响他们及家长获得正式支持的机会。受访的 509 位家长中，有 264 位其子女没有领取残疾人证，245 位已领取，领取残疾人证的比例为 48.1%。数据表明，子女领取了残疾人证的家长所获得了更高的正式支持（未领取：M＝1.61，SD＝0.65；已领取：M＝1.76，SD＝0.70）。统计检验表明二者具有显著差异（t＝−2.492，df＝507，sig＝0.013），这种差异尤其体现在家长所获得的正式工具性支持（t＝−4.154，df＝507，sig＝0.000）和情感性支持（t＝−2.268，df＝482.232，sig＝0.024）。这说明，家长获得政府、机构、学校等方面的补贴、救助、帮助等过程同样具有情感维度，对家长是一种无形的支持。

（二）社会支持与家长的生活质量

社会支持对于家长形成有效的应对策略至关重要，且有利于家庭的生活质量。[①]但不同类型的社会支持的影响存在差异，且社会支持之间亦相互影响。表

---

① 李学会：《自闭症儿童对家庭的影响及家庭应对策略：基于文献回顾的理解框架》，《社会工作与管理》2018 年第 4 期。

3呈现的是社会支持与家长社会关系以及精神健康影响的线性回归模型。在分析时,家庭月收入与工作状态具有共线性,家长年龄与自闭症子女的年龄以及症龄具有共线性,因此模型仅纳入了家长的工作状态以及自闭症子女症龄。

表3　社会支持与家长健康相关生活质量统计模型

	社会关系健康			精神健康		
	模型1	模型2	模型3	模型4	模型5	模型6
常量	36.537*** (4.309)	23.598*** (4.522)	15.466* (6.564)	29.352*** (4.310)	21.334*** (4.658)	15.878* (6.774)
身份:(母亲)	−4.739* (2.039)	−4.687* (1.960)	−4.864* (1.959)	−2.110 (2.040)	−1.992 (2.019)	−2.111 (2.022)
大专	−3.677+ (2.028)	−4.517* (1.940)	−4.449* (1.936)	0.122 (2.028)	−0.425 (1.998)	−0.380 (1.998)
大学或以上	1.406 (2.064)	−0.016 (1.983)	0.048 (1.979)	4.955* (2.064)	4.018* (2.042)	4.062* (2.042)
户籍:(农村)	1.509 (2.121)	0.885 (2.027)	0.799 (2.024)	2.694 (2.122)	2.298 (2.088)	2.240 (2.088)
婚姻:(其他)	12.153*** (2.632)	11.992*** (2.514)	11.738*** (2.513)	6.604* (2.633)	6.481* (2.590)	6.310* (2.594)
工作状态:(未工作)	4.290* (1.705)	3.066+ (1.641)	2.995+ (1.639)	5.908** (1.706)	5.179** (1.691)	5.131** (1.691)
子女性别:(女)	−0.817 (2.346)	−0.942 (2.240)	−0.895 (2.236)	−0.107 (2.347)	−0.170 (2.308)	−0.139 (2.308)
独生子女:(否)	0.595 (1.651)	0.108 (1.580)	−0.096 (1.581)	2.104 (1.651)	1.765 (1.627)	1.628 (1.632)
自闭症龄	0.184 (0.184)	0.130 (0.176)	0.150 (0.176)	0.353+ (0.184)	0.322+ (0.181)	0.336+ (0.182)
非正式社会支持		6.067*** (1.054)	9.903*** (2.482)		4.074*** (1.086)	6.647** (2.562)
正式社会支持		2.063+ (1.162)	7.413* (3.343)		0.884 (1.197)	4.473 (3.450)
社会支持交互项			−2.279+ (1.336)			−1.529 (1.379)
R^2	0.092	0.176	0.181	0.105	0.138	0.140
ΔR^2	0.092***	0.084***	0.005+	0.105***	0.033***	0.002

注:1. + p<0.05, * p<0.05, ** p<0.01, *** p<0.001; 2. 变量括号内为参照组;3. 括号内数值为标准误。

表3中各个模型均具有显著性(F检验p值0.000),表明社会支持对生活质量具有显著的影响。对与家长的社会关系维度方面(模型1—3),正式支持与非正式支持均具有显著的正向影响,且非正式支持高于正式支持。在纳入正式支持与非正式支持交互项之后,两类支持的净效应均有显著提高。交互项的负向影响表明,正式支持与非正式支持具有某种"替代"效应,二者具有此消彼长的影响。相较于社会支持对社会关系的影响,对精神健康的影响正式支持显著弱化了(模型4—6),非正式社会支持依然有着显著的正向影响。

(三) 家长社会支持的充足度与需求度

上述分析表明,我国自闭症子女的家长所获得社会支持有限,而社会支持对于家长的生活质量有着显著的影响。表4描述的是家长对社会支持充足度与需求度的评价,结果显示无论哪种社会支持,绝大多数家长表示"非常不足"或"不足"。与之相反,绝大多数家长表示"需要"或"非常需要"社会支持。可见,家长目前所获得的社会支持远不能满足家长的需求。

表4 家长社会支持充足度与需求度

	充足度				需求度			
	非常不足	不足	足够	非常足够	非常不需要	不需要	需要	非常需要
有人或机构提供物质或金钱上的协助	67.8	27.1	4.7	0.4	2.4	6.9	37.7	53.0
协助照顾小孩	66.2	28.5	4.7	0.6	1.8	8.4	39.7	50.1
协助解决孩子的就医问题	66.4	27.7	5.5	0.4	2.2	8.4	41.3	48.1
协助解决孩子的教育问题	62.9	32.4	3.7	1.0	1.8	1.8	31.2	65.2
告诉我照顾孩子的方法	52.7	41.3	5.7	0.4	1.8	5.7	43.8	48.7
给予我提醒、建议与指点	50.7	42.2	6.3	0.8	1.4	3.3	41.8	53.4
告诉我照顾孩子所需要的信息	52.1	39.3	8.1	0.6	1.2	3.9	42.4	52.5
告诉我可以获得帮助的信息	52.3	39.7	7.1	1.0	1.2	2.2	42.0	54.6
沮丧时,鼓励我振作起来	49.9	40.7	8.1	1.4	2.2	6.5	39.7	51.7
遇到困难时,可以让我随时打电话求助	56.4	34.6	8.3	0.8	1.8	3.5	43.2	51.5
有人了解我目前的处境	51.3	39.3	8.3	1.2	2.6	7.1	41.5	48.9
有人欣赏并肯定我做的事	47.2	41.3	10.4	1.2	2.0	8.8	43.6	45.6
有人可以陪伴我	54.8	38.3	6.3	0.6	1.8	8.4	44.4	45.4

在社会支持的获得方面,城镇家长获得社会支持高于农村家长。表5表明,在对已获得的社会支持充足程度上,城镇家长充足度评价高于农村家长,尤其体现在工具性支持和情感性支持方面。而在社会支持的需求度方面,农村家长的需求度高于城镇家长,但不具有显著性差异。目前已获得的社会支持较高,相应地具有较高的充足度,然而无论农村还是城镇家长都具有很高的社会支持需求度。

表5 城镇与农村家长社会支持充足度与需求度比较(n=509)

		城镇		农村		t	p
		M	SD	M	SD		
满足度	总满足度	1.535	0.552	1.426	0.450	2.037*	0.043
	工具性支持	1.426	0.533	1.284	0.456	2.659**	0.009
	信息性支持	1.575	0.615	1.505	0.567	1.018	0.309
	情感性支持	1.605	0.627	1.490	0.478	1.981*	0.049
需求度	总需求度	3.412	0.537	3.473	0.585	−0.979	0.328
	工具性支持	3.420	0.593	3.510	0.591	−1.337	0.182
	信息性支持	3.446	0.583	3.505	0.643	−0.862	0.389
	情感性支持	3.370	0.622	3.404	0.625	−0.482	0.630

注:* p<0.05, ** p<0.01, *** p<0.001。

(四)家庭服务需求

表6是养育自闭症子女家庭的服务需求。相较而言,家庭更需要针对家长以及自闭症子女的实质性需求,例如针对子女的康复训练以及补贴,针对家长的培训服务等。依照自闭症子女的年龄分组检验表明,在家庭需求存在差异。其中,子女6岁以下244人,6—15岁228人,15岁以上37人。由于不符合正态分布,经Kruskal-Wallis检验表明,低龄的家庭更需要康复训练补贴及服务,家长更需要更多的培训服务。而相较而言,大龄子女的家长更关注子女的就业安置。

表6 家庭服务需求分年龄组比较

	M	SD	年龄组秩均值			卡方值	p
			6岁以下	6—15岁	15岁以上		
家庭无障碍设施改造	2.12	1.032	255.94	250.79	274.77	0.945	0.623
儿童托管服务	3.07	0.943	250.50	260.29	252.08	0.609	0.737
自闭儿就业安置	3.52	0.824	251.21	254.43	283.54	2.329	0.312

续表

	M	SD	年龄组秩均值			卡方值	p
			6岁以下	6—15岁	15岁以上		
法律服务	3.23	0.872	245.86	263.38	263.66	2.118	0.347
针对家长的培训服务	3.48	0.639	272.57	240.24	230.11	8.839**	0.012
康复训练服务	3.64	0.592	280.36	236.26	203.19	23.783***	0.000
康复训练补贴	3.75	0.569	266.51	245.58	237.12	6.188*	0.045
教育补贴	3.74	0.569	265.83	247.25	231.35	5.836+	0.054

注:1. 1=不需要,2=不太需要,3=比较需要,4=非常需要;2. + $p<0.05$, * $p<0.05$, ** $p<0.01$, *** $p<0.001$。

四、结论与建议

(一) 主要结论

研究发现,就养育自闭症子女家长所获的社会支持内容与结构来说,目前养育自闭症子女家长所获的社会支持主要来源于家庭成员、社会关系等非正式支持,而来自政府、机构等正式支持不足。而从家长获得的社会支持的量来说,无论正式支持还是非正式支持都处于不足的状态,且家长获得的社会支持量具有城乡的差异。这部分源于我国"家长先行,政府跟进"为特征的政策议程,社会政策在公共服务提供上具有一定的滞后性,应对自闭症给家庭的压力主要依赖家庭的力量。①

进一步检验社会支持与家长生活质量的关系发现,无论是正式支持还是非正式支持,都有利于家长的生活质量。尤其非正式支持中的情感性支持,对家长的生活质量具有显著的正向影响。来自家庭成员、社会关系等方面的情感支持有助于家长的精神健康以及良好的社会关系。统计分析表明,某种程度上,正式支持与非正式支持具有替代效应。因此尤其要注意低收入家庭及时的社会救助,为家庭提供社会支持。

除了家长对已获得的社会支持主观上量的感知,还同时分析家家长对社会支持获得的社会支持的充足度和需求度。绝大多数家长认为所获的社会支持并不充足,家长对各类社会支持有着强烈的需求度。城乡比较而言,在社会支持的满足度方面城镇家长获得较多的社会支持,而在需求度方面二者之间没有差异。

① 深圳市自闭症研究会主编:《中国自闭症人士服务现状调查(华南地区)》,北京:华夏出版社,2013年;中国精神残疾人及亲友协会编著:《中国孤独症家庭需求蓝皮书》,北京:华夏出版社,2014年。

就具体的家庭服务需求而言,家长需要更多直接针对自闭症子女及家长的服务及经济救助。服务需求具有年龄差异,小龄自闭症子女家庭更需要康复服务,而大龄家长则对子女的就业安置更加迫切。结合家长社会支持需求度分析,农村家长更需要实质性的支持,包括更多的金钱补贴以及信息。

(二) 相关建议

我国养育自闭症子女的家长面临公共政策滞后性与公共服务需求迫切性之间的矛盾,要减少家庭因为自闭症子女的到来而产生的经济压力,需要更多高质量的社会服务。这些服务能够转化为有效的社会支持,保障自闭症子女的权益和提高家庭生活质量。针对自闭症儿童我国各地已经逐步确立包含康复救助、教育救助等在内的社会保障政策,两项补贴制度、低保制度也直接或间接地支持了家长,但要建构完备的社会支持体系必须要将家长——家庭照料者纳入社会政策视野。①进一步完善社会保障政策,谨防此类家庭因高额的康复支出致贫。

在政策制定上,要重视家长社会支持的城乡差异和自闭症子女的年龄差异,逐步完善覆盖自闭症者及家长的社会政策。此外,还需要重视公共服务传递过程的情感维度,提高家长适时寻求帮助的积极性,例如对办理残疾人证的程序以及获得某些社会救助的资格条件。

对于家长而言,需要认识到获取各类社会支持的迫切性,积极接纳子女的差异性。考虑到公共服务的不足,以及正式支持与非正式社会支持此消彼长的特点,家长成员之间的相互支持亦需要提高。此外,公共服务也需要专注于家庭抗逆力的建设,促进家庭达成应对压力的"适应性平衡"。

就研究而言,本文指出在讨论家长获得社会支持时,有必要细致讨论社会支持的内容和来源,而不应笼统讨论社会支持。本文使用社会支持是家长感知到的社会支持,对于影响家长获取社会支持行为的影响因素还需要进一步的讨论,比如家长所具有的社会资本以及残障观念等。

---

① 陆奇斌、张强、付愈:《自闭症家庭权利保护研究——基于自闭症家庭个案》,《残疾人研究》2014 年第 2 期;倪赤丹、苏敏:《自闭症儿童家庭支持网的"理想模型"及其构建——对深圳 120 个自闭症儿童家庭的实证分析》,《社会工作》2012 年第 9 期。

残疾认同量表的信度与效度检验*

摘　要:考察残疾认同量表在中文语境中的适用性。通过多阶段随机抽样获得291份问卷,利用探索性因子分析研究残疾认同量表的初步结构,采用验证性因子分析讨论量表的结构效度。在信度方面,总量表的克隆巴赫系数为0.865,量表各维度的内部一致性信度介于0.742—0.838之间。总表量再测信度为0.776,各维度的内部一致性信度介于0.640—0.893之间。五个因子分别命名为个人认同维度的肯定残疾、污名/羞耻,以及社会认同维度的社会接纳、社会排斥—个人归因、社会排斥—社会归因。因子模型的拟合指数良好,表明残疾认同五因素理论模型的拟合程度可以接受。该量表具有较高的信度和效度,经过进一步修订可用于中国残障认同研究。

关键词:残障认同量表　信度　效度　个人认同　社会认同

残疾认同是残障社会心理学的重要议题。残疾认同是自我概念的一部分,是残疾人与残疾有关的自我定义。①连贯一致的残障认同有助于帮助个体适应,为应对相关社会压力和日常困扰提供方向。②残疾认同既涉及残障者对残障的态度,也关联到残疾自我表露以及印象管理的策略。尽管残疾认同有着越来越多的讨论,然而大多数研究并非建立在随机样本上的经验研究,而描述和量化残障认同的实证调查对于理解残疾至关重要。③

在测量残疾认同方面,尚未有公认的通用量表。在早期少量的经验研究中,测量残疾认同的工具多是直接改编自常用的心理学相关测量量表,例如Hahn和

---

* 原文发表于《中国康复理论与实践》2019年第4期。第二到第四作者分别为傅志军、刘江、董咚。

① R. B. Darling, *Disability and identity: negotiating self in a changing society*, Boulder, Col.: Lynne Rienner Publishers, 2013.

② D. S. Dunn, S. Burcaw, "Disability identity: exploring narrative accounts of disability", *Rehabilitation Psychology*, vol.58, no.2, (February 2013), pp.148—157.

③ 参见R. B. Darling, *Disability and identity: negotiating self in a changing society*, Boulder, Col.: Lynne Rienner Publishers, 2013. D. S. Dunn, S. Burcaw, "Disability identity: exploring narrative accounts of disability", *Rehabilitation Psychology*, vol.58, no.2, (February 2013), pp.148—157. M. Putnam, "Conceptualizing disability: developing a framework for political disability identity", *Journal of Disability Policy Studies*, vol.16, no.3, (December 2005), pp.188—198。

Belt 以族群认同理论为基础改编的集体与个人自尊指数(indexes of collective and individual self-esteem)。①目前比较系统而常用的量表包括残疾(人)态度量表和更系统理论化的残疾认同与机会量表(Questionnaire on Disability Identity and Opportunity, QDID)。

残疾(人)态度量表关注的是社会群体对残疾人的态度与行为,这些态度与行为反映的是一般的社会观念,从认同维度上更倾向于社会认同,但也偶尔用于测量残疾人自身的残疾态度。②测量社会大众对残疾人态度的研究,在 20 世纪 80 年代伴随着残障权利运动而兴起。代表性的研究者有 Antonak、Livneh 等人,其量表将态度划分为乐观—人权、行为误解、悲观—绝望等维度,该量表在国内亦有研究者使用。③此外,世界卫生组织发展出的残疾态度量表也是其代表,该量表包括包容、歧视、期望、收获四个维度。中文版的研究表明,该量表具有良好的信度与效度,可以用于不同人群之间的比较。④

经过多年的研究,Darling 与其合作者建构了系统的残疾认同理论,并提出了相应的测量方法。Darling 认为,态度仅仅是残疾认同结构中的一个维度,无论是间接的测量方法还是直接的测量方法都无法准确地识别残疾自我认同到社会认同的过程,以及残疾态度到行为之间的逻辑关系。⑤态度被认为是潜在或间接的社会心理过程,除非被特定的参照物所诱发,否则它将内隐于自我意识中。基于结构功能主义理论、符号互动理论和机会结构理论,Darling 及合作者建构了残疾认同的理想类型,提出了残疾认同的操作化结构:认知或评价性的态度维度即肯定/自豪抑或污名/羞耻,认为残疾是个人还是社会问题的观念维度即医学模式抑或社会模式。⑥在此基础上,Darling 及合作者编制了残疾认同与机会量表,该量表具有可接

① H. Hahn, T. L. Belt, "Disability identity and attitudes toward cure in a sample of disabled activists", *Journal of Health and Social Behavior*, vol.45, no.4, (December 2004), pp.453—464.

② H. Hahn, R. Beaulaurier, "Attitudes toward disabilities: a research note on activists with disabilities", *Journal of Disability Policy Studies*, vol.12, no.1, (June 2001), pp.40—46.

③ 郑曦:《大学生残疾人态度量表测评》,《中国康复理论与实践》2005 年第 9 期。

④ 田琪、郝元涛、陶健婷等:《世界卫生组织残疾态度量表中文版的信度、效度分析》,《中国组织工程研究》2010 年第 46 期。

⑤ R. B. Darling, *Disability and identity: negotiating self in a changing society*, Boulder, Col.: Lynne Rienner Publishers, 2013.

⑥ 参见 R. B. Darling D. A. Heckert, "Activism, models, identities, and opportunities: a preliminary test of a typology of disability orientations", in S. N. Barnartt, ed., *Disability as a fluid state*, Bingley: Emerald Group Publishing Limited, 2010, pp.203—229. R. B. Darling, D. A. Heckert, "Orientations toward disability: differences over the lifecourse", Int J Disabil Dev Educ, vol.57, no.2, (June 2010), pp.131—143.

受的信度与效度。[①]

残疾认同是自我认知与社会观念互动的结果。西方经过近四十年的残障权利运动,已经极大地改变了残疾观念生态,残疾认同呈现出动态的、流动的过程。[②]我国近些年来,尤其是《残疾人权利公约》生效的十年里,残疾者在不同领域进行权利倡导和政策推动,[③]这意味着残疾认同的某些变化。然而,此类基础研究刚刚开始起步,相关的残疾认同理论研究也未引起足够重视。

在使用残疾认同与机会量表时,Darling 指出需要注意到不同的文化情境。本文将修订标准化 Darling 的美国版量表,讨论中国语境下的适用性以及残疾认同的结构差异。该量表在原量表基础上修改而成,并征得了原作者的授权。在 Darling 的研究中,残疾认同与机会量表涉及认同(Identity)、模式(Model)、角色(Role)。[④]本研究所涉及的残疾认同包含 Darling 讨论的认同与模式,也即对应的认知维度和观念维度,前者是残疾之于残疾人生活意义和影响的评价性态度(个人认同),后者是残疾人生活状态的归因或社会整合状况感知(社会认同)。

一、对象与方法

(一) 调查对象

采用多阶段随机抽样选取样本。2018 年 5 月,在上海市浦东新区 36 个街镇中随机选出 12 个街镇,每个街道抽取 50 位左右持有残联颁发的残疾人证且年满 18 周岁的残障者。鉴于本研究关注的残障者的自我认同,同时为减少残障者自身社会特征带来的数据误差,[⑤]因此纳入分析的调查对象排除了由监护人代答者。

---

①④ R. B. Darling, *Disability and identity: negotiating self in a changing society*, Boulder, Col.: Lynne Rienner Publishers, 2013.

② 参见 C. J. Gill, "Four types of integration in disability identity development", *Journal of Vocational Rehabilitation*, vol.9, no.1, (January 1997), pp.39—46. P.Rhodes, A. Nocon, et al., "Disability and identity: the challenge of epilepsy", *Disability & Society*, vol. 23, no. 4, (June 2008), pp. 385—395. M. Oliver, "The social model of disability: thirty years on", *Disability & Society*, vol.28, no.7, (June 2013), pp.1024—1026。

③ 参见李学会、傅志军:《从隔离走向融合? ——我国视力障碍者高等教育的历史、特点及政策变迁》,《社会工作》2015 年第 6 期;李学会,张凤琼:《心智障碍者的权益保障: 家庭视角的审视》,《西南政法大学学报》2018 年第 5 期。

⑤ 田琪、郝元涛、陶健婷,等:《世界卫生组织残疾态度量表中文版的信度、效度分析》,《中国组织工程研究》2010 年第 46 期。

(二) 调查方法

1. 调查形式

由各街镇残疾人联合会相关工作人员联系残障者集中填答。调查员在开展调研前进行调研背景及知识的相关培训,由本文研究者现场进行监督和问题解答。采用自填问卷和代答相结合的方式调查,对于文化程度较低或阅读问卷有困难者由调查员读题问答或监护人代为填写。2 个月后,对 36 名肢体残障者进行了再测。

2. 调查工具

Darling 等人发展的残障认同量表。①量表为 5 级评分,1=非常不同意,2=不同意,3=不确定,4=同意,5=非常同意。该量表原始量表包含 30 个条目,Darling 等人最终纳入 23 个条目,分为 4 个因子:分别是残疾骄傲(4 个条目,例如"我为我的残疾而感到骄傲")、排斥或不满(4 个条目,例如"残疾限制了我的社会生活")、社会模式(7 个条目,例如"我熟悉残障权利运动并支持它的目标")、个人或医学模式(8 个条目,例如"我为残疾人感到可惜"),以上 4 个因子的克隆巴赫 α 系数分别为 0.78、0.73、0.72、0.62。②

研究者通过翻译——逆向翻译过程,对量表进行文化调适,调整了语句在不同文化背景下的对应。例如将条目 22"我很熟悉《美国残疾人法案》,这是一个挺好的法律"改为"我很熟悉《残疾人保障法》,这是一个挺好的法律"。在形成初步的中文版本后,研究者针对残疾人进行了小规模的试调查。修正了某些语句表述,最终形成了可用于现场调查的中文版本。

3. 分析方法

依据心理量表编制的一般规则,在探索性因子分析之后进行验证性因子分析。③首先将 291 份问卷随机分为两个样本,利用 SPSS23.0 对样本 1(n=145)进行探索性因子分析,计算量表的内部一致性;利用 Stata14.0 对样本 2(n=146)进行验证性因子分析,并报告模型拟合指数。随后对量表各维度进行相关系数检验,解释量表理论含义、讨论量表的解释力。36 名肢体残障者的再测信度利用 SPSS23.0 进行分析。

二、结　果

(一) 人口学特征

用于本研究的有效问卷 291 份。其中,男性 132 人,占 45.4%;女性 159 人,占

①② R. B. Darling, *Disability and identity: negotiating self in a changing society*, Boulder, Col.: Lynne Rienner Publishers, 2013.

③ 赵必华、顾海根:《心理量表编制中的若干问题及题解》,《心理科学》2010 年第 6 期。

54.6%;156 人为肢体残疾,占 53.6%; 77 人为视力残疾,占 26.5%; 56 人为听力残疾,占 19.2%; 2 人为言语残疾。依据残疾人残疾鉴定级别,四级的 123 人,占 42.3%;三级的 93 人,占 32%;二级的 35 人,占 12%;一级的 40 人,占 13.7%。

(二) 探索性因子分析

首先对样本 1 进行探索性因子分析,KMO 值为 0.804, Bartlett 检验值为 2 380.997, sig=0.000,适合因子分析。采用主成分分析法对量表的 30 项条目进行因子分析。经方差最大正交旋转法处理,依据特征值大于 1 并结合公共因子碎石图抽取 5 个公共因子。逐步删除了因子载荷值较低以及相关系小于 0.6 的条目,结合提取的公因子方差,最终获得包含 20 个条目的量表。(结果参见表 1)包含 20 个条目的样本 1 量表 KMO 值为 0.799, Bartlett 检验值为 1 420.244, sig=0.000,适合因子分析。经方差最大正交旋转法处理,得到 5 个公因子,解释的总方差为 67.96%。

表 1　残障认同量表基于样本 1 的探索性因子分析

	因子 1	因子 2	因子 3	因子 4	因子 5
22. 我很熟悉《残疾人保障法》,这是一个挺好的法律	**0.811**	0.182	0.006	0.145	0.002
23. 我对残疾人权利倡导很了解,也支持它的目标	**0.796**	0.052	0.008	0.319	0.085
29. 我在乎的人经常带我一起参加我喜欢参与的活动	**0.750**	−0.126	0.112	0.233	0.029
17. 残疾人和残疾人之间有更多的共同点	**0.700**	0.128	0.153	0.007	0.169
27. 总的来说,我比较满意我的生活	**0.644**	−0.104	0.306	0.322	0.114
13. 残疾限制了我的社交生活	0.051	**0.738**	0.128	−0.139	0.216
28. 因为残疾我常常被排除在各种活动之外	0.114	**0.731**	−0.014	−0.150	0.342
14. 残疾使我无法工作	−0.094	**0.715**	0.200	−0.017	0.226
21. 我随时尽可能把我的残疾掩藏起来	−0.086	**0.705**	0.034	0.410	−0.069
26. 残疾人很难融入"正常"社会	0.179	**0.692**	0.135	0.088	0.133
5. 我会为我的残疾而感到自豪	0.065	0.169	**0.860**	0.023	−0.012
25. 残疾使我的人生更加丰富	0.169	0.049	**0.790**	0.232	0.014
6. 残疾是我的一个重要身份	0.012	0.297	**0.753**	0.007	0.098
3. 因为残疾,我变成了一个更好的人	0.175	−0.036	**0.747**	0.236	0.109

续表

	因子1	因子2	因子3	因子4	因子5
24. 人们应该努力克服他们的残疾	0.289	0.006	0.246	**0.777**	0.010
20. 残疾人应该要学会调整自己来适应一个大多数人都没有残疾的世界	0.275	0.068	0.189	**0.776**	0.142
30. 对残疾人来说,最重要的就是要学会接受他们无法改变的事情	0.244	−0.033	0.056	**0.736**	0.142
9. 缺乏无障碍设施和雇主的歧视是残疾人找不到工作的主要原因	0.140	0.148	0.131	0.133	**0.847**
10. 残疾人不容易被当作"正常人"对待	−0.051	0.361	0.014	0.160	**0.786**
15. 残疾人面临的最大问题是别人的态度	0.311	0.347	0.038	0.026	**0.652**
特征值	5.831	3.294	2.092	1.272	1.103
占总变异的%	16.13	15.22	14.07	12.01	10.55

(三) 信度分析

基于探索性因子分析所得的数据结构,表2呈现的是量表的信度。无论是子样本还是总样本,总量表以及各个维度的克隆巴赫 α 系数多数超过了0.8,个别维度低于0.8但也超过了0.6,表明具有较高的内部一致性。2个月后的再测数据表明,该量表具有较高的稳定性。

表2 残障认同量表的信度

	总量表	维度1	维度2	维度3	维度4	维度5
总样本	0.865	0.838	0.824	0.819	0.789	0.742
样本1	0.866	0.843	0.806	0.836	0.815	0.799
样本2	0.865	0.831	0.842	0.802	0.759	0.663
再测信度	0.776	0.717	0.789	0.893	0.640	0.760

(四) 验证性因子分析

使用样本2的数据依据样本1所得的因子结构进行验证性因子分析,结果表明各维度的因子载荷介于0.571—0.975之间,统计检验均具有统计显著性。各个因子的结构效度参数值均在合理要求范围之内,因此各个观测变量可以形成相应的一阶因子。

表 3 残障认同量表基于样本 2 的各维度模型拟合指数

	变量名称	因子载荷	拟合指数
因子 1 （社会接纳）	V17	0.525[a]	$\chi^2=1.678$ df=2 p=0.432 RMSEA=0.000 SRMR=0.008 CFI=1.000
	V22	0.861[a]	
	V23	0.860[a]	
	V27	0.594[a]	
	V29	0.547[a]	
因子 2 （污名/羞耻）	V14	0.784[a]	$\chi^2=3.194$ df=2 p=0.203 RMSEA=0.042 SRMR=0.016 CFI=0.996
	V21	0.583[a]	
	V26	0.713[a]	
	V13	0.691[a]	
	V28	0.754[a]	
因子 3 （肯定残障）	V3	0.712[a]	RMSEA=0.000 SRMR=0.000 CFI=1
	V5	0.854[a]	
	V6	0.677[a]	
	V25	0.679[a]	
因子 4 （排斥—个人归因）	V20	0.975[a]	RMSEA=0.000 SRMR=0.000 CFI=1
	V24	0.638[a]	
	V30	0.571[a]	
因子 5 （排斥—社会归因）	V9	0.696[a]	RMSEA=0.000 SRMR=0.000 CFI=1
	V10	0.617[a]	
	V15	0.583[a]	

注：a. $p<0.01$

（五）量表相关性

量表结构包括量表内部各因子之间、各因子与总量表之间的相关。残障认同量表各维度之间的皮尔逊相关系数在 0.131—0.584 之间，呈现出中低度的相关，说明量表的因子之间有一定相关，但彼此仍然相对独立。尽管部分相关系数超过了 0.5，但均小于分量表与总量表之间的相关系数。分量表与总量表之间的相关系数在 0.640—0.695 之间，呈现较强的相关。量表所测内容的一致性大于差异程度，符合量表编制的一致性和异质性要求，本量表的结构效度良好。具体结果见表 4。

表 4 残障认同量表各维度之间及各维度与总量表的相关矩阵

	总量表	社会接纳	污名/羞耻	肯定残障	排斥—社会归因	排斥—个人归因
总量表	1					
肯定残障	0.692[a]	1				
污名/羞耻	0.695[a]	0.284[a]	1			
社会接纳	0.649[a]	0.336[a]	0.131[b]	1		
排斥—社会归因	0.668[a]	0.242[a]	0.522[a]	0.273[a]	1	
排斥—个人归因	0.640[a]	0.346[a]	0.186[a]	0.584[a]	0.276[a]	1

注：a. $p<0.01$；b. $p<0.05$

三、讨 论

本研究显示探索性因子分析所得到的因子结构与已有研究因子结构模型具有某种一致性。在信度方面，总量表的克隆巴赫系数为 0.865，量表各维度的内部一致性信度介于 0.742—0.838 之间。总量表再测信度为 0.776，各维度的内部一致性信度介于 0.640—0.893 之间，表明该量表具有较高的可靠性和稳定性。验证性因子分析的结果显示，量表的因子结构具有较高的拟合度和稳定性。分量表与总量表的相关系数较强，且高于分量表之间的相关系数，说明本量表具有较高的结构效度。

依据 Darling 的量表及残障认同结构，计算本次调查数据的克隆巴赫 α 系数分别为：残障骄傲 0.819，排斥或不满 0.649，社会模式 0.795，个人或医学模式 0.724。而本研究所得的 5 个维度，其信度均优于原量表。这表明，原量表的内部一致性有待提高。本研究探索性因子分析所得总量表和各维度的信度均高于原量表，验证性因子分析也说明社会认同的量表质量有所提高。

同时数据也说明我国残障者的残障认同有着不同的结构。Darling 等人最终纳入 23 个条目，分为 4 个因子：分别是残障骄傲、排斥或不满、社会模式、个人或医学模式。前两个因子是认知的维度，后两个因子是模式的维度。结合已有的文献，①本研究将残障认同细分为两个维度：个人认同，即对残障的态度(肯定抑或污

① 参见 R. B. Darling, *Disability and identity: negotiating self in a changing society*, Boulder, Col.: Lynne Rienner Publishers, 2013. D. S. Dunn, S. Burcaw, "Disability identity: exploring narrative accounts of disability," *Rehabilitation Psychology*, vol.58, no.2, (February 2013), pp.148—157. M. Putnam, (转下页)

名/羞耻);社会认同,即对障碍状态的观念或感知(社会接纳抑或社会排斥)。中文语境下的该量表结构与 Darling 的研究相比,虽然有所差异,但 Darling 所提出的残障认同结构依旧具有其价值。结合各维度的含义与文化语境,探索性因子分析所得的 5 个因子分别命名为肯定残障、污名/羞耻、社会接纳、社会排斥—个人归因、社会排斥—社会归因。

与原量表相比,新量表划分为 5 个因子,分别属于个人认同(肯定残障、污名/羞耻)与社会认同(社会接纳、社会排斥—个人归因、社会排斥—社会归因)。所不同的是,在中国的语境中对残障的态度糅合了对残障本身的排斥和来自社会的排斥,因此社会排斥维度表现为两个子维度。个人归因的社会排斥主要将社会排斥视为基于个人的残障状态,而社会归因主要集中于社会观念对残障的消极看法。

在量表最后使用的条目上,中文版量表与 Darling 提出的量表也有差异。在 Darling 的美国版量表中,30 项题项最终纳入 23 项;本量表最终纳入 21 个条目。两个量表共同纳入的题项有 17 个。两个量表共同未纳入的题项有 4 个,分别是第 1 项(我不认为自己是个"残废人")、第 2 项(与非残疾人相比,我更愿意和残疾人交往)、第 8 项(我的大多数朋友是残疾人)、第 12 项(绝大多数残疾人找不到工作的主要原因是他们无法胜任那些职位)。Darling 的美国版量表未纳入的其余 3 项即第 17、26、29 项(具体描述见表 1)纳入了中文版量表,而中文版量表未纳入的其余 5 项即第 7(我为残疾人感到可惜)、11(与非残疾人相比,残疾人更需要通过争取来获得他们的权利)、16(所有建筑物都应该有无障碍设施)、18(我希望能够找到一个可以治愈所有残疾的方法)、19(医生最了解什么是对残疾人最好的),第 11、16 项属于 Darling 的美国版量表中的社会模式维度,7、18、19 项属于医学/个人模式。

与原量表相比,尽管有几项纳入不同维度,但其理论含义依然有逻辑一致性。两个版本共同的 17 个选项所属的维度均具有一致性,分别属于类似的维度。不同的是中文版本将美国版本中的医学模式维度做了更细致的划分,并重新命名为社会排斥,即个人归因的排斥与社会归因的排斥。这也表明,美国版本的残障认同量

(接上页)"Conceptualizing disability: developing a framework for political disability identity", *Journal of Disability Policy Studies*, vol.16, no.3, (December 2005), pp.188—198. H. Hahn, T. L. Belt, "Disability identity and attitudes toward cure in a sample of disabled activists", *Journal of Health and Social Behavior*, vol.45, no.4, (December 2004), pp.453—464. H. Hahn, R. Beaulaurier, "Attitudes toward disabilities: a research note on activists with disabilities", *Journal of Disability Policy Studies*, vol.12, no.1, (June 2001), pp.40—46. J. Chaskes, "Out of a coma and into a wheelchair: social and physical accessibility and the construction of disabled identity", in S. N. Barnartt, ed., *Disability as a fluid state*, Bingley: Emerald Group Publishing Limited, 2010, pp.49—66。

表在中文语境下具有适用性。

在残障认同不同维度命名上,所使用的概念也结合文化语境进行了调整。对残障的肯定态度上,Darling 命名的是残障骄傲,即对残障身份感到骄傲,本文命名为肯定残障。残障骄傲是美国残障权利运动中出现的口号,是发生于美国的平权运动在残障领域的延伸。①在中国,虽有从语言的演变中呈现出从残废、残疾到残障的演变,且意义的歧视性含义向描述社会状态转变,②但我国并未出现由残障群体主导的残障认同运动,也即缺乏具有广泛社群基础的正名运动。因此,本研究采用了情感状态更为平和的"肯定残障"。

残障认同导向不同的政策干预策略和个人适应路径,也即残障认同政治。③随着《残疾人权利公约》在我国的实施,残障的测量与残障者的识别有了新的参照,④对残障观念的影响也需要更多观察和研究。残障认同研究有助于识别残障者以及社会大众的残障观念与社会行为之间的逻辑关系,并据此进一步分类人群,也可以为实务工作以及残障意识的培养提供参考。本文依据相关研究,提出了中文版的残障认同量表,该量表具有较好的信度与效度,可以作为将来进一步研究及使用的依据。

---

① J. Chaskes, "Out of a coma and into a wheelchair: social and physical accessibility and the construction of disabled identity", in S. N. Barnartt, ed., *Disability as a fluid state*, Bingley: Emerald Group Publishing Limited, 2010, pp.49—66.

② 李学会、傅志军:《从隔离走向融合?——我国视力障碍者高等教育的历史、特点及政策变迁》,《社会工作》2015 年第 6 期。

③ R. Malhotra, M. Rowe, *Exploring disability identity and disability rights through narratives: finding a voice of their own*, London: Routledge, 2014.

④ 邱卓英、李安巧、黄珂,等:《基于 ICF 和联合国〈残疾人权利公约〉对国际组织有关残疾定义及其测量的内容研究》,《中国康复理论与实践》2018 年第 10 期。

普通中小学教师对融合教育的态度及影响因素研究

——基于深圳市罗湖区 632 名中小学教师的调查*

摘　要：普通教师的态度是融合教育政策实施的关键因素之一。针对深圳市罗湖区 632 名中小学教师的结果显示：(1)教师对融合教育的总体态度较为积极，教师具有较强的接纳特殊学生的行为倾向，但对于融合教育作为一种权利的认知以及情感维度相对较低；(2)教育培训中的特殊教育相关经历是影响教师对融合教育态度的关键因素，培训经历有助于提高教师对融合教育的熟悉度；(3)学生障碍程度影响教师融合教育态度，障碍程度越低教师有更积极的态度。建议将融合教育相关内容纳入普通教师的继续教育培训计划，同时需要开展理解多重变量对教师融合教育态度的影响及机制的行动研究。

关键词：融合教育态度　认知　情感　行为倾向

一、问题的提出

让有特殊需要的学生进入普通班级共同学习的融合教育成为全球的主流趋势。在我国，随班就读是实现融合教育的政策实践形式。[①]为进一步提升残障人受教育水平、推进教育公平，我国相关部门先后出台了《特殊教育提升计划(2014—2016 年)》《第二期特殊教育提升计划(2017—2020 年)》。其中，“全面推进融合教育”均为该政策的基本原则之一。

尽管近年来融合教育的呼声和努力势头强劲，但成功执行该政策的一个关键因素是对执行该政策负有主要责任的人，即普通教师的表现。[②]一个广为接受的结

---

* 本文发表于《现代特殊教育》2019 年第 16 期，与陈丽斌、张凤琼合作。系深圳市罗湖区教育科学规划教改专项课题重点资助课题“构建普通学校融合教育支持体系行动研究”(项目编号：lhjg2019020)、深圳市心智障碍服务生态系统示范项目融合教育研究子课题(项目编号：SFJY0101)的部分成果。

① 邓猛、朱志勇：《随班就读与融合教育——中西方特殊教育模式的比较》，《华中师范大学学报(人文社会科学版)》2007 年第 4 期。

② E. Avramidis, B. Norwich, “Teachers' attitudes towards integration/inclusion: a review of the literature”, *European Journal of Special Needs Education*, vol.17, no.2, (June 2002), pp.129—147.

论是,更具包容性的融合教育政策的成功实施在很大程度上取决于教育工作者的积极态度。受制于种种条件,随班就读实施过程和质量存有偏差,①其中一个因素就在于教师对于融合教育的态度。

然而,教师对融合教育的态度不容乐观。早期的几项研究指出,多数普通教师对将有特殊需要的学生纳入普通学校持中立或消极态度,②普通教师对特殊学生的安置形式更偏向于特殊学校。③新近的研究也发现,无论是特殊教育教师还是普通教育教师,都比较赞同残障儿童应该在特殊学校中接受教育,其次是特教班级,对残障儿童随班就读则持略微消极的态度。④孙锋对 111 名特殊学校教师的调查发现,尽管特殊学校老师特殊学校老师对融合教育持有积极的态度,但对融合教育的了解不够且在实际工作中遇到的阻力较多。⑤另一项针对随班就读学校教师的研究表明,86.9%的教师认为随班就读不是孤独症儿童教育安置的最佳选择,普遍支持单独建设孤独症学校。⑥

教师对融合教育的态度受多种因素影响。这些因素可以归为三类:一是教师所面临的残障状况程度,例如残障学生的障别、严重程度,即学生相关变量;二是教育环境相关变量,例如融合教育支持服务的可及性;三是教师相关变量,例如性别、教龄、培训、与残障人互动经历等。⑦这些因素之间可能交互影响,例如对融合教育的忧虑会影响融合教育态度,其中原因在于融合教育所需要面对的情境可能影响教师的效能感。⑧此外,我国目前开展融合教育所面临的障碍,也常常是以上多种因素的组合。⑨

---

① 参见李拉:《我国随班就读政策演进 30 年:历程、困境与对策》,《中国特殊教育》2015 年第 10 期;庞文:《我国残障人融合教育的现状与发展研究》,《残疾人研究》2017 年第 4 期;邓猛、赵泓:《新时期我国融合教育现状和发展趋势》,《残疾人研究》2019 年第 1 期。

② A. Boer, S. J. Pijl, A. Minnaert, "Regular primary school teachers' attitudes towards inclusive education: a review of the literature", *International Journal of Inclusive Education*, vol. 15, no. 3, (April 2011), pp 331—353.

③ 邓猛:《普通小学随班就读教师对全纳教育态度的城乡比较研究》,《教育研究与实验》2004 年第 1 期。

④ 颜廷睿、侯雨佳、邓猛:《普通教育教师与特殊教育教师对残障儿童教育安置态度的比较研究》,《基础教育》2017 年第 6 期。

⑤ 孙锋:《特殊学校教师对融合教育的态度调查》,《当代教育理论与实践》2013 年第 2 期。

⑥ 关文军、颜廷睿、邓猛:《随班就读学校教师对孤独症儿童教育安置的态度研究》,《残疾人研究》2017 年第 4 期。

⑦ E. Avramidis, B. Norwich, "Teachers' attitudes towards integration/inclusion: a review of the literature", *European Journal of Special Needs Education*, vol.17, no.2, (June 2002), pp.129—147.

⑧ 陈光华、昝飞:《学前教育师范生的融合教育态度、忧虑和效能感研究》,《现代特殊教育》2018 年第 14 期。

⑨ 赵红、徐莉:《融合教育背景下幼教工作者对特殊儿童态度的调查》,《教师教育学报》2018 年第 1 期。

在残障儿童招生入学“全覆盖零拒绝”的背景下，越来越多的特殊需要学生进入普通学校学习，这为普通学校及教师带来了挑战，也提出了新的要求。“零拒绝”政策减少了特殊需要学生被拒收的直接歧视，增加了选择教育安置形式的机会。但相较于进入普通学校门槛，融合教育的挑战更在于教育过程。受制于特殊教育的二元双轨制，普通学校的融合教育基础不足，更容易面临“缺乏合理便利”的教育歧视。①因而研究教师对融合教育的态度及影响因素，从中寻找可变的因素，以期提出可能的干预策略，具有重要现实意义。

目前对教师融合教育的态度仍然了解甚少，也缺乏可信的改变态度的干预策略。其中原因在于，一是多数研究对态度没有进行明确的定义和测量框架，许多研究中“态度”一词的概念化只能从相关描述或所使用的调查问卷中的项目内容推测；②二是对融合教育态度的影响因素缺乏不同单位层次的区分，例如学生相关变量、教师相关变量、环境相关变量。因此导致相关研究聚焦的多是态度的单个维度或混合体，限制了研究结果得出的结论。本文将借助于态度的三个维度（认知、情感、行为倾向），③探讨不同单位层次变量对态度的影响。

二、调查过程

（一）问卷编制

本研究使用的工具是课题组编制的《中小学教师融合教育理念调查问卷》，问卷包含两个部分：第一部分是基本信息，包括教师人口学信息、教育培训经历以及教学信息；第二部分是融合教育态度量表，包括教师对融合教育的熟悉程度以及不同情境下的融合教育态度。融合教育态度的测量使用的是 Boer 等人编制的 Attitude Questionnaire towards Inclusive Education，④问卷的使用已征得原作者的授权。

融合教育态度包括认知、情感、行为倾向三个维度，总量表克隆巴赫 α 系数为 0.910，分量表认知、情感、行为倾向维度克隆巴赫 α 系数分别为 0.659、0.808、

---

① 李学会：《心智障碍儿童的教育歧视：表现及治理》，刘小楠、王理万主编《反歧视评论》（第 5 辑），北京：法律出版社，2018 年，第 167—182 页。

② A. Boer, S. J. Pijl, A. Minnaert, “Regular primary school teachers’ attitudes towards inclusive education: a review of the literature”, *International Journal of Inclusive Education*, vol. 15, no. 3, (April 2011), pp 331—353.

③④ A. Boer, M. Timmerman, S. J. Pijl, et al., “The psychometric evaluation of a questionnaire to measure attitudes towards inclusive education”, *European Journal of Psychology of Education*, vol. 27, no. 4 (January 2012), pp. 573—589.

0.882。认知维度包括6个题项,测量的是教师对残障学生在普通教室接受教育权利以及融合教育基本要求要素的认识,例如题项1"像××这样的学生,有权利和其他普通学生一起在同一个教室里接受教育";情感维度包括7个题项,测量的是教师在面对残障学生以及教学过程中的情感反应,例如题项3"当一个像××这样的学生不能跟上我平时上课的进度时,我会感到沮丧";行为倾向包括6个题项,测量教师对投入融合教育的意愿,例如题项4"我愿意鼓励小明参加教室里的各种社交活动"。在计算相应维度时,对原量表中反向问题进行了调整以保持方向一致,各题项加总即为态度取值,表示的是分值越高态度越积极。

(二) 调查设计

影响教师融合教育态度的因素包括教育环境相关变量、教师相关变量、学生相关变量。本次调查数据属于教师个人层次,教育环境相关变量只纳入了"所在的学校是否有资源老师(特教老师)"变量(0=无,1=有)。教师相关变量包括教师的性别、所在学校性质、是否承担课程、职称、学历、教育学历过程中是否特殊教育相关课程、教师教育培训中是否有涉及特殊教育、所教的学生中是否有特殊学生等信息。

为考察残障学生的特征对普通教师融合教育态度的影响,教师在回答融合教育态度量表之前会随机阅读一段关于残障学生的描述性文字。情景1为多动症,表现为常常很吵闹、坐不住、经常在教室里走来走去、很难跟其他同学合作学习等;情景2为认知障碍,表现为在数学方面有困难、能像其他孩子一样玩和跑,但有时候会忘记游戏的规则、需要班级外接受教师额外的学习辅导等;情景3为肢体残障,表现为行走有困难,双腿有矫治支架支撑,还需要使用拐杖,和家人出行的时候,有时还需要轮椅在学校用电脑打字,因为他写字很慢。三种情景分别对应重度障碍、中度障碍、轻度障碍。

(三) 调查对象

2018年9月—10月,采用方便抽样的方法,由教育部门向深圳市罗湖区中小学普通教师发放调查问卷。共回收有效问卷632份,填答卷的教师主要来自12所学校,其中118人为中学教师。调查对象基本信息见表1。

表1 调查对象基本信息描述

		人数	比例
学校性质	民办	87	13.8%
	公办	545	86.2%

续表

		人数	比例
教师角色	科任教师	279	44.1%
	班主任	290	45.9%
	年级主任	5	0.8%
	教务管理人员	32	5.1%
	其他	26	4.1%
职称	初级	325	51.4%
	中级	274	43.4%
	副高	33	5.2%
性别	男	121	19.1%
	女	511	80.9%
学历	大学专科	49	7.8%
	大学本科	543	85.9%
	研究生	40	6.3%
教育学历过程中是否特殊教育相关课程	有	105	16.6%
	无	527	83.4%
教师教育培训中是否有涉及特殊教育	有	237	37.5%
	无	395	62.5%
承担具体的教课任务	承担	561	88.8%
	不承担	71	11.2%
所教的学生中，是否有残障学生	无	463	73.3%
	有	169	26.7%
所教的学生中，是否有随班就读学生	无	482	76.3%
	有	150	23.7%
所教学生中是否有学生因行为问题经常干扰教学秩序的情形	无	208	32.9%
	有	424	67.1%
所在的学校是否有资源老师（特教老师）	有	117	18.5%
	无	340	53.8%
	不知道	175	27.7%

(四) 数据处理与分析

融合教育态度总量表及分量表得分转换为[0—100]区间数值,检验其相关系数。对融合教育态度的影响因素进行均值比较,此后建构了线性回归模型,进一步检验相关变量的影响。

本文重在检验融合教育态度各维度的影响因素,因此在统计中因变量没有纳入融合教育态度总量表。在回归模型中,重点考察的是教师相关变量的影响,环境因素仅纳入了学校是否有资源教师这一项。在线性回归模型中,教师相关变量为控制变量。

三、研究发现

(一) 普通教师的教育、培训经历与融合教育认识

融合教育有时也与全纳教育相混用,尽管二者有着差异。为了全面了解教师对融合教育相关概念与实践的认识,本次调查同时使用了全纳教育、融合教育、随班就读三种概念。

对于融合教育的熟悉程度,分别有 48.1%、27.7%、23.6%的教师表示没有听说过全纳教育、融合教育、随班就读;分别有 6.9%、9.8%、15.5%的教师表示熟悉。这说明,教师对随班就读的知晓率和知晓度最高,而对融合教育的熟悉程度比较低。这与教师是否有机会接触到特殊学生有关系。26.7%的教师表示,所教的学生中有残障学生;23.7%的教师表示,所教的学生中有随班就读学生,略低于班级中有残障学生的比例。具体数据见表 2。

表 2 教师教育培训是否涉及特殊教育内容与融合教育认识交叉分析

		对全纳教育的熟悉程度				合计
		没听说过	有点了解	比较熟悉	非常熟悉	
参与过的教师教育培训中,是否有涉及特殊教育的相关内容	有	73(30.8)	129(54.4)	31(13.1)	4(1.7)	237
	无	231(58.5)	155(39.2)	9(2.3)	0(0.0)	395
	合计	304(48.1)	284(44.9)	40(6.3)	4(0.6)	632
		对融合教育的熟悉程度				合计
		没听说过	有点了解	比较熟悉	非常熟悉	
参与过的教师教育培训中,是否有涉及特殊教育的相关内容	有	24(10.1)	162(68.4)	46(19.4)	5(2.1)	237
	无	151(38.2)	233(59.0)	11(2.8)	0(0.0)	395
	合计	175(27.7)	395(62.5)	57(9.0)	5(0.8)	632

续表

		对随班就读的熟悉程度				合计
		没听说过	有点了解	比较熟悉	非常熟悉	
参与过的教师教育培训中，是否有涉及特殊教育的相关内容	有	25(10.5)	147(62.0)	55(23.2)	10(4.2)	237
	无	124(31.4)	241(61.0)	23(5.8)	7(1.8)	395
	合计	149(23.6)	388(61.4)	78(12.3)	17(2.7)	632

注：括号内为每行的百分比。

融合教育相关理念的习得主要靠学历教育过程的相关课程学习，以及进入学校后的教师教育培训。相较于学历教育，教师教育培训对教师更具有普遍性。有16.6%的教师在教育学历过程中有过特殊教育相关课程，而37.5%的教师在教师教育培训中有涉及特殊教育。进一步检验教育培训经历与融合教育认识表明，教育培训经历显著影响教师融合教育的认识（全纳教育：皮尔逊卡方值＝65.172，df＝3，sig＝0.000；融合教育：皮尔逊卡方值＝98.047，df＝3，sig＝0.000；随班就读：皮尔逊卡方值＝66.890，df＝3，sig＝0.000）。

（二）融合教育态度及各维度统计描述及初步检验

表3描述了融合教育态度及各维度的基本信息。总体上看，融合教育态度总量表得分64.114，普通教师对融合教育的态度中性偏积极。分量表各维度之间以及与总量表具有强相关关系，融合教育行为倾向与总态度量表具有最高的相关系数。融合教育态度的各个维度上，教师对融合教育的认知和情感得分较低，行为倾向方面更加积极。

表3　融合教育态度各维度均值及相关系数

	M	SD	1	2	4	4
1. 总态度	64.114	13.856	1			
2. 融合教育认知	60.944	14.178	0.891***	1		
3. 融合教育情感	59.432	15.451	0.882***	0.675***	1	
4. 融合教育行为倾向	71.967	16.745	0.914***	0.742***	0.695***	1

注：*** p≤0.001

表4检验了不同教师相关变量融合教育教育态度的均值比较结果。在教师的性别方面，男性教师比女性教师对融合教育态度略积极，主要体现在情感维度。公办学校与民办学校教师的融合教育态度没有差异。相较于学历教育，教育培训经历对融合教育态度的影响更加显著。统计检验表明，教育培训经历中增加特殊教

育相关内容，可以提高教师融合教育的态度积极性。其中，对融合教育认知的影响更显著。承担课程的一线教师，比承担教育教学管理工作的教师（例如班主任、年级主任等）的融合教育态度更积极。

表4　教师相关变量融合教育态度差异的检验

			融合教育认知			融合教育情感			融合教育行为倾向		
		N	M	SD	t	M	SD	t	M	SD	t
性别	男	121	61.570	13.432	0.540	62.928	15.098	2.821*	74.001	17.121	1.487
	女	511	60.796	14.358		58.604	15.432		71.486	16.635	
学校性质	公	545	60.795	14.453	−0.661	59.240	15.700	−0.780	71.919	16.890	−0.190
	民	87	61.877	12.346		60.632	13.810		72.270	15.896	
学历教育	有	105	62.341	14.387	1.106	62.313	15.071	2.098*	73.849	17.204	1.262
	无	527	60.666	14.133		58.857	15.475		71.592	16.643	
教育培训	有	237	63.696	15.180	3.695***	62.131	15.728	3.431***	74.736	17.222	3.244***
	无	395	59.293	13.289		57.812	15.071		70.306	16.249	
承担课程	是	561	61.401	14.240	2.284*	59.912	15.636	2.205*	72.720	16.362	3.199***
	否	71	57.336	13.222		55.634	13.399		66.021	18.589	

注：$^{*}p\leq0.05$，$^{**}p\leq0.01$，$^{***}p\leq0.001$

（三）普通教师融合教育态度的影响因素

为了考察特殊学生的相关特征，调查问卷中设置了三种情景，分别对应重度障碍、中度障碍、轻度障碍。特殊学生的特质既构成了教师与学生互动的基础，也意味着教师需要为学生提供合理便利以及教学调整的程度。研究表明，融合教育态度在各个情景中都呈现出随学生障碍严重程度的升高而态度更消极的趋势。统计检验表明，这种趋势更体现在融合教育的认知维度（$F=8.361$，$P=0.000$）。这说明，特殊学生的障碍程度越高，普通教师就越认为融合教育不适合，就更难接纳特殊需要儿童进入普通班级学习。这也与已有的相关研究结论相一致。

表5　三种特殊学生情境下教师对融合教育态度的差异

		N	M	SD	F	Sig
融合教育认知	情景1	211	58.867	14.306	8.361	0.000
	情景2	212	59.866	14.062		
	情景3	209	64.135	13.667		

续表

		N	M	SD	F	Sig
融合教育情感	情景 1	211	58.395	15.607	1.133	0.323
	情景 2	212	59.266	15.799		
	情景 3	209	60.646	14.916		
融合教育行为倾向	情景 1	211	70.636	17.014	2.055	0.129
	情景 2	212	71.462	17.036		
	情景 3	209	73.824	16.076		

表 6 报告了融合教育态度影响因素的多元线性回归模型，回归系数为标准化回归系数。数据表明，教师相关变量大约能解释 10%的融合教育态度各维度变异（基准模型 1、2、4）。而针对融合教育情感、行为倾向的回归模型中，分别纳入融合教育认知、情感后，总的模型解释力都具有显著的提高（模型 3、5、6）。

表 6　融合教育态度多元线性回归模型

	融合教育认知	融合教育情感		融合教育行为倾向		
	模型 1	模型 2	模型 3	模型 4	模型 5	模型 6
性别（女）	0.020	0.092*	0.079**	0.048	0.034	0.007
学校资源教师（无）	0.039	0.064	0.039	−0.002	−0.030	−0.043+
相关特教课程（无）	−0.062	0.012	0.053	−0.032	0.013	−0.005
培训特教经历（无）	0.087+	0.031	0.026	0.054	−0.008	0.001
承担教课（否）	0.104**	0.101**	0.034	0.135***	0.061**	0.050*
残障学生（无）	−0.041	−0.068	−0.041	0.003	0.033	0.047+
随班就读学生（无）	0.054	0.052	0.016	0.002	−0.037	−0.042
融合教育熟悉程度	0.249***	0.250***	0.088**	0.267***	0.088**	0.058*
教龄（3 年以下）						
3—8 年	0.039	0.021	−0.005	0.091+	0.063+	0.065*
8 年以上	−0.080	0.020	0.071+	−0.006	0.051	0.026
融合教育认知			0.650***		0.716**	0.488***
融合教育情感						0.350***
R^2	0.103	0.104	0.484	0.108	0.568	0.632

注：1. 括号内为参照项；2. ＋p≤0.1，* p≤0.05，** p≤0.01，*** p≤0.001

在教师相关的变量中,融合教育熟悉程度(即对全纳教育、融合教育、随班就读的了解程度的总和)具有稳健的现状影响。其他还具有较大影响的因素为是否承担具体教学课程。但无论是承担教学课程变量,还是融合教育熟悉程度,在纳入融合教育认知和情感之后,其影响都有所下降。

教师融合教育的行为倾向,意味着教师为特殊学生做出教学调整的意愿。模型表明,教师的行为倾向显著受教师的融合教育认知和情感影响,其中首要的因素是普通教师对融合教育的认知。

四、讨　论

(一) 普通教师融合教育态度现状及影响因素

针对深圳市罗湖区中小学普通教师的研究表明,目前普通教师对融合教育的态度为中性偏积极。这与国内其他研究的结果相类似。①相较于融合教育态度中行为倾向,教师对融合教育的认知和情感略显消极。其中,对于特殊学生在普通班级中就读,多数教师仍然认为特殊学校可能适合。这与其他直接询问教师对特殊学生的安置形式的研究结论一致。②这表明,目前普通教师对融合教育的认识还不足。

教师的融合教育态度受学生相关变量、教师相关变量以及教育环境相关变量的影响。本研究发现,特殊学生的障碍程度越高教师接纳学生进入普通班级学习就越消极。教师相关的变量中,最主要的因素是教师融合教育相关理念的认识程度。而且,对于融合教育的认识,教师的教育培训经历比学历教育过程中对特殊教育的接触更有效。这可能与学历教育中有关融合教育、特殊教育的内容不足有关。学校是否有资源教师(特教教师)对普通教师的融合教育态度影响有限,这似乎与目前学校特教教师的数量以及提供支持不足有关。

需要指出的是,教师对融合教育的行为倾向更积极,可能与教师所要面对的(教师自我定义的)特殊学生要比残障学生更广有关。融合教育认知代表的是教师对融合教育这种安置形式的认识,包括融合教育是否是特殊学生合适的安置形式、特殊学生在普通班级学习是否是一种权利等。情感是教师面对特殊学生表现以及

---

① 参见石梦良、陈敏怡:《广东省普通教师对融合教育态度的调查研究》,《长春大学学报》2017 年第 7 期;钟虹、胡雨琴、王思:《小学班主任对融合教育的态度研究》,《教师教育论坛》2016 年第 8 期。

② 参见颜廷睿、侯雨佳、邓猛:《普通教育教师与特殊教育教师对残障儿童教育安置态度的比较研究》,《基础教育》2017 年第 6 期;陈光华、昝飞:《学前教育师范生的融合教育态度、忧虑和效能感研究》,《现代特殊教育》2018 年第 14 期。

教学调整等行动的情绪与感觉,例如在必须调整教学计划时是否有挫败感等。而行为倾向代表的是教师做出融合教育努力的行为可能性。数据表明,约有 25%的教师表示所在班级有特殊学生。然而有 67.1%的教师表示,所教学生中有学生因行为问题经常干扰教学秩序的情形。考虑到教师对融合教育的了解程度,可以说教师在融合教育行为倾向上更积极的表现,更多是出于教师的责任而关注特殊学生的部分需要。

（二）普通教师融合教育态度的可变因素

普通教师融合教育态度受多种因素的共同影响,包括特殊儿童的障碍程度、教师相关变量等。在影响普通教师融合教育态度三个维度的因素中,对融合教育的熟悉程度具有稳健的积极影响。融合教育的认识一方面来源于教师自身的教育经历,一方面来源于教师从教过程中的教育培训。本文的数据表明,与学历教育相比,教育培训对于提高教师的融合教育认知、情感与行为倾向都具有更明显的效果。

综合以上分析,普通教师对融合教育的态度中,认知是基础,是接纳特殊学生并为之进行积极调整的前提。此外,教师的个人因素,例如性别、教龄等影响并不显著。推进融合教育首先要提升教育工作者的认识,增加普通教师接触融合教育相关理念以及操作的机会,这是目前普通教师融合教育态度的可变因素。在此,提出以下改善普通教师融合教育态度的建议。

第一,将融合教育相关课程纳入大学师范教育培养体系,增加教师在进入普通中小学之前认识融合教育的途径。在本研究中,教师的学历教育经历中是否有特殊教育或者融合教育课程并不显著影响融合教育态度,主要原因在于多数教师受教育过程中没有相应的经历。

第二,将融合教育相关课程纳入教师的继续教育培训体系,系统地提升普通教师融合教育态度和能力。随班就读是我国特殊教育体系中安置特殊学生的最主要形式,提升普通教师的融合教育态度和能力更加迫切。《教师教育振兴行动计划(2018—2022 年)》正在实施,其中要求教师不能低于一定学时的教育培训,融合教育应当成为培训内容的一部分。而《第二期特殊教育提升计划(2017—2020 年)》针对教师的培训也主要集中于特殊教育教师,针对普通教师的融合教育培训应引起更多重视。

第三,从学校层面塑造融合环境,提升所有教育工作者融合教育意识。本文发现,相较于承担教学课程的一线教师,不承担课程的教师对融合教育的认知更弱,尽管在情感和行为倾向方面相对积极。这表明,在学校内部一线教师和教育管理者之间在融合教育态度的某些面向上并不一致。要改善融合教育的环境,需要对学校所有的教育工作者进行系统而全面的意识与能力提升。

(三) 研究局限及后续研究方向

相较于其他直接询问教师对融合教育态度的研究相比,本研究借助于融合教育态度量表,加深了融合教育态度结构的理解。但对于全面了解教师的融合教育态度,还需要更深入的实证研究。在本文中,提出了影响普通教师融合教育态度的因素的三个维度:特殊学生相关变量、教师相关变量、教育环境相关变量。这一研究仍然是探索性的,还需要建构更为细致的指标体系。例如教师相关的变量中,涉及学校的融合教育环境现状,建构个人、班级、学校多层次的数据更有必要。对融合教育教育态度的测量也应该进入具体教育情境,实证地研究融合教育的理想与现实实践。①

此外,融合教育态度还需要放在更广的背景下理解,而不仅仅局限于教育安置形式。教师对融合教育的态度,还涉及教师对残障、残障者的态度与认同,对融合教育态度代表了一种残障认同下应对方式的可能性。②因此,融合教育的开展应纳入残障基础理念,尤其是《残疾人权利公约》的相关知识和框架。③行动研究是检验融合教育态度可变因素的途径,目前相关研究还有待扩展。④笔者将在试点学校开展行动研究,纳入残障平等意识培训、引入专业支持力量,寻找教师融合教育态度的可行干预策略是将来努力的方向。

---

① 李芳、邓猛:《从理想到现实——实证主义视角下的全纳教育及其对中国的启示》,《教育研究与实验》2010 年第 3 期。

② 李学会、傅志军、刘江,等:《残障认同量表的信度与效度检验》,《中国康复理论与实践》2019 年第 4 期。

③ 崔凤鸣:《推动残障人融合教育的几个关键问题》,《教育发展研究》2010 年第 6 期。

④ 参见邓猛、苏慧:《质的研究范式与特殊教育研究:基于方法论的反思与倡议》,《中国特殊教育》2011 年第 10 期;A. Boer, S. J. Pijl, A. Minnaert, et al., "Evaluating the effectiveness of an intervention program to influence attitudes of students towards peers with disabilities", *Journal of Autism & Developmental Disorders*, vol.44, no.3, (March 2014), pp.572—583.

我国面向自闭症者及家庭的社会政策:议程及展望*

摘　要:自闭症进入我国诊断、干预等卫生系统的时间比较短,目前尚未有支持家庭的完备社会政策。按照自闭症议题的呈现以及社会政策的回应,大致可以分为三个阶段:问题定义与形成共识阶段(1982—2005)、自闭症的识别与康复政策阶段(2006—2010)、迈向多元的政策阶段(2010 年以来)。面向自闭症者及家庭的社会政策议程呈现出明显的"家长先行,政府跟进"的特点。从自闭症者及家庭的生命历程来说,目前的政策仍然不够完善。建构具有前瞻性的、基于家庭需求的政策需要纳入政策议程。

关键词:自闭症　政策议程　行动者　家庭为本的政策

一、引　言

自闭症谱系障碍(Autism Spectrum Disorders, ASD)是儿童广泛性发育障碍(Pervasive Developmental Disorder, PDD)的一种,亦称作孤独症,以社会交往障碍、刻板行为等为主要特征。陶国泰 1982 年首次报道孤独症病例,成为国内自闭症诊断以及相关研究的发端。①我国目前尚无专门的自闭症流行病学调查,但据相关估计,自闭症者数量庞大且有发病率上升的趋势。②而据邹小兵估计我国自闭症个体可能超过 1 000 万,0 至 14 岁自闭症儿童可能超过 200 万。③

由于目前尚无彻底的医学应对方法,自闭症儿童的诊断与确诊对家庭具有长远的影响。养育残障儿童的家长面临多方面的压力,包括精神压力、经济压力等;

---

* 本文发表于《社会福利》(理论版)2019 年第 10 期。论文的写作得益于 2017 年 10 月—2018 年 2 月香港浸会大学林思齐东西学术研究所驻校研究生奖学金项目(LEWI Resident Graduate Scholarship (RGS) Programme)。

① 郭延庆、杨晓玲:《孤独症诊断的历史发展》,《国际精神病学杂志》1998 年第 1 期。

② 参见樊越波、揭晓锋、邹小兵:《孤独症患病率回顾》,《中国儿童保健杂志》2008 年第 4 期;X. Sun, C. Allison, F. Matthews, et al., "Prevalence of autism in mainland China, Hong Kong and Taiwan: A systematic review and meta-analysis", *Molecular Autism*, vol.4, no.7, (April 2013), pp.1—13.

③ 邹小兵主编:《与你同行——自闭症儿童家长必读》,北京:人民卫生出版社,2013 年。

而家庭也更容易陷入贫困、遭遇歧视。归纳来说,家庭的生活质量受到严重的影响。①家庭资源的多寡影响家庭应对策略的选择,无论是正式社会支持还是非正式支持都有助于家长采取积极的应对方式。②

自闭症在我国诊断、干预的时间较短,尚未有支持家庭的完备社会政策,③因此家庭所获得的正式支持有限。本文回顾有关自闭者的社会政策历程,总结其特点,以期为今后的政策完善提供参照。

二、我国有关自闭症政策的历程:历史回顾

自闭症在我国精神健康领域的出现始于 20 世纪 80 年代。按照自闭症议题的呈现以及社会政策的回应,大致可以分为三个阶段。

(一) 1982—2005:问题定义与形成共识阶段

1. 医生报告自闭症:医院的诊断

自闭症的诊断是这个群体得以出现的前提。尽管在 1982 年之前,我国即有译介儿童孤独症的研究,④但并未成为精神健康领域的分类实践。1982 年,南京儿童心理卫生研究所陶国泰教授在其论文《婴儿孤独症的诊断和归属问题》中,报道了 4 例儿童被确诊为孤独症。⑤这是我国内地最早发现并诊断的孤独症案例。⑥此后,

---

① 参见 M. Lu, G. Yang, E. Skora, G. Wang, Y. Cai, Q. Sun Q, W. Li, "Self-esteem, social support, and life satisfaction in Chinese parents of children with autism spectrum disorder", *Research in Autism Spectrum Disorders*, vol.17(September 2015), pp.70—77. A. Zaidman-Zait, P. Mirenda, E. Duku, et al., "Impact of personal and social resources on parenting stress in mothers of children with autism spectrum disorder", *Autism*, vol.21, no.2(February 2017), pp.155—166。

② 参见李学会:《社会支持对自闭症子女家长生活质量的影响——基于 509 位家长的实证分析》,《人口与社会》2018 年第 5 期;C. R. Lin, Y. F. Tsai, H. L. Chang, "Coping mechanisms of parents of children recently diagnosed with autism in Taiwan: a qualitative study", *Journal of Clinical Nursing*, vol. 17, no.20(October 2008), pp.2733—2740. R. Obeid, N. Daou, "The effects of coping style, social support, and behavioral problems on the well-being of mothers of children with Autism Spectrum Disorders in Lebanon", *Research in Autism Spectrum Disorders*, vol.10(February 2015), pp.59—70.

③ 参见岳宗福:《我国孤独症患者社会服务保障体系的评估与思考:社会政策的视角》,《劳动保障世界(理论版)》2011 年第 3 期;方巍、葛从朝:《新发展主义视野下的自闭症儿童社会救助政策研究》,《北京青年研究》2014 年第 2 期。

④ 参见徐韬园:《婴儿精神病》,《国外医学参考资料——精神病学分册》1974 年第 2 期;庞天鉴、郭沈昌、李洪:《婴儿孤独症与儿童精神分裂症》,《国外医学参考资料——精神病学分册》1977 年第 3 期。

⑤ 陶国泰:《婴儿孤独症的诊断和归属问题》,《中华神经科杂志》1982 年第 2 期。

⑥ 五彩鹿儿童行为矫治中心编著:《中国自闭症教育康复行业发展状况报告》,北京:北京师范大学出版社,2015 年。

相继有些医院诊断儿童孤独症的报告,但受制于医疗条件亦多有误诊案例。①

2. 家长创办机构:自助组织的出现

自闭症被新的诊断方法识别出来之后,相应的家庭应对也开始。事实上,国家的回应离不开自闭症儿童家长的推动与倡导。国内外的残障运动经验都表明,残障者的家长是一支推动社会政策发展不可忽视的力量,它往往起到先导的作用。我国自闭症家长的政策倡导之路始于 20 世纪 80 年代,也即医学领域对自闭症儿童的识别与归类实践逐步规范之时。

家长的组织化,以及由此带来的被社会看见,是政策倡导的第一步。②正式、非正式的家长互助组织的出现是这一时期的基本特征。1993 年成立的北京市孤独症儿童康复协会是全国第一个由医生和家长共同创办的自闭症公益组织,是政策倡导的先驱。自闭症儿童的家长创办的康复机构也开始出现,北京星星雨教育研究所于 1993 年成立,成为自闭症者家长互助组织的开端。这些组织为具有相同境遇的家长提供了组织起来的机会,③而针对我国自闭症者家长组织的研究亦表明,家长之间的互助对于家庭应对具有积极的作用。④

3. 国家部门调研:自闭症儿童的初步识别

掌握基本状况是形成社会政策的第一步。2001 年,卫生部、公安部、中国残联和国家统计局在天津、江苏、吉林、河南、贵州、甘肃六省市进行了中国 0—6 岁残疾儿童抽样调查。⑤该调查的精神残疾以中国精神疾病分类第三版修订版和美国精神疾病分类第四版为临床诊断标准,筛查方法采用克氏孤独症行为量表和智力残疾筛查标准,前述指标呈阳性者进一步诊断精神残疾,孤独症诊断方法采用的是儿童孤独症量表和儿童孤独症及相关发育障碍心理教育评定量表(中文修订版)。

该调查发现,孤独症是儿童精神疾病的主要原因,精神残疾儿童的康复需求和康复现状之间存在巨大差距。据本次调查的 60 124 名 0—6 岁儿童,“筛查出可疑精神疾病儿童 140 人,筛查阳性率为 0.23%;确诊精神残疾儿童 61 人,精神疾病现

---

① K. T. Tao, “Brief report: infantile autism in china”, *Journal of Autism & Developmental Disorders*, vol.17, no.2, (June 1987), pp.289—296.

② H. Mccabe, “Parent advocacy in the face of adversity: autism and families in the people's republic of china”, *Focus on Autism & Other Developmental Disabilities*, vol.22, no.1, (February 2007), pp.39—50.

③ C. D. Clerck, *Lonely child or treasure wandering among the stars? Autism in China through a case study of the xingxingyu education institute*, KATHOLIEKE UNIVERSITEIT LEUVEN, 2006.

④ H. McCabe, “The Importance of Parent-to-Parent Support among Families of Children with Autism in the People's Republic of China,” *International Journal of Disability, Development and Education*, vol.55, no.4(December 2008), pp.303—314.

⑤ 中国残疾人联合会等编:《2001 年中国 0—6 岁残疾儿童抽样调查报告》,北京:中国统计出版社,2003 年。

患率为0.101%;0—6岁儿童精神残疾平均发现率为0.145‰”。在精神残疾儿童致残原因方面,分别为孤独症(60.66%)、不典型孤独症(18.03%)、脑器质性疾病(16.39%)、癫痫(4.92%),与其他残疾类别相比致残原因更加集中。①

(二) 2006—2010:自闭症的识别与康复政策

1. 自闭症纳入国家残疾标准:识别自闭症的政策开端

2006年的第二次全国残疾人抽样调查残疾标准将儿童自闭症纳入精神残疾范畴,这是国家层面首次对自闭症的归类与识别。自此之后国家层面的自闭症康复与干预工作开始,也开始了相关信息的统计工作。据2006年第二次全国残疾人抽样调查,我国0—6岁精神残疾(含多重)儿童占0—6岁儿童总数的1.10‰,其中孤独症儿童占比36.9%,约为4.1万人。2006年0—17岁儿童中的孤独症残疾率为0.212‰,其中男童患病率显著高于女童,低年龄组孤独症残疾率高于高年龄组。②

2. 以康复为核心的政策

2006年,是自闭症群体纳入国家政策的开端。此前的《中国残疾人事业五年工作纲要(1988—1992)》《中国残疾人事业“八五”计划纲要(1991年—1995年)》《中国残疾人事业“九五”计划纲要(1996年—2000年)》《中国残疾人事业“十五”计划纲要(2001年—2005年)》,均未有专门针对自闭症儿童及家庭的相关政策。2006年6月国务院转批了《中国残疾人事业“十一五”发展纲要(2006年—2010年)》(国发〔2006〕21号),该发展纲要同时配有包括社区康复、视力残疾康复等在内的8个具体实施方案。其中,《精神病防治康复“十一五”实施方案》的背景专门提到了2001年中国0—6岁残疾儿童抽样调查,该方案指出孤独症儿童是主要的精神残疾儿童,而多数孤独症儿童难以得到有效的康复训练和服务。

以自闭症儿童康复为核心的政策,是这一时期面向自闭症及家庭公共政策的特点。《中国残疾人事业“十一五”发展纲要(2006年—2010年)》及配套实施方案中,除了其中的《精神病防治康复“十一五”实施方案》,其他实施方案并没有专门提及自闭症(儿童)的相关政策。实施方案提出的目标之一就是“在31个试点城市开展孤独症儿童康复训练,建立示范性康复设施,培训孤独症儿童筛查、诊断、康复训练专业技术人员”。

康复机构确立之后,就需要有具体的康复训练标准。2009年,全国残疾人康复工作办公室发布《孤独症儿童发展评估表(试行)》。该评估表主要适用于评估机

① 中国残疾人联合会等编:《2001年中国0—6岁残疾儿童抽样调查报告》,北京:中国统计出版社,2003年,第23、99页。

② 同上书,第75页。

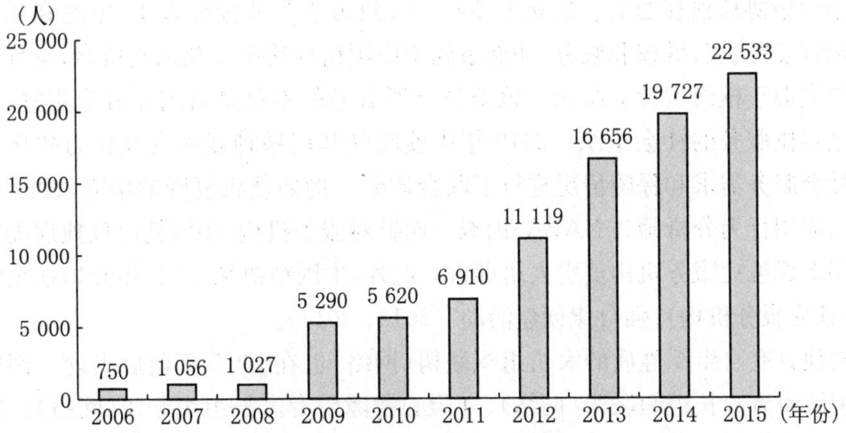

图1 2006—2015年我国孤独症儿童机构训练人数①

构内康复的0—6岁孤独症儿童,为机构康复训练孤独症儿童提供了评估标准,也为康复计划的制定以及评估康复效果提供了参照。

除了残联系统之外,卫生部门也是提出自闭症儿童康复的政策主体之一。2010年卫生部出台《儿童孤独症诊疗康复指南》,详细规定了自闭症儿童的诊断、干预与康复方法以及诊疗康复流程,在诊断工具和标准方面提供了比较标准化的量表。除此之外,还指出了自闭症儿童的干预治疗要"教育干预为主,药物治疗为辅",且"家庭参与"也是教育干预原则之一。

在康复之外,少数政策关注到了自闭症儿童的教育问题。2008年《中共中央国务院关于促进残疾人事业发展的意见》提出要逐步解决包括自闭症儿童少年在内的残障儿童的教育问题。

3. 家长组织化

目前我国自闭症者家长以及自闭症康复机构已经开始不同程度的组织化。家长组织以中国精协孤独症委员会、全国心智障碍者家长组织联盟、守望心智障碍者家长组织联盟为代表。家长组织通过多种行动尝试干预现实,是家长表达诉求、互助自助的重要渠道。②

---

① 数据来源于国家统计局:《孤独症儿童机构训练人数》,http://data.stats.gov.cn/easyquery.htm?cn=C01&zb=A0P0G&sj=2018,2019年10月1日。

② M. Wang, H. Mannan, D. Poston, A. P. Turnbull, J. A. Summers, "Parents' perceptions of advocacy activities and their impact on family quality of life", *Research & Practice for Persons with Severe Disabilities*, vol.29, no.2, (June 2004), pp.144—155. H. Mccabe, "Parent advocacy in the face of adversity: autism and families in the people's republic of china", *Focus on Autism & Other Developmental Disabilities*, vol.22, no.1(February 2007), pp.39—50. H. McCabe, "The Importance of Parent-to-Parent Support among Families of Children with Autism in the People's Republic of China", *International Journal of Disability, Development and Education*, vol.55, no.4, (December 2008), pp.303—314.

中国精协孤独症委员会成立于2009年，致力于为孤独症人士、家庭和相关服务机构行使“代表、维权和服务”功能隶属于中国精神残疾人及亲友协会，从性质上来说更类似于枢纽型社会组织。该委员会所服务的不仅是自闭症者及家庭，也包括为之提供服务的社会组织。2010年中残联就基层精神残疾人及智力残疾人的有关社会服务需求和保障情况进行了联合调研。例如就康复师的培养，2013年开办中国应用行为分析师(CNABA)丙级。而针对服务机构，中国精协孤独症委员会主办多次孤独症服务机构负责人培训班。此外，中国精协从2012年开始在全国启动“孤独症服务机构自强自律创建活动”(2013、2014)。

其他具有自组织性质的家长组织联盟(网络)也在2015年前后出现。例如全国心智障碍者家长组织联盟(网络)、守望心智障碍者家长组织联盟(网络)。家长组织具有多重功能，包括提供具体服务、反映群体需求、监督公共服务、倡导社会政策等。而家长组织如何实现以上功能、家长组织如何发现和培养合适的家长领袖，是每一个家长组织的可持续发展必须面对的问题。一般的残障议题中自闭症也逐渐获得官方或半官方机构的关注，2015年的全国助残日主题为“关爱孤独症儿童”。

(三) 2010年以来：迈向多元的政策

总体而言，这一阶段面向自闭症儿童及家庭的政策更具有综合性，康复、教育政策往往同时出现，而这些政策又与针对家庭的社会救助政策相联系。

1. 康复政策

康复政策仍然是目前国家政策的主要内容，这些具体的政策也存在于整体性的政策之中。例如《国务院关于加快推进残疾人小康进程的意见》(国发〔2015〕7号)，在残疾人基本公共服务方面，作为“强化残疾预防、康复等服务”的具体措施，提出建立残疾儿童康复救助制度，逐步实现小龄孤独症儿童免费得到手术、辅助器具配置和康复训练等服务。2016年国务院发布《关于加强困境儿童保障工作的意见》，也提出对包括孤独症儿童在内的残障儿童建立康复救助制度的要求。

2. 教育政策

面向自闭症儿童的教育政策当属《特殊教育提升计划》(第一期、第二期)，该计划旨在促进残障儿童的教育机会和公平。在此之前，据《关于开展孤独症儿童康复教育试点项目工作的通知》(康函〔2013〕10号)，中央财政安排专项彩票公益金用于2013—2015年实施孤独症儿童康复教育试点项目。最终确定12个省(区、市)为试点项目，试点的50个机构中，残联系统公办机构30个，民办机构20个。

除了在所有教育政策中促进残障儿童的入学机会，这一阶段的国家政策已经关注到自闭症儿童的特殊学校以及课程建设。2014年发布的《特殊教育提升计划

(2014—2016年)》"鼓励有条件的地区试点建设孤独症儿童少年特殊教育学校(部)"。2017年7月教育部等七部门制定的《第二期特殊教育提升计划(2017—2020年)》,同样"鼓励各地积极探索举办孤独症儿童少年特殊教育学校(部)",同时在特殊教育课程教学改革方面,"研制多重残疾、孤独症等学生的课程指南"。

3. 社会保障政策

在保障残疾人基本民生的措施方面,包括了加大残疾人社会救助力度、建立完善残疾人福利补贴制度、帮助残疾人普遍参加基本养老保险和基本医疗保险、优先保障城乡残疾人基本住房。其中在社会救助方面,尤其关注到了精神障碍者康复的医疗救助。

自闭症儿童及家庭的社会保障政策是内含在面向所有残障家庭的政策之中,其中影响面最广的残疾人两项补贴制度。①我国自2016年1月1日起全面实施残疾人两项补贴制度。据民政部的相关统计,目前多数省份建立了两项补贴制度。两项补贴制度使针对残疾人生活托底工作的社会救助制度走向统一。

各省市在执行两项补贴政策时,在达到最低要求之后各地的具体政策及实践存在差异。该政策与我国社会保障政策中的低保制度相联系,因此政策对象区分了不同的政策对象。2016年国务院发布的《"十三五"加快残疾人小康进程规划纲要》,对残疾人及家庭的社会保障又强调了两项补贴制度,并确保城乡残疾人普遍享有基本养老保险和基本医疗保险。自闭症者及家庭可以从这些普遍性的社会保障政策中受益。

4. 就业政策

就业是自闭症者的权利。但受各方面因素的影响残障者的就业率和就业质量落后于非残障者。②自闭症者限于自身的特点,对就业环境以及工作方式有着特殊的要求,因此需要更多的社会支持和工作环境的调整,辅助性就业往往是自闭症者的主要就业方式。而面向自闭症者的就业政策,在很长时间里主要是国家面向残障者的法律法规,例如《残疾人保障法》《残疾人就业条例》等。

与其他自闭症相关政策相比,就业政策出现得比较晚近。其中一个原因是自闭症者的年龄与我国的残障事业是相同步的,自闭症者的就业需求尚未集中出现,目前这些需求正逐步进入政策视野。中国残疾人联合会等多部门共同制定的《关于发展残疾人辅助性就业的意见[残联发〔2015〕27号]》,是与自闭症者就业直接相关的政策。辅助性就业是一种具有保护性质的就业形式,在近些年辅助性就业

① 张新龙、任占斌:《建立贫困残疾人生活补贴和重度残疾人护理补贴可行性分析》,《残疾人研究》2013年第4期。

② 赖德胜、赵筱媛等:《中国残疾人就业与教育现状及发展研究》,北京:华夏出版社,2008年。

获得较大的推动和发展。

三、政策议程与行动者

(一) 不同阶段的政策及特点

经过三十多年的发展,我国针对自闭症者的政策日益完善,初步建立了涵盖自闭症者诊断、康复、教育、就业等相关政策和标准。回顾政策议程,不同阶段呈现出以下特点。

第一个阶段,除了面向所有残障者及家庭的政策,缺乏具体针对自闭症者的政策,相应的政策多为一般性的针对残疾人的法律法规。

第二个阶段,自闭症者进入国家政策议程,主要的政策以自闭症诊断标准以及康复、社会保障为主。以第二次残疾人抽样调查为契机,自闭症被纳入精神残疾种

表 1　不同阶段面向自闭症儿童及家庭的政策

	政策主体	主要政策内容	主要具体政策
第一阶段	—	缺乏具体政策	一般性的针对残疾人的法律法规
第二阶段	国务院(残工委)	康复训练	《国务院批转中国残疾人事业"十一五"发展纲要的通知》(国发〔2006〕21 号)
	全国残疾人康复工作办公室	康复训练评估	《孤独症儿童发展评估表(试行)》(全康办〔2009〕26 号)
	卫生部	诊疗康复标准及流程	《儿童孤独症诊疗康复指南》(卫办医政发〔2010〕123 号)
第三阶段	中国残联康复部	康复训练、教育	《中国残联康复部关于开展孤独症儿童康复教育试点项目工作的通知》(康函〔2013〕10 号)
	教育部等多部门	教育	《特殊教育提升计划(2014—2020 年)》
	国务院	社会保障	《关于全面建立困难残疾人生活补贴和重度残疾人护理补贴制度的意见》(国发〔2015〕52 号)
	中国残联等多部门	就业	《关于发展残疾人辅助性就业的意见》(残联发〔2015〕27 号)
	国务院	综合	《国务院关于印发"十三五"加快残疾人小康进程规划纲要的通知》(国发〔2016〕47 号)

类因而为政策所识别。此时期的社会政策多是“抢救性”的政策,以诊断、康复为核心内容。

第三个阶段,政策主体更加多元,而政策内容涵盖了多项自闭症者的服务需求。自闭症者及所在家庭均在政策中有所体现,尽管针对照顾者的政策多以家庭(低保、老养残等)形式予以回应。

(二) 政策过程中的行动者

在不同时期,政策议程的建立者、推动者及扮演的角色不同。在推动自闭症领域的主要的政策行动者包括医生、家长、社会服务机构、中国残联以及政府相关部门。

早期的行动者主要是医生以及家长,自闭症儿童的诊断以及家庭的应对使整个群体成为社会现象。家长的行动贯穿整个政策议程,多数有力的政策推动者同时也是自闭症康复服务机构的创办者或者服务提供者,因个人境遇而创办机构是多数服务机构的共同点。①

除了家长组织化之外,家长及家长组织也尝试把诉求通过两会议案的途径纳入国家政策议程。这种方式亦可分为两种形式:一是寻找委托人大代表或政协委员作为利益代言人,例如在 2003 年,中科院院士、全国政协常委郑守仪受青岛自闭症家长方静等人的委托,向全国政协提出关注自闭症群体的提案。2005 年,浙江籍全国政协委员邓福村向全国两会提交了关注自闭症群体和康复机构的提案。这些议案(建议)的成功促进了政府对自闭症群体的重视,也使全国家长得到鼓励和启示。二是自闭症家庭的直接相关者成为人大代表或政协委员直接递交提案。显然后一种形式表明自闭症家长群体影响社会政策议程的能力以及途径在提高、在拓展。②

除了家长的倡导,政府相关部门更是我国残障事业发展的积极推动者。2003 年,包括中国在内的亚太经社会成员和准成员政府通过了《2003—2012 年为亚洲及太平洋残疾人缔造一个包容、无障碍和以权利为本的社会琵琶湖千年行动框架》决议,行动纲要确立的七个优先行动政策领域之一便是“残疾人自助组织及相关家庭和家长联合会”。《行动框架》为该领域确立了两个指标:其一是

---

① 中国精神残疾人及亲友协会编著:《中国孤独症家庭需求蓝皮书》,北京:华夏出版社,2014 年。

② 近些年有关自闭症群体政策的人大代表或政协委员提案逐渐成为常态,全国层面以及地方层面的提案均时有出现。海南省人大代表龙田仲、陈国平 2011 年海南省第四届人民代表大会第四次会议提交了《关于关注自闭症(孤独症)儿童问题的建议》。例如 2017 年全国人大代表孙鹤娟在向十二届全国人大五次会议提交的《关于健全自闭症儿童少年终身保障体系的建议》。2017 年大连市人大代表向大连市人民代表大会提交的《关于设立孤独症障碍者职业培训资源班的建议》。

各类组织尤其是政府应制定政策促进残疾人自助组织和家长联合会的发展,其二是政府以及社会团体应保障残疾人自助组织参与相关决策过程。2007年亚洲及太平洋经济社会委员会审评《琵琶湖千年行动框架》的执行情况(E/ESCAP/APDDP(2)/1)指出,中国政府制定了支持建立残疾人自助组织并提供财政支持的政策,同时确保将残疾人纳入决策进程。我国亦是《残疾人权利公约》的积极推动者和签署国,2008年批准了该公约并修订了《残疾人保障法》,这都促进了新的理念的扩散。

一些地区政府也开始对自闭症儿童及家庭出台相关政策,主要在自闭症儿童的康复训练、教育等方面给予补贴。例如上海市,从2007年起针对正在实施康复训练的自闭症儿童给予每年3 000元的补贴。2010年该政策拓展了受益人群,康复训练补贴对象年龄拓宽至0—16周岁。2012年,为孤独症儿童康复训练的救助补贴提高至每年12 000元。在教育方面,上海率先推出学前教育、义务教育阶段的残疾儿童、学生免费教育,基本实现了自闭症儿童康复、教育"零"拒绝。

(三) 政策特点

总体上,针对自闭症儿童以及家庭的补贴主要集中在康复训练,即便在康复训练上的补贴亦不能完全满足康复训练费用;其他方面的补贴尚不健全,且尚没有针对养育自闭症儿童的家庭提供公共服务方面的社会政策。方巍和葛从朝把我国目前针对自闭症儿童的救助补贴政策归为新发展主义取向的政策模式,国家对自闭症儿童的社会救助在充足性、专业性方面都有改进的巨大空间,仍然需要完善整体的残疾人社会政策体系以及面向不同阶段自闭症儿童需求满足。显然,目前针对自闭症儿童及家庭的政策,仍然没有走出"重关怀与预防轻发展,重视国家、个人和家庭的政策主体作用轻视社会组织的政策主体作用,重政策制定轻执行评估,重儿童轻成人,重城镇轻农村"的"五重五轻"倾向。①

表2 我国有关自闭症儿童及家庭的主要政策事件及意义

时 间	事 件	意 义
2006年	第二次全国残疾人抽样调查残疾标准中将儿童自闭症纳入精神残疾范畴	确立分类标准,纳入识别范围
2006年	中国残联主导的自闭症儿童康复训练机构逐步在各省建立	康复训练,为家长提供专业支持
2009年	中国精协孤独症委员会成立	组织化,专业支持与联合

① 岳宗福:《我国孤独症患者社会服务保障体系的评估与思考:社会政策的视角》,《劳动保障世界(理论版)》2011年第3期。

续表

时 间	事 件	意 义
2009 年	全国残疾人康复工作办公室发布《孤独症儿童发展评估表(试行)》	确立康复训练评估标准
2010 年	卫生部出台《儿童孤独症诊疗康复指南》	诊断、识别、干预规范化
2014 年	《特殊教育提升计划》	教育权的保障
2015 年	全国残疾人康复工作办公室出台《全国孤独症和智力残疾儿童康复人员培训项目实施方案》	康复专业人才队伍建设
2015 年	《关于发展残疾人辅助性就业的意见》(残联发〔2015〕27 号)	就业权的保障

四、迈向家庭为本的社会政策

回顾我国面向自闭症者及家庭的社会政策议程可以发现,这一过程呈现出明显的“家长先行,政府跟进”的特点,某种程度上社会政策的回应滞后于自闭症者以及家庭的需求,亦呈现出“重儿童,轻家庭;重救助,轻服务”的特点。这主要源于我国针对自闭症的诊断起步晚,自闭症者生命阶段的需求呈现尚不完整。

在现实领域自闭症相关者的政策倡导以及政府的政策回应已经取得一些进展。然而,从自闭症者及家庭的生命历程来说,目前的政策仍然不够完善。具体包括:政策内容上来说,自闭症者的康复训练标准、托养、信托、养老等还没有纳入政策议程;政策对象上来说,目前的政策多针对自闭症者本身,很少关注自闭症者所在的家庭。而家庭是自闭症者的主要支持提供者,且自闭症者的应对也影响家庭的功能与稳定,因此社会政策应关注家庭复原力,而不能仅局限于自闭症儿童的诊断、康复与训练。①

相较于其他类型的残障,自闭症者与其照料者之间的关系更加紧密,或者处于一种“依附”的状态。这也就意味着,自闭症者的照料者需要投入更多的时间和精力照顾自闭症者,同时照料者也是塑造自闭症者所处社会环境的主要推动者。面对数量庞大的自闭症者及家庭,他们所面临的社会障碍不单单是“个人困扰”,诸如入学被拒、就业歧视等难题都需要纳入社会议题加以讨论。受制于自闭症者自身的心智状态,家长往往扮演“代理人”的角色。我国面向自闭症者的政策亟需覆盖

① 吴丽端、林嘉婷:《自闭症:儿童至成人的支援》,香港:基督教文艺出版社,2015 年。

照料者,也即从自闭症者本人转向其家庭。[①]同时,社会福利、社会保障政策也需要以积极的方式加以介入,而不是消极地回应。[②]此外,从自闭症者及家庭生命周期的角度建构具有前瞻性的政策同样需要纳入政策议程。自闭症者的诊断与康复、融合教育、支持性就业、养老等都需要在家庭视角中加以审视。

① 李学会、张凤琼:《心智障碍者的权益保障:家庭视角的审视》,《西南政法大学学报》2018 年第 2 期。

② 林闽钢:《中国社会福利发展战略:从消极走向积极》,《国家行政学院学报》2015 年第 2 期。

继续工作还是辞职回家?

——职业母亲养育自闭症儿童的家庭—工作冲突与应对*

摘　要:养育特殊儿童的家庭面临更多压力,特殊儿童的出现意味着家庭生活方式的改变与重构。母亲是特殊儿童家庭照顾的主要承担者,而且有更大可能为此放弃工作机会或者岗位。自闭症儿童的诊断是家庭—工作冲突的压力源,母亲面临继续工作还是辞职回家的两难选择,并寻求应对策略。母亲是否离职受工作对家庭及个人的意义、家庭经济以及祖辈支持的可能性影响。离职母亲面临更大养育压力并需要新的适应,成为"专家"具有多种后果;继续工作的母亲应对策略包括调整工作目标、减少社会交往,并积极寻求扩展家庭的协助。最后讨论了家庭照顾模式和性别分工,以及对社会服务的启示。

关键词:自闭症儿童　养育压力　家庭—工作冲突　应对

一、问题的提出

自闭症谱系障碍(Autism Spectrum Disorders, ASD)是一种因神经系统失调影响到大脑功能而引致的终身发展障碍。陶国泰1982年首次报道孤独症病例,成为国内自闭症研究的发端。①据2006年第二次全国残疾人抽样调查结果显示,我国0—6岁精神残疾(含多重)儿童占0—6岁儿童总数的1.10‰,约为11.1万人,其中自闭症导致的精神残疾儿童占到36.9%,约为4.1万人。另一项基于18篇研究的元分析发现,我国大陆地区儿童自闭症谱系的患病率约为每10 000人中有11.8人。②若以世界自闭症流行医学率1%推算,我国自闭症个体可能超过1 000万,0至14岁自闭症儿童可能超过200万。③

---

* 本文修订后的英文版本将发表于《Women, Gender and Disability in East Asian》。

① 陶国泰:《婴儿孤独症的诊断和归属问题》,《中华神经科杂志》1982年第2期。

② X. Sun, C. Allison, F. Matthews, et al., "Prevalence of autism in mainland China, Hong Kong and Taiwan: A systematic review and meta-analysis", *Molecular Autism*, vol.4, no.7(April 2013), pp.1—13.

③ 邹小兵主编:《与你同行——自闭症儿童家长必读》,北京:人民卫生出版社,2013年。

自闭症儿童的诊断打破了家庭系统的平衡,①养育自闭症儿童为家庭带来巨大负担并影响家长的精神状况和生活质量。②在残障儿童家庭照顾中母亲扮演极为重要的角色,在中国文化语境中母亲被赋予了照顾家庭的责任,③除了提供家庭照料,还有可能为此放弃或者失去工作的机会并面临极大的压力。针对一般的家庭研究也发现,女性在家庭投入方面更多、压力更大,④2010 年第三期中国妇女社会地位调查数据也表明,城镇家庭中专职从事家务劳动的人以女性为主,而没有工作的原因主要在于家庭中有需要照顾的家庭成员。中国精神残疾人及亲友协会针对中国孤独症家庭需求所作的调查表明,母亲是孤独症孩子的主要照料者(76.3%),而且为了照顾特殊儿童,52.4%的家庭有一人放弃工作,且主要是特殊儿童的母亲放弃工作(90.2%)。⑤

家庭—工作冲突(Work-family conflict)因其方向可以分为两类:一是工作对家庭的冲突(work-to-family),一是家庭对工作的冲突(family-to-work)。相关研究主要包括工作—家庭冲突对生活满意度和幸福感的影响,⑥家庭—工作冲突对

① B. A. Boyd, "Examining the Relationship Bet Ween Stress and Lack of Social Support in Mothers of Children With Autism", *Focus on autism & other developmental disabilities*, vol. 17, no. 4 (November 2002), pp.208—215.

② 参见中国精神残疾人及亲友协会编著:《中国孤独症家庭需求蓝皮书》,北京:华夏出版社,2014 年。G. Landsman, "Mothers and Models of Disability", *Journal of Medical Humanities*, vol.26, no.2/3(February 2005), pp.121—139. P. W. Glass, *Autism and the family: A qualitative perspective*, Doctoral dissertation, Virginia Polytechnic Institute and State University, 2001. L. Y. Lin, "Coping strategies, caregiving burden and depressive symptoms of Taiwanese mothers of adolescents with autism spectrum disorder", *Research in Autism Spectrum Disorders*, vol.15—16(July 2015), pp.1—9. B. Mandleco, S. F. Olsen, T. Dyches, E. Marshall, "The relationship between family and sibling functioning in families raising a child with a disability," *Journal of Family Nursing*, vol.9, no.4(November 2003), pp.365—396.

③ L. Y. Lin, "Coping strategies, caregiving burden and depressive symptoms of Taiwanese mothers of adolescents with autism spectrum disorder", *Research in Autism Spectrum Disorders*, vol. 15—16 (July 2015), pp.1—9.

④ 参见徐安琪、包蕾萍:《家庭压力和应对:女性的认知、资源和社会支持》,《江苏社会科学》2017 年第 5 期;许琪、戚晶晶:《工作—家庭冲突、性别角色与工作满意度——基于第三期中国妇女社会地位调查的实证研究》,《社会》2016 年第 3 期;第三期中国妇女社会地位调查课题组:《第三期中国妇女社会地位调查主要数据报告》,《妇女研究论丛》2011 年第 6 期。

⑤ 中国精神残疾人及亲友协会编著:《中国孤独症家庭需求蓝皮书》,北京:华夏出版社,2014 年,第 17—19 页。

⑥ U. Kinnunen, S. Geurts, S. Mauno, "Work-to-family conflict and its relationships with satisfaction and well-being: a one-year longitudinal study on gender differences", *Work & Stress*, vol. 18, no. 1 (June 2004), pp.1—22. K. J. Fellows, H. Y. Chiu, E. J. Hill, A. J. Hawkins, "Work-Family Conflict and Couple Relationship Quality: A Meta-analytic Study", *Journal of Family and Economic Issues*, vol.37, no.4(July 2016), pp.509—518.

工作满意度的影响。①然而，多数研究集中于工作—家庭关系内部的冲突，而相对忽视家庭事件对工作中断或退出（离职）的影响。

目前国内少有关注自闭症儿童家庭照顾经验的研究，②一些调查报告了我国自闭症家庭成员全职照顾家庭也即未就业的事实，③也有少量研究比较了自闭症家庭、其他残障孩子家庭和典型发育儿童家庭家长的就业决策，④但对于自闭症对家庭成员工作决策过程本身尚未引起关注。已有针对多类别的残障儿童家庭经验的研究有助于理解家庭需求、社会支持与应对。⑤然而，自闭症与其他易见、易于辨别的残障类别不同，往往需要比较长的周期诊断、确诊，因而更具有“突生”性质。因而，自闭症儿童的诊断可以为理解家庭生活方式和家长发展轨道的转变提供切入点，为家庭社会支持体系的建构提供某些洞见。

本文重点考察的是，儿童被诊断为自闭症这一家庭事件对那些职业母亲目前从事的工作有何影响。具体来说，这些母亲是留在工作岗位上继续工作，还是离开工作岗位回到家庭全职照顾残障儿童？不同的决策受哪些因素的影响？家长如何理解这一决策的影响？本文的研究资料主要来源于针对 5 位自闭症儿童（6—12 岁）母亲的深度访谈、2014 年 10 月—2016 年 7 月于上海某特教指导中心的参与观察，另外部分地使用了笔者博士论文写作所收集的调查数据，以及家长养育自闭症儿童的经验传记⑥也是本文的重要参考。受访谈的母亲儿童确诊之前均有全职工作，访谈案例涵盖了儿童确诊后辞职、辞职—再工作、一直工作三种类型。本文期待为家庭—工作冲突研究引入残障维度，为理解残障家庭应对决策过程及后果

① C. S. Bruck, T. D., Allen, P. E. Spector, “The relation between work-family conflict and job satisfaction: A finer-grained analysis”, *Journal of Vocational Behavior*, vol. 60, no. 3 (June 2002), pp. 336—353. T. D. Allen, D. E. Herst, C. S. Bruck, M. Sutton, “Consequences associated with work-to-family conflict: A review and agenda for future research”, *Journal of Occupational Health Psychology*, vol. 5, no. 2 (May 2000), pp. 278—308.

② M. Lu, G. Yang, E. Skora, G. Wang, Y. Cai, Q. Sun, W. Li, “Self-esteem, social support, and life satisfaction in Chinese parents of children with autism spectrum disorder”, *Research in Autism Spectrum Disorders*, vol. 17 (September 2015), pp. 70—77.

③ 深圳市自闭症研究会主编：《中国自闭症人士服务现状调查（华南地区）》，北京：华夏出版社，2013 年；顺德区自闭症儿童情况调研课题组编著：《佛山市顺德区自闭症儿童情况调研课题》，北京：华夏出版社，2015 年。

④ J. J. Ou, L. J. Shi, G. L. Xun, et al., “Employment and financial burden of families with preschool children diagnosed with autism spectrum disorders in urban China: results from a descriptive study”, *BMC Psychiatry*, vol. 15, no. 3 (January 2015), https://doi.org/10.1186/s12888-015-0382-4.

⑤ 尚晓援：《中国残疾儿童家庭经验研究》，北京：社会科学文献出版社，2013 年；谢佳闻：《家庭中的残障儿童：从社会模式理论看残障》，上海：上海社会科学院出版社，2012 年。

⑥ 陈婕：《蜗牛牵我去散步：自闭症专家妈妈的育儿经》，上海：上海社会科学院出版社，2015 年；兰孝松、郭斐、胡琴波：《小明上学记：自闭症儿童成长、康复、教育指导》，广州：暨南大学出版社，2016 年。

提供新的观点。

二、家庭—工作冲突的出现:自闭症儿童的诊断

残障儿童的家庭照顾与社会福利政策联系在一起。围绕残障家庭的经验研究,除了残障者自身,家庭照顾者也受到研究的重视。

(一) 创伤事件:自闭症儿童的诊断以及对家庭的影响

医学—心理学的研究表明,残障儿童对父母、家庭产生消极的影响,包括儿童残障本身给其父母所带来的心理与社会压力以及家庭照顾残障儿童所付出的各种成本与代价。①相较于养育正常发育的儿童,残障儿童的家长面临更大的压力,②儿童患有精神障碍的母亲面临更多的心理健康问题。③但在应对这一家庭事件上,父亲与母亲所扮演的角色和承受的压力并不尽相同。国内外的数据都表明,残障儿童的母亲承担了更多的家庭照顾和付出更大的代价。

自闭症儿童的诊断对家庭的影响有多种方向,对家庭成员、家庭关系都具有深远的影响,就压力内容来说包括角色压力、精神压力、经济压力等。儿童确诊为自闭症意味着父母面临长期压力的开端,也是家长生活方式不得不做出调整的开始。④

养育一个正常发育的健康孩子是所有父母的愿望,然而并不是所有家长都能如愿。尤其对那些后天诊断为自闭症的家长而言,无异于晴天霹雳,否认和震惊是这一阶段主要情绪反应。⑤

> 自从小明被确诊,我和家里人都希望这一切不是真的。原本我们打算儿子三岁就送他去上幼儿园,想着给他买漂亮的书包和文具;想着他一天天快乐

① T. O'Connell, M., O'Halloran & O. Doody, "Raising a child with disability and dealing with life events: a mother's journey", *Journal of Intellectual Disabilities*, vol.17, no.4 (October 2013), pp.376—386. P. M. Kearney and T. Griffin, "Between Joy and Sorrow: Being a Parent of a Child with Developmental Disability", *Journal of Advanced Nursing*, vol.37, no.5(June 2001), pp.582—592.

② S. Ergün, G. Ertem, "Difficulties of mothers living with mentally disabled children", *Journal of the Pakistan Medical Association*, vol.62, no.8(August 2012), pp.776—780.

③ 杨秋苑、静进、张嘉默:《精神发育迟滞儿童的母亲的心理健康与家庭环境的关系》,《中国康复理论与实践》2007年第7期。

④ C. R. Lin, Y. F. Tsai, H. L. Chang, "Coping mechanisms of parents of children recently diagnosed with autism in Taiwan: a qualitative study", *Journal of Clinical Nursing*, vol.17, no.20(October 2008), pp.2733—2740.

⑤ J. A. Isenhour, *Experiences and perceptions of fatherhood among fathers with sons who have autism spectrum disorders*, Appalachian State University, 2010.

地成长，根据他的爱好给他报特长班，学个画画或者演奏个什么乐器；想着上小学、初中、高中都成绩优异，可以顺利考上一所大学；想着他将来大学毕业能找到一份好的工作，有稳定的收入；想着他娶一个漂亮的媳妇，生个漂亮的宝宝……可是一看到诊断书，再看看眼前这个“独特”的儿子，残酷的现实把我们所有的梦都击得粉碎！①

父母所面临的角色压力，既包括生育了特殊儿童本身对父母角色的影响，也包括父母面对特殊儿童所需要的必要的新知识和信息。作为一种残障观念，残障的发生归因于某家庭成员做了亏心事、不孝顺或者对鬼神不虔诚一直在历史中存在。②而在自闭症中，素有“冰箱母亲”的说法，即自闭症的发生是由于母亲角色的不称职。而在现实中，亦有将自闭症儿童归咎于某家庭成员的现象。这可能进一步加剧家庭成员的压力以及家庭关系的冲突，而成为某些自闭症儿童家庭离异的导火索。

自闭症儿童对家庭的影响除了直接的角色压力，而且也会间接地导致家长的精神压力，但究其机制而言还需要进一步的讨论。Chan 等人的研究表明，自闭症对家长心理健康的影响由对未来的忧虑、父母压力、婚姻冲突和家庭经济压力调节，这是潜在的影响路径。③

对于养育自闭症儿童的家长来说，他们得不得不重构其社会生活。自闭症目前尚未有有效的治疗方法，持续的康复服务所需要的费用超出很多家庭的承受范围而面临经济压力。除此之外，照顾特殊儿童还挤占了其父母个人的休闲与学习时间。对于那些职业母亲而言，是辞职回家还是继续工作的两难选择却是要迫切面对的。

（二）家庭应对：儿童照顾的家庭分工与个人决策

面对养育自闭症儿童的负担，家长采取的应对类型有所差异，尤其是职业家庭出现的家庭—工作冲突。家庭和工作之间的冲突一直是学术研究和社会政策的关注热点。家庭—工作冲突的压力因子包括时间投入、家庭事件以及家庭关系等因素。④工作与家庭之间的平衡受制于国家的经济制度和福利制度安排，而市场化主

① 兰孝松、郭斐、胡琴波：《小明上学记：自闭症儿童成长、康复、教育指导》，广州：暨南大学出版社，2016 年，第 5 页。

② 陆德阳、(日)稻森信昭：《中国残疾人史》，上海：学林出版社，1996 年，第 367—372 页。

③ K. K. S. Chan, C. B. Lam, N. C. W. Law, R. Y. M. Cheung, “From child autistic symptoms to parental affective symptoms: A family process model”, *Research in developmental disabilities*, vol.75 (April 2018), pp.22—31.

④ 宫火良、张慧英：《工作家庭冲突研究综述》，《心理科学》2006 年第 1 期。

导的改革加剧了有工作家庭的负担,①除了国家制度,企业本身的制度安排也影响个人在平衡家庭—工作冲突时的策略选择。②

在我国目前的社会福利制度下,残障儿童及其家庭得到的福利服务和经济支持非常有限,而且经常面对儿童入学被拒、康复条件不足、社会歧视等一系列不利因素。③而另一方面,只有少数的家庭会向政府相关部门反映困难或表达需求,为了照顾残障儿童,多数家庭不得不放弃个人时间,甚至有家庭成员退出劳动力市场,而且还要承受因此而带来的对家庭稳定(婚姻状态)的潜在影响。④相较于其他因子,儿童被诊断为或具有某种残疾对职业母亲的职业状态影响更加紧迫。此家庭事件的出现导致了家庭—工作的冲突,也使家庭内部的照顾决策与分工成为一个迫切的选择问题。

中国残障儿童主要依靠家庭抚养和支持,家庭需要负责起残障儿童的医疗康复、教育及发展等工作。⑤这也就意味着特殊儿童的照料需要更多的家庭成员的投入。已有研究表明,自闭症儿童的祖父母是社会支持的来源之一,他们的参与有助于减轻父母的负担并提供有益的养育经验。⑥但祖父母的参与受多种因素影响,例如自闭症儿童的父亲与其父亲的关系。而且照顾特殊儿童需要更多的专门知识,这对祖父母提出更高要求。此外,受某些观念的影响并非所有祖父母能够接纳"不完美"的祖辈,如此就可能成为家庭应对的障碍。例如在一位家长的传记性著作中记录的"皮皮妈"的讲述:

> ……我婆婆总是看不上我们皮皮,觉得给她丢人,……她成天叨叨着说他们家都好好的,肯定是我有毛病,才生出个这样的孩子……⑦

---

① 刘伯红、张永英、李亚妮:《从工作与家庭的平衡看公共政策的改革与完善》,《中华女子学院学报》2010年第6期。

② 刘永强、赵曙明、王永贵:《工作—家庭平衡的企业制度安排》,《中国工业经济》2008年第2期。

③ H. Mccabe, "Parent advocacy in the face of adversity: autism and families in the people's republic of china", *Focus on Autism & Other Developmental Disabilities*, vol.22, no.1(February 2007), pp.39—50.

④ 中国精神残疾人及亲友协会编著:《中国孤独症家庭需求蓝皮书》,北京:华夏出版社,2014年,第44—47页。

⑤ 尚晓援:《中国残疾儿童家庭经验研究》,北京:社会科学文献出版社,2013年。

⑥ V. D'Astous, S. D. Wright, C. A. Wright, M. L. Diener, "Grandparents of grandchildren with autism spectrum disorders: influences on engagement", *Journal of Intergenerational Relationships*, vol.11, no.2(April 2013), pp.134—147. J. Hillman, "Grandparents of children with autism: a review with recommendations for education, practice, and policy", *Educational Gerontology*, vol.33, no.6(June 2007), pp.513—527.

⑦ 兰孝松、郭斐、胡琴波:《小明上学记:自闭症儿童成长、康复、教育指导》,广州:暨南大学出版社,2016年,第20页。

因此，特殊儿童的祖父母并不是天然的支持来源。家长仍然是第一位的家庭照料者。那么，特殊儿童的出现对家庭成员（主要是夫妻之间）分工具有何种影响？一些事后的调研数据可以提供某些参照。据笔者针对509位自闭症儿童家长所做的调查，在509位家长中有46.2%目前没有工作，其中母亲占比93.3%。未工作的受访者原因主要为“全职照顾家庭”，占比97.9%；在具体的原因方面，孩子诊断为自闭症后辞职是首要的因素，占比65.8%，其次的原因是婚育后辞职。这也从另一个侧面证明特殊儿童的到来主要是对核心家庭的影响，而且多数是母亲做出调整，家庭照顾决策主要在夫妻之间。

三、回归家庭：舍弃工作的无奈与照顾家庭的艰辛

至于某个家庭成员是不是要离职回家照顾特殊儿童和家庭，有的是主动为之，有的却是不得不这样的选择。有的家庭面临家庭结构的解体而不得不选择离职，也有家长建议在选择辞职照顾家庭时要谨慎考虑。[①]本文访谈的原原妈是在一段时间后最终辞职。特殊儿童的到来并不一定会在短时间内导致家长工作状态的改变，而是连同家长的应对过程动态变化。

（一）孩子为上：辞去工作

如上文所述，多数自闭症儿童母亲未工作的状态始于自闭症确诊之后。也就是说，面对养育压力一些职业母亲不得不辞职回家。当然，最终决定辞职的原因未必直接是由于自闭症确诊，而是由此所导致的一系列新的问题和需求，例如儿童的问题行为、新的养育知识的学习等。而家庭孩子的数目也是家庭照顾负担的一部分，种种因素都是推动职业母亲辞职的力量。

> 大概是我儿子三四年级的时候辞掉工作。原来我是做财务的，相对来说，时间比较自由一点，我们公司老总也知道我们孩子是这种情况，所以呢，允许时间上自由一点。后来他的弟弟也要上学了，原来呢，爷爷奶奶在家里帮忙，这样我相对来说比较轻松，工作还能坚持，也能跟得上，现在爷爷奶奶回老家去了，回去老家照顾太爷爷太奶奶，太爷爷太奶奶九十几岁了，没办法，这是其中一个问题，请阿姨的话，教育方面也有问题，所以我就辞职了。（原原妈）

辞职意味着母亲失去某些社会生活的机会而主要围着家庭转，这可能加剧母亲压力的感受。[②]在一次团体辅导中，原原妈一直表达对回到家庭的不满与无奈：

---

① 陈婕：《蜗牛牵我去散步：自闭症专家妈妈的育儿经》，上海：上海社会科学院出版社，2015年。

② H. Mccabe, “Parent advocacy in the face of adversity: autism and families in the people's republic of china”, *Focus on Autism & Other Developmental Disabilities*, vol.22, no.1(February 2007), pp.39—50.

做这个比上班还累,之前上班的时候爷爷奶奶家务全包了,回来对他们作业进行指导,现在爷爷奶奶不在,所有东西都是自己做,比上班累多了,所以我们没办法,只能其中一个人留在家照顾。(原原妈)

很显然,面对每一个家庭变动,家长都需要时间予以适应和应对。不过,母亲的未工作状态并不是稳定而不变的。笔者访谈的伟伟妈目前有工作,之前有一年多处于未工作状态:"我曾经是有一年多的时间,是我没有工作,因为当时刚开始在做训练。"

(二) 母亲的新角色:成为"专家"?

全职照顾家庭意味着母亲更多地卷入自闭症儿童的康复训练、学校教育,也意味着更多的机会接触具有相似境遇的家庭(families with similar situation)。据笔者所作的调查,97.4%的家长加入了自闭症家长群(QQ、微信),68.9%的家长是家长互助组织的会员(n=509)。家长之间的支持(parent to parent support)可以让家长知晓并讨论其他家庭同样面临类似的问题、学习新的养育知识、分享应对策略等。①

随着深入地接触和学习,某些家长会成为应对自闭症儿童行为及家长心理适应的"专家"。这对家长适应与应对过程的某个阶段来说是重要的,对家长组织或服务机构同样是积极的社会资源。而事实上,也的确有积极活动者成为有力的倡导者。然而,家长是不是要掌握完备的康复训练技巧,深度卷入儿童的康复活动也有着其他的可能影响。一方面,母亲的深度卷入更可能造成"全能的妈妈、努力工作的爸爸"生活发展方向,其对家庭结构、家庭信念的影响还知之甚少;②另一方面,借助于便捷的网络,类似家庭的集聚和交往更加频繁和深入,也可能产生新的残障亚文化(disability sub-culture),它对于家长长远的适应与应对有何种影响还有待于更多检验。③

事实上,也有家长意识到成为"专家"多可能具有的问题。例如一位湖北家长以"还家长一个准确的定位与合适的角色"为题进行了反思,④这种观点具有代

① H. McCabe, "The Importance of Parent-to-Parent Support among Families of Children with Autism in the People's Republic of China", *International Journal of Disability, Development and Education*, vol.55, no.4, (December 2008), pp.303—314.

② J. A. Isenhour, *Experiences and perceptions of fatherhood among fathers with sons who have autism spectrum disorders*, Appalachian State University, 2010, pp.105—106.

③ R. B. Darling, "Toward a model of changing disability identities: a proposed typology and research agenda", *Disability & Society*, vol.18, no.7(December 2003), pp.881—895.

④ 中国精神残疾人及亲友协会编著:《中国孤独症家庭需求蓝皮书》,北京:华夏出版社,2014 年,第 84—85 页。

表性。

再说家长的精力、能力和时间是有限的，一个家庭有一个孤独症孩子，除了面临经济和精神上的双重压力外，对家长的体力也是一大挑战。如果让一个家长既要做好自己的本职工作，又要为了孩子再拼命去学孤独症专业知识，下班后除了当好家长角色外，还要去充当一个专业的训练师，这实在太难了，孤独症家长是人不是神啊！而专业人士则不同，他们的主要工作就是为孤独症人士服务，他们可以花更多的时间和精力在该领域去研究、去思考、去总结、去发现、去提高，因为专，所以精。

……

家长就是家长，主要角色就是爸爸妈妈，让孩子在你温暖的怀抱里感觉到很安全并能享受快乐与幸福，这就是我们家长要做的！

四、继续工作：家庭照顾与工作平衡术

对于那些仍在工作的职业母亲，发展出了多元的策略平衡工作与家庭。继续工作的原因既有工作本身的性质（乐乐妈），也有工作对家庭经济状况的不可或缺性（天天妈）。相应的策略则有调整个人的工作目标和内容、寻求扩展家庭的支持等。

（一）继续工作：个人生活与家庭经济

自闭症儿童需要长时间的康复训练以提高社会适应能力，而相应的支出超出许多家庭的承受范围。据笔者所做的调查，自闭症儿童的康复费用多数在每月4 000元左右。该支出是造成家长养育压力的负担之一，同时也影响家庭应对方式的选择。具体在母亲的工作状态来说，母亲辞职就意味着收入的减少，而康复训练的支出进一步加剧了养育压力。因此，继续工作就成为一些母亲的理性选择。

曾经想过，后来觉得全职的话嘛，也有点麻烦，一个呢就是说，全职照顾小孩，虽然说对孩子来说，爸妈肯定照顾得比较好，但是，对我们这个家庭来说，你这个经济收入方面就不行了，我们毕竟都是工薪阶层，你缺一个人的收入其实还是差得比较多的。再说培训啊，在外面培训中心的这种培训什么的费用还是比较高的呀。（天天妈）

天天妈的案例表明，康复支出在家庭经济收入的占比越高，那么家庭对母亲离职减少的收入就越敏感。对于现代人来说，工作是获得社会交往、参与集体生活的重要途径。而养育自闭症儿童的家长，不得不压缩其社会生活和个人发展的时间与机会或者调整工作，这种生活方式的改变进一步加剧了家长的养育压力和消极

的精神健康状态。其中背后的逻辑是,家长社会生活的减少意味着社会支持来源的减少。①这也就意味着,除却经济收入,如果工作本身对母亲的精神状态的积极影响越大那么辞职对母亲的代价就越大。

说实在话,我和我先生工作都还可以啦,因为都在央企工作也不大舍得放弃这份工作……只要能够是陪伴他就尽量去陪伴他,但是我觉得就是如果为了孩子去放弃自己的这个,这个事业,不一定放弃了我自己,他就能够完全好,因为自闭症这个东西不一样的啦,你哪怕把你自己舍弃了,如果他能好那我愿意去试,但是放弃了我自己可能他还是好不了,那我还不如和他一起成长,或者是我提供给他一些更加好的、一些精神上的保障,或者是我用其他的尽可能的时间,也可以调剂时间来陪伴他嘛就是。所以说,我就是觉得目前来说,我还是觉得工作还是蛮主要的,否则到时候要互相埋怨啊,或者是家里面,有这种情况那种情况,或者为了他放弃了我自己,然后他长大了还是这样子,可能我就觉得哎呀我会有些失落感或者是……(乐乐妈)

不过,继续工作并不意味着母亲不愿意做出工作状态的调整,有时也是不得不如此的选择,尤其是家庭关系处于紧张状态时。玲玲妈就是这样一个案例,玲玲爸很难接受自己孩子是自闭症的事实,对孩子的投入不高。尽管家庭照顾的责任主要由玲玲妈承担,但她仍然不得不同时进行工作,虽然也有过离职的想法。

问:有没有想过你们家里面夫妻两个人有一个人来专门照顾小孩?

答:也想过吧,但是觉得,如果要照顾就只能我不工作,但我觉得,哎,我想我还是工作吧。我觉得我工作……要更好。因为……可以什么都说吧。因为我跟我老公关系不是很好嘛,然后反正小孩基本都是我带的,所以我不工作以后经济上怎么办。(玲玲妈,女,12 岁)

已有研究表明,残障儿童或者其问题行为对父母养育压力的影响并不是直接的,而是通过影响夫妻压力而实现。养育残障子女的家庭其家庭结构、生活质量受到的影响更大。另有研究指出,相较于养育正常发育儿童的父母,养育自闭症儿童的父母夫妻关系更为紧张和不满。而如果父亲的应对策略出了问题,就难以再支持其他家庭成员。②对玲玲妈来说,玲玲爸的消极应对行为使家庭内部的分工合作

① T. O'Connell, M., O'Halloran & O. Doody, "Raising a child with disability and dealing with life events: a mother's journey", *Journal of Intellectual Disabilities*, vol.17, no.4 (October 2013), pp.376—386.

② B. B. Jennifer, J. R. Clopton, S. S. Hendrick, "Parenting children with autism spectrum disorders: The couple's relationship", *Focus on Autism and Other Developmental Disabilities*, vol. 24, no. 1 (March 2009), pp.38—49.

应对变得困难。

（二）调整工作：个人牺牲与单位支持

对于继续工作的母亲而言，同时需要应对家庭对工作的影响。应对的策略包括调整个人工作的预期目标以及寻求工作单位的支持，以获得更多的时间照顾家庭。这意味着职业母亲不得不放弃某些工作中的机会以及减少同事之间的社会交往活动，而工作单位的积极回应也支持了母亲应对家庭—工作冲突。

所以说，就是工作上面要调整，比如说原来是有些好的机会：像我们集团在北京的嘛，如果有什么机会让你到北京去啊；或者是要提升你到一个可能要经常出差的位置，那就是为了孩子，我会放弃这些东西，更可能地就是要兼顾到家里。就是让你做什么销售经理啊，这些东西我一概是拒绝的，包括吃饭这些应酬除非是就是很重要的除外，一般就从来不参加的，都是以孩子为主。但是我也不想做一个怜悯者，因为你在社会上，肯定是要靠你自己的实力来立足对吧。单位不是公益组织，一开始领导可能会觉得，你这个情况也需要照顾，蛮可怜的或怎么样，但时间长了你还是要靠实力，不是靠别人照顾的，还是不要过多地去寻求单位的这种帮助……其实也蛮难的，也放弃过一些自己的，包括一些进修的机会和一些提升的机会。所以，只是平衡在最基本的保障工作能够比较好的稳定的这个情况下，我肯定是以孩子为中心的，其他的包括自己的这些东西就真的只能放弃掉了。（乐乐妈）

（三）寻求支持：扩展家庭与市场

"隔代抚养"模式是我国中产家庭应对养育压力的一种普遍应对策略，[①]自闭症儿童家庭亦是如此。祖辈帮忙照看孩子、接送上学等为其父母提供必要的支持以及喘息的机会。在本研究中，祖辈不同程度地涉入自闭症儿童的家庭照顾、学校教育、康复训练等活动。例如玲玲妈，"白天的时候，他因为是在上学，爷爷奶奶那边接送"。与家庭应对的过程相适应，一些家庭也发展出了相对稳定的家庭分工模式，例如乐乐妈：

我的父母和我先生的父母都住在一起陪读他，然后我们就尽量不侵占工作以外的时间。比如说白天是老人带，晚上就一定是我们自己带，不管多忙就是外面的应酬啊什么基本上也都推掉的，包括自己双休日一定是陪他的。（乐乐妈）

---

① 钟晓慧、郭巍青：《人口政策议题转换：从养育看生育——"全面二孩"下中产家庭的隔代抚养与儿童照顾》，《探索与争鸣》2007 年第 7 期。

除了这些具体的实质性支持，祖辈也不同程度地提供了经济上的支持。祖辈承担大量的家庭照顾也会增加祖辈的压力，①他们的支持退出会进一步影响自闭症儿童家庭的照顾策略。原原妈的案例已经表明，祖辈无法再照顾特殊儿童，而原原妈不得不辞职在家照顾两个孩子。然而，与来自扩展家庭的帮助相比，来自市场的支持却因人而异。一方面，是我国相应的社会服务机构并不能满足所有年龄段的自闭症儿童和家庭的需求；另一方面，现有的家政服务提供者中能够掌握照顾特殊儿童技巧的稀少。与上文中原原妈对请保姆的担忧相比，伟伟妈的经历可能就是幸运的了：

> 我们一直都是这个阿姨，等于从他八个月大的时候开始带他的。所以那个阿姨其实跟着他一块成长，就是她从幼儿园老师，从我这就学会了怎么去跟这个孩子相处。所以往往在那个阶段的话，有时候他可能比我跟他互动都还会更好一些……我一直都是很感激这个阿姨。（伟伟妈）

五、结论与讨论

本文讨论了自闭症儿童诊断对职业母亲职业发展道路的影响，面对家庭压力源的出现，母亲们采取了不同的家庭照顾模式并发展出多元的应对策略。自闭症儿童的诊断对家庭成员及家庭关系具有长远的影响，残障儿童主要依靠家庭抚养和支持的事实也不得不使家长的生活方式作出调整。这体现在家庭成员分工合作与个人决策上。

对职业母亲而言，是否离职照顾家庭受工作以及家庭支持资源的影响，具体包括职业母亲对工作意义的理解以及辞职照顾儿童潜在效果的认知、扩展家庭可能的支持。而家庭成员并不一定无条件地提供支持，甚至其不接纳态度有可能是压力的来源，②例如玲玲妈的案例。祖辈的参与给家长抽身家庭事务提供了可能，而相较而言，市场似乎有些可望而不可即。

母亲是自闭症孩子的主要照料者，而我们对针对家长服务的观察来看，参与康复服务的主要参与者同样是母亲。这些服务固然能够提升参与者照顾儿童的技

---

① C. F. Sharpley, V. Bitsika, B. Efremidis, "Influence of gender, parental health, and perceived expertise of assistance upon stress, anxiety, and depression among parents of children with autism", *Journal of Intellectual and Developmental Disability*, vol.22, no.1(March 1997), pp.19—28.

② 李学会：《自闭症儿童对家庭的影响及家庭应对策略：基于文献回顾的理解框架》，《社会工作与管理》2018年第4期。

巧，减轻照料提供者的压力，但也会对母亲的履职角色带来新的压力和角色期待。[①]辞职的母亲更深入地卷入自闭症儿童的康复、教育与生活过程，而家长之间的互助既有助于减轻压力也可能发展出残障亚文化。这表明，以自闭症儿童康复、教育而聚合起来的具有类似境遇的家长，在可以相互学习应对技巧、分享信息的积极功能之外，同样影响其社会交往范围。母亲照顾技巧的提升，反而使照顾家庭的角色期待更加强烈，进一步影响职业母亲的工作—家庭抉择。

无论是回家还是继续工作，母亲都不得不在家庭与工作之间做出新的平衡和心理适应。本研究表明，调整工作目标是通常的应对策略，此外工作同时也意味着某种喘息。笔者的其他研究也表明，在工作的父母要比未工作全职照顾家庭的父母生活质量要高。这对我们理解工作以及工作调整之于自闭症家庭的意义提供了新的证据。母亲的辞职无疑会造成"男主外女主内"的家庭照顾模式，而实际上母亲的照顾提供会进一步强化这种模式。因此，对于社会服务而言，应以家庭为单位提高其复原力，[②]而不是仅仅以个人（尤其母亲）为主。同样，针对自闭症家庭的服务，不能仅仅局限于儿童的康复，对家长的服务亦不可少。社会服务是家庭社会支持的来源，也是影响职业母亲决策家庭—工作的因素，如果社会服务缺乏家庭和性别视角，很可能会进一步固化现有的家庭照顾模式和性别分工。有研究将母亲照顾自闭症儿童的角色投入与中国的文化联系起来，[③]考虑大量研究亦表明在西方母亲也是主要的照料者，那么这种家庭内的性别分工是一种文化驱动的还是作为一种家庭分工的应对策略就需要进一步考虑。

本文主要从母亲的角度探讨了自闭症的诊断对其职业发展的影响及决策，而父亲的视角同样重要。此外，自闭症对家庭的影响是动态的。某种程度上说，自闭症儿童母亲的职业选择，同样也仅仅是自闭症的诊断对夫妻以及家庭关系影响的一种，从家庭支持系统的角度理解家庭的应对策略选择、生活质量还需要在今后的研究中加以拓展。

---

① 沈庆盈：《复原力与社会工作》，《应用心理研究》2008年第39期，第3页。

② 同上书。

③ C. L. Valle, "Chinese cultural factors impacting the educational schooling of children with autism in china", *DePaul Discoveries*, vol.2, no.1(2014), pp.256—261.

我国残疾人按比例就业制度的异化及优化方向*

摘　要：按比例就业制度是扩展残障者就业机会的重要途径。我国的残疾人就业政策经历了从集中就业到分散就业的过程，按比例就业成为城镇残疾人就业主流形式之一。依据用人单位按比例安排残疾人就业公示公开数据，探索性评估按比例就业制度的实际效果。研究发现，按比例就业制度效果有限，该制度实践异化为用人单位"重缴纳轻吸纳""虚假就业"，政策主体"重征缴轻服务"。残疾人就业的政府责任应从增加就业机会向就业场所支援服务转变，并优化按比例就业制度。

关键词：按比例就业制度　异化　制度再设计　就业权　就业支持

一、引　言

受多种因素的影响，残障者①参与社会的条件和机会受到限制。②因此，许多国家都出台了相应的法律和政策以改变残障者参与社会的不利境况。按比例就业制度是扩展残障者就业机会的重要途径，诸多国家都建立了这一制度。③

* 文章发表于《残障权利研究》(第 10 辑)。本文受香港浸会大学林思齐东西学术交流研究所驻校研究生奖学金计划(LEWI Resident Graduate Scholarship (RGS) Programme)的资助，感谢香港中文大学董咚博士的建议。本文部分内容曾在"东亚残障论坛"(2017.10.24—27，韩国)、"中国残障政策多学科研讨会"(2017.12.16—17，武汉)上宣读，感谢与会人员提出的建议。

① 考虑到用语的立场和规范，笔者更接受"残障"称谓，但在相应的法律以及上下文时仍然使用了"残疾""残疾人"。

② World Health Organization and World Bank, *World report on disability*, *2011*, Malta, 2011.

③ 参见 Z. Nazarov, D. Kang, S. V. Schrader, "Employment quota system and labour market outcomes of individuals with disabilities: empirical evidence from South Korea", *Fiscal Studies*, vol. 36, no. 1(February 2015), pp. 99—126. T. Hasegawa, "Japan's employment measures for persons whit disabilities: centered on quota system of 'act on employment promotion of persons with disabilities'", *Japan Labor Review*, vol. 7, no. 2(Spring 2010), pp. 26—45. T. Kudo, "Japan's employment rate of persons with disabilities and outcome of employment quota system", Japan Labor Review, *Japan Labor Review*, vol. 7, no. 2(Spring 2010), pp. 5—25. M. Tohyama, "Three Models of Employment Policy for People with Disabilities: A Comparative Study between Seven Countries", *Japanese Journal of Social Services*, vol. 3(2003), pp. 67—78.

我国残障者的就业机会在过去的三十年里获得了显著的发展。中国建立了相对完备的残障者就业法律、政策体系，包括《残疾人保障法》（1990 年通过，2008 年修订）《残疾人就业条例》（2007 年通过）以及与国民经济社会发展规划相一致的五年计划以及从中央到地方的特别政策。①《残疾人保障法》确立了保障残障者就业的按比例就业制度，按照这一制度，政府、社会组织、企业、公共机构、民办非企业等单位都有责任为残障者提供就业机会。国务院规定，这些单位所安置的残障职工比例不应低于 1.5%。未达到相应省份所规定的雇佣比例的单位，需要缴纳残疾人就业保障金。

然而，对于实践了二十多年的按比例就业制度的效果，目前仍然知之甚少。由于缺乏高质量的数据，几乎鲜有关于政策评估的经验研究。在此前的一项研究中，作者建议中国建立一套系统性的残障就业评估体系。②尽管到目前我国尚未建立这一套体系，但根据《关于开展用人单位按比例安排残疾人就业公示试点的通知》（[残工委办发〔2015〕2 号]），2015 年在全国范围内先期开展用人单位按比例安排残疾人就业公示试点，要求“各省（区、市）要选择残疾人按比例就业工作开展较好的 1 个市（地、州）作为公示试点地区”。这些公开的数据为我们理解按比例就业制度的实际效果提供了契机。

由于各地公示的内容不尽相同，有的只公示了达到或超比例安排残疾人就业的单位，有的则公示了所有本级用人单位的安排残疾人就业情况；有的公示了直属单位，有的公示了企事业单位；有的只公示了用人单位名称，有的公示了用人单位名称、职工人数、残疾职工人数以及应缴纳残保金金额等。本文的数据选取依以下几个指标进行：多大比例的用人单位招聘了残疾人，招聘的单位有什么样的特征（公私或者企业的规模），多大比例的用人单位按比例招聘了残疾人。最终选取了安徽省霍邱县、广东省东莞市和山东金乡县三个地方数据。

本文从制度的角度分析按比例就业政策的实施效果，其基本框架是：首先，对我国残疾人就业政策体系以及就业形式进行历时性回顾；其次，基于现有统计数据以及自建数据检讨按比例就业政策的异化表现；第三，分析政策异化的制度内在成因；最后，分析政策优化的可能路径。

①② J. Huang, B. Guo, J. C. Bricout, “From concentration to dispersion: the shift in policy approach to disability employment in china”, *Journal of Disability Policy Studies*, vol.20, no.1(June 2009), pp.46—54.

二、我国残疾人就业及政策的历史演变

我国的残障者就业政策经历了从集中就业到分散就业的过程,[①]促进残障者就业的责任从国家转移到市场及个人。[②]残障者的就业形式大致可以分为三个阶段,1978年之前的福利工厂形式,1978年到1990年的福利企业形式,1990年以来是集中与分散并重的形式。

(一)我国残障者及其就业概况

我国拥有世界上最大规模的残障者。根据1987年第一次全国残疾人抽样调查,我国有超过5 100万的残障者。而到2006年第二次全国残疾人抽样调查,这一数据上升到超过8 200万,约占全国总人口的6.34%。基于2006年残障者占总人口的比例以及2010年第六次人口普查的数据,残障者的数量超过8 500万。从国际视角看,我国对残障者的定义更加严格因而残障者的比例显得更低。[③]

由于缺乏更新的国家统计数据,本文将使用2006年第二次全国残疾人抽样调查数据以及《中国残疾人状况及小康进程监测报告》(2007—2013)描述我国残障者的就业状况。据中国残疾人联合会发布的《中国残疾人状况及小康进程监测报告》(2007—2013),能够生活自理且处于就业年龄段内但未就业的首要原因是丧失劳动能力,这一比例大约为城镇20—30%,农村30—40%。

表1 残疾人就业率及失业率 (单位:%)

年份	城镇	农村	城镇登记失业率
2007	32.4	53.1	10.6(4.0)
2008	31.8	52.3	12.4(4.2)
2009	34.3	52.9	13.6(4.3)
2010	34.0	49.2	8.6(4.1)
2011	33.2	50.3	9.9(4.1)
2012	37.2	50.0	9.2(4.1)
2013	37.3	47.3	10.8(4.05)

注:就业年龄段内可以生活自理的残疾人(男:18—59,女:18—54),括号内为同期总的城镇登记失业率。

① J. Huang, B. Guo, J. C. Bricout, "From concentration to dispersion: the shift in policy approach to disability employment in china", *Journal of Disability Policy Studies*, vol.20, no.1(June 2009), pp.46—54.

② 廖慧卿:《交换、福利抑或挤占——残障人士的保护性就业》,《社会学研究》2014年第1期。

③ World Health Organization and World Bank, *World report on disability, 2011*, Malta, 2011.

即便扣除失去劳动能力的残障者，其就业率依然不高(表1)。此外，残障者城镇登记失业率显著高于同期总的城镇登记失业率。残障者城镇登记失业率约为同期城镇登记失业率的2—3倍。对于其他未就业的残障者，很难估计是残障者本人缺乏就业意愿、就业能力还是缺乏为残障者提供的就业机会。总的来说，即便不考虑残障者就业内部的差异性，①残障者的就业状况依然是严峻的。

(二) 从集中到分散:我国残障者就业及政策变迁

三十多年的实践中，我国形成了比较完备的政策体系，包括在中央政府层面的《残疾人权益保障法》、五年计划以及特别政策；在地方政府层面，包括实施国家法律与条例的计划、地方五年计划及地方特别政策。《残疾人权益保障法》确立了我国残疾人就业“分散与集中相结合”的原则，在发展过程中，残疾人的就业经历了集中就业为主到分散就业为主的转变，我国残疾人就业形式的转变是就业政策转型的结果。②

1. 有限的集中就业:1949—1978年的福利工场

1949年新中国成立后，我国出台了一些针对残疾人就业的政策措施。其中福利工厂是安置残疾人就业的主要形式。缘于计划经济的体制，福利工厂不以利润为导向，更强调安置残疾人的福利属性。福利工厂不以就业为导向，这与计划经济时代一致，不同于1978年市场经济体制之后的福利企业。

2. 集中为主分散为辅:1979—1995年的福利企业

从图1可以看出，无论是福利企业单位数还是企业资产、安置的残疾职工人数，都经历了先升后降的趋势。福利企业(图1右侧坐标)的发展经历了三个阶段：(1)1978年—1982年，缓慢增长，从1978年的920个增长到1982年的1 704个；(2)1983年—1995年，快速增长阶段，1983年的社会福利企业为5 930个，比1982年有了大幅的增加，到1995年福利企业数目达到顶峰为60 237个，期间虽有几年增速减缓但总体上福利企业的增长是快速的；(3)1995—2015年，逐步减少阶段，到2015年福利企业为14 585个，尽管如此，福利企业仍然是安置残疾人就业的重要形式。

与福利企业个数的发展趋势相类似，福利企业安置的残疾职工表现出先升后降的趋势，但变动的幅度要弱于福利企业个数。从1978年到1995年，福利企业安

① 赖德胜、赵筱媛等:《中国残疾人就业与教育现状及发展研究》，北京：华夏出版社，2008年，第22—23页。

② J. Huang, B. Guo, J. C. Bricout, “From concentration to dispersion: the shift in policy approach to disability employment in china”, *Journal of Disability Policy Studies*, vol. 20, no. 1 (June 2009), pp.46—54.

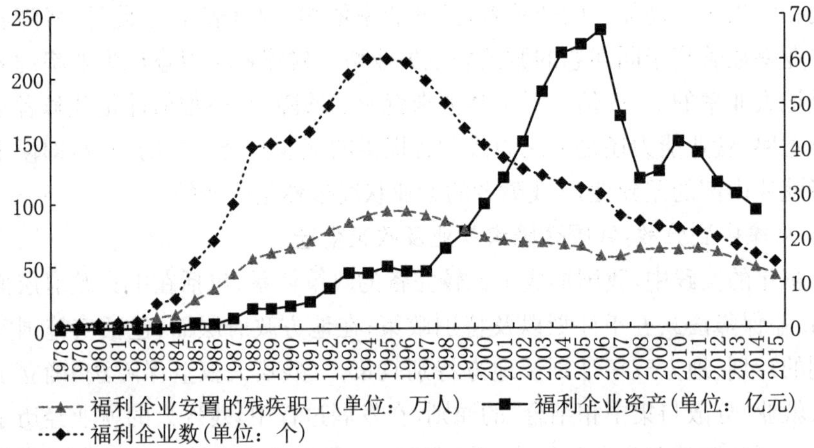

图1　1978—2015年福利企业基本状况统计

数据来源：国家统计局，http://data.stats.gov.cn/easyquery.htm?cn=C01。

置的残疾职工从3.5万人发展到93.9万人，1994—1997年福利企业安置的残疾职工均超过了90万人。到2015年，福利企业安置的残疾职工人数降为42.9万人，大致回到1987年43.3万人。就平均每个福利企业安置的残疾职工而言，经历了先降后升的趋势，1978—1982年平均每个福利企业安置的残疾职工都超过了30人。而随着福利企业的快速增长，平均每个福利企业安置的残疾职工1983年降为约16人，一直到2000年前后这一数字基本在15人左右，未超过20人。2000年以后呈现缓慢增长的趋势，2011—2015年间，平均每个福利企业安置的残疾职工稳定在约为29人的规模。

2006年前后总的状况是福利企业走向式微。图1三条线分别代表福利企业的数量、福利企业的资产和福利企业安置的残疾人人数。可以看到，从1978年到1994年、1995年时期，三个方面都在上升。但从1994年、1995年到2005年、2006年，福利企业的数量和福利企业安置的残疾人数量都是下降的，在同一时期，福利企业的资产是上升的。也就是说，在20世纪90年代经历过体制改革之后，虽然福利企业的规模下降，但资产上升。而到2005年以后，福利企业的资产、数量和安置的残疾人人数都呈现下降趋势。

3. 集中与分散并重：1996年以来

随着我国社会经济体制的转型，体现在残疾人的就业方面，就业形式最大的变化是分散就业的兴起。从1996年到2015年残疾人新就业的数据来看(图2)，呈现出集中就业(主要是福利企业)、按比例就业、自主创业(self-employment)就业三种方式鼎立的状况，而后两种形式是分散就业。

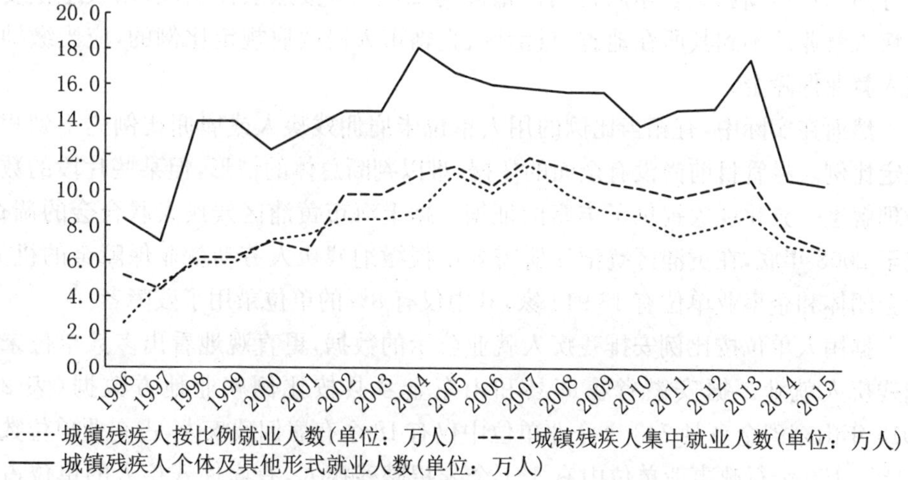

图 2 1996—2015 年城镇残疾人新就业形式

数据来源：历年中国残疾人事业发展统计公报，同时参考了国家统计局相关数据。

进一步分析城镇分散就业和集中就业的趋势以及人数来看，两种就业形式的变化具有类似的趋势。新就业人数上，集中就业占每年新就业人数的比例徘徊在三分之一左右；分散就业中仅个体及其他就业形式的人数就已经超过集中就业人数。国家政策实践力推的按比例就业，也成为城镇残疾人就业最主流的形式。

三、按比例就业制度的实践异化表现

自 1990 年《残疾人权利保障法》确立按比例就业制度以来，已有近三十年的实践，2007 年国务院发布《残疾人就业条例》各省制定了更为细致的条例或实施办法，按比例就业制度日渐完善。然而，对于促进残疾人就业方面，按比例就业制度的效果并不明显(图 2)，而且在某些方面已经出现制度的异化现象，包括多数单位并未安置残疾人就业、已安置残疾人就业的多数单位并未达到规定比例以及虚假就业。

(一) 多数单位并未安置残疾人就业

《残疾人就业条例》规定，就业单位应按照不少于本单位在职职工总数 1.5%的比例安排残疾人就业。各省具体比例有所差异，多数省市自治区比例为 1.5%，部分省市自治区规定的比例超过 1.5%，例如上海市、福建省等为 1.6%，北京市、辽宁省等为 1.7%，新疆维吾尔族自治区最高为 2.0%。[1]按照法律法规，用人单位安排残疾人就业达不到其所在地省、自治区、直辖市人民政府规定比例的，应当缴纳残疾人就业保障金。

然而在实际中，有相当比例的用人单位未雇佣残疾人或雇佣比例达不到相应规定比例。尽管目前尚没有全面的数据，难以判断总体的情形，但某些片段的数据为理解这一异化现象提供了丰富的证据。据上海市黄浦区残疾人联合会的调查，截至 2008 年底，在黄浦区登记注册需要申报缴纳残疾人劳动就业保障金的机关、社会团体和企事业单位有 13 914 家，其中仅有 8%的单位录用了残障者。[2]

据用人单位按比例安排残疾人就业公示的数据，更直观地看出多数单位未雇佣残疾人就业。据安徽省霍邱县和山东金乡县按比例就业地方数据（表 2），2015 年山东省金乡县 743 个企业单位中仅有 18 个有雇佣残疾人，占企业单位数的 2.4%；150 个行政事业单位中有 131 个未招聘残疾人，有雇佣残疾人的单位占比 12.7%。安徽省霍邱县 255 个行政事业单位中有 146 个未招聘残疾人，109 个单位未安排，占比 42.7%。

表 2　不同性质单位雇佣残疾人相关状况的单位数、职工数及比例　（人，%）

	性质	总数	未雇佣残疾人	有雇佣残疾人	有雇佣的单位达到规定比例	职工总数	残疾职工数	与规定比例差值
广东省东莞市	企业	—	—	3 232	2 500 (77.4/—)	—	—	—
山东省金乡县	企业	743	725 (97.6)	18 (2.4)	14 (77.8/1.9)	26 028	181 (0.7)	−0.8
	行政事业	150	131 (87.3)	19 (12.7)	11 (57.9/7.3)	12 346	30 (0.2)	−1.3
安徽省霍邱县	行政事业	255	146 (57.3)	109 (42.7)	73 (77.0/28.6)	25 894	301 (1.2)	−0.3

（二）已安置残疾人就业的多数单位并未达到规定比例

除了多数单位并未安置残疾人就业外，即便安置了残疾人就业的单位多数也

---

① 据 2017 年 1 月 1 日起施行的《深圳经济特区实施〈中华人民共和国残疾人保障法〉办法》和 2018 年 5 月 1 日起施行的《深圳市残疾人就业保障金征收使用管理办法》，规定“职工人数达到一定数量的国家机关、企业事业单位、社会团体等用人单位，应当按照不低于上一年度平均在职职工总数的 0.5%的比例安排本市户籍残疾人就业”。0.5%的比例安排残疾人就业显然违背了上位法所规定的不低于 1.5%。

② 上海市残疾人联合和会编、金放主编：《残疾人社会保障和公共服务体系建设研究》，上海，复旦大学出版社，2011 年，第 314—315 页。

未达到应安置的比例，这是按比例就业制度实践异化的表现之二。据上海的相关数据，2009 年底，在上海市政府机关就业的残障这人数占政府机关职工总数的 0.4%，与《上海市残疾人分散安排就业办法》规定的 1.6%相去甚远，①党政机关等政府机关并未起到带头安置残障者的作用。2012 年上海市金山区在册机关、企事业单位 7 109 家，足额或超额安置残疾人 365 家，仅占 5.1%。②

据本文所做的调查数据，同样说明仅有少部分单位雇用了规定比例的残疾人。在雇佣了残疾人就业的单位中，多数单位达到了规定的比例：金乡县企业单位达标为 77.8%（即 14/18），金乡县行政事业单位达标率为 57.9%；东莞市雇用了残疾人的 3 232 家企业单位中，有 2 500 家达到 1.5%的规定比例，占比 77.4%；霍邱县安置了残疾人的 109 家行政事业单位中，有 73 家达到规定比例，占比 77.0%。

但如果我们将以上数据放置在行政区域内所有单位数，那么达到应安置比例的单位比例将大为减小。山东金乡县企业单位雇佣残疾人的比例达到规定比例的单位占比 1.9%（即 14/743），行政事业单位的这一比例降为 7.3%；安徽省霍邱县行政事业单位这一比例为 28.6%。由此亦可见，按比例就业实践在单位性质、地区间存在差异。某种程度上也说明了公有部门招聘残疾人的比例和积极性均不高。

而从雇用的残疾人职工总数所占比例来看，总体上也远未达到规定的安置比例。山东省金乡县企业单位有职工共有 26 028 人，其中残疾职工数为 181 人，安置比例为 0.7%，与规定比例相差 0.8%；行政事业单位 12 346 位职工中有 30 名残疾人，占比仅为 0.2%，比规定比例 1.5%小 1.3%。安徽省霍邱县行政事业单位安置的残疾职工比例为 1.2%，接近但仍未达到 1.5%的安置规定。

（三）“要证不要人”：虚假就业

对于那些已经雇用了残疾人的用人单位中，亦存在“要证不要人”的虚假就业现象，即用人单位与残疾人签署劳动合同但残疾人不在就业岗位的“挂靠”现象。在这种异化现象下，用人单位支付少量的费用（基本工资和/或社保基金），残疾人实现“名义上”的就业。

虚假就业具有多大程度上的普遍性尚难以判断。虽然类似于发生于辽宁省残联系统渎职犯罪案件③实属个案，但该案中提及的现象却反映了虚假就业普遍存在的特征：“无残疾的人通过关系办理假残疾人证，享受国家给残疾人的待遇；有的

---

① 上海市残疾人联合和会编、金放主编：《残疾人社会保障和公共服务体系建设研究》，上海，复旦大学出版社，2011 年，第 302 页。

② 王爱芬主编：《加快推进上海残疾人同步小康进程研究 2011—2013 年度上海残疾人工作调研报告》，上海，复旦大学出版社，2014 年，第 219 页。

③ 雨潇：《残疾人证造假幕后　辽宁省首例残联系统渎职案纪实》，《检察风云》2012 年第 9 期。

残疾人通过关系提高残疾等级，提高低保待遇；还有的为做生意，享受国家给残疾人的免税政策，通过关系办假残疾人证。而真正有残疾的人，因找不到关系，拿不到相应等级的残疾人证，享受的残疾待遇较低。”

虚假就业的现象已经引起政策关注。据2012年《全国人民代表大会常务委员会执法检查组关于检查〈中华人民共和国残疾人保障法〉实施情况的报告》，残疾人就业政策执行存在的问题包括：“残疾人就业率低，失业率高，就业不稳定。在已经就业的残疾人中，虚假就业、同工不同酬、强迫劳动的现象时有发生。很多单位本来有适合残疾人工作的岗位，却不依法按比例安排残疾人就业，有的省份接收残疾人就业达到规定比例的单位不到5%”，①其中就包括了虚假就业现象。中国残疾人联合会联合其他七部门发布的关于发展残疾人辅助性就业的意见[残联发〔2015〕27号]也提及了挂靠、挂名、虚报等“假用工”形式。②

四、按比例就业制度异化的制度成因

按比例就业制度实践的异化严重影响了残疾人就业权的实现。缘何发生“虚假就业”？有研究指出这是企业、社区居委会、残疾人三方“合谋”的结果。③在全国人大内务司法委员会1992年《中华人民共和国残疾人保障法》执行情况中，已指出企业不愿意招聘残疾人，并认为原因是“一些企业领导强调用工自主权”④，影响按比例安排残疾人就业原则的落实。但以上解释均忽略了企业的规模，也忽视了现实中大量想真实招聘残疾人却难以招到的现实，也即忽略了就业机会的“供给侧”。进一步说，应关注“就业过程”考察按比例就业制度异化发生的制度空间。而无论是《残疾人就业条例》(2007)，还是取代了《残疾人就业保障金管理暂行规定》(1995)的《残疾人就业保障金征收使用管理办法》(2015)，都缺乏更细致的按比例就业及残保金征收规定，某种程度上造成了异化或寻租现象的发生。具体表现在

① 参见全国人大常委会副委员长兼秘书长李建国在2012年8月27日在第十一届全国人民代表大会常务委员会第二十八次会议上所作“全国人民代表大会常务委员会执法检查组关于检查《中华人民共和国残疾人保障法》实施情况的报告”，中国人大网：http://www.npc.gov.cn/npc/xinwen/2012-08/30/content_1735374.htm，2018年5月1日。

② 参见中国残疾人联合会：《关于发展残疾人辅助性就业的意见》，http://www.cdpf.org.cn/zcwj/zxwj/201507/t20150708_521155.shtml，2018年5月1日。

③ 夏长宝、张江月：《残疾人证就业：企业、社区居委会、残疾人间的行为逻辑分析——以×社区为例》，《残疾人研究》2015年第4期。

④ 参见全国人大内务司法委员会副主任委员焦善民1992年11月5日在第七届全国人民代表大会常务委员会第二十八次会议上所作“关于检查《中华人民共和国残疾人保障法》执行情况的汇报”，中国人大网：http://www.npc.gov.cn/wxzl/wxzl/2000-12/14/content_2812.htm，2018年5月1日)。

以下三个方面：

(一) 忽视单位的规模与就业情境

企业规模与雇佣残疾人之间有何种关系？不同规模的企业在招聘残疾人比例方面具有何种差异？对该问题的回答有助于理解哪些企业招聘了残疾人，哪些企业招聘了足够比例的残疾人。为了方便比较，本部分把企业规模按 1.5%的就业比例对应的企业职工数划分，小于 1 就是小于能够达到安置一个残疾人的比例，换算成数字就是 67 人的企业规模。

从东莞市已安置残疾人的企业单位看，3 232 家企业中有 1 712 家规模小于按照 1.5%的比例安置残疾人所对应的 67 人，也即 1 712 家企业规模小于 67 人，占据一半以上，1 712 家企业安置了 2 578 名残疾人。总体上小企业当中残疾职工的比例是 4.5%，中等企业里残疾职工的比例是 2.5%，比较大规模的企业是 1.4%，在总体上均接近法规规定的 1.5%的比例。就安置的残疾人数量分布来说，小规模企业安置了 27.5%的残疾人，中等规模的企业安置了 16.6%的残疾人，比较大规模的企业安置了 55.9%的残疾人。可见，小规模的企业更容易超过法规所规定的安置比例，但是大规模的企业是安置残疾人就业的主力。

表 3　东莞市 2016 年度不同规模已安置残疾人的企业单位安置残疾人的差异

安置规模	企业规模	<1	>1—≤2	>2
企业数量	n	1 712	665	855
职工数目	均值	33.15	95.72	428.61
	标准差	15.147	19.391	450.767
	和	56 749	63 651	366 461
安置残疾人	均值	1.505 898	2.346 502	6.133 535
	标准差	1.034 323 9	1.490 174 2	8.136 440 0
	和	2 578.097 0	1 560.424 0	5 244.172 0
比例 1	残疾职工比例	4.5%	2.5%	1.4%
比例 2	安置残疾人规模	27.5%	16.6%	55.9%

相类似的特征同样存在于山东省金乡县的企业单位中(表 4)。总的 743 家企业单位中，绝大多数企业规模小于 67 人，也即达不到应安置残疾人 1 名的规模要求。残疾职工比例在不同规模企业间呈现出与东莞市不同的特征，但同样在最终安置的残疾人数量上平均而言大规模企业更高(3.22 人)，东莞市为 6.1 人。总数目上也是这种趋势，金乡县超过 90%的残疾人被大于 67 人职工的单位招聘。

表 4 金乡县 2015 年度不同规模全部企业单位安置残疾人的差异

安置规模	企业规模	<1	>1—≤2	>2
企业数量	n	681	35	27
职工数目	均值	16.50	102.63	414.81
	标准差	14.051	21.110	442.268
	和	11 236	3 592	11 200
安置残疾人	均值	0.03	2.17	3.22
	标准差	0.433	6.364	9.589
	和	18	76	87
比例 1	残疾职工比例	0.2%	2.1%	0.8%
比例 2	安置残疾人规模	9.9%	42.0%	48.1%

如果进一步分析金乡县仅已经安置了残疾人就业的企业单位数据,发现企业规模与安置残疾人数依然具有显著的正相关(表 5)。小微企业中残疾职工的比例只有 0.2%,中等规模企业中残疾职工的比例是 2.1%,大一点的企业中残疾职工的比例是 0.8%。在所有规模的企业单位中,残疾职工比例都达到了 1.5%;但安置的规模来说,规模越大的企业安置的残疾人越多。

表 5 金乡县 2015 年度不同规模仅已安置残疾人企业单位安置残疾人的差异

安置规模	企业规模	<1	>1—≤2	>2
企业数量	n	8	5	5
职工数目	均值	44.63	93.20	1 007.80
	标准差	18.063	21.580	541.366
	和	357	466	5 039
安置残疾人	均值	2.25	15.20	17.40
	标准差	3.536	9.834	17.009
	和	18	76	87
比例 1	残疾职工比例	5.0%	16.3%	1.7%
比例 2	安置残疾人规模	9.9%	42.0%	48.1%

基于以上数据可以得出,第一,更多的小企业达到了 1.5%的比例。第二,大企业数量比例小但职工人数多,按比例应该安置的残疾人数量大。第三,大企业安置的残疾人职工比例比较低,但实际安置的残疾人数比较大。第四,安置人数与企业

规模呈正相关的。这足以说明，在考虑用人单位就业时，必须考虑用人单位的职工规模，即便在存在虚假就业的现实情况下。

在不考虑用人单位规模的情况下，就会忽视雇佣残疾人对于用人单位的不同含义，也即忽略用人单位雇佣残疾人的收益与缴纳罚金的门槛。我国在立法和实践层面对残疾人工作场所的权利实现重视不足，也缺乏有效的工作场所支持服务与相应政策。因此，残疾人就业所需要的工作场所无障碍改造、工作任务的调整、同事关系的协调等等，构成了用人单位所要承担的成本。显然，不同规模的用人单位承担这些成本的动力和能力存有差异。在激励不足的情形下，企业选择宁愿缴罚金或者采取寻租形式规避政策就具有现实的合理性。

(二) 忽视企业雇佣残疾人身份：持证残疾人

在认定用人单位按比例就业和缴纳残疾人就业保障金上，依据的是标准是持证的残疾人。然而，从残疾人总的劳动力规模来说是否有足够的残疾人供用人单位实现雇佣残疾人？更进一步的，用人单位分布的地区差异(即职工人数的地域分布差异)是否会造成用人单位无法雇佣到残疾人(市场饱和)？

据2006年第二次全国残疾人抽样调查数据，残疾人口的年龄构成全国残疾人口中，15—59岁的人口为3 493万人，占42.10%；残疾人口的城乡分布全国残疾人口中，城镇残疾人口为2 071万人，占24.96%。最新的残疾人总数采用2010年人口普查推断数据，即8 502万人。那么，15—59岁劳动年龄的城镇残疾人约为893.4万人(8 502万×24.96%×42.10%)。由此可见，在残疾人总体中适龄劳动人口的比例本身就比较低。

而另一方面，持证残疾人的比例并不高，进一步限制了劳动力市场的规模。例如上海市，据第二次全国残疾人抽样调查数据，上海市有残疾人94.2万，占总人口的5.29%。而到2015年，上海市持证残疾人423 520人，占本地区户籍人数的2.94%，残疾人持证比例约为45%。而其他地区这一比例甚至更低，例如山东这一比例约为30%，[①]河南省约为25%，[②]海南省不足29%。[③]全国来看这一比例也不高。据中国残联等部门2016年发布的《残疾人康复服务“十三五”实施方案》，我国持证残疾人近3 000万，即便以2010年推断的8 502万残疾人相比，比例也只有35%。

① 张榕博：《我省残疾人办证率仅三成 残疾人证“含金量”不高，许多残疾人放弃办证》，《齐鲁晚报》2012年12月4日，第A10版。

② 蔡君彦、刘学增：《全省残疾人约720万，持有二代残疾人证的约为177.6万 残疾人为啥办证不积极》，《大河报》2014年12月5日，第A10版。

③ 张惠宁：《残疾人办证率不到三成》，《海南日报》2014年9月25日，第A06版。

依据以上两个数据,即便采取最高的持证残疾人比例 45—60%,约有 402—536 万 15—59 岁的持证城镇残疾人。按比例就业制度所面向的主要是城镇残疾人,因此依据城镇就业人口总认识即可比较按比例就业所潜在需要的残疾人适龄就业人口。2017 年末全国就业人员 77 640 万人,其中城镇就业人员 42 462 万人。那么,即便不考虑就业人员所在单位的规模分布,按照 1.5%的安置比例,约需要安置 636.93 万人。可见,从总体上也难以有足够的持证残疾人。

如果再考虑到用人单位不同地区的分布差异,那么残疾人人数少而用人单位多的地区,更容易呈现出大量用人单位未雇佣或不足比例雇佣残疾人的情形。此外,各地的残疾人数量是依据抽样地区所获的符合残疾人标准的残疾人比例,结合本地总人口获得,那么本地区的残疾人实际数量存有误差。①

五、按比例就业制度优化路径

按比例就业制度是国家对残疾人给予特别扶助措施,目的在于促进残疾人就业的实质平等。②按比例就业制度规定用人单位必须雇佣一定的比例,以上分析表明该制度出现异化,现实当中大部分单位并没有雇佣残疾人,雇佣残疾人的大部分单位也没有达到相应比例,乃至出现"虚假就业",偏离了政策目标。基于按比例就业制度的分析表明,用人单位出现"重缴纳轻吸纳"状况有其制度基础。从一个方面来说,考虑到我国用人单位以小规模为主(小于按比例安置 1 名残疾人),对于大部分用人单位来说,缴纳残疾人就业保障金不仅有"罚金"的性质,更具有了"税收"的性质。

(一) 基于用人单位现实进一步完善制度

我国按比例就业制度安置残疾人就业的唯一标准是用人单位的在职职工人数,而诸如地域、行业、工种等方面都没有细致的规定。限于目前的数据,很难描绘这些实现了按比例就业的残疾人进入了何种性质、行业的用人单位。

仅就不同规模的用人单位分布而言,完善按比例就业制度应考虑到用人单位规模大小对雇佣残疾人的动力和能力。仅以企业法人单位为例,企业法人单位数从 1996 年的 262.8 万增长到 2015 年的 1 259.3 万个。1996 年、2001 年我国进行的两次全国基本单位普查,大致能看出从业人员规模的分布,从业人员规模在 50 人

① 陈功、郭超、陈新民、张新龙、武继磊、宋新明:《全国两次残疾人抽样调查设计和方法的比较分析》,《人口与发展》2014 年第 4 期。

② 黄薇主编、全国人大常委会法制工作委员会编:《中华人民共和国残疾人保障法释义》,北京:法律出版社,2008 年,第 15 页。

以下、50—99 人、100—999 人、1 000 人以上的企业法人单位数比例，1996 年、2001 年分别为 77.0%、10.8%、11.4%、0.8%和 82.1%、8.6%、8.7%、0.6%。从业人员规模在 50 人以下的企业法人单位占据绝大多数。按照按比例就业制度，这些企业不足以安置 1 名残疾人。征收残保金以单位缴纳，如此庞大的单位规模无疑增加了征收和企业成本。①

按比例就业制度规定所有单位均有法律义务雇佣一定比例的残疾人，并辅以相应的奖惩措施。前文的分析表明，更大规模的单位雇用了多数按比例就业的残疾人。因此，针对用人单位应承担与其规模相当的社会责任。具体来说，可以实行"门槛之上必须安置，如果未达相应比例则征缴残保金，超过则奖励；门槛之下无需缴纳残保金，但雇佣残疾人有奖励"的原则。除此之外，还应考虑到用人单位和（持证）残疾人分布的地区差异。因此，也要重新考虑某一具体雇佣比例的合理性。

（二）从就业机会转向就业场所支援服务

如上分析表明，即便使用不尽合理的城镇职工人数计算，应安置的残疾人超过 600 万。而据《2016 年中国残疾人事业发展统计公报》[残联发（2017）15 号]，"城乡持证残疾人就业人数为 896.1 万人，其中按比例就业 66.9 万人"。可见，该制度设计仅完成了小部分目标。按比例就业制度重在"就业机会的供给"，而且目前的制度实践对就业场所支援服务的不足，不仅影响残疾人的就业质量，同样反过来限制了残疾人的就业岗位提供。

优化按比例就业制度除政策对象和标准的完善外，就业场所支援服务的供给也是应努力的方向。无论是《残疾人机会均等标准规则》还是《残疾人权利公约》，都强调残疾人在工作场所获得必要的环境调整与社会服务的政府责任。②

就业场所支援服务是就业岗位与残疾人匹配的中介与桥梁，用人单位固然要承担相应的法律义务和社会责任，然而雇佣残疾人则需要更有效的公共服务。目前仅有的税收、超额雇佣奖励显然不够，且缺乏针对心理支持、生活照顾、出行等支援服务。尤其对心智障碍者就业而言，建构就业支持系统，既可以保障心智障碍者的就业权，也是化解"假就业"问题之道。③从这个意义上来说，重在发展就业场所支援服务也需要重构残保金的使用方向。

① 孙涛：《"残保金"究竟保障了谁——我国残疾人就业保障金制度解构》，张万洪主编：《残障权利研究》第 2 卷第 1 期，北京：社会科学文献出版社，2015 年，第 138—163 页。

② 廖慧卿：《工作场所支援服务与残障者就业积极保障——简论集中就业的模式转型》，张万洪主编：《残障权利研究》第 2 卷第 1 期，北京：社会科学文献出版社，2015 年，第 165 页。

③ 许家成、周海滨：《中国智力和发展性障碍者支持性就业发展研究》，张万洪主编：《残障权利研究》第 3 卷第 1 期，北京：社会科学文献出版社，2016 年，第 111—143 页。

六、结论与讨论

我国的残疾人就业政策经历了从集中到分散的演变过程,市场化就业成为残疾人就业的主要形式。且无论是城镇还是农村,残疾人的就业率不高。按比例就业制度是扩展残疾人就业机会的重要途径,也是我国残疾人就业的基本政策之一。该制度的核心内容是用人单位需要安置一定比例的残疾职工,没有达到相应省份所规定的雇佣比例的单位,需要缴纳残障者就业保障金。近年来用人单位按比例安排残疾人就业公示试点,从用人单位角度为我们理解按比例就业制度的实际效果提供了所需数据。

本研究指出,按比例就业制度在推动残疾人就业方面实现的政策目标有限。在政策实践中出现异化现象,具体表现为多数单位并未安置残疾人就业、已安置残疾人就业的多数单位并未达到规定比例,呈现出"重缴纳轻吸纳"的特点,甚至出现残疾人证挂靠的"虚假就业",最终影响残疾人就业的岗位供给和就业机会。

进一步地,本文从"就业过程"考察了按比例就业制度异化发生的制度空间。从制度设计上来说,按比例就业制度依据的是单位的在职职工数,但从宏观上并未细分考虑单位规模的分布。这造成了小规模的单位更容易达到规定比例,而大规模的用人单位虽然难以达到雇佣比例但雇佣了多数的已安置的残疾人。从残疾人劳动力供给来说,持证残疾人的比例低以及残疾人分布的社会弥散状态增加了单位岗位与残疾人匹配的信息不对称状态。因此,残疾人就业所需要的工作场所无障碍改造、工作任务的调整、同事关系的协调等等,构成了用人单位与残疾人承担的成本。从某种程度上,政府责任呈现"重征缴轻服务"的状态,这种制度本身的异化增加了就业过程的成本,削弱了按比例就业制度的效果。

基于以上异化现象的讨论,一方面需要优化按比例就业制度本身的建构,一方面要将残疾人就业工作从关注就业就会提供转向就业场所支援服务。制度再设计方面,需要依据行业、地域、障别等设计更为完善、细致、灵活的政策细则。例如,针对不同规模的用人单位采用不同的法律责任和奖惩措施。而工作理念的转变,则需要关注用人单位与残疾人的链接。这需要强化政府责任下的公共服务供给,也即从就业过程为用人单位和残疾人建构就业支持体系。

由于缺乏完整的数据,了解按比例就业发展趋势、辨析用人单位雇佣行为、评估政策都面临困难。用人单位按比例安排残疾人就业公示制度已经迈出重要一步。基于本研究,最后提出以下相关建议:(1)完善用人单位按比例安排残疾人就业公示制度,详细披露用人单位的性质、规模、雇佣残疾人数等数据,为检讨政策、地区比较等提供依据；(2)建立系统的监测机制，了解残疾人按比例就业的动态变化；(3)重视统计数据的收集，加快全国残疾人人口基础数据库的建设；(4)发展就业服务组织，合理利用保障金提供完善的就业服务，既包括针对残障者的技能培训也包括对用人单位需求、观念的支持。

心智障碍者的支持性就业：社会倡导、政策回应与本地实践

——来自广州市的经验*

摘　要：心智障碍者的就业面临多种障碍，但同时其就业需求迫切而广泛。支持性就业已成为解决心智障碍者就业的重要实践形式，成为近年来各地实践的热点。历史地看，这一政策的出台是各方力量持续政策倡导的结果。本文从家长组织的视角，采用行动后反思（reflection-on-action）框架回顾了广州市支持性就业政策出台的过程并分析了家长组织在其中的角色。研究指出，家长组织扮演着“政策企业家”的角色，在政策议程中需要提出议题、链接资源、社会动员、扩大共识。文章讨论了支持性就业的定位、家长组织社会倡导的策略与家长组织角色转换，最后围绕“让政策三角运转起来”提出多方面的建议。

关键词：支持性就业　社会倡导　政策过程　残障社会工作

一、研究问题

心智障碍者是指具有先天性智力及发展障碍人群，从类别上包括智力发育迟缓、唐氏综合征、广泛性发育障碍（自闭症、阿斯伯格症、Retta 综合征、非典型自闭症等）以及伴有智力障碍的其他障别例如脑瘫等。根据 2006 年第二次全国残疾人抽样调查和 2010 年第六次全国人口普查数据推算，我国心智障碍人数保守估计超过 1 000 万。推动心智障碍者的就业，一直是我国政府、社会组织、家长等努力的工作重点，也是脱贫减贫、实现残障者可持续发展的重要战略。

就业是心智障碍者的基本权利，但在实践中面临诸多困难和障碍，例如不健全的政策和标准、消极的认识、社会服务不充分以及技能培训缺乏等。①随着社会的进步以及残障观念的更新，尤其是《残疾人权利公约》理念的扩散，心智障碍者的就业也出现新的要求。首先，确认心智障碍者具有同等的就业权，为心智障碍者的就业

---

* 原文发表于《社会创新研究（第 2 辑）》，与戴榕、卢莹合作。

① World Health Organization and World Bank, *World report on disability*, *2011*, Malta, 2011.

提供支持是政府和社会的责任；其次，以机构为载体的庇护性就业模式受到挑战，进入劳动力市场的公开就业成为普遍的诉求。①

支持性就业（Supported Employment）是目前公认的促进心智障碍者就业的有效途径。相较于传统的集中安置，支持性就业通过针对心智障碍者的个别安置与支持（Individual Placement and Support，IPS）服务，以心智障碍者进入竞争性的雇佣场所为结果导向，且更利于心智障碍者的总体生活质量。②支持性就业旨在促使心智障碍者进入融合而非封闭的工作场所，与其他雇员在同一场所工作，因此支持性就业也被视为社会融合的新模式。③

相较于其他地区，我国支持性就业的实践较晚，但在近些年支持性就业已获得巨大的进展。④支持性就业涉及政府政策、心智障碍者及家庭、雇主、就业辅导员等，但目前相关政策和具体操作还有待细化。在保障心智障碍者权益、推动相关政策的出台等方面，家长组织以及所做的社会倡导发挥了重要角色。⑤在我国，近些年虽然家长组织的数量迅速增加，但也在做什么、怎么做等方面面临诸多挑战。

行动中反思（Reflection-In-Action）和行动后反思（Reflection-On-Action）是反思实践效果的两种理论取向。行动后反思是对已发生的事件进行回顾性反思，以便将在实际情况下使用的信息转换为知识，通常的步骤包括经验描述（Experience Description）、反思（Reflection）、影响因素（Influencing Factors）、评估（Evaluation）、知识（Learning）。⑥本研究将总结广州市心智障碍者家长组织在推动支持性就业政策出台的相关经验，以行动后反思的路径进行回顾，以期为家长组织的发展提供某些可供借鉴的经验，也可以为其他地区的支持性就业发展及政策落地提供参照。

二、心智障碍者的就业：形式、理念及障碍

（一）心智障碍者及其就业概况

与非残障者相比，残障者的就业率一直处于相对较低的水平。据第二次全国

① 朱健刚、严国威：《从庇护性就业到支持性就业——对广东省残疾人工作整合型社会企业的多个案研究》，《残疾人研究》2019 年第 1 期。

② D. E. Frederick, T. J. VanderWeele, "Supported employment: Meta-analysis and review of randomized controlled trials of individual placement and support", *PloS one*, vol. 14, no. 2, (February 2019), pp.1—26.

③ 宋颂：《国际残疾人支持性就业比较研究》，《残疾人研究》2015 年第 1 期。

④ 龚燕：《我国残疾人支持性就业的发展现实及推进路径》，《广西社会科学》2018 年第 8 期。

⑤ 李学会、张凤琼：《心智障碍者的权益保障：家庭视角的审视》，《西南政法大学学报》2018 年第 5 期。

⑥ 参见 Comparison Between Reflection-On-Action and Reflection-In-Action, https://www.paypervids.com/comparison-reflection-action-reflection-action/，2019 年 12 月 25 日。

残疾人抽样调查数据,15 岁以上工作人口占 15 岁以上残疾总人口的比例为 31.02%,无工作的比例为 69.98%。而非残疾人口的在业比例是 72.67%,非残疾人口的在业比例是残疾人口的 2 倍多。①与此同时,残障者的失业率也高于非残障者。例如 2013 年度,城镇残疾人登记失业率为 10.8%,是全国城镇登记失业率 4.1%的 2.5 倍之多。②

据第二次全国残疾人抽样调查数据,智力残疾人和精神残疾人对于就业安置或扶持的需求都处于相对较高的水平。尽管生活自理能力较弱,但智力残疾人对就业安置或扶持的比例在所有残障类别中占比最高,为 14.89%;而精神残疾人的就业安置与扶持的需求为 8.82%,仅次于言语残疾人的 13.18%。③

(二) 心智障碍者的就业形式及理念变迁

从总体上看,我国面向残障者的就业政策经历了由集中走向分散、国家走向市场的历史阶段。④在残障者的劳动就业方面,"集中与分散相结合"是一贯的政策原则,这一原则均体现在《残疾人保障法》和《残疾人就业条例》之中。这些政策也构成了我国残障者就业形式的基本依据,即集中安置残障者福利企业以及分散安置残障者的按比例就业、自主创业等。

对于心智障碍者而言,就业的形式多以集中就业为主,无论是早起的福利企业还是市场经济条件下政府部门建立的阳光家园等。这种辅助性就业的形式也是我国针对包括心智障碍者在内的重度残障者就业的主要形式。应当说,辅助性就业对于心智障碍者的就业具有重要促进作用,这为相关政策所确认与肯定。

2015 年 6 月 29 日,中国残疾人联合会、国家发展和改革委员会、民政部等八部门联合发布《关于发展残疾人辅助性就业的意见》[残联发〔2015〕27 号],对主要针对智力、精神和重度肢体残疾人的辅助性就业(庇护性就业)模式予以肯定和支持。该《意见》对辅助性就业的界定为,"组织就业年龄段内有就业意愿但难以进入竞争性劳动力市场的智力、精神和重度肢体残疾人从事生产劳动的一种集中就业形式,在劳动时间、劳动强度、劳动报酬和劳动协议签订等方面相对普通劳动者较为灵活。"⑤

---

① 程凯、郑晓瑛等:《第二次全国残疾人抽样调查数据分析报告》,北京:华夏出版社,2008 年,第 150 页。

② 参见中国残疾人联合会:《2013 年度残疾人状况及小康进程监测报告》,http://www.cdpf.org.cn/sjzx/jcbg/201408/t20140812_411000.shtml, 2019 年 12 月 15 日。

③ 程凯、郑晓瑛等:《第二次全国残疾人抽样调查数据分析报告》,北京:华夏出版社,2008 年,第 205 页。

④ J. Huang, B. Guo, J. C. Bricout, "From concentration to dispersion: the shift in policy approach to disability employment in china", *Journal of Disability Policy Studies*, vol.20, no.1, (June 2009), pp.46—54.

⑤ 参见中国残疾人联合会:《关于发展残疾人辅助性就业的意见》,http://www.cdpf.org.cn/zcwj/zxwj/201507/t20150708_521155.shtml, 2019 年 12 月 7 日。

正如该意见所指出的,辅助性就业具有“庇护性、非营利性、社会福利性”等特点。作为安置残障者就业的一种形式,辅助性就业对于保障残障者的就业权无疑是重要的,但也存在相对隔离、个人选择较少等方面的不足。发端于西方发达国家的支持性就业,在各种平权运动中日益成为安置重度残障者的新形式。

(三) 心智障碍者就业的障碍及支持性就业的兴起

心智障碍者因其障碍的特殊性往往比其他障碍者面临更多的就业困难。在相当长的时期内,不止我国,世界其他国家和地区对于心智障碍者的就业辅助主要为辅助性就业。在我国的政策当中,辅助性就业场所包括“工疗、农疗机构;其他取得独立法人资格开展辅助性就业的公益性或非营利性的事业单位和社会组织;各类企业、残疾人托养服务机构、社会福利服务机构、职业康复机构等单位中附设的开展辅助性就业的工场或车间”①。这一政策面向智力、精神和重度肢体残疾人,辅助性就业的界定某种程度上是实施多年的福利企业政策的延续和替代。

这种机构化的就业方式曾经是一种广泛的实践,但在西方二十世纪七八十年代残障运动尤其是去机构化(De-institutionalization)浪潮中,开始出现新的实践形式,也即支持性就业。与机构内安置重度残障者就业相比,支持性就业更倡导残障者进入公开的劳动力市场就业,因而也是社会融合的一部分,②从而克服机构安置的隔离性缺点。

经过多年的发展,支持性就业被认为是一种有效的重度残障者就业方式。相对于过渡性工作(Transitional Work)式的职业康复,支持性就业在对于提高重度残障者的就业率、就业稳定性和积极社会回报(例如生活质量、社会融合)都具有显著的优势。③这些结论也为诸多随机(对照)实验研究所证实,④支持性就业中最为核心个别安置与支持(IPS)是一种循证实践(Evidence-Based)。

支持性就业概念和实践进入我国的时间并不晚,20 世纪 90 年代北京联合大学特教学院教授许家成引入了支持性就业概念,并在四川郫县进行了实践。⑤但此

---

① 参见中国残疾人联合会:《关于发展残疾人辅助性就业的意见》,http://www.cdpf.org.cn/zcwj/zxwj/201507/t20150708_521155.shtml,2019 年 12 月 7 日。

② 申仁洪:《发展性障碍者支持性就业:融合发展视角的职业康复模式》,《现代特殊教育》2016 年第 18 期。

③ L. L. Davis, T. C. Kyriakides, et al., “Effect of Evidence-Based Supported Employment vs Transitional Work on Achieving Steady Work Among Veterans With Posttraumatic Stress Disorder: A Randomized Clinical Trial”, *JAMA psychiatry*, vol.75, no.4, (April 2018), pp.316—324.

④ D.E.Frederick, T. J. VanderWeele, “Supported employment: Meta-analysis and review of randomized controlled trials of individual placement and support”, *PloS one*, vol.14, no.2, (February 2019), pp.1—26.

⑤ 参见王会贤:《针对心智障碍者 NGO 探索支持性就业》,《公益时报》2014 年 9 月 4 日,http://gongyi.sina.com.cn/gyzx/2014-09-04/102550083.html,2019 年 12 月 24 日。

后相当长的一段时间内多处于“概念热而实践少”的状态。尽管在这段时间缺乏政策的支持,但一些社会组织基于其服务的延伸性做了一些积极的探索,例如北京市丰台区利智康复中心 2002 年开始做支持就业,具有数量较大的支持性就业成功案例;①广州慧灵智障人士服务机构 2007 年即开始支持性就业实践,尽管受益人群规模不大,但个案的成效显著②。2013 年刚刚成立不久的北京融爱融乐心智障碍者家庭支持中心,开始探索家长组织为主导的支持性就业模式,目前已经有成功就业案例近 60 名。

在 2014 年前后,支持性就业成为一种具有共识性的行动。2014 年初,中国残疾人联合会智力残疾人及亲友协会启动心智障碍者支持性就业全国试点,包括北京、湖南、广东等七省市开展试点工作。2015 年出台《北京市开展支持性就业工作试点方案》,其他试点省市也出台了相应的政策。这种全国性的政策实践,与广州市已有的实践之间有着千丝万缕的联系,后文将详述这种互动过程。

三、广州市支持性就业的政策倡导过程及政策落地实践

支持性就业已成为政策制定者、就业服务组织、家长等共同参与的实践,但对于该过程仍然需要进一步挖掘。与其他心智障碍者相关政策相类似,支持性就业的政策倡导也体现出“家长先行,政府跟进”③的特征。正因为如此,回到 2012 年前后的历史节点,以家长组织的视角反思该政策倡导行动过程,探讨政策倡导的策略以及影响因素,对于其他地区以及其他议题都具有借鉴意义。

(一) 支持性就业政策倡导中的行动者

政策议程和政策过程涉及多个行动者,包括政策制定者(政府)、社会大众、媒体、专家学者、政策对象等。因不同行动者的卷入和参与程度,以及政府决策过程,政策议程也显示出不同的类型。④本案例中,议程提出者为心智障碍者家长组织,在此视角下以家长组织的行动为主线,论述其行动过程及结果。

本次政策倡导的核心的行动者为心智障碍者家长组织即广州市扬爱特殊孩子

① 参见王会贤:《针对心智障碍者 NGO 探索支持性就业》,《公益时报》2014 年 9 月 4 日,http://gongyi.sina.com.cn/gyzx/2014-09-04/102550083.html,2019 年 12 月 24 日。

② 卓彩琴、林诚彦、张凤琼、欧阳婷:《残疾人支持性就业模式建构——基于“广州慧灵”的实践研究》《社会福利(理论版)》2015 年第 12 期。

③ 李学会:《我国面向自闭症者及家庭的社会政策:议程及展望》,《社会福利(理论版)》2019 年第 10 期。

④ 王绍光:《中国公共政策议程设置的模式》,《中国社会科学》2006 年第 5 期。

家长俱乐部(以下简称广州扬爱)[1]。广州扬爱有着较长的成立时间，并凝聚了当地大量的心智障碍者家长。此外，自松散组织“家长俱乐部”(1997)成立后的二十多年里，广州扬爱与港澳台地区的家长组织以及国内其他地区的家长、家长组织建立了广泛的联系。而广州扬爱的关键人物如戴榕、卢莹等人同样是政策倡导过程中不可或缺的推动力量。

其他的相关者还包括前述在支持性就业做出探索的广州慧灵心智障碍人士服务机构、学术机构(华南农业大学)、教育机构(广州越秀启智学校)等。而政策主体——当地残联同样也积极参与其中，残联对于推动政府关注和支持出台政策同样不可或缺。

(二) 支持性就业政策倡导的行动阶段

时间回到2012年，广州扬爱虽然做了大量的探索和直接服务，为心智障碍者及所在家庭提供了多元的支持，但要满足更大规模群体、提供更为丰富的服务、协调不同的主体，显然超过了家长组织的职责和能力范围。倡导社会政策，争取更广的公共服务，已成为一种迫切的需求。回顾2012年到2019年近8年的实践，大致可以把政策倡导行动分为5个阶段。

1. 第一阶段：现状调研，形成详尽的调研报告

2011年底—2013年5月，广州扬爱与广州慧灵心智障碍人士服务机构、广州越秀启智学校发起成年心智障碍人士现状及安置就业的需求研究，并形成了《广州市成年心智障碍人士就业状况、就业需求和就业可行性调研报告》(以下简称《报告》)。该调研得到广州市残疾人联合会的指导和华南农业大学公共管理学院的大力支持，现代国际市场研究公司在研究技术上给予了帮助。

调研的目的是掌握来自就业各参与方的丰富、客观、有用的一手资料，为政府未来制定心智障碍人士的相关就业政策提供有益的信息参考和数据支持。本次调研的对象涵盖心智障碍人士及家庭、普通雇佣单位(即普通企事业单位，非庇护工场等专门雇佣特殊群体的工作场所)的管理者和普通员工。数据收集方法采用访谈法和问卷法，总计完成3组座谈会、3个一对一深访和906份调查问卷。

调研报告获得了详尽的一手数据。该报告包括三个部分的主要内容：

(1) 描述成年心智障碍者的就业及需求现状

《报告》指出了心智障碍者个人及家庭对就业的普遍高需求以及现实中正在普通就业场所就业的低比例现状，二者形成强烈反差。

---

① 广州扬爱最早源于1996年布恩·史德福夫妇在广东省妇幼保健院工作期间提出的专业建议，1997年家长俱乐部成立，2003年家长俱乐部在民政厅登记注册为民办非企业单位，同时更名为“广东省扬爱特殊孩子家长俱乐部”。因业务主管单位变更，2007年更名为“广州扬爱”。

> 在接受调查的203个心智障碍人士家庭中，62%家庭的监护人强烈希望心智障碍人士能出去工作，而42%的心智障碍人士本人也很希望有一份工作。但目前只有2%的心智障碍人士正在普通雇佣单位就业，而曾经在普通雇佣单位就业的人群比例也只有9%。

这种需求与供给之间的反差正是政策制定者需要考虑政策对象需求的立足点，也是影响政策主体将之纳入政策议程的因素之一。

（2）分析成年心智障碍者的就业现状的原因

《报告》将成年心智障碍者就业愿望和就业现实之间的障碍归纳为五个方面：就业相关方的政策认知、政策落实、岗位开发、教育培训和就业现场支持。全面反映了心智障碍者就业过程中面临的瓶颈，并指出这些瓶颈之间的关系。

> 政策认知瓶颈：残障人士就业政策的认知普及率不够，只有26%的心智障碍人士家庭知道就业指导政策，而雇佣单位管理者也只有60%知道就业指导政策。
>
> 政策落实瓶颈：一方面，企事业单位没有吸收残障人士就业的动力，也缺乏监管机制，因此虽然部分雇佣单位吸收残障人就业，但其中40%只是挂靠形式，而且部分不发工资；另一方面，心智障碍人士家庭也欠缺了解就业信息的渠道。
>
> 岗位开发瓶颈：心智障碍人士作为被就业单位接受度最低的残障类型，没有合适的工作岗位成为无法就业的主要障碍。但从国外的成功案例来看，事实上大众和雇佣单位管理者低估了心智障碍人士的自理和工作能力，有很多合适的岗位有待开发。
>
> 职业教育与培训瓶颈：心智障碍人士目前面临着职业教育未能到位、培训不足的情况，使得就业可能性进一步降低。
>
> 工作现场支持瓶颈：监护人、单位管理者和普通员工对于心智障碍人士进入工作现场会存在一定顾虑，如责任承担、应急处理、沟通障碍、工作效率等等，这是心智障碍人士实现就业的最后一道障碍。

（3）结合其他地区实践和当前就业现状论证实施支持性就业的可行性

在《报告》的可行性部分，除了指出其他国家或地区的实践经验，还结合目前广州市心智障碍者就业的供求矛盾以及症结论证支持性就业何以能够解决问题。这样，从逻辑上形成了问题——分析——解决路径的闭环。就内容上来说，就业需要求职者与岗位提供者（雇主）的匹配。《报告》指出，心智障碍者有着强烈的就业需求，而如果有一定的支持，雇主也更有意愿雇佣心智障碍者。这也恰好说明,支持性就业注重心智障碍者就业过程的支持性,而支持的对象涉及就业过程中的多方。

支持性就业将在雇佣单位、普通员工、心智障碍人士及家庭之间架起桥梁,不仅在职业培训、职业评估、岗位开发方面提供有力的支持,而且将在工作现场给予有效的监督和指导,将大大提升心智障碍人士就业的可行性。在支持性就业模式下,心智障碍人士家庭对智障者未来就业保持乐观态度的比例由23%提升到53%;普通员工与心智障碍人士共事的意愿从60%提升到70%,而大约33%的雇佣单位管理者愿意在支持性就业模式下吸收心智障碍人士就业。

2. 第二阶段:结合调研报告,形成提案

2013年7月,广州扬爱完成《报告》,并基于《报告》递交了由时任广州市少年宫特殊中心主任解慧超撰写的《关于发展广州市成年残疾人士支持性就业与生活自理能力的提案》(以下简称《提案》)。《提案》再次重点强调心智障碍者就业需求的强烈性和迫切性。也即广州市现有持证智力障碍人士约20 000人,其中就业适龄者超过10 000名。同时,62%的家长希望心智障碍人士能出去工作,而当前只有不足2%在普通雇佣单位就业。

该《提案》重点提出了6点具体建议:

1. 在具备条件的初中、高中阶段学校开展残疾学生就业与生活自理教育。

2. 完善残疾人就业信息网络,包括残联、各级劳动力市场建立资源共享的就业信息平台,建立街道居委适龄残疾人就业通报制度。

3. 借鉴欧美、日本及中国台湾地区残疾人成功的就业经验,建立及实施“支持性就业”体系。

4. 建立残疾人就业保障金专项经费管理监督公开机制,规定经费用于开展就业与生活自理教育的比例,用于倡导和鼓励雇佣单位的比例以及用于上岗初期支持服务的比例,落实经费用途与效果。同时,设定真实的按比例就业年度目标额(即雇佣率),并对相关责任部门进行考核。

5. 根据残疾人就业与生活自理的需要,调整残疾儿童中、小学阶段的课程设置,进一步强调社区融合目标。

6. 进一步细化残疾人保障法中有关就业、教育的条文,具体保障残疾人就业津贴、残疾人社保医保,鼓励各级区政府通过灵活多样的形式发展残疾人就业、教育服务。

同时,其他力量也为支持性就业的开展助力。广州市海珠区商务高级中学的蓝伟校校长,同时也是广州市人大代表,给广州市残联写信,请残联为中职启能班毕业生提供就业支持。从 2013 年 10 月开始,广州市 3 家普通中职学校开设启能班,到 2019 年有 14 家定点普通中职学校面向心智障碍者招生。中职教育的开启为适龄青年心智障碍者实习和就业准备提供了条件,也同时也加大了满足就业需求的迫切性。

3. 第三阶段:政府转批,出台相关政策

为了推动支持性就业相关政策的尽快出台,2014 年 4 月 18 日广州扬爱家长代表戴榕、钟翠萍递交《给陈建华市长的感谢信及尽早启动支持性就业的建议》。希望广州市政府在支持性就业方面尽早做出安排,与中职特教班相衔接,继续为心智障碍人士的教育和就业探索广州经验。

广州扬爱提出的建议得到积极而快速的回应。2014 年 4 月 23 日,陈建华市长亲笔批复“请人社局牵头,残联、教育局配合,召开一次座谈会听取意见,制定工作计划”。批示文件要求以上部门在 4 月 30 日前将办理情况报市政府。2014 年 4 月 28 日,家长代表与相关制度部门工作人员座谈,交流广州市心智障碍人士的就业状况报告和支持性就业理念,并得到广泛认同。此后,广州扬爱与相关部门(残联、人社局)保持密集沟通,及时跟进政策制定议程,并提供必要的协助。

2014 年 11 月 14 日,广州市残联通过《广州市智力残疾人支持性就业工作试行方案》(以下简称《方案》)。该《方案》指出目标在 2015 年内建立职业评估体系,培养 20 名就业辅导员,支持 20 名智力残疾人就业,拟定智力残疾人支持性就业工作方案。《方案》对支持性就业做出了界定:“支持性就业是指将经过职业培训的残疾人安置在常态就业环境中,由就业辅导员和工作同伴持续支持,逐步过渡到其独立就业的一种模式。”无疑,这种官方的定义将极大推动支持性就业的理念传播。

《方案》之后广州市残联开展了密集高效的工作,并且将支持性就业扩展到《广州市残联残疾人基本公共服务目录》中。2014 年 11 月到 2015 年 4 月,广州市组织了已完成九年义务教育的部分智力残疾人进行职业能力评估、职业技能培训,同时组织对家长和用人单位的培训。该《目录》同时涵盖针对心智障碍者的职业康复和就业培训,特殊教育部分以 500 元/人/月的标准每年支持 80 人次的成年智力残疾人公共保洁职业训练服务,就业培训部分以 11 000 元/人/年的标准每年提供 30 人次智力残疾人支持性就业服务。

4. 第四阶段:扩大共识,推动政策落实

就在支持性就业纳入政策议程时,广州扬爱也并没有静待政策的出台,而是积极引入其他地区可供参考的实践经验和相关知识,并链接政策制定者与当地服务机构之间的合作。在 2014 年 4 月与相关制度部门工作人员座谈会之后,戴榕和卢莹分别到台湾参观学习台湾的身心障碍职业重建服务体系[①],带回大量的文件和资料,并及时转交广州市残联教就处和广东省残联。同时,也向广州市人社局提交国内针对保障心智障碍者就业的相关政策和实践办法。这些资料以及知识,为本地的支持性就业政策出台提供了参考和依据。

此外,广州扬爱借助靠近香港的优势,直接创造开展支持性就业所需要的重要角色——就业辅导员的培养与培训机会。2014 年 7 月,戴榕、卢莹参访香港明爱乐务职业训练中心。在香港明爱[②]前服务总主任唐兆汉先生的帮助下,为广州市残联和广东省残联争取到每年 4 个就业辅导员培训名额,赴香港明爱乐务职业训练中心接受为期两周的职业评估、岗位开发、就业支持培训。[③]

在广州市残联出台《方案》之后,广州扬爱作为重要相关者促成政策主体与实践者之间的联系。2014 年 12 月,戴榕牵线市残联教就处、培训就业中心等领导参观广州映诺社区发展机构和广州慧灵心智障碍人士服务机构,了解民间组织在残疾人就业方面开展的工作状况,促成市残联出台政策支持民间组织开展支持性就业工作。

在《方案》出台前后,广州扬爱在不同场合下,介绍《调研报告》内容,力图使心智障碍者的就业成为一个具有共识性的议题。这些发表《调研报告》的会议或论坛包括 2013 年 6 月香港大学举办的《CRPD 与残障人士权益研讨会》、2013 年 7 月北京举办的《中欧民间组织交流会》、2014 年 10 月武汉大学举办的《残障、权利与正义年度大会》、2014 年 10 月香港大学举办的《残障人权利工作坊》、2014 年 12 月于广州举办的《残障就业政策研讨会》等近十次。

除直接影响当地的政策议程之外,借助于《调研报告》以及此后的政策倡导过程,广州扬爱还将调研报告通过途径递交中国智力残疾人及亲友协会。在影响政策制定者的同时,广州扬爱及时将政策倡导的实践经验向同为其他省市家长以及家长组织传递,并在此过程中卷入更多的相关行动者。例如 2013 年 8 月,广州扬爱的戴榕和冯新参加贵阳市第七届特殊教儿童康复论坛,分享家长倡导的经验和心得;而戴榕在 2014 年《残障、权利与正义年度大会》上分享的主题是《民间组织对

① 本文的作者之一曾亲自考察过我国台湾的职业测评,相关者的职业测评过程记录下来并在广州分享。后续了解到,相类似的测量工具在大陆也业已存在,主要用于工伤鉴定(残疾评测所)。基于该设备的调试和常模,也成为 2015 年广州市开始的职业测评。这表明,在具体的倡导之前,需要充分了解已有服务体系中的可用资源,至少在信息的获取方面应保持更开放的渠道。

② 香港明爱(Caritas Hong Kong)成立于 1953 年,为天主教香港教区辖下慈善团体,是国际明爱(Caritas Internationalis)成员组织之一。香港明爱目前提供多元的社会服务,包括社会工作、医疗护理、职业康复等等。

③ 该项目到 2018 年停止。

政策推动的探索》。这些鲜活的知识和经验,无疑鼓励了家长组织更为积极的行动。在某种程度上,都促成了知识的扩散,提升社会总体对支持性就业的认识以及家长组织自身发展的能力。而且,参与学术会议也建立了与研究机构、学术研究的联系。从政策议程来说,都在增加政策倡导成功的可能性。

5. 第五阶段:持续追踪,跟进政策效果与更新

支持性就业政策的出台并不是家长组织社会倡导的终点,具体政策的实施以及效果的评估都是政策倡导者持续关注的议题。在政策变迁与更新中,都需要有政策相关者的参与和监督。

在2019年,针对广州市心智障碍者的就业状况,广州扬爱又进行了第二次成年心智障碍人士就业状况和需求调研。这种趋势调查无疑对于了解心智障碍者就业的变化以及直观地了解政策实施前后的效果,也便于基于现有政策、实践,提出新的政策建议。

至此,一个完整的社会倡导过程结束。而对于新的政策议题来说,又是一个新的开始。这也正是社会政策倡导的循环过程。事实上,就业仅仅是心智障碍者及家庭公共服务需求的一部分,从生命历程以及多元服务需求来说,其他诸如社区居住、自理生活等,都是心智障碍者的需求。而且,这些需求或权利都是支持性就业的生态构成部分。而实际上,这也是广州扬爱一直倡导和工作服务的内容。

(三) 广州市支持性就业的落地实践

2015年是广州市支持性就业成为公共服务一部分的元年。经过5年的实践,广州市心智障碍者的就业形成了多主体相互协作、互有分工、阶段衔接的运作模式(见图1)。2015—2018年,通过支持性就业安置心智障碍青年就业超过80人,具有良好的社会效益。

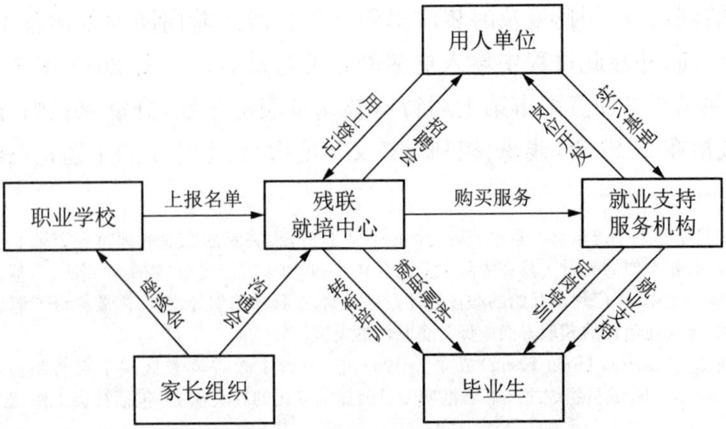

图1 广州市支持性就业运作模式

如图所示，在职前准备阶段，职业学校会将学生名单提交给残联就业培训中心，同时残联就业培训中心收集用人单位的岗位信息。待职业学校学生将毕业时，残联就业培训中心会对毕业生进行职业测评和转衔培训，相应岗位的能力培训会结合心智障碍者个人及家长的综合意见。

在职业学校学生毕业并接受职业测评后，人—岗的匹配工作以及后续的就业中支持，由残联通过购买服务形式购买的就业支持机构提供服务。定岗培训和实习通过后，用人单位与毕业生签署合同。在就业过程中，就业支持服务机构提供具体的服务(就业辅导员、社会工作者等)，并逐步减少，但保持持续服务。

与社会政策倡导过程中，家长组织所扮演的更为关键和核心的角色。但在就业模式运转之后，多主体的分工相对明确，专业的工作交给专业的组织，家长组织在某些服务的角色在弱化。因而，该模式具有典型的社会治理特征，也即多元主体的共同参与，不同主体之间的服务衔接和写作。广州心智障碍者就业实践模式具有一定的政府主导色彩。[①]但这也恰恰体现出政府部门履行提供公共服务的责任，而且就业过程中国残联相关部门提供的更多的是专业支持和政策支持，为社会组织的参与创造了空间。

四、反思与讨论

(一) 支持性就业社会政策倡导何以成功

通过以上过程的回顾，广州市支持性就业政策过程以及与国内支持性就业发展之间的时空互动，如拼图般有所明晰。一个社会政策倡导何以成功，或者说一项社会政策何以能够出台，受多种因素的影响。

就广州扬爱支持性就业社会政策倡导来说，至少在政策倡导之前有这样几个优势:(1)已有支持性就业的局部实践，例如广州慧灵智障人士服务机构 2007 年即开始支持性就业实践，这些实践储备了开展支持性就业的一些要素(就业辅导员、就业网络以及作为基础的支持性就业知识)。(2)具有社会治理取向的政府，社会大众参与社会政策过程的渠道多元。(3)社会工作服务相对较早的实践，新的公共服务的产生相对较小的成本。(4)独特的地理区位优势，知识、理念的传播更为便捷。

本研究主要基于政策倡导者——家长组织的视角，而政府部门纳入政策议程

---

① 参见温洪:《中国孤独症成人就业现状与思考——在心智障碍者就业支持研讨会上的发言》, https://mp.weixin.qq.com/s/BBOim_Oh4KQctvP_0aEXDw, 2019 年 12 月 25 日。

显然也有赖于政策制定者相关方的积极回应和议题本身的判断。在本案例中，广义的政策制定者至少包括市长、市残联、人社局等。政策制定过程往往是个“黑箱”，也即其中的过程难以为其他主体所直接获知。但在我国的语境下，市长的批示无疑是个有力的依据，这也为本文作者所承认。但可以确定的是，政策制定者的有效回应以及政府内部政策议程的结合，是得以推动政策变化的关键一环。这取决于政府治理的类型，也是为何有些倡导不成功的部分原因。

（二）家长组织的动态多元角色

家长组织发挥的角色是多元的，而且在不同阶段具有动态性，即动态多元角色（Dynamic Multi-Roles）。从这个意义上说，家长及家长组织是心智障碍领域的政策企业家（Policy Entrepreneurs）。①不同于直接提供社会服务的倡导路径，广州扬爱直接以议题为核心推动社会政策的变迁。②作为议题的经营者，在广州扬爱的该案例中，扮演了多种角色。从行动的阶段来说，包括这些角色包括议题的提出者、议题推动者、议题维护者。

1. 议题提出者

从议题的提出者来说，广州扬爱始终明确要把支持性就业的实践纳入政府政策议程，不同于其他家长或社会组织直接提供服务，作为家长组织的扬爱政策倡导是一贯的行动目标。在此之前，或者在其他地域，也有过将政策倡导纳入议程的行动，但广州扬爱成功地抓住了政策窗口以及行动的关键人物。

2. 议题推动者

在政府相关部门有了积极回应，并将政策出台纳入议程之后，广州扬爱一直扮演政策议题推动者的角色。既要催促政策尽快出台，也要为政策的出台提供力所能及的支持。例如，促成支持性就业相关方的合作、其他地区的有利实践经验传递、政策相关者的及时反馈等。

3. 议题维护者

在2015年政策落地实践之后，家长组织一直在当地的实践中扮演润滑剂的角

---

① M. Mintrom, “Policy entrepreneurs and the diffusion of innovation”, *American Journal of Political Science*, vol.41, no.3, (July 1997), pp.738—770.

② 关于家长组织的行动路径或者类型，请参见李学会、张凤琼：《心智障碍者的权益保障：家庭视角的审视》，《西南政法大学学报》2018年第5期。笔者区分了个人主义和集体主义的两种取向，前者典型的如直接提供服务，后者更直接体现为社会倡导。回顾我国自闭症（最主要的心智障碍者之一）的相关政策，政策总是处于一定的滞后状态。在早期阶段更体现为直接提供服务。但这些服务是否具有社会倡导的性质或者如我国台湾那种成为一种社会运动的手段还值得讨论（参见张恒豪：《障碍者权利运动的策略与组织变迁：提供服务作为社会运动的手段？》，何明修、林秀幸编：《社会运动的年代：晚近二十年来的台湾行动主义》，台北：群学，2011年，第129—169页。）关于家长组织不同行动路径的选择，乃至所具有的社会含义，笔者将另外的研究中详细讨论。

色。这种动态的角色，体现在家长虽然涉及方方面面，但是具体的诉求实现上，广州扬爱始终以将事情做成为第一要务，而不是仅仅体现作为家长的单一角色。时间转向 2019 年，经过 5 年的实践，广州的支持性就业在政策之后有何变化？广州扬爱及时进行了调研，也在 2020 年初召开多方讨论会。进一步延续心智障碍者议题，为政策以及实践更新信息和知识。

（三）社会倡导的策略及实践智慧

以上回顾了广州市出台支持性就业政策的过程，以及作为政策企业家的家长组织——广州扬爱扮演的角色，反思了政策得以完成的各项因素。在政策倡导过程中，结合本次倡导经验，至少有以下两个方面值得更加强调。

1. 需求表达的专业性

政策倡议要“有理有据”，其支撑就需要有专业的需求表达方式。不同于单个家长表达某种诉求或呼吁，社会政策的公共性要求家长组织考量的基点在于“群体”而非“个人”。这也是需要专业表达方式的内在动力，例如通过社会调查表明问题的普遍性、严重性或紧迫性。社会组织参与研究进程受其资源、机会、能力的影响，①而社会组织对研究进程、研究结果的使用应该更具有优先的决定权。这既考验社会组织的专业（研究）能力，也要求社会组织有更加实用的实践智慧。

在本案例中，提出提案之前，做了广泛参与、符合社会科学研究标准的需求评估报告。而在政策实践几年后，广州扬爱又牵头进行新的调研，保证了就业议题的延续性。除此之外，广州扬爱还学习各地的先进经验，及时传播与传递。这也启发其他倡导者，要善于学习，掌握丰富的信息和知识。还要与其他相关者进行实质而密切的合作。

2. 促成多方合作，寻找各种积极的支持力量

实际上，做到以上一点，对于一些社会组织（家长组织）来说就需要具备合作的品质。具体到广州扬爱来说，合作的对象包括教育机构（例如中职学校）、就业服务机构（例如广东慧灵）、其他社会组织、政府相关部门（教育行政部门等）以及政策影响者（例如残联，民主党派等）。经过几年的实践，广州扬爱已经积累了更为丰富的政策倡导与影响渠道，这都离不开基于共同议题上的关系维护。

除了广州扬爱与不同主体之间的合作，广州扬爱还力图促成区域内残障社会工作服务体系生态的运转。广州市支持性就业运作模式就体现了典型的“各自负责、相互衔接”的特征，也即不同主体之间的合作。广州扬爱消除了一些障碍，促成

① 鲁尼・哈佛森、比约恩・亨文登：《开展建设性的残障研究——研究机构、政府和民间社会之间的新的交流关系》，张万洪主编：《残障权利研究》（第四卷第二期，2017 冬季号），北京：社会科学文献出版社，2019 年，第 105 页。

了更多的合作。这对于链接已有的资源,真正为心智障碍者的社会服务以及政策的出现创造了良好的环境。

(四) 理解心智障碍者就业的多重意义

对于支持性就业实践,相关各方大致持肯定态度。比如北京市2015年支持性就业试点工作总结会所指出的:"就业辅导员在支持性就业服务过程中做出的努力及取得的收获、残疾人家庭从残疾人实现支持性就业中获得的经济收益与精神收益、企业在提供支持性就业岗位中真实感受到的残疾人比较优势及雇佣残疾人带来的良好影响"①。支持性就业的积极意义既符合融合社会的理念,②也与西方国家的研究发现相吻合③。

而在广州市的实践中,也发现心智障碍者竞争性就业的"好处"。其原因在于教育与就业的衔接、就业过程中的支持(合理便利)、就业环境的融合性。广州扬爱《2019年成年心智障碍人士就业状况和需求调研报告》指出,心智障碍者参加工作的收获包括:

(1) 孩子慢慢地融入社会

(2) 孩子各方面能力(动手能力、语言沟通表达能力、出行能力、自主意识等)通过工作慢慢得到培养,多元发展,身心也更成熟

(3) 孩子懂得更多社会规则,自我约束力提高、情绪控制力提高

(4) 孩子孝顺了,有责任感了,会关心家人了

(5) 孩子对金钱的认识有质的飞跃,更有工作动力

(6) 孩子做家务更自觉

(7) 孩子的成长可以带来家庭经济的改变(家长可以外出工作,不用全职在家照顾孩子)、父母关系甚至隔代关系的改变(心情好了)

(8) 家长可以有自己的生活、有喘息的机会

可见,心智障碍青年的就业所具有的积极结果是多个面向的。不仅对心智障碍者自身来说,是获得收入、实现经济价值的有力途径,也是融入社会的有效选择;对家长来说,同样有着多种积极意义。这对于其他倡导服务来说,意味着政策倡导

① 参见北京市残疾人联合会:《2015年支持性就业试点工作总结会召开》,http://www.bdpf.org.cn/zxxx/gzdt/jyzx/c35731/content.html,访2019年12月24日。

② 申仁洪:《发展性障碍者支持性就业:融合发展视角的职业康复模式》,《现代特殊教育》2016年第18期。

③ D. E. Frederick, T. J. VanderWeele, "Supported employment: Meta-analysis and review of randomized controlled trials of individual placement and support", *PloS one*, vol. 14, no. 2, (February 2019), pp.1—26.

的着眼点不应仅局限于社会成本或者福利路径,而是基于权利以及权利导向所带来的积极社会与经济效果。

五、结　论

本文以政策倡导者的角度回顾了广州市支持性就业政策出台的过程,并分析了这一政策得以出现的多重力量,包括宏观层面的制度环境、区位因素、历史积淀;家长组织层面其自身的行动路径以及角色的适时转换;家长组织内关键人物的个人能力与社会资本等。也即体现了多方协作、共同参与社会治理的特点,家长组织也展现了多方面的实践智慧。

本文对以上政策倡导过程和智慧进行了反思,但笔者也深知在我国政策议程具有多种模式,①而且充满各种不确定性。此外,一项政策的变迁,受多重因素的相互与共同影响,如"多源流"理论所指出的那样,政策过程既有政策主体的参与也有各类精英的影响。②本研究虽然只是粗线条地呈现与反思了这一过程,但也体现出了这些主体之间互动的一个动态切面。

除此之外,在最后我们认为广州市支持性就业的案例还有两个议题需要进一步的讨论。第一个涉及对支持性就业的理解,以及在不同心智障碍者就业形式的框架下理解支持性就业。虽然支持性就业是作为一种安置包括智力障碍者在内的重度残障者的就业形式而出现,但对于整个残障者的就业体系来说,这种形式难以成为一种独立的就业安置形式。部分原因在于,在后《残疾人权利公约》时代,所有残障者的就业均需要合理便利,也即更个别化的支持与服务。

也因此,个别化安置与支持服务也广泛应用于其他障碍类别,③更具有工作方法上的含义。在这个意义上,我们更希望集中于就业过程中的各类支持而非作为一种就业形式的支持性就业,更能发挥支持性就业这种服务方式的优越性。这也是支持性就业更注重职业康复/职业教育与就业之间衔接的原因所在,也能理解为何许家成将之形象称为"订单式培养"④。

最后,我们也希望研究者、实践者以及政策制定者之间的良好沟通,让"政策三

① 王绍光:《中国公共政策议程设置的模式》,《开放时代》2008 年第 2 期。

② 姜艳华、李兆友:《多源流理论在我国公共政策研究中的应用述论》,《江苏社会科学》2019 年第 1 期。

③ R. E. Drake, D. R. Becker, G. R. Bond, "Introducing IPS Supported Employment in Japan," *Psychiatry and clinical neuro sciences*, vol.73, no.2(February 2019), pp.47—49.

④ 参见人民网—教育频道:《政协委员许家成:订单式培养可帮助残疾孩子就业》,2013 年 9 月 23 日,http://edu.people.com.cn/n/2013/0923/c367001-23005461.html, 2019 年 12 月 25 日。

角”运转起来。这意味着实践者(社会组织)要意识到研究的重要性,并有能力参与乃至掌握研究议程。而政策制定者以及研究者有责任创造机会让实践者参与其中,以提高研究的有效性。[①]

要开展建设性的残障研究,就要改变研究过程中主体间单方面的依赖关系。也需要研究者(尤其是社会工作研究)既需要识别多元的残障观,也需要加以引导树立符合社会模式的残障观,[②]并且积极投身于正在发生的中国现实实践中去,促成研究与行动的良性互动。对于广州扬爱而言,基于目前的优势和资源,建立心智障碍者及家庭就业状况的追踪数据库,更为系统地分析心智障碍者就业过程中多个层面的影响因素,将对于我国心智障碍者的就业具有更为深远的意义,这也是我们今后努力的方向。

① 鲁尼·哈佛森、比约恩·亨文登:《开展建设性的残障研究——研究机构、政府和民间社会之间的新的交流关系》,张万洪主编:《残障权利研究》(第四卷第二期,2017 冬季号),北京:社会科学文献出版社,2019 年。

② 李学会:《残障观的多元范式与残障研究的转向——兼评〈残障权利研究〉与〈障碍研究〉》,《社会工作》2016 年第 3 期。

疫情下残障主流化与残障相关信息收集的人权保障

——兼论后疫情时代的残障研究*

摘　要：信息是应对重大公共卫生事件中的关键，也是需求评估、政策制定、学术研究的基础。然而，残障者的信息获取以及残障相关的信息收集往往处于一个矛盾状态：在疫情期间信息的获取依赖于网络以及相应设备，对于残障者而言获取所需的信息受到限制，而对于信息收集者而言也容易因此而选择性忽略掉部分残障者。残障主流化是保障残障者"代表性"的可行路径，具体策略包括：在重大信息收集（政策制定以及学术研究）中将残障视为一个关键的变量、增强信息扩散与收集中的无障碍、提高信息的可及性等。后疫情时代的残障研究，应及时跟进疫情对残障群体直接与长远影响，加强对现有"整合数据库"的挖掘与应用，并探索残障专门综合数据库的建设。

关键词：后疫情时代　残障主流化　"代表性政治"　数据治理能力

一、引　言

对残障缺乏严谨和可比的资料都会妨碍我们的理解和行动，并进一步成为治理残障议题的障碍，[①]这也正是残障相关的国际公约或规则强调信息收集和研究的原因。联合国大会 1982 年 12 月 3 日第 37/52 号决议通过的《关于残疾人的世界行动纲领》专辟"研究"一节（第 184—193 条），议题涉及残障的社会文化议题、残障者（及家属）的社会经济状况等多个方面。联合国大会第四十八届会议 1993 年 12 月 20 日第 48/96 号决议通过的《残疾人机会均等标准规则》中规则 13 即是"信息和研究"。而 2006 年联合国大会通过的《残疾人权利公约》同样重视相关数据的收集和研究，敦促成员国实施。

治理处于长期累积弱势状态的残障议题，需要更积极的政府行动。因而，残障

---

*　本文发表于张万洪主编《残障权利研究》第 11 辑疫情特刊。

①　世界卫生组织：《世界残疾报告（概要）》，马耳他，2011 年。

研究担负更具应用性和社会倡导的使命,也必然涉及政府、研究机构和民间社会的互动。①我国涉及残障的统计数据、调查研究也初具规模,但与国外相比,仍然在残障定义、综合研究、数据库建设等方面需要加强。②由于缺乏高质量的数据,使得我们对具体议题的认识很难深化。③

2020 年新冠疫情的到来,使得信息收集以及基于信息的研究、决策更加重要和紧迫。然而,在我国疫情有所缓解的当下,后疫情时代的残障研究既需要在既往的脉络中加以反思,也需要在新背景下思考残障研究面临的挑战。近些年来多学科残障研究成为一种趋势,④在此背景下需要有更多基于严谨设计的经验研究。本文将回顾残障者在现代通信技术(Information Communication Technology,ICT)使用所面临的信息鸿沟,以及在已有的统计调查中残障者所面临的"代表性"悖论,最后以残障主流化理念探索后疫情时代的研究及实现策略。

二、缺角的统计与社会调查:不在场的残障者及新的挑战

(一) 残疾相关的官方统计数据

目前我国残疾相关统计主要由中国残疾人联合会和各政府职能部门组织实施。中国残疾人联合会主导组织实施的调查项目包括 1987 年和 2006 年的全国残疾人抽样调查、2007—2014 年全国残疾人状况及小康进程监测调查、

① 参见鲁尼·哈佛森、比约恩·亨文登:《开展建设性的残障研究——研究机构、政府和民间社会之间的新的交流关系》,张万洪主编:《残障权利研究》(第四卷第二期,2017 冬季号),北京:社会科学文献出版社,2019 年。

② 参见郭超、郭帅、丁若溪等:《改革开放 40 年来中国残疾统计体系的发展与未来建设》,《残疾人研究》2019 年第 2 期;胡龙军、苌凤水、李丹等:《国内外残疾相关数据的内容与标准研究进展》,《中国康复理论与实践》2018 年第 10 期;程昭雯、张蕾、石暘等:《中国残疾统计的进展、问题与挑战》,《残疾人研究》2016 年第 4 期。

③ 例如残障者的教育议题,残障者的受教育程度处于劣势,但就其过程及机制还需要细致分析。教育社会学的研究中,教育期望是理解主观期望到客观结果的重要概念,在笔者此前的研究中,利用 CEPS 数据指出残障学生及其家长都具有相对更低的教育期望,进而有更少的教育投入,结果是教育成就更低。虽然基本结论或许与主流的教育社会学研究差异不大,但对于后续的干预行动、理解残障学生的教育过程却有裨益。(参见李学会:《社会经济地位与残障中学生的家庭教育期望:基于 CEPS 2014 的实证分析》,顾东辉主编:《社会工作评论(第 3 辑)》,上海:上海人民出版社,2019 年,第 111—128 页;李学会、董咚:《残障学生与非残障学生的家长教育期望:基于 CEPS 2014 调查数据比较分析》,《绥化学院学报》2018 年第 10 期)另一个例子是评估一项法律或政策实施前后的效果,这在管理学、社会政策等方面都是常见的研究内容,数据方面则需要多个年份的纵向数据。现有的数据由于统计口径、缺乏统一设计,很难评估对我国残疾人就业政策的影响作出更明确的结论。(参见廖娟:《残疾人就业政策效果评估——来自 CHIP 数据的经验证据》,《人口与经济》,2015 年第 2 期)

④ 参见张万洪、高薇:《多多益善:残障权利的多学科研究》,《人权》2017 年第 3 期。

2015 年全国残疾人基本服务状况和需求专项调查、结合残疾人证办理登记建立的全国残疾人人口基础数据库以及残联系统围绕残疾人各项业务工作开展的事业统计等。此外，各政府职能部门也在相关统计及调查项目中涉及残疾人数据。

1. 中国残联主导的统计调查项目

(1) 全国残疾人抽样调查

我国分别于 1987 年和 2006 年进行过两次全国残疾人抽样调查，尤其是第二次全国残疾人抽样调查部分采用了 ICF 的标准，尽管数据相对久远，但仍然是唯一的全国性残疾数据来源。①鉴于数据在治理领域的基础性作用，近些年来一直有呼声尽快进行第三次全国残疾人抽样调查，也有呼吁将残疾人人口调查纳入人口普查范畴。建立规范、连续的残疾人基础数据收集的确应作为基础工程纳入数据治理的工作。

(2) 2007—2014 年全国残疾人状况及小康进程监测调查

该数据从 2007 年开始执行，是 2006 年第二次全国残疾人抽样调查后针对相关核心指标的年度监测，监测的主要内容包括残疾人的生存、发展和环境状况，涉及残疾人生活、康复、教育、就业、社会保障、社区服务、无障碍环境和法律服务等方面的基本状况及变化情况，该项目执行到 2013 年为止。

表 1　全国残疾人状况及小康进程监测样本概况

年份	县（市、区）	调查小区	有效监测样本	年龄组		性　别		户　籍	
				成人	儿童	男性	女性	城镇	农村
2012	734	1 468	39 825	38 145	1 680	20 832 (52.3)	18 993 (47.7)	9 990 (25.1)	29 835 (74.9)
2013	734	1 464	37 199	35 722	1 477	19 443 (52.3)	17 756 (47.7)	9 191 (24.7)	28 008 (75.3)

有的数据已经直接列表出变化趋势，而有些只列出了年度数据，但只需稍加整理就可以得出某些趋势乃至横向的比较。例如，残疾人的就业率、失业率以及与同时期总的趋势的比较。类似的应用还有残疾人小康指数，以及该指数之下的二级指数（残疾人生存状况指数、残疾人发展状况指数等）。

(3) 2015 年全国残疾人基本服务状况和需求专项调查

该数据可以看做全国残疾人状况及小康进程监测调查的延续，但相应的数据

① 胡龙军、苌凤水、李丹等：《国内外残疾相关数据的内容与标准研究进展》，《中国康复理论与实践》2018 年第 10 期。

表 2 残疾人就业率及失业率 (单位:%)

年份	城镇	农村	城镇登记失业率
2007	32.4	53.1	10.6(4.0)
2008	31.8	52.3	12.4(4.2)
2009	34.3	52.9	13.6(4.3)
2010	34.0	49.2	8.6(4.1)
2011	33.2	50.3	9.9(4.1)
2012	37.2	50.0	9.2(4.1)
2013	37.3	47.3	10.8(4.05)

注:就业年龄段内可以生活自理的残疾人(男:18—59,女:18—54),括号内为同期总的城镇登记失业率。

并不容易获得。部分省级的数据仍然继续公布,①可以作为相应研究的部分数据来源。2017 年中国残联启动全国残疾人家庭收入状况调查,2018 年正式建立《全国残疾人家庭收入状况调查制度》,该数据有助于动态了解我国人家庭开展收支状况和社会保障情况,对我国残疾人扶贫脱贫、走向共同富裕的目标监测具有重大参考价值。②

2. *政府职能部门残疾相关统计*

政府职能部门主导的调查项目有民政部、教育部、国家卫生和计划生育委员会、人力资源和社会保障部、国家乡村振兴局等部门中开展的常规残疾人工作登记和统计项目。

国家卫生服务调查(National Health Services Survey)始于 1993 年,每 5 年开展 1 次,2018 年已进行第六次调查。国家卫生服务调查以家庭健康询问调查为主,调查内容主要包括城乡居民人口与社会经济学特征;城乡居民卫生服务需要;城乡居民卫生服务需求与利用;城乡居民医疗保障;妇女、儿童、老年人重点人群卫生健康服务利用情况等。③

历次国家卫生服务调查中明确涉及残障的是 1998 年的第二次调查,除此之

---

① 例如浙江省数据,2009—2015 年浙江省残联公布的监测数据为"年度浙江省残疾人状况和小康实现程度监测主要数据公报",2016 年开始则更改为"年度浙江省残疾人全面小康实现程度主要数据公报"。参见浙江省残联网站:http://www.zjdpf.org.cn/sjzx/jcgb/index.htm。

② 厉才茂、冯善伟、杨亚亚、徐桂花、赵溪、张钧:《2019 年全国残疾人家庭收入状况调查报告》,《残疾人研究》2020 年第 2 期。

③ 相关信息参见国家统计局网站:http://www.nhc.gov.cn/mohwsbwstjxxzx/s8211/list.shtml。

外，多数直接询问受访者的自评健康状况（第三、四、五次），偶尔也提及“伤残”（第一次）或者将残障视为严重伤害的结果（第四次）。第二次调查中残障（报告使用的“handicap”）是与“长期失能”（long-term disability）一并出现，而且也是作为慢性非传染性疾病的结果讨论。相关定义援引自世界卫生组织，长期失能即“日常生活中主要活动的长期受限”；而残障则被定为“一种严重的长期失能或活动受限，其严重性表现在需要社会支持和他人的帮助才能维持日常生活，如长期卧床，没有他人帮助不能起身、站立或行走”。

然而这些数据也存在一些问题，而导致在数据使用方面存在难题。首先，这些调查中政府部门对残障的定义标准不一，因此在使用中需要转化。例如1998年的第二次国家卫生服务调查，对残障（disability）的定义明显窄化，而中使用的残障（handicap）实际上更贴近我国所常用的失能。其次，这些调查往往是在其他调查中的附带调查，很难与其他数据合并整合使用。

（二）学术统计调查数据

尽管总体上目前国内学术界尚没有专门的残障相关统计数据，但一些具有影响力的综合调查涉及了残障，例如中国教育追踪调查、中国健康与养老追踪调查以及中国家庭追踪调查。总体上此类调查也是综合调查下的残障视角，在数据可及性方面高，但也存在残障定义与主流的残联体系定义差异。残障相关数据的开发和使用都需要跟进。

1. 中国教育追踪调查

中国教育追踪调查（China Education Panel Survey，简写为CEPS）是由中国人民大学中国调查与数据中心设计与实施的、具有全国代表性的大型追踪调查项目。中国教育追踪调查（CEPS）以2013—2014学年为基线，以初中一年级（7年级）和初中三年级（9年级）两个同期群为调查起点，调查的执行以学校为基础，在入选的县级单位随机抽取了112所学校、438个班级进行调查，被抽中班级的学生全体入样，基线调查共调查了约2万名学生。CEPS已于2017年进行追访工作。

CEPS针对学生、家长、班主任、任课教师以及学校领导等不同的调查对象分别设计了调查问卷，其中家长问卷直接调查了学生的残障状态。在2013—2014学年调查学生问卷的个人状况部分，并未直接询问学生的残障状态但询问了学生的自评健康状况（即问卷A17.你现在的整体健康情况如何？1.很不好 2.不太好 3.一般 4.比较好 5.很好）。针对家长问卷除了让家长回答孩子目前的健康状况，还直接询问了孩子的残障状态（即问卷D15.孩子现在是否有下列障碍？[多选] 0.无任何障碍 1.视力障碍[不包括近视] 2.听力障碍 3.肢体残疾 4.语言障碍 5.自闭或其他精神障碍 6.多动症 7.其他[请注明：__________]）。

在CEPS第2轮(追访)调查问卷中,同样仅有家长问卷直接询问学生的残障状态。相较于初访问卷,追访调查中身心健康部分对家长以及学生增加了疾病的统计项目。家长问卷中对残障的划分有所变化,增加了“癫痫”(即问卷D11.孩子现在是否有下列障碍?[多选]0.无任何障碍 1.视力障碍[不包括近视]2.听力障碍 3.肢体残疾 4.语言障碍 5.自闭或其他精神障碍 6.多动症 7.癫痫 8.其他[请注明:____________])。

2. 中国健康与养老追踪调查

残障与健康息息相关,健康相关的调查也多有涉及残障,尤其是老龄化社会的背景之下。中国健康与养老追踪调查(China Health and Retirement Longitudinal Survey, CHARLS)始于2008年,在2008年浙江省、甘肃省试调查的基础上,2011年进行全国基线调查,目前已有5次全国追踪调查的数据。

该数据设计了“健康状况和功能”模块,其中有直接涉及残疾状态的问题,具体选项包括躯体残疾、大脑受损/智力缺陷、失明或半失明、聋或半聋、哑或严重口吃五种类型。此外,该数据也设计了大量的活动能力、慢性疾病等问题,可以综合判定受访者的健康与功能状况。

3. 中国家庭追踪调查

中国家庭追踪调查(China Family Panel Studies, CFPS)①由北京大学中国社会科学调查中心(ISSS)实施,旨在通过跟踪收集个体、家庭、社区三个层次的数据,反映中国社会、经济、人口、教育和健康的变迁。CFPS重点关注中国居民的经济与非经济福利,以及包括经济活动、教育成果、家庭关系与家庭动态、人口迁移、健康等在内的诸多研究主题,是一项全国性、大规模、多学科的社会跟踪调查项目。

CFPS样本覆盖25个省/市/自治区,目标样本规模为16 000户,调查对象包含样本家户中的全部家庭成员。CFPS在2008、2009两年在北京、上海、广东三地分别开展了初访与追访的测试调查,并于2010年正式开展访问。经2010年基线调查界定出来的所有基线家庭成员及其今后的血缘/领养子女将作为CFPS的基因成员,成为永久追踪对象。CFPS调查问卷共有社区问卷、家庭问卷、成人问卷和少儿问卷四种主体问卷类型,并在此基础上不断发展出针对不同性质家庭成员的长问卷、短问卷、代答问卷、电访问卷等多种问卷类型。

CFPS2010年初访问卷以及CFPS2012(第1轮追踪调查)中少儿问卷(0—16岁,依年龄段分为婴儿模块、幼儿模块一、幼儿模块二、少儿模块四版本)的健康部分涉及残障议题。相应的题目在不同模块一致,均为C6“到目前为止,孩子是否

① 访问地址:http://www.isss.pku.edu.cn/cfps/index.htm。

因为伤病留下残疾?”,以及相依问题 C601“残疾类型______________”和 C602“残疾程度______________”。在提示部分,对残疾的类型以及程度有如下说明:

(1) 残疾评定分五类:视力残疾、听力语言残疾、智力残疾、肢体残疾、精神残疾。评定残疾人标准按国务院批准的《中国残疾人实用评定标准》执行。

(2) 对残疾程度的评级经历了标准的变化,有 4 级标准和 9 级标准之分,“残疾程度”的填写中,请注明是 4 级标准还是 9 级标准,如为 4 级标准的 2 级,则填写为 2/4;9 级标准的 2 级,则填写为 2/9。

(三) 疫情新常态背景下的信息收集、政策与研究

新冠疫情的出现带来的深远冲击也影响了残障研究。残障研究在抗疫过程中发挥了及时的作用,残障者信息获取以及面向残障的信息收集成为需求评估、政策制定、学术研究的基础。但相关研究也呈现出矛盾状态,在疫情期间信息的获取得依赖于网络以及相应设备,对于残障者而言获取所需的信息受到限制,而对于信息收集者而言也容易因此而忽略掉部分残障者。

我国信息技术的发展一直在努力弥合不同群体之间的信息鸿沟,也即因使用先进技术能力的差异造成的差距,但残障者的信息鸿沟却依然广泛存在且更容易受到威胁。①因此,在疫情期间对现代通信技术的重视甚至依赖使得残障群体的治理方面更加困难。在疫情期间的数据收集多依赖残障群体已有的社群,除却抽样方法等技术性的问题,如何精准收集信息并评估疫情的影响就缺乏精确的基础。

可见,疫情期间的残障研究除了做一些应急、急需的研究之外,还需要回到残障研究的脉络加强残障领域的基础数据建设。从长远的意义上来说,也是增强残障研究回应现实以及突发危机的要求。

三、残障者所面临的信息鸿沟及其社会影响

残障相关的数据表明数据不足残已是障研究领域的短板,而残障群体缺乏治理的“照射”既有残障者的信息鸿沟原因(途径),也有大数据调研与残障者自身的参与能力有关,还涉及数据收集过程中的合理便利。

(一) 信息时代残障者所面临的信息鸿沟

由于缺乏相关的统计数据,无法做精确地判断我国残障者所面临的信息鸿沟。

① E. J. Kim, Y. Yuan, J. Liebschutz, H. Cabral, L. Kazis, “Understanding the digital gap among us adults with disability: cross-sectional analysis of the health information national trends survey 2013”, *Jmir Rehabilitation & Assistive Technologies*, vol.5, no.1,(March 2018), e3.DOI: 10.2196/rehab.8783.

但借助于中国互联网信息中心的一些总体数据能够得出一些初步的判断。截至2013年12月，我国网民规模达6.18亿，互联网普及率为45.8%。全年共计新增网民5 358万人。新增网民上网设备使用方面，使用手机上网的为73.3%，台式电脑的为28.7%，笔记本电脑为16.9%。同一时期，我国网民中农村人口占比28.6%，中国农村互联网普及率为27.5%，城镇互联网普及率为62.0%。①

表3 残疾人家庭现代通信技术拥有率②

年份	固定电话		手机或小灵通		电　脑		其中：电脑上网比例		其中：残疾人使用电脑的比例	
	城镇	农村	城镇	农村	城镇	农村	城镇	农村	城镇	农村
2010	51.3	37.7	49.2	50.0	14.5	2.9	84.5	80.4	22.5	18.0
2011	48.7	31.1	59.3	62.2	17.9	4.8	89.6	84.9	28.2	18.9
2012	56.3	27.8	74.4	61.6	25.2	5.9	90.8	85.6	30.2	20.0
2013	53.2	24.8	78.5	65.5	28.2	6.9	91.1	85.2	32.7	20.1

数据来源：参见中国残疾人联合会：《2013年度残疾人状况及小康进程监测报告》，http://www.cdpf.org.cn/sjzx/jcbg/201408/t20140812_411000.shtml，2020年10月31日。

（二）当社会调查遭遇"不标准"的调查对象

疫情期间的各类信息收集加剧了通过电子网络方式的依赖性，而除了上述"信息鸿沟"的存在使得残障者难以接触到或者被动忽略之外，残障者自身的某些特征也对研究方法以及对应的信息收集构成限制，例如不同障别的信息处理差异、受教育程度与阅读能力等。而这种信息调查的"代表性政治"也对残障者的社会再现构成了权益上的挑战。

例如问卷调查/数据收集往往对教育程度（阅读能力）有一定要求，而残障者的总体状况无疑使这一工作更加难。2006年第二次全国残疾人抽样调查数据表明，残障者总体的受教育程度偏低而且也大大落后于非残障者。6岁及以上残障者不识字和未上学的比例分别为45.06%和1.11%，而非残障者这一比例仅为10.95%

① 数据来源于：中国互联网信息中心第33次《中国互联网络发展状况统计报告（2014年1月）》，http://www.cnnic.net.cn/hlwfzyj/hlwxzbg/index_1.htm，2020年10月31日。

② 2007年中国残联、国家统计局、民政部、原卫生部、第二次全国残疾人抽样调查办公室联合下发《关于开展全国残疾人状况监测工作的通知》（残联发〔2007〕13号），建立全国残疾人状况监测系统，开展年度监测工作。2011年，中国残联等部门制定文件，残疾人状况监测工作继续进行。该年度监测开展到2013年结束，发布了2007—2013年共7个年度监测报告。此后相关统计工作由"全国残疾人基本服务状况和需求专项调查"取代，残疾人状况及小康进程监测相关数据仍然是了解残疾人状况变化趋势比较高质量的、便于获取的公开数据。

和0.40%。只有少部分的残障者具有高中及以上的学历,分性别看残障女性的受教育程度更处于劣势。《"十三五"残疾青壮年文盲扫盲行动方案》指出,2015年全国残疾人基本服务状况和需求专项调查显示,15岁及以上残疾人文盲率有所下降,但仍然数量庞大。为此,中国残联、教育部、农业部、共青团中央、全国妇联联合制定《"十三五"残疾青壮年文盲扫盲行动方案》,推动识字扫盲工作。①

表4 2006年6岁及以上残障与非残障者的受教育情况

	残障			非残障		
	男	女	合计	男	女	合计
不识字	29.37	61.64	45.06	5.23	16.75	10.95
未上学	1.24	0.97	1.11	0.34	0.46	0.40
小学	40.08	24.28	32.40	33.91	34.37	34.14
初中	20.76	9.53	15.30	40.00	32.53	36.29
高中	5.27	2.19	3.77	11.78	8.70	10.25
中专	1.58	0.81	1.21	3.20	3.02	3.11
大学专科	1.08	0.37	0.73	3.43	2.72	3.07
大学本科	0.61	0.21	0.41	1.94	1.36	1.65
研究生	0.01	0.01	0.01	0.17	0.10	0.13
合计	100.00	100.00	100.00	100.00	100.00	100.00

数据来源:程凯、郑晓瑛等:《第二次全国残疾人抽样调查数据分析报告》,北京:华夏出版社,2008年,第131—135页。

结合其他数据,可以认为残障者是我国文盲的主要构成群体。据《2013年度中国残疾人状况及小康进程监测报告》,2013年全国6—14岁残障儿童接受义务教育的比例为72.7%,而同时期我国九年义务教育巩固率达到94.8%,高中阶段毛入学率为89.5%②。近些年来,我国采取多种措施提高残障者入学率,但教育歧视现象依然多见。③这种总体的残障者受教育状况,无疑给面向残障群体的调查研究带来困难和挑战。

残障群体内部,除了上述性别外,残障类别、残障程度、户口性质(农业、非农

① 参见《关于印发〈"十三五"残疾青壮年文盲扫盲行动方案〉的通知》(残联发〔2016〕63号)。

② 参见2020年2月28日国家统计局发布的《中华人民共和国2019年国民经济和社会发展统计公报》。

③ 李学会:《心智障碍儿童的教育歧视:表现及治理》,载刘小楠、王理万主编《反歧视评论》,第5辑,北京:法律出版社,2018年,第167—182页。

业）、地域（东中西部）等都存有差异。[①]在调查研究中，填答问卷需要受访者识字并具备阅读理解能力。在一些调查中，往往采用代答、读题等方法收集信息，甚至放弃某一类残障群体。其结果是增加了调查研究的成本或者样本选择的偏差。不论哪种方式，填答主体的参与过程都指向“代表性”政治。

（三）数据收集过程中的“合理便利”

与以上疫情之前广泛存在的信息障碍之外，收集信息借助的工具也对残障者构成障碍。网络调查载体以及信息的无障碍不足，往往限制残障者的参与。例如信息收集工具能否读屏，直接与盲人能否参与相关。而国内目前常用的网络调查工具在无障碍以及后续的信息处理方面都有不足。

表 5　国内主要数据收集平台的无障碍以及数据处理便利程度

数据平台	数据设计	无障碍（读屏）	收集过程	数据输出
WJ	高	差	优	优
MK	中	优	中	差
LX	低	优	差	差
JSJ	中	中	优	中

数据收集平台的不足不过是社会无障碍环境在科技应用方面的投射，而且这些障碍并不单单增加了研究的成本，而且限制了残障者（自主）参与调研、表达个人意见的权利，也即这些数据平台并没有为残障者获取和反馈信息提供“合理便利”。

无论是残障群体自身还是涉及残障的调查研究，如果没有很好的无障碍，残障者不但缺乏参与的机会而且也限制残障者对调研过程的自主控制。如果调查者缺乏残障视角，那么从源头上就将残障者——至少是部分排除在外。相应的结论也就自觉不自觉地忽略了残障群体。

四、残障主流化：以社会性别主流化为借镜

（一）性别主流化

在 1995 年在北京召开的第四次妇女问题世界会议上“社会性别主流化（gender mainstreaming）”被联合国确定为促进社会性别平等的全球战略，要求各国将社会性别平等作为一项重要的政策指引，将社会性别观点纳入社会发展各领

① 程凯、郑晓瑛等：《第二次全国残疾人抽样调查数据分析报告》，北京：华夏出版社，2008 年。

域的主流。①1997 年 6 月，联合国经济及社会理事会给社会性别主流化的定义是指“在各个领域和各个层面上评估所有有计划的行动（包括立法、政策、方案）对男女双方的不同含义。作为一种策略方法，它使男女双方的关注和经验成为设计、实施、监督和评判政治、经济和社会领域所有政策方案的有机组成部分，从而使男女双方受益均等，不再有不平等发生。纳入主流的最终目标是实现男女平等”。②

1995 年在北京召开的第四次妇女问题世界会议上通过《行动纲要》，其中关切的十二个重大领域中都有涉及性别敏感或分性别的数据统计，且将之作为战略目标和行动策略的一部分。例如“妇女与贫穷”领域，战略目标 4 即为“制订以性别为基础的方法，并进行研究以解决妇女处于贫穷境况的问题”，相应的行动则包括：

67. 各国政府、政府间组织、学术和研究机构和私营部门：

(a) 构思概念和实践方法，把性别观点纳入包括结构性调整规划和方案在内的经济政策制定的各个方面；

(b) 将这些方法应用到对所有政策和方案包括结构性调整方案所进行的性别影响分析中，并散播研究成果。

68. 国家和国际统计组织：

(a) 收集关于贫穷和经济活动各方面按性别和年龄分列的数据，并编写质量和数量统计指标，以便利从性别观点评价经济绩效；

(b) 制定适当的统计方法，以承认并展现妇女工作的全面范围及其对国民经济的所有贡献，包括她们在无酬家务部门方面的贡献，并审查妇女的无酬工作与她们贫穷的发生率和易陷于贫穷之间的关系。

而此后联合国大会第二十三届特别会议“2000 年妇女：二十一世纪两性平等、发展与和平”通过的《北京＋5》中，也指出缺乏数据以及在此基础上的决策是落实《北京宣言》和《行动纲要》的障碍之一。因此，其中在执行《北京宣言》和《行动纲要》的进一步行动和倡议中，支出国家层面应当“向各国统计部门提供体制和财政支助，以便它们收集、汇编和传播酌情按性别、年龄和其他因素分列的数据，便于公众和政策制定者用以进行基于性别的分析、监测和影响评价等工作，并支持在有关领域，特别是信息极其缺乏的领域，开展编制和制定统计资料和指标的工作”。

社会性别主流化要求社会性别分析作为一种信息收集的方法和策略，以促使

① 刘春燕、杨罗观翠：《社会性别主流化：香港推动社会性别平等的经验及启示》，《妇女研究论丛》2007 年第 1 期。

② 参见 https://www.un.org/chinese/esa/women/mainstreaming.htm。

在决策过程中将社会性别作为一个关键的指标。收集及分析性别统计数据就是这一行动的任务之一。例如香港推动性别平等的实践中,妇女事务委员会就承担了这一职责。①香港特区政府统计自 2001 年起出版年刊《香港的女性及男性主要统计数字》,反映香港女性和男性在主要经济和社会范畴中的情况;而妇女事务委员会每两年出版《香港女性统计数字》,辑录有关香港女性和男性的主要统计数字,并展示香港妇女现况和发展趋势。②

(二) 残障主流化

与社会性别主流化的目标相类似,残障主流化也是促进平等的一种战略。2006 年联合国大会通过《残疾人权利公约》之后,联合国社会发展委员会编写的《新出现的问题:"将残疾问题纳入发展议程的主流"》(E/CN.5/2008/6)指出,将性别观点纳入主流的经验可以深入了解如何界定将残疾问题纳入主流。因此,残障主流化(disability mainstreaming)有着与性别主流化相近的定义:"将残障者的关切、需要和经验纳入所有政治、经济和社会领域政策和方案的设计、预算分配、执行、监测和评价以及报告的组成部分,使残障者平等受益,并减少不平等的延续性"。③残障主流化在诸多国家成为促进残障者平等享有社会发展成果的战略。

残障主流化基于残障模式的范式转换,也即从个人模式到社会模式乃至权利模式时代,《残疾人权利公约》使这一理念和相应实践成为国际共同的参照。④残障主流化策略需要制定详尽的行动计划,也即设定可测量的行动目标以及明确的责任主体。

(三) 将残障纳入调查研究:后疫情时代残障主流化两种路径及比较

残障者参与信息的收集是残障者参与社会的途径之一,将残障纳入统计信息的关键变量之一,有两种主流化的策略。一是整合策略,即将残障纳入已有的数据库,使之成为一个分类变量,并设计相关的信息模块;二是分置策略,建立针对残障者的专门数据库。二者虽然都是主流化的尝试,但有着不同的功能和实现路径。

1. "Nothing about us without us"的代表性政治与调查研究

《残疾人权利公约》在不同条款均有涉及调查统计与研究,包括《公约》第三十一条、三十二条、三十三条。其中《公约》第三十一条"统计和数据收集"专门讨论了

---

① 刘春燕、杨罗观翠:《社会性别主流化:香港推动社会性别平等的经验及启示》,《妇女研究论丛》2007 年第 1 期。

② 参见 https://www.lwb.gov.hk/Gender_Mainstreaming/sc/cna_sexdate/。

③ 参见 http://www.jkuat.ac.ke/centre/gmc/disability-mainstreaming/。

④ Nordic Consulting Group, *Mainstreaming disability in the new development paradigm: Evaluation of Norwegian support to promote the rights of persons with disabilities*. See https://www.oecd.org/derec/49825748.pdf.

缔约国在收集残障统计信息的责任：

> 一、缔约国承诺收集适当的信息，包括统计和研究数据，以便制定和实施政策，落实本公约。收集和维持这些信息的工作应当：
>
> (一) 遵行法定保障措施，包括保护数据的立法，实行保密和尊重残疾人的隐私；
>
> (二) 遵行保护人权和基本自由的国际公认规范以及收集和使用统计数据的道德原则。
>
> 二、依照本条规定收集的信息应当酌情分组，用于协助评估本公约规定的缔约国义务的履行情况，查明和清除残疾人在行使其权利时遇到的障碍。
>
> 三、缔约国应当负责传播这些统计数据，确保残疾人和其他人可以使用这些统计数据。

统计数据是做决策、提供服务的评估等工作的基础。而数据所表明的问题普遍性、紧迫性、可行性是议题能否进入议程的关键，在此过程中，“代表性”就更加重要。“Nothing about us without us”的口号也鲜明地提出了“代表性政治”的诉求，这也意味着，不仅仅是在公共决策过程中要考虑残障者的声音，而且需要在议题生成(数据收集)阶段就需要有残障者的广泛与深度参与。

残障视角的缺失并不仅仅是统计抽样技术方面的“选择性偏差”，而在于视角的缺失掩盖了呈现残障者与非残障者在社会关键领域上不平等的可能性。因而，在后疫情时代，应尽快弥补残障议题数据的不足，促进残障者的数字参与。

2. 将残障视角纳入主流数据库

重视残障视角从统计的角度上来说，也即将之视为一个关键的变量。借鉴性别敏感性，那么数据信息的收集也应该具备残障敏感性。残障视角也应该如其他领域例如性别主流化、种族主流化的做法，在统计、调查、研究中予以独立呈现。联合国社会发展委员会编写的《新出现的问题：“将残疾问题纳入发展议程的主流”》(E/CN.5/2008/6)关键领域涉及信息收集以及决策：

> (a) 政策分析和拟订。决策对残疾人的影响相对于对其非残疾人同伴的影响可能有所不同。顾及残疾人的观点导致对政策选择和影响具有更多知情观点，并使决策者更明确了解如何拟订各种政策，以缩小残疾人与其非残疾同伴之间的差距。目的在于确保在评估政策问题、备选方法和影响时无例外地纳入残疾问题；
>
> (b) 技术援助。应评估各项方案以确保将残疾人包括在内，并确保组织各种活动的形式不会妨碍残疾人在与其他人平等的基础上参与活动并获益。

同等重要的是,必须确保残疾人在所有组织阶层的技术援助提供者之中占足够的比例;

(c) 数据收集、分析。许多国家都缺乏关于残疾人的可靠数据。必须开展能力建设,使研究人员掌握设计研究工作的技巧,充分收集关于所有各类残疾人的数据。必须确保以无障碍方式和方法提供数据收集方法。

3. 建立残障相关的独立数据库/专门调查数据

1993 年联合国大会通过的《残疾人机会均等标准规则》,为残疾人及其组织提供了决策和行动的手段,时至今日仍然对我们的残障研究及数据库建设具有启发价值。《规则》涉及多个层面的数据收集、调查组织实施规则:

各国承担收集和散播有关残疾人生活状况信息的最终责任并促进对各个方面包括对影响残疾人生活的障碍的综合研究。

1. 各国应定期收集按性别分类的有关残疾人生活状况的统计数字和其他资料。这类数据的收集可与国家人口普查和户口调查同时进行,可在大学、研究所和残疾人组织的密切合作下进行。数据收集应包括关于方案和服务及其使用情况的问题。

2. 各国应考虑建立关于残疾人的数据库,其中包括关于有服务和方案及不同类别残疾人的统计数字。应牢记需要保护个人隐私和人格尊严。

3. 各国应发起支持和影响残疾人及其家庭的生活的社会、经济和参与问题而开展的研究方案。此种研究应包括关于致残原因、残疾种类和发生率、现有方案的利用及其有效性、发展及评估服务和支助措施的必要性等。

4. 各国应在残疾人组织的合作下,制定和采用供进行全国性调查的术语和标准。

5. 各国应促进残疾人参加数据收集和研究。为进行此种研究,各国应特别鼓励聘用合格的残疾人。

6. 各国应支持交流研究成果和经验。

7. 各国应采取措施,向国家、区域和当地范围内各级政治和行政机构散播关于残疾的信息和知识。

在相关的国际公约或宣言中,可以说建立独立的数据库是一个主流的建议。一些国家也建立了相关调查数据库,例如爱尔兰残疾人态度系列调查。在当前无论是政府的统计调查还是学术研究的数据库,我国均没有综合性的残障研究数据集。而依据《公约》以及我国《残疾人保障法》,政府有责任建立综合性的调查统计数据制度。

此外,鉴于目前学术研究数据只是部分涉及残障,那么残障研究者有责任探讨综合性的数据的可能性。众所周知,纵贯调查数据的价值最高,除了可以实现政府常规统计的趋势性研究外,还可以解释残障者生活与制度的复杂机制。这对于我国的残障研究以及国际比较都具有长远的意义。

五、后疫情时代的残障研究

疫情也给我国残障研究带来迫切的任务和发展的契机,残障相关信息的收集与残障者参与信息生产是一个相互影响的权益问题。前者涉及残障者能否被纳入主流的信息收集(政策、研究等于数字相关的工作),后者涉及残障者自主参与信息生产和使用的权利。而在疫情期间以及疫情之前,残障视角往往受到不同程度的忽视。

至少在以下方面,我们可以借助疫情时代信息技术的重要性推进残障研究。

1. 呼吁在更多的调查/信息收集中加入残障视角,推动残障主流化。这也是在社会关键领域推动残障主流化的基础,并贯穿于各个社会领域。对于残障研究而言,利用调查研究推动残障主流化也不失为一个契机。例如当下正在进行的新冠国际调查(International Survey on Coronavirus)①并没有残障相关问题,其他研究中也少有残障视角。这固然与研究者的设计相关,而对于残障研究者而言,呼吁重视残障视角也是可以采取的行动。而对于其他研究者而言,在必要的情况下应将残障视为一个与性别相比拟的关键变量。

2. 开展疫情影响的残障相关长远研究计划。设计严谨的研究计划,收集疫情期间以及后疫情时代的数据,评估疫情所带来的直接、间接以及长远影响是残障研究者社会责任。加强国际间的合作也是一个可行的尝试。国际上已有部分类似的研究,②我国的残障研究者也应该有相应的行动。目前大量残障相关数据的收集,往往依赖网络作为问卷收集的工具、依靠社群基础扩散与收集问卷、议题设置上基于社群或社会组织发展的需要。从社会调查的角度看,这些研究在方法上表现为非概率抽样、研究设计缺乏理论基础而突出实用导向、时间维度上以截面数据居多而历时数据较少。基于规范设计的数据库建设,为社会政策的制定、评估疫情的影响等都具有极高的价值。

3. 呼吁数据收集平台以及更广泛的信息技术的无障碍,为残障者的数字参与

---

① https://covid19-survey.org/.

② 例如多个部门合作的 Global COVID-19 Childhood Disability Data Coordination: a collaborative initiative of the International Alliance of Academies of Childhood Disability 研究项目。

提供便利。《残疾人权利公约》中的"交流"包括语言、字幕、盲文、触觉交流、大字本、无障碍多媒体以及书面语言、听力语言、浅白语言、朗读员和辅助或替代性交流方式、手段和模式,包括无障碍信息和通信技术;"语言"包括口语和手语及其他形式的非语音语言。然而,以往的经验表明,残障者在信息可及性方面还面临障碍,这使得残障者在关键议题上的社会再现变得困难。

总之,疫情对我国的残障研究提出更高的要求,应急性的研究之外还要回到学科的基础研究。增强残障研究数据的科学性和推动所有研究统计的残障视角,可以以残障研究数据库的建设为切入点。这要求既增强残障者参与信息收集的意识与能力,也需要创造残障者便利参与的条件。

残障自组织及互助组织的关键作用

残障是人类的一种生存状态，几乎每个人在生命的某一阶段都有暂时或永久的损伤，而步入老龄的人将经历不断增加的功能障碍。[①]也因此，残障群体是突发公共卫生事件、自然灾害以及人道主义危机冲突中易受伤害的人群。[②]残障组织(DPO)以及助残组织都在此次新冠肺炎的疫情期间发挥了巨大作用，这些作用并不限于需求信息收集与反馈、防疫信息的扩散与更新、心理状态的评估与干预、社群建设与复原等。

突发公共卫生事件终将谢幕，社会组织所发挥的作用无论在疫情前的预防、疫情中的防控以及疫情后的恢复都是关键而持久的。因此，准确定位残障相关社会组织的角色、合理盘点社会组织的公共卫生事件的应对经验、给相关者提供相应的建议，是肯定社会组织的功能、牢记新冠肺炎历史的最好方式。

一、社会组织与残障者

社会组织是社会共同体的体现，在现代社会社会组织也是社会资本的指标之一。[③]德国社会学家滕尼斯对共同体中情感纽带的强调，突出的是首属群体或非正式社会组织的积极功能。时至今日，社会组织的类型以及功能也愈加丰富。在本文中，残障相关的社会组织包括残障者自组织(无论是否具有官方背景)、助残社会组织以及具有临时色彩的残障互助组织。

我国已经建立从全国到地方到基层的残疾人组织。中国残疾人联合会是国家法律确认、国务院批准的由残疾人及其亲友和残疾人工作者组成的人民团体，是全国各类残疾人的统一组织；具有代表、服务、管理三种职能：代表残疾人共同利益，

---

① 世界卫生组织，世界银行：《世界残疾报告》，马耳他，2011，访问链接：https://www.who.int/disabilities/world_report/2011/report/zh/。

② Domańska, M., People with Disabilities as a Vulnerable Group. Concept of Protection of the Rights of Vulnerable Group. Białostockie Studia Prawnicze. 2018, 23: 25—34.

③ 〔美〕罗伯特·帕特南：《独自打保龄——美国社会资本的衰落与复兴》，刘波等译，北京大学出版社，2011。

维护残疾人合法权益;团结帮助残疾人,为残疾人服务;履行法律赋予的职责,承担政府委托的任务,管理和发展残疾人事业。尤其基层的残联组织是突发公共卫生事件中的一线组织,发挥桥梁纽带以及提供具体服务的功能。截止到 2019 年,绝大多数省市均建立了各类残疾人专门协会,社区(村)残协已建率稳定在 95%左右,同时在基层也储备了规模庞大的残疾人专职委员。

表 1 我国残疾人组织发展概况

年份	残疾人专职委员(万名)	省级以下各类残疾人专门协会(万个)	社区(村)残协(万个)	社区(村)残协已建率(%)	助残社会组织(个)
2014	4.4	1.57	59.0	93.8	2 972
2015	61.4	1.6	58.6	93.7	2 826
2016	61.3	1.5	58.4	94.6	2 393
2017	59.0	1.5	58.6	95.4	2 520
2018	58.7	1.6	54.9	94.4	2 562
2019	58.1	1.5	54.0	94.4	2 693

数据来源:2014—2019 年中国残疾人事业发展统计公报。

除自上而下的残联各级组织外,近些年来我国也出现了为数众多的民间残障组织,例如成立于 2006 年的一加一残障人公益集团。而在其他罕见病领域,残障组织也同样发挥巨大作用,例如 2008 年成立的北京瓷娃娃罕见病关爱中心。此类残障组织既包含多障别的也包含面向单一障别的,在提供服务方面与残障社群具有紧密的联系。

助残社会组织也是我国推进社会治理转型的主体之一。2014 年底,中国残疾人联合会、民政部联合出台了《关于支持助残社会组织发展的指导意见》(残联发〔2014〕66 号),这是中国残联、民政部首次就培育引导助残社会组织发展出台的指导性政策。该意见所称助残社会组织,是指"在民政部门依法登记,以为残疾人提供服务、增进残疾人福利、促进残疾人平等参与社会生活和共享社会发展成果为宗旨,以开展残疾人所需的各项服务为主要业务的社会团体、民办非企业单位和基金会"。目前全国助残组织超过 2 600 个。除了助残社会组织,其他提供残障服务的社会组织也是应对公共突发事件的重要力量。①

① 例如社会工作组织机构发挥其专业优势,积极介入各类人群需求。行业组织也积极提供指导与协助,中国社会工作联合会发布了《致全国社会工作者的倡议书》《新型冠状病毒感染的肺炎防控社工支持手册》,上线了"立足社区,抗击疫情——社工系列课",参与发起了"应对新冠肺炎心理健康援助行动"。中国社会工作教育协会发布了《关于社会工作参与新型冠状病毒感染肺炎防控工作实务指引(第一版)》,包括工作总则四项、服务伦理四项、一二三级服务指引等。

此外，残障自助组织（self-help groups）在突发公共事件中也表现出其韧性。借助于现代信息技术，虚拟社区在突发事件之后能够迅速地建立。在突发事件的不同阶段，自助组织既能填补公共服务回应的空档期，也利于信息传播以及情感互助。除残障自助组织外，受残障影响的群体同样富有活力。例如心智障碍者家长组织，目前全国也有百余家，而且业已形成具有全国影响力的组织。此次疫情期间，家长组织也以不同形式参与"抗疫"。

与残障相关的社会组织，在突发公共卫生和事件中所代表的是残障社群的社区能力（Community capacities），也即应对突发事件以及应对过程对残障者的影响。①近几年世界卫生组织发布一系列残障相关的突发风险管理（emergency risk management）意见，②均有涉及残障组织以及自助组织。此次疫情也表明，公共卫生突发事件的应对除了有力的政府协调，因疫情的传染性、破坏性等特点，社会组织更加有效克服原子化、个体化的不足。

二、新冠肺炎疫情期间的残障相关社会组织

（一）各级残联

中国残联办公厅 2020 年 2 月 6 日发布《关于进一步做好残疾人托养、就业等机构新型冠状病毒感染的肺炎疫情防控工作的通知》，对残疾人托养服务机构、盲人按摩机构、就业培训机构、辅助性就业机构、集中就业单位、扶贫基地及特殊教育机构的疫情防控工作做出部署。中国残联办公厅 2020 年 2 月 11 日《关于做好隔离的残疾人和亲属隔离的残疾人照护服务工作的通知》，要求各级残联要统筹资源和力量、协调有关部门和组织竭力为隔离的残疾人和亲属隔离的残疾人提供帮助。

在疫情期间，各地陆续出现残疾人被隔离或残疾人的亲属被隔离或确诊等情况。中国残疾人联合会、民政部于 2020 年 5 月 15 日又联合发布《关于加强和改进村（社区）残疾人协会工作的意见》，要求残联积极发挥各专门协会的作用，加强各专门协会与村（社区）残协的联系互动，发挥贴近本类别残疾人的优势，深入了解本类别残疾人的需求和愿望，提供有针对性的服务。

在疫情好转之后，中国残联办公厅 2020 年 4 月 22 日发布《关于集中开展疫情

---

① WHO, Disability and Emergency Risk Management for Health, 2013. See https://apps.who.int/iris/bitstream/handle/10665/90369/9789241506243_eng.pdf; jsessionid = 2C650F67C69CBBFF6E9EBB445BDECD86?sequence=1.

② Health Emergency and Disaster Risk Management Framework. Geneva: World Health Organization; 2019. Licence: CC BY-NC-SA 3.0 IGO.

影响下特殊困难残疾人家庭走访探视专项行动的通知》,对包括因曾隔离、曾感染而出现困难的残疾人,亲属病亡的残疾人,建档立卡未脱贫残疾人、有致贫返贫风险的残疾人和贫困"边缘户",就业、就医、就学等有特殊困难的残疾人,病残、孤残等在内的困难家庭开展探望慰问,及时受理和回应困难残疾人求助与需求。

中国残联要求相关残疾儿童康复机构暂停提供线下康复服务,5 月底 6 月初才恢复开放。中国残联康复部将陆续推出在线残疾儿童家庭康复训练视频,为残疾儿童康复机构远程指导家庭康复和残疾儿童家长居家开展康复训练提供专业支持,视频包括视力、听力、肢体、智力残疾儿童和孤独症儿童康复训练内容。而各地的康复机构、家长组织等在疫情期间积极开展线上服务,一方面可以延续既有服务减轻疫情对残障群体的冲击,另一方面也有助于社会组织的可持续。

良好实践

从 2020 年 2 月 14 日开始,中国残疾人联合会开设了"抗击疫情　残疾儿童康复专家在线咨询"专栏,邀请视力、听力、肢体、智力残疾儿童和孤独症儿童康复领域具有丰富实践经验的专家在线为广大残疾儿童居家开展康复训练提供专业解答。截止到 2020 年 6 月初,组织 17 批次专家在线解答,已有千余条留言互动。家长的留言能够及时获得解答,对家长来说是一种有效的专业和社会支持。

留言时间	2020-05-31
留言人	张国强
标题	父母不在后,孩子该如何生活
留言内容	各位专家大家好,我叫张国强,山西朔州应县人,在太原工作,孩子不能正常上学,母亲一直带孩子,也无法正常工作,双方父母都帮不上生活困难。来太原是想让孩子进去太原市灵星特教,学校学一些生活自理能力,孩子 6 岁了,作为父母的我们再苦再累也不怕,但对孩子我们不知该如何是好!孩子跳动原地转圈圈厉害,常常看自己的手,自控能力差。
回复	贾美香专家:这位家长你好:你孩子的诊断是孤独症吗?孩子几岁被诊断的?你们给孩子做了哪些具体的干预?是在哪家机构干预的?目前的情况是怎样?最近是否给孩子进行过系统的评估?结果是什么?以上这些都不清楚,难以给出满意的答复。孩子原地转圈,看手这是他的刻板行为,他一旦有事请做,这些症状就会减少,有关自控能力差,是要在干预训练中慢慢规范他的行为,如果孩子智力发育得比较慢,就不要总去叫他学业上的数学语文,最好多教实用性的生活技能和简单的劳动技能,这是每天都要进行的内容,首先他要学会照顾好自己的吃喝拉撒,洗漱穿衣睡觉,做到基本生活自理,在此基础上再去教会他简单的劳动技能,例如,洗碗,扫地,搬运物品,等等,也许以后流水线上的一个点的任务他是可以完成的,也为他将来的生存做好准备。首先家长要为孩子从现在开始做好准备,天天教,教会日常生

回复	活中最最实用的，也是每天所需要的，再差的孩子也能学会，家长也需要学习相关的专业知识，可以看相管的专业书籍，可以向机构学校有经验的老师请教，只要你能坚持不懈的努力，孩子才能不断进步。
回复时间	2020-06-02

如果能有反馈机制，互动追问，效果或许会更佳。

（二）助残社会组织

残障组织在疫情期间同样行动迅速。基层残联组织是联系残疾人与村民委员会（社区居民委员会）和乡镇（街道）残联的桥梁和纽带，且与残障者的生活网络具有同构性。而专业性的行业组织也为社会组织的抗疫提供知识、组织上的支持，中国社会工作教育协会及时组织专家编写了《抗疫期残障人士及其家庭社会工作服务指引》，为社会工作专业服务残障群体提供价值、伦理和方法指引。

更具有民间社会色彩的残障组织借助于长期的社群运营在公共卫生事件中发挥了其独特角色，信息提供、心理支持、应急需求等功能得以凸显。例如在心智障碍领域，尤其是在17岁脑瘫少年离世之后，家长组织均予以高度关注。以深圳市守望心智障碍者家庭关爱协会为代表的家长组织，除服务本地的家长以及心智障碍者之外，还尝试连接其他服务这一群体的相关组织，协同满足需求。

良好实践案例

疫情早期，深圳市守望心智障碍者家庭关爱协会针对心智障碍家庭可能因病隔离的情况，深圳守望协会总结经验后，在1月30日给亲属提供了如下建议：为心智障碍者建立个人档案，提供给临时照顾者；在家中储备应急物品；为心智障碍者建立支持网络；培养心智障碍者独立生活的能力；获取外部支持；寻求特定帮助。并同时建议公众：了解心智障碍者及其照顾者的现状；为心智障碍者及家庭提供合理便利。

在2020年2月12日，守望协会又发起《搭建心智障碍者家庭应急支持网络倡议书》：

心智障碍群体也是受新冠肺炎疫情影响的人群之一，疫情期间，湖北黄冈市脑瘫儿鄢成死亡事件也引发政府及社会更多关注残疾人疫情下的困境。我们大家相信这并非个例。而守望在期间也密切关注深圳的心智障碍者及其家庭需求。目前全市各种康复机构、学校、幼儿园等均未复工，长期停留家庭的隔离要求也对心智障碍者造成情绪躁动，增加家长照顾压力。期间守望收到不少家长求助信息,有成年的自闭症人士成天要求往外跑没有做好防护措施、有假期固定服用的药品没了、有家长24小时照顾孩子无法及时疏导出现心理问题等等,家长都会联系到守望的工作人员,但由于家庭成员覆盖面广,疫情期间出行不便也造成社工不能及时就近了解家庭情况。

同时,我们知道深圳各级政府部门、社会服务组织在疫情期间已经推出相关回应居民的措施,尤其是针对残疾人及其家庭。因此,守望协会希望与各街道社区残疾人专干、各服务机构、党群服务中心等正在或有可能支援到在深残疾人的相关工作者一起建立心智障碍者家庭应急支持合作网络。为期间有特殊需求的心智障碍者及其家庭提供咨询、特殊个案家访、应急物资援助等方面合作支持。

具体行动如下:1.各组织的负责人或工作人员在以下链接登记你的联系信息,也可扫码填写信息;2.守望稍后收集整理后形成“心智障碍者家庭应急支持服务网”信息,并与参与该合作行动的组织共享;3.当疫情期间我们接到心智障碍者或其家属紧急求助时,可根据他的需求及实际面临的问题,在服务网内及时转介及通报信息,共同寻找援助措施。期待各街道、社区正在支持和关注心智障碍者及其家庭的工作者加入我们的倡议行动,帮忙心智障碍群体更好地面对逆境。也欢迎大家遇到心智障碍者及家庭相关问题需要共同支援时,联系守望协会。

(三) 自发互助小组

无论是残障者自组织还是助残社会组织,基本的逻辑是组织化服务残障者。然而,这些组织并不能覆盖到所有的残障者。一个基本的事实是,我国有大量的尚未持残疾人证但有服务需求的残障者。①这一群体往往在信息鸿沟、服务可及性的背景下,难以在突发事件中被社会看见。因此,更基础的互助组织就是最后的涵盖面更广的保障。

在此次疫情期间,自发的互助小组发挥的作用不可淹没,他们在获取更及时的信息、触及更隐蔽的人群等方面功能显著。在疫情早期,处于疫情暴风眼的武汉以

① 据2010—2019年中国残疾人事业发展统计公报,全国残疾人人口基础数据库入库持证残疾人分别为1 800万(2010年)、2 231万(2011年)、2 600万(2012年)、4 020余万(2013年,含持证和非持证残疾人)、2 947万(2014年)、3 145.7万(2015年)、3 219.4万(2016年)、3 404.0万(2017年)、3 566.2万(2018)、3 681.7万(2019年)。而根据第六次全国人口普查我国总人口数,及2006年第二次全国残疾人抽样调查我国残疾人占全国总人口的比例和各类残疾人占残疾人总人数的比例,推算2010年末我国残疾人总人数8 502万人。即便以2019年入库持证残疾人与2010年我国残疾人总人数相比,同时考虑到入库持证残疾人工作的进展程度以及抽样调查工作的性质(确认符合我国残疾标准的人数及比例),仍然有大量的残障者符合标准但未领取残疾人证。

及其他地区的社会组织、残障领袖、公益人等就开始行动起来。例如公益人韩青、武汉东湖公益服务中心(EISA)及守语者(ProSigner)参与了由残障领域专业人士和社会各界力量联合发起的“武汉手语支援”公益项目。随后协调制作、发布了《肺炎防疫科普手语版(带字幕)视频》《残障和健康紧急风险管理指导性说明》《防疫物资使用方法手语版(有字幕)视频》等资料。手语教师杜银玲录制手语视频《感觉自己得了新冠状病毒感染的肺炎怎么办?》,让听障群体中的手语使用者了解疫情防控知识。一加一公益集团旗下声波视障热线为广大的视障伙伴开通了“新冠病毒心灵陪伴专线”。①

良好实践

武汉残障义工网络:为疫情中的残障伙伴提供合理便利和支持性自主决策

2020 年 2 月初,残障义工网络成立,致力于疫情期间支持湖北的残障伙伴。该网络不仅实际支持残障伙伴的需求,还为民间社群探索出一套新的行动方式。该网络在不同阶段开展了多元的行动:

第一阶段,提供合理便利,通过调研形式支持伙伴 272 人,跟进紧急个案 12 个,发放口罩一批次支持 19 人,同时制作了群体性支持方案 12 篇。

第二阶段,发放支持物资,发放诊疗卡 33 组共计 256 人,发放女性温暖包 150 余份。

第三阶段,专项政策倡导,通过调研报告和联名建议的方式,支持武汉按摩行业盲人伙伴 100 多位,撬动了盲人按摩疫情专项补贴上百万元,缓解了上百家盲人按摩店的生存危机。

残障义工网络的发起人、核心义工多由残障公益伙伴组成,还有数十位身处武汉、湖北的伙伴。这种基于身份的认同和舍我其谁的使命感,成了残障义工网络形成和行动的第一推动力。就像无障碍组长杜银玲所说,“我们不做,谁做?”

三、相关建议

(一) 给政策制定者的建议

➢ 充分认识到社会组织在突发公共卫生事件中的积极作用,根植于社区、社

① 残障人群少数派曾做过残障民间组织所做努力的梳理,详见 https://zhuanlan.zhihu.com/p/128997173。

群的社会组织完全有能力在发现危险、制定减灾计划、发现和应对紧急情况以及执行恢复工作方面发挥中心作用①

- 充分动员枢纽社会组织,鼓励社会组织之间的联合与协调
- 完善各级残联组织,发挥基层残障组织开展调查摸底工作,掌握辖区内残疾人的基本情况、基本需求,为应对突发事件建立良好、精准的信息支持
- 在常规时期,制定和落实相应社会政策,支持残障社会组织的发展;政府购买服务应兼顾专业组织、备案社会组织,夯实基层残障组织网络
- 政府部门应当将社会组织以及社区社群纳入风险评估、规划、能力发展、提供服务和援助满足高度脆弱人口(如粮食、保健、住房、水和卫生)的基本需要

(二) 给残疾人组织

残障组织或助残组织,要意识到自身在服务残障者方面扮演的角色和重要作用。同时,需要在服务提供过程中,既要遵循自身组织发展的原则以及可用资源,还需要时刻关注和维护残障者的权利。世界卫生组织在《世界残疾报告》中指出残障组织在推动服务、保权益方面的建议,同样适用于在突发公共卫生事件期间。残疾人组织能够:

- 支持残疾人了解他们的权利、生活独立和发展相关技能
- 支持残疾儿童及其家庭,确保他们受教育的机会
- 对国际、国内和地区政策制定者和服务提供者提出他们的观点,维护其权利
- 帮助评估和管理服务,与研究者合作来支持有助于发展服务的实用性研究
- 推动公众对残疾人权利的认识和理解——例如通过活动或残疾—平等培训
- 进行环境、交通以及其他体系和服务的无障碍检查来消除障碍

在突发公共卫生事件期间,残障组织根植于社区,应尽力做到②:

- 融入所在地区的公共卫生及疾病应对体系中,发挥与社群联系紧密的优势,这将有助于确保应对战略和活动是特定于具体情况、文化上适当的、高效且具有成本效益的
- 增强与政府部门以及其他组织的协调,汇集所有地方机构和组织的多部门协调机制可以为跨机构合作提供中心重点,以减少健康风险和紧急情况和灾害的后果
- 发展管理健康风险的能力,包括组织灾难期间如何继续其重要服务的工作

①② Health Emergency and Disaster Risk Management Framework. Geneva: World Health Organization; 2019. Licence: CC BY-NC-SA 3.0 IGO.

计划

- 遵循专业服务伦理,并制定风险与伦理冲突的应对方案①
- 发展当地有关自然灾害风险和当地社区优势、挑战和资源的知识,是学习和合作的重要一步,当应急管理人员、残障者和残障支持提供者学习和合作时,社区参与和复原力就开始了②

(三) 给服务提供者

服务提供者并不限于直接提供服务的一线工作者,如社会工作者、医生、心理咨询师等,相应的原则同样适用于提供服务机构。在维护残障的权益方面,世界卫生组织建议服务提供者能够:

- 与当地残疾人组织合作进行无障碍审定,来确定对残疾人造成的身体和信息获取方面可能的障碍
- 确保工作人员经过了适当的残疾方面的培训,能根据需要开展培训,包括对服务使用者的发展和传送进行培训
- 发展个体服务计划,对有需求的残疾人及其家庭提供咨询
- 介绍个案管理、转送体系和电子记录—保存,以协调和整合服务的提供
- 确保残疾人了解他们的权利和投诉机制

以上基本原则以及实践,服务提供者应当在常规的服务中予以贯彻。在具体的应急管理以及服务提供过程中应当坚持和做到:

- 遵循可及、参与、合作、不歧视的工作原则③
- 制定更为系统的服务方案,服务需求上注意到不同障别的特别需求,并兼顾到残障者以及家属④
- 如果社会组织目前承接政府购买服务项目,应及时对接相应资源,具体服务可以做适当的转化

四、小 结

面对突发的公共卫生事件,要积极应对以及降低应对过程中产生的影响,还需

① See S. Banks, T., Cai, et al., Ethical challenges for social workers during Covid-19: A global perspective, Rheinfelden, Switzerland: International Federation of Social Workers, 2020.

②③ University of Sydney, *Local Emergency Management Guidelines for Disability Inclusive Disaster Risk Reduction in NSW*, https://collaborating4inclusion.org/wp-content/uploads/2019/05/Emergency-Preparedness_brochure_August2017_WEB_ACCESS.pdf, 2017.

④ 东莞市展能社会工作服务中心,残障领域社工如何参与新冠肺炎防控工作,2020-03-26, http://practice.swchina.org/manual/2020/0326/36181.shtml。

要建立在常规时期的专业积累和社群建设。此次疫情,有效及时的应对都说明社群共同体的纽带作用,不仅仅在于信息收集与传播、具体需要的满足等工具性任务,更在于共同体本身就是巨大的心理与社会支持来源。

在此我们也呼吁社会组织以及政策制定者应树立三个视角:残障视角、家庭视角、性别视角。也即在政策制定、服务提供过程中要考虑到残障群体作为共同体一份子可能的个别化需求;家庭视角下我们鼓励视野从残障者扩展到受残障影响者(shift from people with disabilities to people affected by disabilities),残障者的家属、照料者都应纳入服务范围;性别视角要求社会组织考量到性别差异,尤其残障与性别的双重特点。

社会组织需要加强抗逆力、凝聚力的共同体建设,成为包含残障群体在内的易损群体的社会支持来源。各级政府以及其他相关方,也需要在新时期支持社会组织的发展。

重大突发公共卫生事件对残障群体的影响及人权保障*

摘　要:在重大突发公共卫生事件中,残障群体是易受损人群。基于疫情期间的网络调查,残障群体的生活、工作状态受到较大影响,家庭收入下降是其表征;疫情期间,残障群体基本能获得无障碍信息,并能满足防控需求;残障群体的康复及常规医疗等公共服务有较大的缺口。重大突发公共卫生事件的应对应纳入残障视角和家庭视角,重视残障群体的数字鸿沟以及障别差异,以保障残障群体的信息知情权利,维护残障群体的健康。

关键词:新冠肺炎　重大突发公共卫生事件　残障群体

一、引　言

新冠肺炎疫情是一次重大突发公共卫生事件,对我国的经济社会发展造成较大的冲击,也为疫情期间的人权保障尤其是包括残障者在内的特殊群体的人权保障提出了挑战。我国是世界上残障者数量最多的国家,据2006年第二次全国残疾人抽样调查数据,我国残疾人超过8 000万,占全国总人口的6.34%,有残疾人的家庭户人口占全国家庭户总户数的17.80%,有残疾人的家庭户的总人口占全国总人口的19.98%。[①]此次新冠肺炎期间,我国亦有多起涉及残障者权益受到威胁的事件,并引起广泛讨论。[②]

在重大突发公共卫生事件中,残障群体更容易受到伤害(vulnerable),包括此

---

* 本文与蔡聪合作。

① 参见中国残疾人联合会:《2006年第二次全国残疾人抽样调查主要数据公报(第一、二号)》,http://www.cdpf.org.cn/sjzx/cjrgk/200711/t20071121_387540.shtml,2020年4月10日。

② 例如疫情较早期应对阶段发生于湖北黄冈因隔离而引发的次生悲剧,脑瘫青年在其父亲受隔离期间死亡,该事件引起广泛的关注。此外,严重精神障碍者也有数量较多的感染者,据国家卫生健康委2020年2月17日印发的《关于加强新冠肺炎疫情期间严重精神障碍患者治疗管理工作的通知》(肺炎机制综发〔2020〕70号),截止到当时"已有323名严重精神障碍患者被确诊患新冠肺炎,有43名为疑似患新冠肺炎,范围涉及全国17个省份"。

次新冠肺炎疫情期间。①而残障也往往是重大突发(公共卫生)事件的结果之一,例如2003年的SARS后遗症患者。然而,公共卫生界较少关注到残障群体的健康需求以及健康服务过程的可及性。②无论是世界卫生组织提出的《国际功能,残疾和健康分类》(International Classification of Functioning, Disability and Health, ICF)还是联合国大会通过的《残疾人权利公约》,都将残障视为身体状况与环境因素交互影响的结果,我国部分接受了这一观点。在此理念下,不重视环境因素的改变与调整或者认识不足,可能给残障者带来新障碍而加剧受影响程度。③

信息在重大突发公共卫生事件中处于极为核心的地位,无论是疫情防控、卫生服务以及事件进展,都关乎人们的知情、合理决策以及生命健康。残障者能否及时、无障碍地获取信息,直接影响残障者的人权保障。然而,残障者在信息获取方面往往面临"信息鸿沟"(Digital Gap),也即缺乏使用先进信息技术的能力和条件,以至于出现信息匮乏状态。④据中国残疾人联合会残疾人小康进程监测数据,2013年城镇残疾人使用电脑的比例仅为32.7%,而农村这一比例为20.1%,远低于全国平均水平。⑤此外,在残障群体内部也存在信息鸿沟现象,除了与一般群体相类似的关键影响因素(如社会经济地位)外,残障本身也是一个不可忽视的因素。⑥

重视重大危机事件中残障者的人权保障,是我国法律法规以及国际公约的一贯宗旨。我国的《残疾人权益保障法》以及《无障碍环境建设条例》等均对无障碍信息交流作出相关规定,我国签署并批准的《联合国残疾人权利公约》同样有全面的讨论。新冠肺炎疫情期间,世界卫生组织也提出特别注意残障者的相关建议。⑦学

---

① See R. Prior, "Coping with disease and disability in the time of coronavirus", https://edition.cnn.com/2020/04/08/health/coronavirus-disability-and-chronic-illness-wellness/index.html, 2020年4月14日。

② D. J. Lollar, "Public health and disability: emerging opportunities", *Public Health Reports*, vol.117, no.2, (March-April 2002), pp.131—136.

③ J. E. Bickenbach, A. Cieza, C. Sabariego, "Disability and Public Health", *International Journal of Environmental Research and Public Health*, vol.13, no.1, (January 2016), pp.123—125.

④ See E. J. Kim, Y. Yuan, J. Liebschutz, H. Cabral, L. Kazis,, "Understanding the digital gap among us adults with disability: cross-sectional analysis of the health information national trends survey 2013", *Jmir Rehabilitation & Assistive Technologies*, vol.5, no.1, (March 2018), e3. DOI: 10.2196/rehab.8783.

⑤ 参见中国残疾人联合会:《关于印发〈2013年度残疾人状况及小康进程监测报告〉的通知》(残联发〔2014〕47号))http://www.cdpf.org.cn/sjzx/jcbg/201408/t20140812_411000.shtml, 2020年4月12日。

⑥ See M. Duplaga, "Digital divide among people with disabilities: Analysis of data from a nationwide study for determinants of Internet use and activities performed online", *PLoS ONE*, vol.12, no.6, (June 2017), e0179825. https://doi.org/10.1371/journal.pone.0179825.

⑦ 参见世界卫生组织:《Disability considerations during the COVID-19 outbreak》,载 https://www.who.int/zh/emergencies/diseases/novel-coronavirus-2019, 2020年4月12日。

术界对新冠肺炎这一突发公共卫生事件中的残障权益从不同角度做出了回应,①但还需要补充更多基于经验数据的讨论。

围绕疫情对残障群体的影响和及应对,讨论在疫情期间残障者如何获取相关信息?是否能够无障碍地获取有效信息?目前的相关法律法规是否更全面地涵盖了残障者无障碍获取信息的需求?本研究将基于以上问题,通过疫情期间网络调查所获得的数据,呈现残障群体疫情期间的信息获取可及性、公共服务需求的满足状况等,最后给出相应的建议。

二、数据与方法

(一) 数据来源

2020 年 3 月下旬,我国新冠肺炎疫情已经极大缓解。我们在 3 月 20 日—27 日设计问卷,并广泛听取了不同障别以及智力、精神残障者家属的建议。经过测试填答后,3 月 27 日—31 日通过网络调查收集问卷。考虑到残障类别的影响,设计了针对视障者的无障碍版本,且邀请无法自主填答者由其亲友代答。最终收集到有效问卷 2 191 份,残障者自主填答占 68%,残障者亲友代答占 32%。代答的 698 份问卷中,②残障类别主要集中在智力障碍、精神障碍以及多重障碍,分别有 314、210、154 人。代答者身份比较多元,以母亲居多(见图 1)。

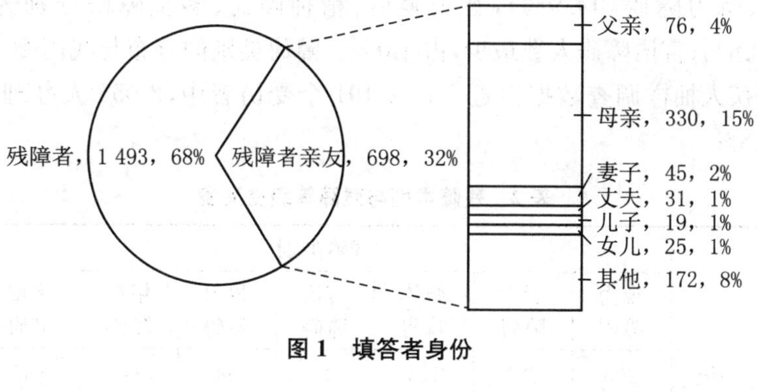

图 1　填答者身份

2 191 名受访者涵盖我国大陆除西藏自治区之外的 30 个省市自治区,来自湖

① See H.A.Walter-McCabe,“Coronavirus Pandemic Calls for an Immediate Social Work Response”, *Social Work in Public Health*, vol.35, no.3, (March 2020), pp.69—72.

② 代答问卷填写的信息均为残障者本人的信息,主要围绕事实或行为问题,关于焦虑自评量表反应的是填答者本人的心理状态。

北省的为 184 人,其中来自武汉市的有 114 人。其他省市自治区超过 100 人的有陕西省(158)、江西省(155)、山东省(155)、上海市(140)、河北省(129)、广东省(124)、山西省(124)、北京市(108)、湖南省(105)。

(二) 残障者基本人口社会学特征

1. 性别与年龄

受访残障者的性别比例接近,男性残障者有 1 012 名,占 46.2%,女性残障者占 53.8%。年龄分布上,18—40 岁之间的残障受访者最多,占 54.5%,其次是 41—60 岁,占 31.9%,18 岁以下及 60 岁以上的残障者相对较少。尤其是 60 岁以上的老年残障者,这一比例低于我国残疾人抽样调查的数据。

表 1 受访残障者性别与年龄交叉分布

		年龄组				合计
		0—17 岁	18—40 岁	41—60 岁	60 岁以上	
性别	男	128	548	297	39	1 012
	女	57	646	403	73	1 179
合计		185	1 194	700	112	2 191

2. 残障状况

受访残障者的残障类别中,肢体障碍最多,占 28.3%,其次是视力障碍(15.2%)、听力障碍(14.9%),智力障碍、精神障碍、多重障碍分别为 13.2%、8.6%、12.8%;言语障碍人数最少,占 1.0%。障碍类别的分布与我国 2006 年第二次全国残疾人抽样调查数据接近。在 2 191 个受访者中,2 055 人办理了残疾人证,占 93.8%。

表 2 残障类别与残障等级交叉表

		残障类别							合计
		视力障碍	听力障碍	肢体障碍	言语障碍	智力障碍	精神障碍	多重障碍	
残障等级	一级	203	223	174	8	54	30	137	829
	二级	73	68	262	8	130	109	95	745
	三级	26	24	115	3	76	41	34	319
	四级	30	10	69	1	29	9	14	162
合计		332	325	620	20	289	189	280	2 055

在办理了残疾人证的 2 055 人中，残疾等级为一级、二级重度残疾的受访者占大多数，二者合计占 76.6%。高于 2006 年第二次全国残疾人抽样调查数据的 29.6%。我们推测原因是在问卷发放过程中动员的策略以社群驱动为主，造成样本构成的集聚。另一原因可能是，重度残障者在疫情期间的受影响程度更高，而对调研的响应度较高。

3. 疫情期间残障者的居住状况

居住地与户籍所在地一致的占比为 89.7%，不一致的为 10.3%。其中大多数和家人住在一起占比为 83%，独居占比为 12%，与他人合租为 3.7%，其他居住方式有 1.2%。

表 3 疫情期间残障者的居住状态

		疫情期间的居住状态				合计
		独居	和家人住在一起	与他人合租	其他	
居住地与常住地是否一致	是	220	1 665	56	24	1 965
	否	43	154	26	3	226
合　　计		263	1 819	82	27	2 191

三、疫情对残障者的影响

新冠肺炎疫情的出现极大改变了人们的生活节奏，产生深远的影响。无论是否处于病毒涡旋之中，全民参与成为一种共识性的策略。残障者也受到疫情的影响，本部分将描述残障者当下的生活状态以及家庭经济收入等关键性的影响。

(一) 疫情对残障者的直接影响

新冠肺炎疫情对我国所有居民产生巨大而深远的影响，残障者也不例外。在所有受访残障者中，有 439 人正常外出工作，占 20.0%；居家办公的有 372 人，占 17.0%；人数最多的是处于防护目的待在家中，占 50.5%。另外有 50 人正在接受隔离观察，占 2.3%；52 人疑似感染、12 人确诊感染，二者合计 2.9%。

由于缺乏更准确的数据，我们很难了解残障者中感染或疑似感染者的数量和比例。在 2020 年 2 月 17 日国家卫健委发布的《关于加强新冠肺炎疫情期间严重精神障碍患者治疗管理工作的通知》中，提及“已有 323 名严重精神障碍患者被确诊患新冠肺炎，有 43 名为疑似患新冠肺炎，范围涉及全国 17 个省份，病例分布以武汉市为主，孝感市、黄冈市也有部分病例，其他地区以散发为主”。而截至 2 月

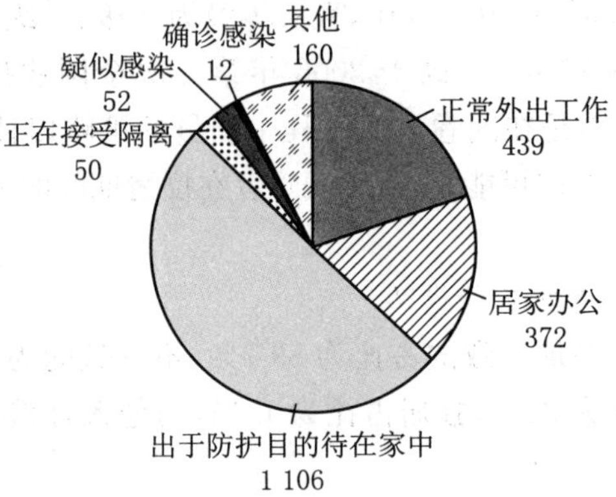

图 2 调研时残障者目前的状态

16 日 24 时,现有确诊病例 57 934 例(其中重症病例 10 644 例),现有疑似病例 7 264 例。[①]从中也可以看出,残障者是疫情防控中不可忽视的成员。

(二) 疫情对残障者工作状态及家庭收入的影响

疫情期间,居家隔离成为最普遍的防控手段。延迟复工具有广泛的影响,对残障者同样如此。2 191 名受访者中,有 1 024 人(调查对象总数的 46.7%)在疫情之前有着稳定的工作,未工作或无工作的受访者主要是因为退休或者学生身份。有工作的残障者中,450 人(目前在工作的残障者中的 43.9%)表示对目前的就业状态没有影响,而 31.0%的人表示无法开工,另外有 15.1%的受访者则表示失去工作,5.4%的受访者则在疫情期间换了工作。表示工作状态没有影响的残障者,主要是居家办公或正常在上班。

相较于工作状态,残障者所在家庭的收入影响更大更广泛。2 191 名受访者中,1 410 人(64.4%)表示收入降低,33.5%的残障者表示收入不变,只有少数的残障者(2.2%)表示收入增加。这一状况与对所有人的影响一致,主要原因在于经济生产活动的限制。

此外,疫情对家庭收入的影响具有残障类别上的差异(卡方值=158.460, df=12, sig=0.000)。具体来说,视力障碍中有 88.2%表示收入下降,在不同障别中比例最高。这与我国视力障碍者从事按摩/推拿工作的比例高有关,按摩工作的人员接触在疫情期间变得无法实现,无收入及成本支出影响了家庭收入。听力障碍者家庭收入降低的比例最低,为 44.4%。在少数表述收入增加的受访者中,工作主要是线上工作,例如电商以及互联网相关工作。

① 国家卫生健康委员会官方网站:《截至 2 月 16 日 24 时新型冠状病毒肺炎疫情最新情况》,http://www.nhc.gov.cn/xcs/yqtb/202002/18546da875d74445bb537ab014e7a1c6.shtml, 2020 年 4 月 14 日。

表 4 疫情对家庭收入影响的残障类别差异

<table>
<tr><th colspan="3" rowspan="2"></th><th colspan="7">残障类别</th><th rowspan="2">合计</th></tr>
<tr><th>视力障碍</th><th>听力障碍</th><th>肢体障碍</th><th>言语障碍</th><th>智力障碍</th><th>精神障碍</th><th>多重障碍</th></tr>
<tr><td rowspan="6">疫情对家庭收入的影响</td><td rowspan="2">收入降低</td><td>频数</td><td>307</td><td>148</td><td>384</td><td>12</td><td>221</td><td>144</td><td>194</td><td>1 410</td></tr>
<tr><td>残障类别中的百分比</td><td>88.2</td><td>44.4</td><td>61.0</td><td>52.2</td><td>67.8</td><td>62.6</td><td>64.2</td><td>64.4</td></tr>
<tr><td rowspan="2">收入不变</td><td>频数</td><td>41</td><td>174</td><td>228</td><td>10</td><td>101</td><td>83</td><td>96</td><td>733</td></tr>
<tr><td>残障类别中的百分比</td><td>11.8</td><td>52.3</td><td>36.2</td><td>43.5</td><td>31.0</td><td>36.1</td><td>31.8</td><td>33.5</td></tr>
<tr><td rowspan="2">收入增加</td><td>频数</td><td>0</td><td>11</td><td>17</td><td>1</td><td>4</td><td>3</td><td>12</td><td>48</td></tr>
<tr><td>残障类别中的百分比</td><td>0.0</td><td>3.3</td><td>2.7</td><td>4.3</td><td>1.2</td><td>1.3</td><td>4.0</td><td>2.2</td></tr>
<tr><td colspan="2" rowspan="2">合 计</td><td>频数</td><td>348</td><td>333</td><td>629</td><td>23</td><td>326</td><td>230</td><td>302</td><td>2 191</td></tr>
<tr><td>残障类别中的百分比</td><td>100.0</td><td>100.0</td><td>100.0</td><td>100.0</td><td>100.0</td><td>100.0</td><td>100.0</td><td>100.0</td></tr>
</table>

需要指出的是，目前的信息并不能精确判断疫情对残障者影响的程度。在疫情防控后期的经济生产恢复阶段，还需要更精细的数据落实支持复工复产的政策。既需要考虑到不同的残障类别，也需要考虑到残障者疫情前后的工作及收入状态。2020 年是脱贫攻坚的关键一年，而残障者的收入以及在业状况弱于平均状况，①因此，残障者在疫情之后的经济活动、生活保障需要更多关注。

在影响家庭收入的影响因素中，延迟复工是最主要的原因。1 410 名表示家庭收入下降的受访者中，881 人选择因疫情影响延迟复工，占总响应(1 863)②的 47.3%，以及受访个案的 62.5%。可见，疫情的防控措施对残障者的工作状态产生直接的影响。其他影响的因素中，收款延迟(个案的 14.5%)、难以获得银行服务(包括 ATM 机)(个案的 10.3%)、在家看护有残障的家庭成员(残障人士亲友，个案的 25.2%)也是重要原因。此外，另有 12.9%的个案表示，受疫情影响合同终止而导致家庭收入下降。

四、疫情期间残障者的信息获取

充分而及时的信息是疫情防控的关键，也是降低影响、科学决策的前提。而残

① 程凯、郑晓瑛等：《第二次全国残疾人抽样调查数据分析报告》，华夏出版社 2008 年版，第 150 页。
② 该题为多选题。

障者在信息获取方面,多数对无障碍有着一定的要求。本部分将描述:疫情期间残障者获取相关信息的途径是什么?这些途径是否满足其无障碍需求?所获得的信息是否充分?

(一) 疫情防控信息的获取途径

在问及“所在的社区或村庄是否提供了预防 2019 新型冠状病毒肺炎传播相关的信息”时,2 108 人给予肯定回答,占 96.2%,另有 3.8%的受访者表示没有提供相应信息。可见在疫情期间,绝大多数残障者获得了所在地基层部门的信息。

疫情期间残障者获取有关信息的来源比较多元,线上、线下途径均比较畅通。在疫情期间获取相关信息的途径方面,2 108 人的有效回答中获得 5 358 个有效响应。①其中,互联网是残障者获取相关信息的主要途径,有 76.9%的受访者选择,占总响应数的 30.3%;其次是电视,占受访者总数的 66.5%。选择了社区或村工作人员告知、广播、社会组织告知的残障者比例分别为 50.4%、33.6%、23.9%。相较于线上间接途径,基于人员互动的信息传播也占较高的比例,这也体现出疫情期间信息的传播途径是多元的(见表 5)。

表 5 疫情期间不同障别残障者与获取相关信息途径交叉分布②

		电视	广播	互联网	社区或村工作人员告知	社会组织告知	其他	
视力障碍	计数	188	113	273	128	52	3	338
	障别内的 %	55.6	33.4	80.8	37.9	15.4	0.9	
	总计的 %	8.9	5.4	13.0	6.1	2.5	0.1	16.0
听力障碍	计数	202	91	232	160	93	15	310
	障别内的 %	65.2	29.4	74.8	51.6	30.0	4.8	
	总计的 %	9.6	4.3	11.0	7.6	4.4	0.7	14.7
肢体障碍	计数	408	182	522	287	126	12	617
	障别内的 %	66.1	29.5	84.6	46.5	20.4	1.9	
	总计的 %	19.4	8.6	24.8	13.6	6.0	0.6	29.3
言语障碍	计数	10	6	17	14	4	0	23
	障别内的 %	43.5	26.1	73.9	60.9	17.4	0.0	
	总计的 %	0.5	0.3	0.8	0.7	0.2	0.0	1.1

① 该题为多选题。

② 该表中的百分比是以个案为基础,即选择了该选项的残障者即一个个案。

续表

		电视	广播	互联网	社区或村工作人员告知	社会组织告知	其他	
智力障碍	计数	226	139	211	181	96	4	313
	障别内的 %	72.2	44.4	67.4	57.8	30.7	1.3	
	总计的 %	10.7	6.6	10.0	8.6	4.6	0.2	14.8
精神障碍	计数	144	92	155	120	49	5	217
	障别内的 %	66.4	42.4	71.4	55.3	22.6	2.3	
	总计的 %	6.8	4.4	7.4	5.7	2.3	0.2	10.3
多重障碍	计数	224	85	212	173	83	21	290
	障别内的 %	77.2	29.3	73.1	59.7	28.6	7.2	
	总计的 %	10.6	4.0	10.1	8.2	3.9	1.0	13.8
总计	计数	1 402	708	1 622	1 063	503	60	2 108
	总计的 %	66.5	33.6	76.9	50.4	23.9	2.8	100.0

不同障别在获取疫情相关信息的途径上存在差异，一方面是受残障本身的影响，另一方面也受到残障者媒介使用习惯的影响。在使用互联网获取信息方面，使用率较高的是肢体障碍（84.6%）、视力障碍（80.8%），而相对较低的是智力障碍（67.4%）。而使用广播获取相关信息比例较高的残障者，主要为智力障碍（44.4%）、精神障碍（42.4%）、视力障碍（33.4%），其他障别相对较低。社区或村工作人员告知是主要渠道之一的残障者中，言语障碍（60.9%）、多重障碍（59.7%）、智力障碍（57.8%）有着更高的响应。电视在不同障别间都具有较高的响应，视力障碍（55.6%）、言语障碍（43.5%）使用率较低。

此外，不同障别间获取信息主要途径的分布上也存有差异。视力障碍者获取信息主要途径的前三位是互联网（13.0%）、电视（8.9%）、广播（5.4%）；而听力障碍者获取疫情信息主要途径的前三位则分别是互联网（11.0%）、电视（9.6%）、社区或村工作人员告知（7.6%）。其他障别中，肢体障碍这一分布的前三位是互联网（24.8%）、电视（19.4%）、社区或村工作人员告知（13.6%）；言语障碍：互联网（0.8%）、社区或村工作人员告知（0.7%）、电视（0.5%）；智力障碍：电视（10.7%）、互联网（10.0%）、社区或村工作人员告知（8.6%）；精神障碍：互联网（7.4%）、电视（6.8%）、社区或村工作人员告知（5.7%）；多重障碍：电视（10.6%）、互联网（10.1%）、社区或村工作人员告知（8.2%）。

(二) 疫情相关信息获取中的无障碍

能够无障碍地获取相关信息，是信息可及性的关键。在受访者中，有 1 782 人(81.3%)表示可以无障碍地获取信息。18.7%的不能获得无障碍信息的受访者中，主要原因是信息不足或者信息载体存有障碍，例如易读版本、音频等。

在填写了能够获取无障碍信息的 1 782 名填答者中，有 486 人表示不需要特别的信息版本。而无障碍获取信息的形式中，分别有 822、539、143、290、525、225、194、58 是通过无障碍网页内容、音频、盲文、大字版本、字幕、手语、易读版本、其他方式获得的。这种实际获取信息的无障碍途径与残障者的需求是一致的。

表 6　无障碍获取信息与残障类别交叉分布

	无障碍网页内容	音频	盲文	大字版本	字幕	手语	易读版本	不需要特殊的版本	其他	
视力障碍	181	142	26	42	29	2	15	32	2	303
	59.7%	46.9%	8.6%	13.9%	9.6%	0.7%	5.0%	10.6%	0.7%	
听力障碍	140	34	13	37	182	115	28	28	10	266
	52.6%	12.8%	4.9%	13.9%	68.4%	43.2%	10.5%	10.5%	3.8%	
肢体障碍	194	163	11	68	121	10	50	264	16	545
	35.6%	29.9%	2.0%	12.5%	22.2%	1.8%	9.2%	48.4%	2.9%	
言语障碍	4	2	1	2	6	7	2	4	0	18
	22.2%	11.1%	5.6%	11.1%	33.3%	38.9%	11.1%	22.2%	0%	
智力障碍	128	105	48	55	65	27	40	58	7	261
	49.0%	40.2%	18.4%	21.1%	24.9%	10.3%	15.3%	22.2%	2.7%	
精神障碍	80	89	41	51	41	19	23	40	4	172
	46.5%	51.7%	23.8%	29.7%	23.8%	11.0%	13.4%	23.3%	2.3%	
多重障碍	95	58	3	35	81	45	36	60	19	217
	43.8%	26.7%	1.4%	16.1%	37.3%	20.7%	16.6%	27.6%	8.8%	
	822	593	143	290	525	225	194	486	58	1 782

(三) 疫情期间防疫信息获取的充足性

专门针对残障者提供服务的热线或其他类型的平台也是疫情期间残障者获取信息的重要渠道。45.7%的受访者表示知晓专门针对残障者提供服务的热线或其他类型的平台。这 1 001 份有效回答中，表示该热线或平台为政府运营的比例最高，占 43.5%；其次是社会组织，占 29.6%；另有 10.8%的为社区经营，还有 1.5%的其他运营者。在疫情期间，残障相关的微信公众号、微博等自媒体都扮演了重要的信息传播渠道。

面对专门针对残障者提供服务的热线或其他类型的平台，残障者的使用率一般。在知晓专门热线或平台的 1 001 人中，表示为自己或家人使用过该热线或平台的比例为 61.8%。在热线或平台使用方面，具有显著的差异（卡方值＝10.535，df＝3，sig＝0.015）。相较而言，社区层面的热线或平台使用频率更高，这也在侧面表明社区在疫情防控的前线地位。

表 7　针对残障者提供服务的热线或其他类型的平台及使用状况

			该热线或平台运营主体				合计
			政府	社区	社会组织	其他	
是否为自己或家人使用过上述热线或平台	是	频数	263	165	168	23	619
		百分比	60.5	69.6	56.8	69.7	61.8
	否	频数	172	72	128	10	382
		百分比	39.5	30.4	43.2	30.3	38.2
合　计		频数	435	237	296	33	1 001
		百分比	100.0	100.0	100.0	100.0	100.0

那么疫情期间残障者是否获得了充分的信息？在所有的回答者中，有 91.5% 的受访者表示获取到的信息能够充分了解 2019 新型冠状病毒肺炎的感染风险并采取相应的防护措施。需要注意的是，仍有 8.5%的受访者表示还需要更多的相关信息。

五、疫情期间残障者的公共服务需求及满足

虽然疫情打乱了人们的生活节奏，但是相应的服务需求却一直存在。能否获得生活、防控疫情所需要的基本物资，直接关系到残障者的各项权益。

(一) 防疫物资的充足度

防护物资是疫情期间的必需品，新冠肺炎疫情中我国经历了短缺的阶段。在调研时，多数受访者表示有足够的个人/家庭防护用品（如口罩、手套、消毒剂、医用酒精等），另外有 520 人（23.7%）则表示防护用品不足。特别需要但没能得到的防护用品中，口罩是最为短缺的用品，占 38.7%，其次是医用酒精（25.2%）以及手套（19.0%）。

表 8 残障者个人/家庭特别需要但没能得到的防护用品分布

		响应		个案百分比
		频数	百分比	
特别需要但没能得到的防护用品	口罩	403	38.7	77.5
	手套	198	19.0	38.1
	肥皂或消毒剂	156	15.0	30.0
	医用酒精	262	25.2	50.4
	其他	22	2.1	4.2
总计		1 041	100.0	200.2

另一方面,在表示特别需要但没能得到防护用品的受访者中,口罩的需求度最高(77.5%),其次是医用酒精(50.4%)。残障者的口罩相对短缺,与一般性的防疫用品需求度相一致。而残障者对医用酒精有着较高的需求度以及短缺程度,与部分残障者需要护理、康复等相关。

(二) 生活物资满足及心理状况

在疫情暴发期间,有 31.7%的受访者表示遇到过因为残障而发生获取生活物资比非残障人困难的状况,这一比例较高。进一步分析发现,发生这一状况的比例与残障者在疫情期间的居住状态有关。独居相对于群居(和家人居住在一起或合租),更容易遇到获取生活物资困难的状况。独居者遇到过因为残障而发生获取生活物资比非残障人困难状况的比例为 41.1%,远高于其他居住状态,而且这种差异具有统计显著性(卡方值=14.838, df=3, sig=0.002)。

表 9 疫情暴发期间的居住状态与发生获取生活物资困难状况交叉分布

			居住状态				合计
			独居	和家人住在一起	与他人合租	其他	
疫情暴发期间,是否遇到过因为残障而发生获取生活物资比非残障人困难的状况	是	频数	108	561	21	5	695
		列百分比	41.1	30.8	25.6	18.5	31.7
	否	频数	155	1 258	61	22	1 496
		列百分比	58.9	69.2	74.4	81.5	68.3
合计		频数	263	1 819	82	27	2 191
		列百分比	100.0	100.0	100.0	100.0	100.0

在心理支持方面，有788人表示需要心理支持，占受访总人数的36.0%。我们使用焦虑自评量表(Self-Rating Anxiety Scale, SAS)测量表明，残障者(自填者)总体的焦虑水平处于平常状态($n=1\ 493$，均值$=46.43$，标准差$=12.65$)，而残障者亲友(代答者)则处于轻度焦虑水平($n=698$，均值$=50.38$，标准差$=13.50$)，统计检验表明二者具有显著差异性($t=6.52$, $df=286.09$, $sig=0.000$)。我们推测，调研时点已经处于我国疫情防控缓和阶段，残障者的焦虑状况有所变化。此外，代答者所涉及的残障类别主要为精神障碍、智力障碍等，其亲友的焦虑水平较高。

(三) 疫情期间的医疗、康复需求及满足

在新冠肺炎疫情期间，亦有一定的残障者确诊或疑似确诊，同时也有为数不少的残障者因为各种需求而接触医疗机构。本次调研中，有521名受访者前往过提供新型冠状病毒肺炎相关检测和服务的医疗机构，占总数的23.8%。在这些受访者中，有440人表示该机构有可供残障者使用的无障碍设施，占84.5%。可见，多数机构能够为残障者提供必要的无障碍设施。

医疗服务、康复训练与支持是残障者比较普遍的需求，疫情期间这些需求的满足也受到一定影响。参与本次调研的2 191名残障者中，有644人表示目前正在服用残障相关药物或正在接受康复支持，占总数的29.4%。其中多数(523人，81.2%)有需求的残障者能够获得所需的药物或康复服务，但仍有18.8%的受访者表示未能获得所需的药物或康复服务。多数有此类需求的残障者了解获得药物或康复服务的场所和方式(546人，84.8%)，但同时15.2%的残障者并不了解。受疫情的影响，康复机构不得不延迟复工，某些药物的渠道也受到限制。就调研发现而言，仍有一些残障者的康复与医疗需求未能得到满足或者缺乏替代的获取途径。

疫情暴发期间，10.5%(231人)有基于残障类别的特殊需求，而这部分需求仅有约一半得到了充分的支持。在常规的医疗服务方面，有55.2%的受访者表示没有此类需求，在有此类需求的受访者中，约有半数表示疫情暴发期间常规的残障医疗服务费用有所增加，这对于受疫情影响而收入下降的残障者来说更加剧了困难。在调研时间点，64.8%的有常规医疗服务需求的残障者表示已经恢复正常服务状态，这与我国疫情防控的时间节点接近。已恢复正常服务的评价中，受访者表示与以往的服务水平相当。

六、结论、讨论及建议

(一) 疫情对残障群体的影响

对日常生活、工作、出行等活动带来冲击，是新冠肺炎此次重大突发公共卫生

事件的普遍影响。此次调查也发现,多数残障者不得不减少外出、居家防护,只有37%的受访残障者正常外出或居家工作。更有一定比例的残障者直接受到影响,感染或疑似感染新冠肺炎病毒。

疫情的出现使社会进入锁定状态,首当其冲的是残障者的工作状态。绝大部分有工作的残障者受延迟复工的影响而不得不居家办公或延迟。这进一步给残障者的家庭收入带来挑战。超过64%的受访者家庭收入有所下降,而且在视力障碍类别中更加明显。如果考虑到其中有部分残障者需要基于残障的医学或康复支出,疫情对残障群体的经济生活带来极大的影响。

（二）疫情期间残障群体的信息获取及鸿沟

调查表明,多数残障者在疫情期间获得了较为充分的相关信息,这与我国各级政府与社会力量通力合作的结果。残障群体内部,在获取信息的途径上有着差异,而在互联网使用方面存在数字分化。相较而言,智力、精神障碍者以及重度残障者在使用信息通信技术上面临信息鸿沟。这一方面表明,在网络发达的今天不能想当然地认为所有人都能获取足够的信息,而忽视残障群体目前的能力及条件;另外不可忽视不同障别的媒介使用偏好,以及相应的无障碍需求。这也启示我们,不能依赖网络传播信息单一渠道,立足于真实生活的社区人员互动,有助于避免因信息鸿沟而被忽视的残障群体。

获取信息时,大量残障者有着无障碍途径的需求,且与残障类别、级别有一定的关联。例如,视力障碍者对盲人、大字版本等的需求,智力障碍者对易读版本的需求等。在此次疫情期间,多数残障者能够获取到有效的信息。但在可得性(available)方面,这些信息主要通过自主获取、他人告知等方式,权威的公共部门所提供的无障碍版本十分缺乏。

到目前,医学或公共卫生的诊疗或护理方案主要集中在救治及康复,几乎没有涉及残障群体。无论是国家卫生健康委员会权威发布的多个版本的《新冠肺炎诊疗方案》,还是其他机构发布的诊疗手册,例如浙江大学医学院附属第一医院基于临床经验发布的《新冠肺炎防治手册》,均未涉及易感人群以及诊疗过程的特殊需求。而残障群体涉及最广的民政、残联等部门发布了一些指导意见,但不够系统、无障碍版本也不全面。此外,有关疫情的状况,在国家以及省级层面的新闻发布会,鲜有同步的手语。

我国批准加入的《残疾人权利公约》定义部分,特别指出“交流”及“语言”的广泛含义:“交流”包括语言、字幕、盲文、触觉交流、大字本、无障碍多媒体以及书面语言、听力语言、浅白语言、朗读员和辅助或替代性交流方式、手段和模式,包括无障碍信息和通信技术;“语言”包括口语和手语及其他形式的非语音语言。[①]而且,成员国有义务为残障者提供合理便利,否则将构成“基于残疾的歧视”。在重大突发公共卫生事件中,应注意信息载体的多样性以及无障碍,以便于残障群体(以及其他有需求者)便利地获取信息。

(三) 疫情期间残障群体的公共服务

新冠肺炎疫情的到来冲击了常规的健康服务供给,尤其是处于爆发期的重度流行区域。疫情期间,残障者的康复及医疗服务需求基本能够得到满足,但多数是通过替代方式(例如网络教学)实现的。仍然有部分残障者的医疗与康复需求未能得到满足,而且缺乏获取服务的途径。

在调查时间节点,国内大多数区域的公共服务走向恢复,这对于有特殊需求的残障者来说是个好消息。需要注意的是,目前仍然不能放松防控,但较高比例(23.7%)的残障者还缺乏相应的物资。这提醒我们,在疫情防控后期,残障群体的各类需求应引起足够重视。

疫情暴发对人们的心理造成冲击,会带来焦虑和应激反应。调查也表明,高比例(36.0%)的残障者表示需要心理服务。世界卫生组织等机构均注意到疫情期间人们的心理健康,并给出了应对压力的策略。[②]而另一方面,残障者亲友比残障者的焦虑水平更高。如前所述,残障是一个家庭事务,因此考虑残障者的需求应有更广的视角,即从残障者到受残障影响者。[③]

(四) 相关建议

1. 提高认识,增强突发公共卫生事件中的“残障视角”。残障视角意味着在突发公共卫生事件中看到具体的人,有着特殊需求的人。[④]这不仅有利于公共卫生事件的应激处理,也利于事件之后减轻影响。残障视角要求在宏观与微观的工作中,注意到残障群体的特征,提供合理便利。此外,高质量的研究,尤其是基础研究有助于提供突发公共卫生事件中所需要的知识以及敏感度。

2. 扩展视野,重视残障者也重视受残障影响其他相关者。残障是一个家庭事务,残障者的权益保障与关键相关者联系紧密。无论是残障者的亲友还是照料者,其特别需求、心理健康等都需要在突发公共卫生事件得到重视。

---

① 参见《残疾人权利国际公约》第二条。

② See UN News: COVID-19: Mental health in the age of coronavirus, https://news.un.org/en/story/2020/03/1059542.CDC: Stress and Coping, https://www.cdc.gov/coronavirus/2019-ncov/daily-life-coping/managing-stress-anxiety.html, 2020 年 4 月 15 日。

③ 李学会、张凤琼:《心智障碍者的权益保障:家庭视角的审视》,《西南政法大学学报》2018 年第 5 期。

④ 这一视角与“女性视角”相类似,在此次疫情期间,女性医护人员的特殊需求在某些阶段显然忽视了。

3. 重视差异,提供多元、无障碍的信息载体及渠道。信息的关键角色以及残障者获取信息的无障碍需求要求信息提供者考虑到信息载体和渠道。无障碍网页、音频、盲文、大字版本、手语等信息交流方式应纳入信息发布的范畴,提升残障群体获取信息的可得性、可及性。

4. 意识到残障群体的数字鸿沟,重视残障群体抗逆力的培育。突发事件的到来是突然的,但其治理却依赖平日的社会资本积累。残障群体与普通大众以及残障群体内部都存有数字鸿沟,这意味着不应依赖互联网单一渠道扩散信息。残障群体的组织程度、公共服务的覆盖面,是增强识别和发现突发公共卫生事件中残障个体的安全网,也能弥补数字鸿沟的负面影响。在疫情防控阶段,要重视社会组织的参与。在后疫情阶段,需要着重增强残障群体的抗逆力。

守望协会的政策影响*

心智障碍者的家长组织在这些年获得了巨大的发展，也在社会服务的提供、影响社会政策、参与社会治理等方面凸显了其功能和价值，为满足心智障碍者及家庭的需求作出了贡献。这表明，家长组织起来解决群体面对的共同问题，要比单个人解决个人的问题更行之有效。影响政策是不少家长组织的目标和工作内容之一，有的家长组织已经意识到影响政策的重要性但苦于没有可借鉴的新的参考，也有的家长组织开展了一些实践但效果不佳。笔者从在守望协会的工作经验和观察谈谈自己的看法。

与守望协会发生联系始于 2017 年底，而后到 2020 年在守望协会担任研究员，目前也有在多方面深度合作。彼时作为一个“半成品”的研究者进入社会组织，对于一个博士研究生来说现在看来也是一种幸运。社会调查、项目设计、政策倡导等方面的知识既有了用武之地，也增加了研究者的实践感知。守望协会借助于心智障碍者全生涯示范项目，在融合教育、支持性就业、青年交往、家庭服务、康复机构等等维度多有探索，且均贯彻政策影响的目标，并得到政府、残联等部门的积极回应。

首先，家长组织为什么要关注政策以及为何要努力影响政策。社会政策是政府回应社会问题、满足社会需求的工具，伴随的是资源的分配。心智障碍者及家庭的需求得不到充分的满足是一个共识，也就是说公共服务还不够完善。一些家长的做法是从个人的资源出发提供一些急需的服务，例如开办康复、教育、就业机构等。经过多年的发展，这部分努力的确成为公共服务的有益补充，但也不是没有问题。其中一个结果就是家长不得不改变生活轨迹，乃至混淆作为父母的角色和服务提供者的角色。而具有类似境遇的家长组织起来，有着类似的需求，天然的具有影响政策的合理性，因为社会政策就是回应“大家”的需求。

其次，家长组织影响社会政策有何优势。与一些家长组织的接触中，不少家长都会告诉我这样做很好但是不具备条件，比如就找不到像你这样的博士。在社会工作中有一个词叫“优势视角”，也就是说要看到长处并使之发挥作用。家长对子

---

* 本文原载 2020 年深圳市守望心智障碍者家庭关爱协会年报。

女以及家庭有什么需要是知道的,这些信息本身就是形成政策的原因之一。另外,家长组织意味着家长之间的聚合,同样为更全面、更广泛地反映这个群体的需求提供了可能路径。这也说明,家长组织完全可以在力所能及的范围内影响政策。

最后,家长组织如何才能影响社会政策。影响政策的方式有很多种,各有优势和不足。从经验上看,通过多方合作理性地行动更快捷也更有效。上面提到家长组织一般对本地的家长比较熟悉,但怎样把大家的信息收集好?社会调查就是一个途径。守望协会与大量的研究者建立合作关系,既能解决调查的科学性问题,也能弥补社会组织在这些方面能力的不足。后续的政策倡导中研究者也扮演着极为重要的角色。我们知道,社会政策是一个复杂的过程。要有效反映问题和需求,就需要有比较专业性的调研报告,讲清楚问题的由来、程度以及可能的解决路径,同样需要有专业人士的参与及协助。

当然,家长组织影响政策也要有相当的耐心和技巧。一些家长在外面做社会调查时会反复询问能不能解决"我的"孩子的问题,家长的迫切需求和解决问题之间往往产生冲突。但这不是不共同行动的理由。我们看到为数众多的家长即便自己的孩子某些服务还不足,也要推动整个心智障碍服务的完善,这正是家长组织"守望相助"的难能可贵之处。

家长组织以及核心成员需要从关注"我的孩子"到"我们的孩子",同时要与其他相关者例如研究者、决策部门等等建立合作关系,一起为心智障碍者的更好生活而努力。政策影响就是聚合大家的一个工作。转变思路之后,家长以及家长组织所做的努力就会从"我不会做什么"的专业领域转向"我可以为促成合作"准备哪些条件。例如,家长组织不会做社会调查,那么要做社会调查怎样找到合适的研究者来完成,家长组织为社会调查所需要的成本怎样努力?

回首在守望与秘书长张凤琼见面时的场景,她在事后说"又来了个做研究的",大概我所说的"我能为你做什么"是以极快速度进入守望工作的缘由。事实说明,研究者和家长组织的合作可以更深入、更互助。秘书长对研究重视,而且善于利用研究的结果,这种长远的眼光恐怕也是守望协会能在影响政策方面取得成效的基础。

我国视力障碍者高等教育招生制度：历史演变、制度逻辑及当代转型*

摘　要：融合教育是我国残障者高等教育的趋势，四十年来我国残障者高等教育取得了巨大进步。招生制度中存在普、特共存的“双轨制”以及招生体检制度成为融合教育转型的障碍。视力障碍者的高等融合教育权利实现需要在教育机会以及教育过程更加平等，需要反思招生体检制度以及提供合理便利。普通高等学校以及社会组织都需要在此过程中做好准备及贡献力量。

关键词：视力障碍　高等教育　招生　制度变迁　社会服务

目前，高等学校的融合教育除了受国际趋势的影响之外，还有两个现实的推动力量：一是我国义务教育和中等教育中融合教育的扎实推进，高等学校需要做好接纳残障学生的准备；二是近几年视力障碍者高等教育考试制度的突破，对高等学校为残障学生提供适切的教育提出了迫切的要求。本文通过探讨我国残障者高等教育的总体特征，为视力障碍者高等教育提供参照，并尝试梳理从 1977 年恢复高考以来视力障碍者高等教育体系尤其是招生制度的历史逻辑，为当下残障者高等教育的转型提供参考。

一、我国残障者高等教育的形式及发展历程

我国残障者高等教育在 1977 年全国恢复高考后进入新的发展时期。经过 40 多年的发展，我国面向残障者的高等教育制度不断完善，高等教育学校和招生规模快速发展，形成了“普特结合、融合教育为主”的格局，并取得了令人瞩目的成就。

（一）残障者高等教育制度不断完善

面向残障者的高等教育制度在一般的教育法律法规和专门的法律法规中都有

---

* 原文发表于《现代特殊教育（高等教育研究）》2021 年第 3 期，第二作者为蔡聪，系 2020 年度中国残联研究课题“我国视碍者高等教育随班就读支持体系研究”（20&YB020）的阶段性成果。

体现。残障者与其他公民一样,享有平等接受教育的权利,这是一般的法律法规中反复强调的。1995 年通过的《中华人民共和国教育法》指出,“中华人民共和国公民有受教育的权利和义务”“国家扶持和发展残疾人教育事业”。①1998 年通过的《中华人民共和国高等教育法》第九条规定,“公民依法享有接受高等教育的权利”,且明确提出,“高等学校必须招收符合国家规定的录取标准的残疾学生入学,不得因其残疾而拒绝招收”。②此后相关法律修订过程中,均重申了残障者接受(高等)教育的权利,并为权利实现提供法律保障。

专门的法律法规包括 1990 年通过、2008 年修订的《中华人民共和国残疾人保障法》与 1994 年通过、2017 年修订的《残疾人教育条例》。《中华人民共和国残疾人保障法》重申了残障者的受教育权利以及相关主体的责任。③修订后的《残疾人教育条例》进一步强调,“禁止任何基于残疾的教育歧视”,④以保障残障者的受教育机会和平等参与教育过程。2008 年我国批准了联合国《残疾人权利公约》,在此前后我国出台的相关法律法规均吸收了《残疾人权利公约》的思想。《残疾人教育条例》第五十二条指出:“残疾人参加国家教育考试,需要提供必要支持条件和合理便利的,可以提出申请。教育考试机构、学校应当按照国家有关规定予以提供。”⑤

2014 年,视力障碍考生李金生成为我国第一个使用盲文试卷参加全国普通高考的考生。这意味着视力障碍者在普通高考的考试机会和合理便利方面实现了制度上的突破。2015 年,教育部、中国残联出台《残疾人参加普通高等学校招生全国统一考试管理规定(暂行)》,2017 年进一步修订后发布《残疾人参加普通高等学校招生全国统一考试管理规定》,要求教育考试机构“根据残疾考生的残疾情况和需要以及各地实际,提供一种或几种必要条件和合理便利”。⑥这一规定拓展了视力障碍者的高等教育机会,保障了教育过程的平等。

---

① 教育部:《中华人民共和国教育法》,1995 年 3 月 18 日,http://www.moe.gov.cn/s78/A02/zfsleft/s5911/moe619/201512/t20151228_226193.html, 2021 年 3 月 5 日。

② 教育部:《中华人民共和国高等教育法》,1998 年 8 月 29 日,http://www.moe.gov.cn/s78/A02/zfs_left/s5911/moe_619/201512/t20151228_226196html, 2021 年 3 月 5 日。

③ 国务院:《中华人民共和国残疾人保障法》,1991 年 5 月 15 日,http: //www.gov.cn/jrzg/2008-04 / 24 /content_953439.htm, 2021 年 3 月 5 日。

④⑤ 国务院:《残疾人教育条例》,2017 年 2 月 3 日,http://www.gov.cn/zhengce/content/2017-02/23/content_5170264.htm, 2021 年 3 月 5 日。

⑥ 教育部、中国残联:《教育部、中国残联关于印发〈残疾人参加普通高等学校招生全国统一考试管理规定〉的通知》, 2017 年 4 月 28 日, http://www. moe. gov. cn/srcsite/A15/moe _ 776/s3258/201704/t20170428303388.html, 2021 年 3 月 5 日。

(二) 残障者高等教育招生规模不断扩大

就读普通高等学校和高等特殊教育院校是我国残障者接受高等教育的两种途径。在招生规模上，二者有着不同的发展态势。普通高等学校录取残障者的人数逐年稳步上升，而高等特殊教育院校招收残障学生的人数却相对稳定、增长缓慢(见图 1)普通高等学校 1996 年录取的残障考生人数为 1 042 人，2017 年达到 10 818 人，2019 年增长到 12 362 人，接近 1996 年录取人数的 12 倍。1996 年到 2019 年，普通高等学校合计招收了 135 166 名残障考生，且历年的录取比例都保持在 80%上下，甚至超过 90%。高等特殊教育院校 2000 年录取残障考生人数为 404 人，2019 年为 2 053 人，2019 年大约是 2000 年录取人数的 5 倍。2000 年到 2019 年，高等特殊教育院校合计录取 24 296 名残障考生。①

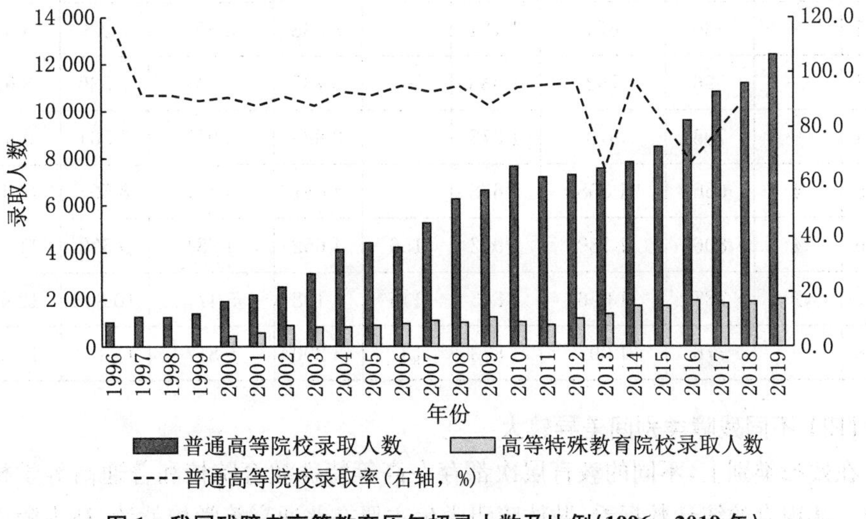

图 1　我国残障者高等教育历年招录人数及比例(1996—2019 年)

(三) 普通高等学校是残障高等教育的主流形式

从院校性质来看，进入普通高等学校的残障者多于进入高等特殊教育院校的残障者。由表 1 可以看出，2006 年到 2018 年，普通高等学校录取的残障者人数是高等特殊教育院校录取人数的平均 6.72 倍，个别年份超过了 9 倍，例如 2011 年达到 9.15 倍。

① 中国残疾人联合会：《2019 年残疾人事业发展统计公报》，2020 年 4 月 2 日，http://www.cdpf.org.cn/sjzx/tjgb/202004/t20200402_674393.shtml，2021 年 3 月 5 日。

表1　我国残障者高等教育录取院校分布①　（单位:人）

年份	高等特殊教育院校				普通高等学校				合计
	研究生	本科	专科(高职)	小计	研究生	本科	专科(高职)	小计	
2006	—	329	657	986	—	2 159	1 989	4 148	5 134
2007	—	364	722	1 086	—	2 600	2 634	5 234	6 320
2008	—	417	615	1 032	—	3 152	3 121	6 273	7 305
2009	—	356	840	1 196	—	3 018	3 568	6 586	7 782
2010	—	387	670	1 057	—	3 477	4 197	7 674	8 731
2011	—	271	606	877	—	3 505	3 645	7 150	8 027
2012	—	460	674	1 134	—	3 538	3 691	7 229	8 363
2013	—	596	792	1 388	—	3 795	3 743	7 538	8 926
2014	—	705	973	1 678	—	3 889	3 975	7 864	9 542
2015	4	666	1 008	1 678	—	4 087	4 421	8 508	10 186
2016	4	806	1 132	1 942	156	4 652	4 784	9 592	11 534
2017	2	787	1 056	1 845	146	5 198	5 474	10 818	12 663
2018	—	776	1 097	1 873	137	5 200	5 817	11 154	13 027

(四) 不同残障类别间差异较大

在残障类别上,不同的教育层次都存在高等特殊教育院校和普通高等学校的差异。从现有的统计数据看,肢体障碍学生主要在普通高等学校就读,视力障碍学生和听力障碍学生有较大比例进入高等特殊教育院校就读(见表2)。

我国高等特殊教育院校录取的主要是视力障碍和听力障碍学生。由表2可以看出,在2006年至2018年间,两类院校的听力障碍学生招生规模相差不大。但进入普通高等学校的视力障碍学生与进入高等特殊教育院校的相比,人数稳步增多,尤其是从2015年开始,连续几年都稳定在4倍以上。这与我国自2014年开始在普通高考中对包括视力障碍者在内的残疾考生提供多元化的合理便利有关。

① 中国残疾人联合会:《年度数据(2006—2018)》,2018年10月2日,http://www.cdpf.org.cn/sjzx/sjcx/ndsj/,2021年3月5日。

表 2 不同类别残障者高等教育录取院校分布(2006—2018)①

(单位:人)

	高等特殊教育院校						普通高等学校									
	研究生	本科		专科(高职)		小计	研究生			本科			专科(高职)			小计
	视障	视障	听障	视障	听障		视障	听障	肢障	视障	听障	肢障	视障	听障	肢障	
2006	—	92	237	137	520	986	—	—	—	145	254	1 760	102	216	1 671	4 148
2007	—	83	281	129	593	1 086	—	—	—	190	209	2 201	189	257	2 188	5 234
2008	—	102	315	123	492	1 032	—	—	—	228	304	2 620	209	262	2 650	6 273
2009	—	70	286	135	705	1 196	—	—	—	257	300	2 461	278	349	2 941	6 586
2010	—	83	304	106	564	1 057	—	—	—	284	388	2 805	263	410	3 524	7 674
2011	—	93	178	132	474	877	—	—	—	319	365	2 779	258	389	2 990	7 100
2012	—	109	351	222	452	1 134	—	—	—	310	384	2 844	261	465	2 965	7 229
2013	—	106	490	149	643	1 388	—	—	—	324	516	2 955	339	581	2 823	7 538
2014	—	196	509	139	834	1 678	—	—	—	354	506	2 848	340	460	2 868	7 376
2015	4	144	521	152	641	1 462	—	—	—	602	553	2 576	592	539	2 726	7 588
2016	4	146	654	209	791	1 804	25	8	119	647	726	2 873	545	599	3 023	8 565
2017	2	141	563	211	631	1 548	15	16	103	686	836	3 203	636	626	3 571	9 692
2018	—	165	386	226	468	1 245	10	20	103	687	843	3 211	665	774	3 629	9 942

① 中国残疾人联合会:《年度数据(2006—2018)》,2018 年 10 月 2 日,http://www.cdpf.org.cn/sjzx/sjcx/ndsj/,2021 年 3 月 5 日。

二、高等教育制度变迁的逻辑

要理解我国残障者高等教育的现状,需要回到残障者高等教育发展的“原初状态”,来理解我国残障者高等教育“双轨制”的形成。①

(一) 高考恢复之初招生与体检制度的障碍(1977—1985)

在高考恢复之初,高校体检标准就对残障者的入学构成了限制。1977 年 9 月,我国恢复全国高等院校招生考试,相应的制度也逐步完善,招生体检制度也是其中之一。1979 年 4 月 25 日,原卫生部制定并印发实施的《高等学校招生健康检查标准及执行细则》是高考恢复后首个针对招生健康检查的文件。此后,教育部、原卫生部于 1980 年 4 月 25 日发布实施的《高等学校招生体检标准及执行细则》,教育部、原卫生部于 1985 年 4 月 24 日发布实施的《普通高等学校招生体检标准》,原国家教委、原卫生部于 1991 年 4 月 11 日发布的《普通高等学校招生体检标准补充规定》,以及当前仍作为体检依据的教育部、原卫生部、中国残疾人联合会于 2003 年 3 月 3 日发布的《普通高等学校招生体检工作指导意见》,构成了我国高等教育入学体检的制度体系。

1979 年发布的《高等学校招生健康检查标准及执行细则》(以下简称《健康检查标准及执行细则》)构成了此后高校招生体检制度的基础。《健康检查标准及执行细则》的核心是规定了不予录取的健康情形以及基于体检录取后限制专业选择的指导意见,前者属于强制性规范,后者属于任意性规范。在这些强制性规范中,禁止性规范居多。例如,针对视力障碍的情形涉及三类不予录取的规定,其中之一为“两眼矫正视力之和低于 0.8 者不能录取(包括一目失明,另一眼矫正后视力不足 0.8 者)”。②

1980 年发布的《高等学校招生体检标准及执行细则》对以上规定作了细化,列出了不予录取和不能录取相关专业的情形。针对视力障碍的标准有所调整,然而并没有降低标准,视力障碍者就读高校仍然存在体检条件限制。同时,针对眼科疾病,也列出了一系列不能录取的相关专业。1985 年发布的《普通高等学校招生体检标准》减少了针对视力障碍者不能录取的禁止性规范,保留了其中两条:“12.青

---

① 李学会、傅志军:《从隔离走向融合?——我国视力障碍者高等教育的历史、特点及政策变迁》,《社会工作》2015 年第 6 期。

② 卫生部:《高等学校招生健康检查标准及执行细则》,1979 年 4 月 25 日,https://law.lawtime.cn/d551870556964.html,2021 年 3 月 5 日。

光眼，视网膜、视神经疾病（陈旧性或稳定性眼底病除外）；13.两眼矫正视力之和低于1.0者。”①然而，针对眼部疾病不能录取的专业范围并没有缩小。

高等学校招生体检标准基本上限制了大多数视力障碍者接受高等教育。依照1979年和1980年的体检标准，即便是最低程度的视力要求，也远高于我国视力残疾中障碍级别最低的二级低视力。即便1985年的招生体检标准略微降低为“两眼矫正视力之和低于1.0者不能录取”，也使绝大多数视力障碍者失去了入学资格。在制度上率先得到调整的是针对肢体障碍者的政策。教育部等部门在1985年2月25日发布《关于做好高等院校招收残疾青年和毕业分配工作的通知》，要求教育及劳动部门“不应仅因残疾而不予录取肢体残疾（不继续恶化）考生”。②

（二）单考单招制度的形成（1985—1987年）

在普通高等教育受阻后，创办专门面向残障者的高等院校成为一种替代选择。长春大学特殊教育学院以及滨州医学院都是在此背景下发展起来的。在我国首位盲人教授、著名二胡演奏大师甘柏林的推动下，最早招收视力障碍者的长春大学特殊教育部历经8年的筹备于1987年招生。此前，甘柏林在南斯拉夫考察期间发现，南斯拉夫“全国的盲人聋哑人，百分之百都要受教育。其中百分之五到百分之十五都接受过高等教育，最多的加盟共和国达到百分之五十。而中国的盲聋哑人不仅没有一所大学，甚至连一所大专也没有”。③

在肢体障碍领域，创办了我国第一个专门招收残疾青年的大学本科专业的滨州医学院在1985年开始招生，但仍然有不少考生“高考成绩都超过了本科录取线，但因为受当时体检标准的限制，最终还是落榜”。④

（三）高等融合教育的零散实践（1987—2014年）

单考单招制度形成之后，在很长的一段时间里，视力障碍者可选择的高校和专业都十分有限。除了单考单招，也有个别地区允许视力障碍学生进入普通高校接受融合教育。2002年7月，上海市盲童学校三名高四学生（当时上海市盲童学校高中学制为四年）参加了上海市教育考试院组织的高考。此次考试是上海市第一次组织盲人高考。此次考试试题采用盲文印制，同时延长了单科考试的时间。可

---

① 教育部、卫生部：《教育部、卫生部关于印发〈高等学校招生体检标准及执行细则〉的通知》，1980年4月25日，https://www.chashebao.com/shebaotiaoli/17507.html，2021年3月5日。

② 教育部、国家计划委员会、劳动人事部，等：《关于做好高等院校招收残疾青年和毕业分配工作的通知》，1985年2月25日，https://china.findlaw.cn/fagui/p_1/88806.html，2021年1月23日。

③ 田永源：《国首所残疾人大学创办记》，《档案春秋》2014年第4期。

④ 张兴华：《残疾人高等教育的“滨医模式”》，《中国教育报》2018年6月20日，第01版。

见,在2014年教育部要求之前,普通高考提供合理便利已有先例。[①]到目前为止,上海市已有三所普通高校通过单考单招的方式招收户籍内的视力障碍考生,分别是上海师范大学、华东师范大学和上海第二工业大学。

(四)开始形成多元招生制度格局(2014年以来)

2014年之前,各地虽有不少视力障碍学生争取到参加普通高考的机会,但均未在制度方面取得进展。在各方努力、政府部门积极回应下,视力障碍学生参加普通高考在2014年成为了现实。[②]因此有不少媒体称2014年为"盲人高考元年"。[③]从2015年开始,有不少视力障碍考生参加普通高考,并在考试过程中获得了合理便利。例如,在2017年的高考中,全国共有564名视力障碍考生申请提供高考合理便利,除7名全盲考生申请使用盲文试卷外,其他低视力考生都使用了大字版试卷。[④]

盲人参加普通高考,意味着在单考单招之外有了更多的选择。我国的残障者高等教育开始形成普通高考和单考单招并存的局面。此外,研究生层次的招生也初具规模,残障者高等教育逐步体系化、立体化。在融合教育的背景下,无论是普通高校还是高等特殊教育院校,都应立足于社会参与和接纳。[⑤]

三、促进视力障碍者高等教育招生制度的转型

我国视力障碍者高等教育招生制度日渐完善,但在融合道路上还面临一些制度和观念上的障碍。高等教育具有承上启下的作用,即对基础教育的反向影响与对职业选择的影响。而视力障碍者的高等教育存在着较为严重的路径依赖。例如视力障碍学生的专业选择十分有限,绝大部分学生只能就读推拿按摩和音乐专业,且以推拿按摩专业为主。虽然视力障碍学生学习推拿按摩有其合理性,但教育体系对推拿按摩的强化已经成为限制盲人职业选择的制度性力量。同时,单考单招

① 人民网:《采用"3+1"考试形式 上海3盲人参加高考》,2002年7月11日,http://news.sohu.com/94/57、/news202105794.shtml,2021年3月5日。

② 韩青:《从赋权到充权:盲人参加普通高考如何实现"零的突破"》,张万洪主编:《残障权利研究》,北京:社会科学文献出版社,2016年,第2期。

③ 李学会、傅志军:《从隔离走向融合?——我国视力障碍者高等教育的历史、特点及政策变迁》,《社会工作》2015年第6期。

④ 李延兵:《全国5 626名残疾考生申请高考便利,7全盲考生用盲文试卷》,2017年6月7日,https://www.thepaper.cn/newsDetail_forward_1702850,2021年3月5日。

⑤ 徐子淇、贾兆娜:《我国残疾人高等教育"单考单招":现实困境与发展理路》,《北京联合大学学报》2020年第3期。

也对当前的残障者高等教育造成一定的冲击,视力障碍者高等教育招生制度面临转型。

(一) 改革不合时宜的招生体检制度

自 1985 年我国制定普通高等学校招生体检相关标准以来,有关部门对招生体检的相关规定进行了数次修订,逐步放宽甚至取消了许多限制,体现了国家保障残障者接受高等教育权利的努力。然而,现行的《普通高等学校招生体检工作指导意见》对视力障碍者在专业选择方面还存在较多限制。随着经济的发展和社会的不断进步,应及时改革限制残障考生的体检标准,加强相关法律法规建设。

《普通高等学校招生体检工作指导意见》限制视力障碍者选择专业显然不符合机会均等的原则,也有违《残疾人权利公约》"尊重固有尊严和个人自主,包括自由做出自己的选择,以及个人的自立"①的基本原则,客观上限制了残障者在高等教育中独立自主地选择专业的自由。事实上,这也是对《中华人民共和国教育法》《中华人民共和国残疾人保障法》基本宗旨的违背。

在实践中,自 2014 年视力障碍考生可依法使用盲文与大字试卷参加普通高考以来,相关体检标准并未限制视力障碍考生的升学机会,但视力障碍考生的专业选择受到限制的情况仍时有发生。如 2016 年河南色弱考生遭遇天津中医药大学退档,②2020 年陕西视力障碍考生报考陕西师范大学心理学院硕士研究生遭拒。③校方均表示自己是依法办事,而几经波折,最终考生也只能以改换报考学校告终。由此可见,目前执行的体检标准,存在着诸多"不合时宜",在客观上限制了视障者的专业选择,也在一定程度上成为残障者平等受教育权利实现的阻碍,亟待进行改革。

(二) 加强融合教育过程中的社会服务与支持

尽管目前视力障碍者进入高等教育学校面临一些制度障碍,但针对视力障碍者教育过程的支持服务,应是保障视力障碍者教育权利的关键。

除了制度障碍需要更进一步破除之外,在目前的制度之下依然有诸多可以为视力障碍者提供的服务。视力障碍者高等教育从隔离式向融合式教育的转型,既给当下的残障者教育提出了新的要求,也对接纳残障者的高等院校提出了挑战。

---

① 联合国:《残疾人权利公约》,https://www.cdpf.org.cn/zcfg/content/2001-11/06/content-74429.htm,2021 年 3 月 5 日。

② 张敏、蒋欣:《河南色弱考生被退档　所报大学称合理合法》,《中国青年报》,2016 年 7 月 20 日,第 2 版。

③ 吴淋姝、王艺:《视障考生申请盲文试卷被拒,陕师大心理学院:不具备条件提供便利》,《新京报》2020 年 10 月 29 日,第 3 版。

前者要求在高等教育之前的教育向普通教育而非特殊教育转型,后者要求将残障者的受教育权利真正落到实处,提供全方位的"合理便利"。除了在特殊教育或融合教育领域广为人知的个别化教育计划外,其他服务或支持同样必不可少,例如融合环境的建设、社会舆论的引导,等等,这些恰恰是社会服务所擅长的领域。

在某种程度上,残障者的受教育过程中有着广大社会服务可介入的空间,而目前这类服务与支持急需加强。无论是2008年修订的《中华人民共和国残疾人保障法》,还是我国批准加入的《残疾人权利公约》,都将拒绝提供合理便利视为一种歧视。就高校而言,提供合理便利是一种积极义务,以"学校不具备培养条件"为理由拒绝招录学生或在校内不做出合理调整都是有违相关法律法规的不正当行为。高等融合教育的出发点应是"高校做哪些调整以满足学生需求",而不是"学生不具备某些能力或环境存在障碍"。

即使被录取,视力障碍学生在大学校园中的学习和生活,如无合理便利的提供,其平等权利仍旧无法得到保障。有研究认为,融合教育必备条件包括生活硬件建设的支持如盲道、宿舍的无障碍,教学环境建设的支持如各类无障碍教材和教师的PPT提供等。[①]高校应建立支持服务机构,也可利用校外资源。已有民间机构为促进视力障碍大学生在普通校园里充分而切实地获得平等教育,为其提供预备训练和无障碍教材的制作等服务。[②]

四、小　结

40多年来我国残障者的高等教育获得了巨大的发展,到目前已经形成普通高等学校与高等特殊教育院校并行的录取格局,相应的招生制度上有单考单招、普通招考两种形式。从历史上看,这种"双轨制"的格局具有浓厚的时代色彩,当下高等融合教育已经成为一个趋势,这对高等院校为残障者积极提供合理便利提出了迫切的要求。

扫除教育机会平等的障碍以及促进教育过程平等,应是努力提高残障者教育成就的方向。目前,视力障碍学生在高等融合教育中所需的合理便利,仍然需要加强制度性和系统性的保障。2017至2019年,在教育部大力支持下,中国残联每年

---

① 徐明、楚洪波:《融合教育中高校必备的条件研究——基于面向盲人开放普通高考的政策》,《长春大学学报》2019年第7期;蔡聪:《视障大学生网络学习中的信息无障碍现状研究》,《现代特殊教育》2020年第12期。

② 蔡星卓:《16根盲杖,在车水马龙的街上》,2019年8月16日,https://www.jiemian.com/article/3405444.html,2021年3月5日。

提供经费,综合区域发展、办学模式、办学层次、学生残疾类别等因素,选择 6 所高校开展为期两年的残疾人高等融合教育试点,探索残疾学生接受高等教育从“入口”到“出口”的支持保障服务。2019 年试点工作已经顺利结束并取得一定的经验,应尽快在全国推广。

视力障碍者高等教育在制度方面已经取得令人欢欣鼓舞的进展。而要巩固这一成果还需要在融合教育过程中,面向所有的相关者提供合理便利;也需要将社会工作的专业服务补充进特殊教育;还需要促进从教育技术到教育过程的转变,注重教育环境的建设。

后　　记

承蒙浙江师范大学社会学学科建设经费的资助，有机会得以将近几年残障研究的小文字结集出版，也算是对这几年的残障研究做个自我小结。

这些年来一直“沉迷”于残障研究与实务领域，虽然惯有珍惜文字有朝一日整理出来的想法，但从未想到如此快地成为现实。尽管有多次曾和挚友抱怨要离开这个“边缘的”领域，但始终未曾成行。即便这本文集，也从未有诸如加持学术成就的工具性目的，借此机会对这几年的残障研究做个小结。

正如本书在不同场合提及的，残障研究的多视角探索得益于多个研究、实习、合作的项目。它们至少包括上海市虹口区特殊教育康复指导中心、中国残障权利多学科研究项目（第二期、第三期）、上海市政府战略研究所奖学金实习、共青团上海市委员会实习、香港浸会大学林思齐东西学术研究所驻校研究生奖学金项目（复旦大学联合培养）、深圳市守望心智障碍者家庭关爱协会、北京亿方公益基金会等机遇。

在读书和工作过程中诸多师友都给予了支持和关怀，在此一并感谢。导师顾东辉教授、同道解岩为本书撰写了序言，使本书的主旨更加鲜明。在论文出版编辑过程中，责任编辑方舟的认真负责使本书增色不少，在此致谢。

2022 年 9 月于金华

图书在版编目(CIP)数据

残障研究：交叉视角的探索 / 李学会著 .—上海：
上海三联书店，2023.1
ISBN 978-7-5426-7909-3

Ⅰ.①残… Ⅱ.①李… Ⅲ.①残疾人—社会福利事业
—研究—中国 Ⅳ.①D669.69

中国版本图书馆 CIP 数据核字(2022)第 202514 号

残障研究：交叉视角的探索

著　　者 / 李学会

责任编辑 / 方　舟
装帧设计 / 一本好书
监　　制 / 姚　军
责任校对 / 张大伟　王凌霄
校　　对 / 莲　子

出版发行 / 上海三联书店
(200030)中国上海市漕溪北路 331 号 A 座 6 楼
邮　　箱 / sdxsanlian@sina.com
邮购电话 / 021-22895540
印　　刷 / 上海惠敦印务科技有限公司

版　　次 / 2023 年 1 月第 1 版
印　　次 / 2023 年 1 月第 1 次印刷
开　　本 / 710mm × 1000mm　1/16
字　　数 / 450 千字
印　　张 / 24.25
书　　号 / ISBN 978-7-5426-7909-3/D · 555
定　　价 / 88.00 元